"十四五"职业教育国家规划教材

财务会计

（第七版）

CAIWU KUAIJI

新准则 新税率

主 编 王宗江 张洪波

新形态教材

本书另配：教学计划
教学大纲
教学课件
习题答案
账项案例

中国教育出版传媒集团
高等教育出版社·北京

内容提要

本书是“十四五”职业教育国家规划教材。

本书内容共十五章，主要包括：总论、货币资金、应收和预付款项、存货、金融资产、长期股权投资、固定资产、无形资产和其他资产、流动负债、非流动负债、所有者权益、收入和费用、所得税、利润及利润分配、财务会计报告。每章设有内容结构、学习目标、知识与实务学习等内容。配套出版的《财务会计学习指导、习题与实训》(第七版)，包括学习指导、习题与实训，题型多样，方便使用。为利教便学，部分学习资源(如微课视频)以二维码形式提供在相关内容旁，可扫描获取。此外，本书另配有教学计划(参考)、教学大纲(参考)、教学课件、错弊账项甄别案例、会计法规索引、会计准则索引、习题参考答案等教学资源，供教师教学使用。

本书既可作为高等职业院校财务会计类专业学生用书，也可作为社会相关人员培训用书。

图书在版编目(CIP)数据

财务会计/王宗江，张洪波主编.—7版.—北京：高等教育出版社，2023.1(2025.1重印)

ISBN 978-7-04-059008-1

Ⅰ.①财… Ⅱ.①王… ②张… Ⅲ.①财务会计 Ⅳ.①F234.4

中国版本图书馆CIP数据核字(2022)第138782号

策划编辑 刘悦珍 卢瑞卿 责任编辑 卢瑞卿 刘悦珍 封面设计 张文豪 责任印制 高忠富

出版发行	高等教育出版社	网　　址	http://www.hep.edu.cn
社　　址	北京市西城区德外大街4号		http://www.hep.com.cn
邮政编码	100120	网上订购	http://www.hepmall.com.cn
印　　刷	上海叶大印务发展有限公司		http://www.hepmall.com
开　　本	787 mm×1092 mm 1/16		http://www.hepmall.cn
印　　张	24.5	版　　次	2007年1月第1版
字　　数	608千字		2023年1月第7版
购书热线	010-58581118	印　　次	2025年1月第5次印刷
咨询电话	400-810-0598	定　　价	49.80元

本书如有缺页、倒页、脱页等质量问题，请到所购图书销售部门联系调换

物 料 号 59008-A0

第七版前言

本书是“十四五”职业教育国家规划教材，历届版本是“十三五”“十二五”职业教育国家规划教材。自2007年出版以来，六次修订再版，被全国众多高等职业院校选用，深得师生好评。

《财务会计》(第六版)及其配套教材《财务会计学习指导、习题与实训》(第六版)出版后，国家相继对部分《企业会计准则——具体准则》进行了修订；2019年至2022年，又对部分税收法规进行了修订。为落实上述新修订的财经法规精神，更好地学习贯彻党的二十大提出的全面建设社会主义现代化国家，实施科教兴国，推进科技强国、数字中国建设等任务要求，特对第六版进行修订。

本次修订的重点内容如下：

(1) 按照新修订的租赁准则对原教材涉及租赁资产的相关内容进行了整合与重编。

(2) 重新整合与重编了待售非流动资产的相关内容。

(3) 对涉及新修订的税收法规相关内容进行了修订。

(4) 对个别文字以及案例进行了调整与修订。

(5) 将第六版中的错弊账项甄别案例移至配套教学资源中，以供教师查阅。

本书特色如下：

1. 注重思政教育

在编写财会类专业知识与专业技能相关内容的同时，注重融入遵纪守法、职业道德、廉洁自律、财经安全等思想政治教育内容，以充分发挥教育“立德树人”的作用。

2. 突出职教特点

根据高等职业教育的目标和特点，明确各部分内容学习的知识目标和技能目标。科学编排各部分相关的必备专业知识，突出相关专业技能和实务操作。同时，与全国会计专业技术资格考试内容与要求相衔接。与本书配套的《财务会计学习指导、习题与实训》(第七版)(王宗江主编，高等教育出版社)同时出版，以方便学生复习、训练与巩固所学专业知识与会计实务技能。

3. 内容先进新颖

结合国家新颁布的职业教育法、职业教育层次和专业目录的划分规定，根据最新颁发或修订的企业会计准则和财经税收法规，对相关内容进行及时修订、补充或重编，确保教材内容合规、先进、新颖。

4. 配套资源丰富

为利教便学，部分学习资源(如微课视频)以二维码形式提供在相关内容旁，可扫描获取。此外，本书另配有教学计划(参考)、教学大纲(参考)、教学课件、错弊账项甄别案例、会计法规索引、会计准则索引、习题参考答案等教学资源，供教师教学使用。

本次修订由王宗江负责并提出具体修订计划。本书由王宗江、张洪波担任主编；李长斌、赵孝廉、汪琼、巨红担任副主编。参与编写的人员有：李英红、周彦、孙峰、吕元忠、徐谨、吕文涛、牟平等。具体编写分工如下：第一章、第五章、第八章、第十章、第十二章、第十三章和第十五章由王宗江、李长斌、汪琼、巨红编写；第三章、第四章由张洪波、孙峰、吕元忠、徐谨编写，第六章、第七章、第十四章由李英红、牟平编写；第二章、第九章、第十一章由赵孝廉、周彦、吕文涛编写。本书由王宗江总纂定稿。

本次修订过程中，我们借鉴了有关专家编著的书籍和发表的论文，采纳了部分用书单位师生提出的修订建议，得到了有关领导和专家的指导帮助，在此一并表示衷心的感谢。

由于编者水平所限，书中差错难免，恳请读者批评指正。

编 者

目　录

专栏目录

第一章　总　论

【内容结构】

- 总论
  - 财务会计概述
    - 财务会计的概念和特点
    - 财务会计的目标
    - 财务会计的作用
  - 财务会计基础和基本前提
    - 财务会计基础
    - 财务会计的基本前提
  - 财务会计信息的质量要求
    - 可靠性　相关性　可理解性　可比性
    - 实质重于形式　重要性　谨慎性　及时性
  - 财务会计的基本要素
    - 反映财务状况的会计要素
    - 反映经营成果的会计要素
    - 会计要素的计量
    - 会计等式
  - 财务会计法规
    - 会计法规的概念与构成
    - 我国现行会计法规的主要内容

【学习目标】

知识目标：

1. 理解财务会计的概念和特点。
2. 明确财务会计目标和作用。
3. 掌握财务会计基础、基本前提、会计信息的质量要求和基本要素的概念和内容。
4. 熟悉财务会计法规体系和主要内容。

技能目标：

1. 能掌握权责发生制和收付实现制下收入和费用的确认。

2. 能熟悉会计信息质量要求的判断和应用。
3. 能掌握会计要素的确认条件和应用。
4. 能明确会计计量属性的关系和应用。

第一节 财务会计概述

一、财务会计的概念和特点

（一）财务会计的概念

会计是随着人类社会生产活动的发展和适应经济管理的要求而产生，并不断发展和完善起来的一项经济管理活动。会计的产生和发展主要经历了以下几个阶段：

（1）萌芽阶段。在人类社会发展的早期，人们为了不断满足生产发展和生活安排的需要，逐步产生了计数和计算的要求，如我国历史上出现的结绳记事、刻契记数，即会计产生的萌芽阶段。

（2）生产过程的附带职能阶段。随着人类社会生产力水平的不断提高，剩余产品的大量出现和社会经济的不断发展，会计逐渐成为生产经营过程的附带职能。

（3）独立的管理活动阶段。随着商品经济的发展和货币的产生，人们对经济管理的要求进一步提高，会计核算的方法、内容发生了很大变化，会计技术也得到较大的发展，逐步成为一种独立的管理活动。

（4）有完整方法体系的会计学科阶段。随着人类社会商品经济规模的进一步扩大和管理要求的进一步提高，会计逐渐从简单记录、计量、比较盈亏损益，发展成为一门有完整方法体系的学科。

（5）参与企业经营活动的全过程管理阶段。随着市场经济的发展和市场竞争的加剧，会计从对经济活动的记录、计量和报告，发展为对企业经济活动的全过程进行监督和控制的现代会计，并开始参与企业的经营决策和长期决策。随着股份有限公司这一企业主要组织形式的产生和发展，国际市场的形成和进一步扩大，会计逐渐突破为单一企业服务的界限，发展成一项为国内外投资者和会计信息的其他使用者服务的独立的管理活动。

随着企业公司制的建立和所有权与经营权的分离，现代企业会计逐渐演化为财务会计和管理会计两大分支。前者主要为企业外部信息使用者决策所需信息服务，又称对外报告会计；后者主要为企业内部管理决策所需信息服务，又称对内报告会计。财务会计是现代企业会计的一个重要分支，它是依据《中华人民共和国会计法》（以下简称“《会计法》”）《企业会计准则》及相关制度等法律法规，按照规定的程序，采用一系列专门的方法，对企业经济活动进行核算和监督，并向企业外部利益关系人定期提供各种会计信息的对外报告会计。

（二）财务会计的特点

财务会计与管理会计相比较，主要有以下特点：❶以会计法、企业会计准则等法律法规为依据；❷主要为企业外部的现实或潜在利益关系人提供会计信息，同时也为企业内部管理服务；❸主要提供企业有关过去和现在的经济活动状况及其结果的会计信息；❹以一系列基本假设为前提；❺依据“填制凭证—登记账簿—编制财务报告”等一套基本定型、比较科学、相对统一的会计处理程序和方法进行会计处理；❻通常以公历年度为会计年度，划分会计期间，并分期结算账目、编制财务报告；❼提供的会计信息主要反映企业整体的财务状况、经营成果和现金流量等；❽允许会计人员进行合理的估计和职业判断，财务会计信息是可理解且相关与可靠的，不可能是绝对客观的。

二、财务会计的目标

（一）财务会计信息的使用者

财务会计提供会计信息，是为会计信息的使用者服务的。为了满足会计信息使用者的需要，保证财务会计提供的会计信息有用，首先应当明确谁是会计信息的使用者，他们需要什么样的会计信息。因企业的规模、股权结构以及管理政策等的不同，信息使用者对会计信息的需要也有所不同。有些会计信息的提供是法律规定的，也有些会计信息是根据实际需要决定的。财务会计提供信息的主要方式是编制财务会计报告。

企业会计信息的使用者主要包括以下方面：

(1) 投资者。企业的投资者包括国家投资者、单位投资者、个人投资者以及这几种的潜在投资者。投资者最关心企业的财务状况和经营成果，他们需要借助会计信息了解企业的经营情况，对企业过去的经营活动作出评价，并对企业的未来进行预测，以对今后的投资作出决策。例如，是否应该对企业投入更多的资金，是否应该转让其在企业中的投资，企业管理当局是否实现了企业目标，企业的经营成果如何，企业的盈利分配政策怎样等。潜在的投资者则主要依赖会计信息作出是否对企业投资的决策。向企业的投资者提供会计信息是财务会计的传统职责。定期编报财务会计报告是满足投资者对会计信息需求的重要手段和形式。

(2) 债权人。企业的债权人包括潜在的债权人，主要是贷款人和供应商等。他们关注的是企业的偿债能力、信誉和企业的未来发展情况。具体来看，债权人需要的会计信息主要包括以下几方面：企业的财力是否充足，能否足以偿还其债务；企业的获利情况如何；是否应该贷给企业更多的资金；是否应该保持对企业的债权等。而潜在的债权人则主要是依赖会计信息作出是否贷给企业资金的决策。财务会计提供的财务会计报告是债权人了解企业经营情况的重要信息来源。

(3) 政府及其有关部门。政府及其有关部门即经济管理部门和经济监督部门，包括国有资产管理部门、财政部门、税务部门、计划统计部门和金融机构等，他们履行职责开展工作需要企业提供相关信息。国有企业必须向国家财政、审计机关提供财务会计报告，以便接受经济监督；税务机关需要企业提供向国家缴纳税款的信息；社会保障机关需要企业提供缴纳各项社会保障基金的信息等。上述各种信息也主要来自财务会计定期编报的财务会计报告。

(4) 社会公众。除上述会计信息的使用者外，还有许多人使用财务会计提供的信息。如信用代理人，这些机构专门发布有关企业信用的信息；工商业协会，这种机构需要利用会计信息对行业进行管理；企业竞争对手，他们对企业的价格政策或获利能力感兴趣；金融分析人员，他们要向委托人提出投资建议；还有关心企业某项经济活动的社会公众等。

上述企业会计信息的使用者不参与企业的日常管理活动。向这些会计信息的使用者所提供的会计信息，绝大部分是必需的或强制性的。例如，向债权人提供信用能力信息属必需的会计信息，向企业股东提供的财务会计报告和向税务机关提供的应税收益及缴纳税款的财务会计报告均属强制性会计信息。

财务会计提供的信息要满足各种信息使用者的需要是相当困难的。有些会计信息使用者，也不完全依赖于财务会计的公开信息，例如政府机关能够得到社会公众通常无法获得的信息。因此，企业提供的财务会计信息主要是面向投资者和债权人，包括现实的和潜在的投资者及债权人，他们是企业会计信息的主要使用者。通过满足投资者和债权人对会计信息的需求，也为企业会计信息的其他使用者提供了有用的信息。

（二）财务会计的目标

人类社会的每一项实践活动都有一定的目标，财务会计也不例外。财务会计的目标，简称会计目标，是指在一定的历史条件下，人们通过会计实践活动所期望达到的结果。在会计实践中，会计目标决定了会计工作的具体程序和方法。在会计理论研究中，会计目标通常被当作会计理论的逻辑起点。

会计目标受客观条件的影响和制约，在不同的时空范围内，会计目标往往也不一样。对于现代企业来说，会计是一项重要的管理工作，它必然要为实现企业的经营目标服务。因此，可以认为，实现企业的经营目标是会计的根本目标。由于会计发挥作用的主要形式是向会计信息使用者提供决策有用的会计信息，因此，会计的具体目标或直接目标是：向财务会计报告使用者提供与企业财务状况、经营成果和现金流量等有关的会计信息，反映企业管理层受托责任的履行情况，有助于财务会计报告使用者作出经营决策。财务会计的主要工作是提供以下会计信息：为帮助投资者和债权人作出合理决策提供信息；为国家提供宏观调控所需要的信息；为企业经营者提供经营管理所需要的各种信息；为考评企业管理当局管理绩效和责任履行情况提供各种信息等。

三、财务会计的作用

财务会计在实现其工作目标的过程中，必然涉及企业生产经营活动的各个方面，并在企业生产经营活动管理中发挥积极的作用。主要表现在：

（1）有助于财务会计信息的使用者作出正确的决策。企业的投资者为了选择投资对象，估量投资风险和投资收益，需要了解企业财务状况、经营情况、盈利能力和发展趋势等方面的信息；企业的债权人如银行，为了选择贷款的对象，估量贷款的风险，作出贷款的决策，需要了解企业的短期偿债能力和长期偿债能力等财务信息；政府及其有关部门为了正确制定经济政策，有效进行宏观调控，合理配置社会资源，需要了解企业的资产负债结构、经营损益情况和现金流量等财务会计信息。财务会计为会计信息的使用者提供有用的会计信息，帮助他们作出正确、合理的决策。

（2）有助于考核企业管理层经济责任的履行情况。企业接受了投资人和债权人的投资，负有责任按照其预定的发展目标和要求，加强企业经营管理，力争实现更好的经济效益，接受经济责任履行情况的考核与评价。投资者需要了解企业本年度资产的保值增值和盈利情况，需要将企业不同时期财务指标进行比较，了解企业的发展趋势，需要将企业有关的财务指标在同类企业间进行比较，明确企业在同行竞争中的位置。政府有关部门需要了解企业预算的执行能力，将企业各项财务指标的实际数额与预算数额进行对比，反映预算的完成情况，表明企业执行预算的能力和水平。财务会计提供各种会计信息，有助于帮助有关方面考核企业管理层经济责任的履行情况。

（3）有助于企业加强经营管理，提高经济效益。企业管理者利用财务会计提供的会计信息，可以全面、系统、总括地了解企业生产经营情况、财务状况和经营成果，并以此为基础预测和分析企业未来发展前景；可以发现企业过去经营活动中存在的问题，找出问题产生的原因，制定相应的改进措施。财务会计通过提供会计信息，在参与企业经营管理、提高经济效益方面发挥着积极的作用。

专栏 1-1

中华人民共和国第一部会计核算行政规章

1950 年 3 月 3 日，政务院公布《中央金库条例》，这是中华人民共和国在会计核算制度方面颁布的第一部行政规章。条例规定：设立中央金库，各级金库均由中国人民银行代理，一切国家财政收入均由经收机关按照规定期限全额缴纳同级金库，除有特别规定外，不得坐支及自行保管；金库款的支配权属于财政部，各级金库间存款的运解调度权属于中央总金库。1950 年 3 月 25 日，财政部制定了《中央金库条例施行细则（草案）》（以下简称“《细则》”）并通知试行。《细则》对收解款项手续、支拨款手续、会计科目、账簿、报告制度、往来项目的处理等作了详细规定。1952 年 12 月 22 日，财政部正式发布《中央金库条例施行细则》，对款项入库报解处理程序、库存收发手续等作了详细规定。1985 年 7 月 27 日国务院重新颁布《中华人民共和国国家金库条例》，1950 年 3 月 3 日颁布的《中央金库条例》同时废止。

第二节　财务会计基础和基本前提

一、财务会计基础

（一）权责发生制

根据《企业会计准则——基本准则》的规定，企业应当以权责发生制为基础进行会计确认、计量和报告。权责发生制是指收入和费用的确认应当以收入和费用的实际发生和影响作为确认计量的标准，凡是当期已经实现的收入和已经发生或应负担的费用，不论款项是否收付，都应当作为当期的收入和费用处理；凡是不属于当期的收入和费用，即使款项已经在当期收付，也不应作为当期的收入和费用。与权责发生制相对应的确认基础是收付实现制，收付实现制是以收到或支付现金作为确认收入和费用的依据。

微课视频：权责发生制

权责发生制主要是从时间上规定会计确认的基础，所反映的经营成果与现金的收付往往是不一致的，因而它主要应用于需要计算盈亏的会计主体中。

在反映企业财务状况和经营成果方面，权责发生制比收付实现制具有较大的优越性。但采用权责发生制反映企业财务状况也存在局限性，例如，企业虽然实现了较高的销售净利率，但如果现金流量状况较差，就可能遇到资金周转困难。企业往往通过编制现金流量表，来弥补权责发生制的不足。

【例 1-1】　甲企业根据签订的销售合同，本月向丁公司销售 A 商品 100 000 元，增值税税额 13 000 元，丁公司已取得 A 商品并掌握实际控制权。按合同规定丁公司当月支付 50% 的商品价税款，款已收到存入银行，其余商品价税款两个月后付清。甲企业本月用银行存款支付本月与后期的商品销售广告费用 45 000 元，每个月的商品销售广告费用 15 000 元。

1

(1) 按照权责发生制，甲企业本月确认的收入和费用：

商品销售收入 100 000 元；商品销售广告费用 15 000 元。

(2) 按照收付实现制，甲企业本月确认的收入和费用：

商品销售收入 50 000 元；商品销售广告费用 45 000 元。

(二) 收入费用配比

根据《企业会计准则——基本准则》的规定，企业为生产产品、提供劳务等发生的可归属于产品成本、劳务成本等的费用，应当在确认产品销售收入、劳务收入时，将已销售产品、已提供劳务的成本等计入当期损益。

按照收入费用配比的要求，一个会计期间内的各项收入与其相关的成本费用，应当在同一会计期间内予以确认、计量。也就是说要求企业根据一定会计期间收入与成本费用间存在的因果关系，对本期的收入和成本费用进行确认和计量。因为有所得必有所费，成本费用的发生总是为了取得一定的收入，收入的取得一般都要发生相应的耗费。

收入费用配比包含两个方面的含义：一是收入与相关的成本费用按发生的因果关系的配比；二是收入与相关的成本费用按发生的时间关系的配比。

坚持收入费用配比原则，使企业各会计期间内的各项收入与相关的成本费用在同一会计期间内相互配比进行记录和反映，有利于正确计算和考核企业的经营成果。

二、财务会计的基本前提

财务会计的基本前提，又称作财务会计的基本假设或会计假设。它是指组织财务会计工作必须具备的前提条件和理论基础，离开这些前提条件，就不能有效地开展财务会计工作，就不能构建财务会计的理论体系。财务会计的基本前提是从会计实践中抽象出来的，其目的是为了保证会计核算资料的有用性、合理性和可靠性。

对于财务会计的基本前提包括哪些内容，人们存在不同的认识。按照我国的《企业会计准则——基本准则》的规定，财务会计的基本前提包括会计主体、持续经营、会计分期和货币计量等。

(一) 会计主体

会计主体又称会计实体，是指会计为其服务的特定单位和组织。典型的会计主体是企业，会计主体可以是一个特定的企业，也可以是一个企业的某一特定部分(分厂、分公司等)，也可以是由若干家企业通过控股关系组成的集团公司。

确定会计主体，就是要明确会计为谁核算、核算谁的经济业务。《企业会计准则——基本准则》明确指出，企业应当对其本身发生的交易或者事项进行会计确认、计量和报告。企业的生产经营活动由各项具体的经济活动所构成，而每项经济活动又与其他经济活动相联系，企业本身的经济活动也总是与其他企业或单位的经济活动相联系。为了正确计量和确认企业的资产、负债、所有者权益及收益，会计工作的范围必须以为其服务的特定实体的权利义务为界限，相对独立于其他主体和企业的投资者。会计核算的内容应当区分自身的经济活动与其他企业单位的经济活动，同时必须区分企业的经济活动与投资者的经济活动。

会计主体与法律主体并不是同一概念。一般来说，法律主体往往是会计主体，但会计主体并不一定是法律主体。会计主体可以是法人，如企事业单位；也可以是非法人，如独资或合伙企业。独资或合伙企业通常不具有法人资格，它们所拥有的财产和债务在法律上仍视为业主或合伙人的财产和债务，但在会计核算中则把它们作为独立的会计主体来对待。由若干具有法人资格的企业组成的集团公司在编制合并会计报表时，把集团公司视为一个独立的会计主体，需要采取特定的方法把集团公司内部企业之间的债权债务相互抵销，并扣除由集团公司内部企业间销售业务而产生的利润。

（二）持续经营

持续经营是指企业或会计主体的生产经营将无限期地延续下去，在可预见的未来不会破产，能继续完成其现有的各项经营目标。从企业经营活动的存续时间来看，存在着两种可能性：一是企业在近期面临破产清算；二是在可预见的未来持续经营下去。不同可能性决定了企业将采用不同的会计方法进行核算。为了使会计核算中使用的会计处理方法保持稳定，保证会计核算资料的真实可靠，我国《企业会计准则——基本准则》规定，企业会计确认、计量和报告应当以持续经营为前提。即企业可以在持续经营的基础上，使用它所拥有的各种资源，依照偿还条件清偿它所负担的各种债务。

因为企业会计核算所采用的许多会计处理方法都是建立在持续经营前提基础上的，从而解决了很多常见的资产计价和收益确认问题。例如，企业的资产价值以历史成本计价而不采用现行市价或清算价格；采用权责发生制确认收入和费用的依据是所属会计期间，而不以是否收或付货币资金为依据。

若企业即将破产清算，则持续经营的前提就不再成立。这种情况下，编制财务报告就必须根据资产的清算价值，负债则按立即清算的金额报告，一些公认的会计处理方法也将缺乏存在的基础。

（三）会计分期

会计分期是指将企业持续不断的生产经营活动分割为一定期间，据以结算账目和编制会计报表，从而及时地提供有关企业财务状况和经营成果的会计信息。持续经营假设，意味着企业的经营活动在时间上将无终止地进行下去。在会计工作的实践中，产生了提供会计信息从何时开始又到何时终止的问题。等到企业经营活动全部结束时再进行盈亏核算和编制财务报告，显然是不可能的。因此，有必要进行会计分期，即人为地将持续不断的生产经营活动划分为一个个首尾相接、等间距的会计期间。我国《企业会计准则——基本准则》规定，企业应当划分会计期间，分期结算账目和编制财务报告。会计期间分为年度和中期，中期是指短于一个完整的会计年度的报告期间。我国目前的会计分期采用公历日期。

会计分期对于确定会计核算的程序和方法具有极为重要的意义。由于有了会计分期，才产生了本期与非本期的区别，继而才有了权责发生制和收付实现制的区分，不同类型的会计主体也就有了记账的基准；有了会计分期，才产生了某些成本费用要在不同会计期间进行摊销，分别列为当期费用和下期费用的问题；有了会计分期，才在会计处理上产生了运用预收、应收、应付等会计方法的需要。

（四）货币计量

货币计量是指企业在会计核算过程中以货币为计量单位，记录反映企业的经营情况。采用货币为计量单位基于两种假定：一是假定在诸多的计量单位中货币是经济活动最好的计量单位。企业开展经济活动，客观上存在多种计量单位，如货币、实物、数量、重量、长度、面积等。货币计量单位具有广泛的使用性，更能体现会计的目标。二是假定货币的价值保持不变。货币作为一种计量单位，其价值应当是稳定不变的，这样才能使不同时点的资产价值具有可比性，不同时期的收入和费用才能进行比较，以计算其经营成果。我国《企业会计准则——基本准则》规定，企业会计应当以货币计量。我国企业会计核算以人民币为记账本位币。业务收支以外币为主的企业，也可以选定某种外币作为记账本位币，但编制的会计报表应当折算为人民币反映。境外企业向国内有关部门编报会计报表，应当折算为人民币反映。

由于通货膨胀的普遍存在，货币的实际价值是在不断变化的。为了解决这一问题，会计上有两种选择：一是假设币值不变，忽略币值的变化；二是计量这些变化，对不同时期货币的价值进行调整。通常认为当通货膨胀率超过一定限度时，必须采用通货膨胀会计程序，并在财务报告中予以说明。

第三节 财务会计信息的质量要求

财务会计信息的质量要求是指会计信息所要达到或满足的质量标准。为了规范会计行为，保证会计信息的质量，必须明确会计信息的质量要求。对于会计信息的质量要求应包括的内容，人们在认识上还不统一。按照我国《企业会计准则——基本准则》的规定，会计信息的质量要求主要包括以下八个方面。

一、可靠性

可靠性是指企业应当以实际发生的交易或者事项为依据进行会计确认、计量和报告，如实反映符合确认和计量要求的会计要素及其他相关信息，保证会计信息真实可靠，内容完整。可靠性是对会计核算工作的基本要求。不坚持可靠性就无法使会计信息使用者了解企业的真实情况，导致其决策失误。

可靠性具体包括三个方面的含义：一是真实性，即会计反映的结果应当与企业实际的财务状况和经营成果相一致，每一项会计记录都要有合法凭证为依据，企业的会计记录和财务报告必须如实反映，保证账证、账账、账表、账实之间相互一致，不允许弄虚作假、隐瞒谎报。二是客观性，即对于经济业务的记录和报告，应当做到不偏不倚，以客观事实为依据，不受主观意志的左右。三是可验证性，即会计信息应当经得起复核和验证，凡是过去发生的经济业务都应当有合理合法的凭证，可供事后检查，同一经济业务分别由两个或两个以上会计人员同时进行处理，应得出相同的核算结果，并可相互验证。

二、相关性

相关性是指企业提供的会计信息应当与财务会计报告使用者的经济决策需要相关，这有助于财务会计报告使用者对企业过去、现在或者未来的情况作出评价或者预测。会计的具体目标是为会计信息的使用者提供会计信息。要充分发挥会计信息的作用，提高会计信息的使用价值。必须使会计提供的信息与其使用者对会计信息的要求相关联，否则会计提供的信息将是无任何价值的。

相关性要求企业会计在收集、加工、处理、传递会计信息时，要充分考虑会计信息使用者对会计信息需要的不同特点，确保企业内外有关方面对会计信息的相关需要。相关性并不是要求会计提供满足所有会计信息使用者的所有要求，企业的财务报告只能提供通用的会计信息，会计信息的使用者通过对通用会计信息的加工整理，得到其需要的会计信息，即可以说符合相关性。

三、可理解性

可理解性是指企业提供的会计信息应当清晰明了，便于财务会计报告的使用者理解和使用。会计信息的使用者来自社会的各个方面和各个层次。提供的会计信息必须充分考虑让其使用者理解会计信息的内涵，明白会计信息的内容，只有这样才能保证对会计信息的有效利用。

坚持可理解性，一是做到会计提供的信息要简明、易懂、准确、清晰，容易被人所理解；二是努力提高会计信息使用者认识和理解会计信息的水平。

四、可比性

可比性是指企业提供的会计信息应当口径一致、相互可比。可比性包括下面两个方面的含义：

（1）同一企业不同时期发生的相同或者相似的交易或事项，应当采用一致的会计政策，不得随意变更。这样有利于提高会计信息的使用价值，防止会计主体通过会计程序和方法的变更，在会计核算中弄虚作假，粉饰财务报告。企业在经营情况、经营范围、经营方式或国家有关政策发生重大变化时，可根据实际情况对原选用的会计处理程序和方法作适当变更，但应将变动的情况和原因、变动对企业财务状况和经营成果的影响等，在财务报告附注中作出说明，以免会计信息使用者产生误解。

（2）不同企业发生的相同或者相似的交易或事项，应当采用规定的会计政策，确保会计信息口径一致、相互可比，以便使各企业提供的会计核算资料和数据能够相互可比。落实不同企业间会计信息质量要求的可比性要做好两方面的工作：❶国家在制定有关的会计法规时要尽量减少企业选择会计政策的余地；❷企业要严格按照国家统一的会计法规的规定选择会计政策。

五、实质重于形式

实质重于形式是指企业应当按照交易或事项的经济实质进行会计确认、计量和报告，不应以交易或者事项的法律形式为依据。在会计核算中，往往遇到一些经济实质与法律形式不相吻合的业务或事项。例如，企业租入的固定资产，从法律形式上讲，所有权并没有转移给承租方，但从经济实质上讲，与该项固定资产相关的收益和风险已经转移给承租方，承租方实际上能够行使对该项固定资产的控制权。因此，按照实质重于形式的要求，应以经济实质作为确认和计量的依据。承租方应该将租入的固定资产确认为使用权资产，并计提折旧。

六、重要性

重要性是指企业提供的会计信息应当反映与企业财务状况、经营成果和现金流量等有关的所有重要交易或者事项。具体来讲，就是对某些重要的会计事项，应分别核算、分项反映，力求准确，并在财务报告中重点说明；对某些次要的会计事项，在不影响会计信息质量的前提下，可适当简化会计核算的手续，采用简便的会计处理方法，并在财务报告中合并反映。

企业若不坚持重要性，向会计信息的使用者提供的会计信息不分主次、面面俱到，则必将耗费过多的人力、物力，增加不必要的工作量，降低工作效率，加大核算成本，同时也可能有损于会计信息的使用价值，甚至影响决策。

确认会计事项的重要性，很大程度上取决于会计人员的职业判断。一般来讲，重要性可以从质和量两个方面进行判断。从质的方面讲，只要该会计事项的发生可能对决策有重大影响，则属于重要性事项；从量的方面讲，该会计事项发生达到总资产一定比例时，则认为是重要性事项。

七、谨慎性

谨慎性又称稳健性，是指企业对交易或者事项进行会计确认、计量和报告应当保持应有的谨慎，不应高估资产或者收益、低估负债或者费用。在存有不确定因素、对某些会计事项需要进行预计时，应保持一定程度的谨慎，稳妥从事，留有余地。谨慎性的基本内容是：不预计收入，但预计可能发生的损失；对企业期末资产的估价宁可低估，不可高估。例如，对应收账款预计坏账损失，计提坏账准备，就体现了谨慎性。

谨慎性要求体现于会计工作的全过程，包括会计确认、计量、报告等各个方面。在会计确认方面要求确认的标准和方法是建立在稳妥、合理的基础之上；在会计计量方面要求不得高估资产和利润数额；在会计报告方面要求向会计信息的使用者尽可能提供全面信息，特别应注意报告有可能发生的风险损失。

企业应正确理解谨慎性，不得歪曲或任意使用，以影响会计核算的客观性，造成会计秩序的混乱。

八、及时性

及时性是指企业对于已经发生的交易或事项，应当及时进行会计确认、计量和报告，不得提前或延后，以保证会计信息及时有用。会计信息的价值不仅在于其真实可靠，而且在于其时效性。过时的会计信息无任何价值。在存在激烈竞争的市场经济条件下，强调会计信息的及时性更有其现实意义。

坚持及时性，一是要做好会计信息的及时收集；二是要做好会计信息的及时加工；三是要做好会计信息的及时传递。

专栏 1-2 我国原始社会的会计行为

我国原始社会末期，随着社会分工的发展，劳动产品的分配、交换及消费等问题凸显，“计数”逐渐成为社会生活的必要，人们逐渐形成数量观念，并尝试以实物、绘画、结绳、刻契等方式来表现经济活动及其所反映的数量关系。由实物记事(计数)、绘画记事(计数)、结绳记事(计数)、刻契记事(计数)等方式所体现的原始计量记录行为基本代表着同时期的“会计”行为，因此可以说，原始计量记录行为是会计的萌芽状态，是会计的直接渊源。

1

第四节　财务会计的基本要素

财务会计侧重于从价值方面反映和监督企业的生产经营活动。企业的生产经营活动包括资金筹集、资金使用、资金收回及财务成果分配等，体现着不断进行的资金循环和周转。在企业日常的生产经营活动中，财务会计反映和监督的内容总是表现为各种各样、为数众多的经济业务，在实际工作中，常把各种经济业务作为会计核算的对象。

会计要素是为了实现会计目标，以会计基本前提为基础对会计核算对象的基本分类，是会计核算对象的具体化，是财务报表所列示的内容，是会计用以反映会计主体财务状况、确定经营成果的基本单位。企业应当按照交易或事项的经济特征确定会计要素。

国际会计准则委员会通常将会计要素分为资产、负债、权益、收益、费用等五项，美国财务会计准则委员会将会计要素分为资产、负债、权益（或净资产）、业主投资、派给业主款、综合收益、营业收入、费用、利得和损失等十项。按照我国《企业会计准则——基本准则》的规定，会计要素分为资产、负债、所有者权益、收入、费用和利润六项。这六项会计要素中，前三项为反映财务状况的会计要素，后三项为反映经营成果的会计要素，具体如表 1-1 所示。

表 1-1　　会计要素分类表

会计要素分类	会计要素项目
反映财务状况的会计要素	资产、负债、所有者权益
反映经营成果的会计要素	收入、费用、利润

一、反映财务状况的会计要素

（一）资产

资产是指企业过去的交易或者事项形成的、由企业拥有或者控制的、预期会给企业带来经济利益的资源。资产是企业从事生产经营活动的物质基础。资产具有以下特点：

（1）资产是由过去的交易或事项形成的。企业过去的交易或者事项包括购买、生产、建造行为或其他交易或者事项。预期在未来发生的交易或者事项不形成资产。资产必须是现实的资产，不能是预期的资产。只有过去发生的交易或事项才能增加或减少企业的资产，不能根据谈判中的交易或计划中的经济业务来确认企业资产的增加或减少。

（2）资产必须为企业拥有或控制。一项资产作为企业的资产予以确认时，企业应该对其拥有所有权。对于一些特殊方式形成的资产，企业虽然对其不享有所有权，但能对其实施实际控制，也应作为企业的资产予以确认，如企业租入确认的使用权资产。

（3）资产预期能够给企业带来经济利益。预期会给企业带来经济利益，是指直接或者间接导致现金和现金等价物流入企业的潜力。凡是能够为企业带来未来经济利益的都有可能成为企业的资产，包括财产、债权、其他权利等。不能够给企业带来未来经济利益的，则不能作为资产予以确认。

一项资源是否作为企业的资产确认，除符合上述资产的定义外，还必须同时满足以下两个条件：一是与该资源有关的经济利益很可能流入企业；二是该资产的成本或者价值能够可靠地计量。在会计核算中常常要进行估计，但如果对一项经济事项无法作出合理估计，就不能将其列作企业的资产。

资产以各种具体形态分布和占用在企业生产经营过程的各个方面，资产按照流动性分为流动资产和非流动资产。流动资产是指满足下列条件之一的资产：预计在一个营业周期中变现、出售或耗用；主要为交易目的而持有；预计在资产负债表日起 1 年内（含 1 年）变现。企业的流动资产包括货币资金、交易性金融资产、应收及预付账款、存货等。流动资产以外的资产为非流动资产，包括长期股权投资、固定资产、无形资产等。

【例 1-2】 甲企业本期发生下列交易与事项：购入原材料一批入库，确认采购成本为 70 000 元；销售本企业生产的产品，价款 120 000 元，货款暂未收到，确认为应收账款；购入生产用专用设备一台，确认购入成本为 200 000 元；长期租用生产设备一台，甲企业可实施实际控制，确认为使用权资产，其成本为 150 000 元；企业签订下期原材料采购合同，合同规定购入材料 90 000 元；计划再购买生产设备一批，预计采购价款 140 000 元。根据上述资料确认企业的资产金额。

流动资产金额：原材料 70 000 元、应收账款 120 000 元，合计 190 000 元。

非流动资产金额：固定资产 200 000 元、使用权资产 150 000 元，合计 350 000 元。

资产金额总额：流动资产 190 000 元、非流动资产 350 000 元，合计 540 000 元。

签订的合同采购材料金额 90 000 元、计划购买生产设备价款 140 000 元，均为预期在未来发生的交易或者事项，目前不作为企业的资产进行确认。

（二）负债

负债是指企业过去的交易或者事项形成的、预期会导致经济利益流出的现时义务。负债是企业筹集资金的重要渠道，是企业权益的重要组成部分。负债具有以下特点：

（1）负债由过去的交易或事项形成，是企业的现时义务。现时义务是指企业在现行条件下已承担的义务。负债作为企业承担的一种经济义务，是由过去的交易或事项形成的，例如，银行借款是因为企业向银行申请到了贷款形成的，应付账款是因为企业赊购商品或接受劳务形成的，但在申请到银行贷款和赊购商品事项发生之前，相应的银行借款和应付账款并不存在。未来经济业务可能产生的经济义务，不是会计上的负债。

（2）负债的清偿，预期会导致经济利益流出企业。无论负债以何种形式出现，作为一种现时义务，其最终履行预期均会导致经济利益流出企业。负债的偿还方式具体表现为交付资产、提供劳务、将一部分股权转让给债权人等。

（3）负债有确切的收款人和偿付日期。如果收款人和偿付日期难以确定，就不是会计上的负债。

一项义务是否作为企业的负债确认，除符合上述负债的定义外，还必须同时满足以下两个条件：一是与该义务有关的经济利益很可能流出企业；二是未来流出的经济利益的金额能够可靠地计量。负债通常有一个可确定的到期偿付金额，或虽无确切金额，但有一个合理的估计数额；反之，若金额无法确定或估计，就不是会计上的负债。

负债虽是企业筹措资金的重要渠道，但它不能归企业长期使用，必须按期归还。因此，负债实质上反映的是企业与债权人之间的一种债权债务关系。负债按其偿付期的长短分为流动负债和非流动负债两类。流动负债是指满足下列条件之一的负债：预计在一个正常营业周期中清偿；主要为交易目的而持有；在资产负债表日起 1 年内到期应予清偿，企业无权自主地将清偿推迟至资产负债表日后 1 年以上。流动负债包括短期借款、应付账款、应付票据、应付职工薪酬等。流动负债以外的负债归类为非流动负债，包括长期借款、长期应付款、应付债券等。

（三）所有者权益

所有者权益是指企业资产扣除负债后由所有者享有的剩余权益。企业的所有者权益又称为股东权益。所有者权益的金额取决于资产和负债的计量。

所有者权益具有如下特征：一是除非发生减资、清算等情况，企业不需要偿还所有者权益；二是所有者能够凭借所有者权益参与企业利润分配；三是企业清算时所有者权益的返还须在清偿所有的负债后进行。

所有者权益按其来源包括：所有者投入的资本、直接计入所有者权益的利得和损失、留存收益等。所有者投入的资本是指所有者实际投入企业经营活动的各种财产物资，如实收资本（或股本）、资本公积中的资本溢价等。直接计入所有者权益的利得和损失，是指不应计入当期损益、会导致所有者权益增减变动的、与所有者投入资本或者向所有者分配利润无关的利得或者损失。其中，利得是指由企业非日常活动所形成的、会导致所有者权益增加的、与所有者投入资本无关的经济利益的流入；损失是指由企业非日常活动发生的、会导致所有者权益减少的、与向所有者分配利润无关的经济利益的流出。留存收益是指企业实现的利润在缴纳所得税、提取盈余公积金、向投资者分配利润（或股利）后的余额，即留存于以后年度分配的利润。所有者权益从构成内容看包括实收资本（或股本）、资本公积、盈余公积和未分配利润等。

所有者权益与负债存在本质区别：一是负债是企业承担的经济责任，负有偿还的义务，而所有者权益则通常不需要归还给投资者；二是企业使用负债取得的资金通常需要付出代价，而使用所有者权益取得的资金则不需支付费用；三是企业清算时负债拥有优先清偿权，而所有者权益只有在清偿所有负债后才能返还给投资者；四是负债不能参与企业利润分配，而所有者权益的基本部分可以参加企业利润分配。

二、反映经营成果的会计要素

（一）收入

收入是指企业在日常活动中形成的、会导致所有者权益增加的、与所有者投入资本无关的经济利益的总流入。

收入具有如下特征：一是收入从企业的日常活动中产生，而不是从偶发的交易或事项中产生。日常活动是指企业为完成其经营目标而从事的所有活动以及与之相关的其他活动。如工业企业制造和销售产品、商业企业从事商品销售活动等。企业有些活动虽不是经常发生的，但与日常活动有关，如工业企业出售作为原材料的存货的收入，也属于收入。有些交易或事项虽能为企业带来经济利益，但不属于企业的日常活动，所以其经济利益的流入不属于收入，如企业出售固定资产的收入。二是收入可能表现为企业资产的增加或负债的减少或两者兼有。收入为企业带来的经济利益形式多种多样，有的表现为资产的增加，如增加银行存款、形成应收账款等；有的表现为负债的减少，如减少预收账款等；有的表现为两种情况的组合，如部分增加银行存款，部分减少预收账款等。三是收入会导致企业所有者权益的增加。企业取得的收入能导致所有者权益的增加，但是收入与相关的费用配比后，则既有可能增加所有者权益，也有可能减少所有者权益。由于收入是经济利益的总流入，所以，收入会导致所有者权益的增加。四是收入只包括本企业的经济利益的总流入。企业为第三方或者客户代收的款项，如增值税、代收利息等，不属于本企业的经济利益，不能作为本企业的收入。

企业的收入按其从事日常活动的性质可分为销售商品收入和提供劳务收入。收入按其日常活动在企业中所处的地位可分为主营业务收入和其他业务收入。主营业务收入是企业为完成其经营目标而从事的日常活动中的主要项目的收入。其他业务收入是主营业务以外的其他日常活动收入。收入按其确认时间可分为在某一时点确认的收入和在某一时段确认的收入。

收入只有在经济利益很可能流入从而导致企业资产增加或负债减少，且经济利益的流入额能够可靠地计量时才能予以确认。

收入是企业持续经营的基本条件，企业必须在销售商品或者提供劳务等经营业务中取得收入，补偿经营活动的耗费，这样才能保证生产经营活动的不间断进行。正确地计算和确认收入是核算企业财务成果的重要内容。

（二）费用

费用是指企业在日常活动中发生的、会导致所有者权益减少的、与向所有者分配利润无关的经济利益的总流出。

费用具有以下特征：一是费用是企业日常活动发生的经济利益的流出，而不是偶发的交易或事项发生的经济利益的流出。如工业企业采购原材料、商业企业采购商品等活动发生的经济利益的流出，属于费用。企业固定资产损毁发生的经济利益流出因不属于日常活动则不是费用而是损失。二是费用可能表现为资产的减少或负债的增加或两者兼有。费用的发生形式多种多样，有的表现为资产的减少，如购买原材料支付现金、制造产品耗用存货；有的表现为负债的增加，如负担的长期借款利息；还有的两者兼有，如购买原材料支付部分现金，部分为承担的债务。三是费用会导致所有者权益减少。但有些导致所有者权益减少的经济利益总流出不一定属于费用，如企业向所有者分配利润，一方面减少企业的所有者权益，另一方面减少企业的资产或增加企业的负债，因此不属于费用。

企业的费用主要包括营业成本和期间费用两部分。营业成本是指销售商品或提供劳务的成本，是可以对象化的费用，通常称为制造成本或劳务成本，由产品生产过程或劳务过程中耗费的直接材料费用、直接人工费用和生产车间发生的制造费用构成。营业成本按照其销售商品或提供劳务在企业日常活动中所处的地位可分为主营业务成本和其他业务成本。期间费用是指不能予以对象化的费用，由管理费用、销售费用和财务费用构成。费用是经营成果的扣除要素，收入扣除费用后形成一定期间的利润。费用只有在经济利益很可能流出从而导致企业资产减少或负债增加，且经济利益的流出额能够可靠计量时才能予以确认。

企业为生产产品、提供劳务等发生的可归属于产品成本、劳务成本等的费用，应当在确认产品销售收入、劳务收入等时，将已销售产品、已提供劳务的成本计入当期损益。企业发生的支出不产生经济利益的，或者即使能够产生经济利益但不符合或者不再符合资产确认条件的，应当在发生时确认为费用，计入当期损益。企业发生的交易或者事项导致其承担了一项负债而又不确认为一项资产的，应当在发生时确认为费用，计入当期损益。

（三）利润

利润是指企业在一定会计期间的经营成果，即收入减去费用后的净额、直接计入当期利润的利得和损失。直接计入当期利润的利得和损失是指应当计入当期损益会导致所有者权益发生增减变动的与所有者投入资本或者向所有者分配利润无关的利得或者损失。

企业利润的计算取决于收入和费用，以及直接计入当期利润的利得和损失的计量。反映企业利润的指标包括营业利润、利润总额和净利润等。

三、会计要素的计量

会计要素的计量是指根据一定的计量标准和计量方法，在财务会计报表中确认和列示会计要素而确定其金额的过程。用货币对会计要素进行计量的标准称为会计计量属性。企业在将符合确认条件的会计要素登记入账并列报于财务会计报表时，应当按照规定的会计计量属性进行计量，确定其金额。会计计量属性主要包括以下几个方面。

（一）历史成本

历史成本又称原始成本，是指以取得资产时实际发生的成本作为资产的入账价值。历史成本是最基本的、首选的计量属性。

按照历史成本计量属性，资产要按照购置时支付的现金或者现金等价物的金额，或者按照购置资产时所付出的对价的公允价值计量；负债要按照因承担现时义务而实际收到的款项或者资产的金额，或者承担现时义务的合同金额，或者按照日常活动中为偿还负债预期需要支付的现金或者现金等价物的金额计量。

（二）重置成本

重置成本是指企业重新取得与其所拥有的某项资产相同或与其功能相当的资产需要支付的现金或现金等价物。重置成本主要用于盘盈固定资产的价值计量。

按照重置成本计量属性，资产要按照现在购买相同或者相似资产所需支付的现金或者现金等价物的金额计量；负债要按照现在偿付该项负债所需支付的现金或者现金等价物的金额计量。

（三）可变现净值

可变现净值是指在日常活动中存货的估计售价减去至完工时估计将要发生的成本、估计的销售费用以及相关税费后的金额。可变现净值通常用于存货资产的后续计量。

按照可变现净值计量属性，资产要按照其正常对外销售所能收到的现金或现金等价物的金额扣减该资产至完工时估计将要发生的成本、估计的销售费用以及相关税费后的金额计量。

（四）现值

现值是指资产或负债形成的未来现金流量的折现价值。现值通常用于非流动资产可回收金额与金融资产摊余成本的价值计量。

按照现值计量属性，资产要按照预计从其持续使用和最终处置中所产生的未来净现金流入量的折现金额计量；负债按照预计需要偿还的未来净现金流出量的折现金额计量。

（五）公允价值

公允价值，是指市场参与者在计量日发生的有序交易中，出售一项资产所能收到或者转移一项负债所需支付的价格。公允价值主要用于部分金融资产、债务重组等价值计量。

有序交易，是指在计量日前一段时期内相关资产或负债具有惯常市场活动的交易。

以公允价值计量相关资产或负债，应当假定出售资产或者转移负债的有序交易在相关资产或负债的主要市场进行。不存在主要市场的，应当假定该交易在相关资产或负债的最有利市场进行。

以公允价值计量相关资产或负债，应当采用在当前情况下适用并且有足够可利用数据和其他信息支持的估值技术，主要包括市场法、收益法和成本法。

四、会计等式

企业的各项会计要素之间存在一定的数量关系，反映各会计要素之间数量关系的等式叫会计等式。会计等式揭示了各会计要素之间的关系，是复式记账、试算平衡和编制会计报表的理论依据。

会计等式有以下三种形式：

等式 1：

$$资产 = 负债 + 所有者权益$$

这一等式表明了企业在某一特定时点所拥有的各种资产以及债权人和投资者(所有者)对企业资产要求权的基本情况，表明了资产、负债和所有者权益之间的基本关系。

等式 2：

$$收入 - 费用 = 利润$$

这一等式表明了经营成果与一定期间的收入和费用之间的关系。

等式 3：

$$资产 = 负债 + 所有者权益 + (收入 - 费用)$$

或

$$资产 + 费用 = 负债 + 所有者权益 + 收入$$

随着企业经营活动的进行，在会计期间内，企业一方面取得收入，同时增加资产或减少负债；另一方面要发生各种费用，同时减少资产或增加负债。因此，企业在会计期间内(期末结账前)会计等式 1 就转化为会计等式 3。根据会计等式 3，企业可以在编制会计报表前进行总分类账户余额的试算平衡。

到会计期末，企业将收入与费用相抵计算出本期利润(亏损)，并将利润按规定进行分配后，会计等式 3 又恢复为会计等式 1。

第五节　财务会计法规

一、会计法规的概念与构成

会计法规是国家权力机关和行政机关制定的各种会计规范性文件的总称。按照会计法规制定机关和效力的不同，可以分为以下几个层次：

(1) 会计法律，是指由全国人民代表大会及其常务委员会制定并颁布的各种会计规范性文件，如《中华人民共和国会计法》。

(2) 会计行政法规，是指国务院制定并颁布的会计规范性文件，如《总会计师条例》。

(3) 部门会计规章，是指财政部门制定并颁布的会计规范性文件，如《会计基础工作规范》。

(4) 地方性会计法规，是指由各地方人民代表大会和地方政府制定并颁布的地方性会计规范性文件等。

二、我国现行会计法规的主要内容

(一)《中华人民共和国会计法》

我国的会计立法具有较长的历史,战国时期的《法经》是我国最早的一部完整的封建法典,其中对会计问题就作出相关规定。北洋政府于 1914 年制定并颁布了我国历史上第一部完整的会计法,1935 年国民政府重新制定并颁布了会计法,国民党统治时期也曾先后几次修订并颁布会计法。中华人民共和国成立后,在全国范围内建立了比较完整的会计制度体系,会计规范主要采取政府规定的形式。

改革开放后,会计立法被排上重要议程。我国现行的《中华人民共和国会计法》(以下简称“《会计法》”)由 1985 年 1 月 21 日第六届全国人民代表大会常务委员会第九次会议通过,并经 1993 年 12 月 29 日第八届全国人大常务委员会第五次会议、1999 年 10 月 31 日第九届全国人大常务委员会第十二次会议和 2017 年 11 月 4 日第十二届全国人大常委会第三十次会议的三次修订。

《会计法》是我国会计工作的根本大法,也是我国其他会计法规的母法。它对我国会计工作的主要方面作出规定,涉及我国会计工作的所有领域,是制定其他会计法规的基本依据。制定和实施《会计法》,有利于加强和规范会计行为,保证会计资料真实、完整,保障会计人员依法行使职权,充分发挥会计工作维护社会主义市场经济秩序、加强经济和财力管理、提高经济效益的作用。

现行的《会计法》,包括总则、会计核算、公司与企业会计核算的特别规定、会计监督、会计机构和会计人员、法律责任和附则等 7 章 52 条内容。

(二)企业会计准则

准则通常是指特定活动和行为的规范和标准,会计准则是指会计活动和会计行为的规范和标准。目前,由 100 多个专业会计组织组成的国际会计准则理事会,已陆续发布了 40 多个会计准则,主要有财务报表列报、折旧会计、现金流量表、非常事项、所得税、房产、租赁、企业合并、投资会计等。在我国,会计准则被界定为国务院授权财政部门发布或财政部门颁布的有关会计核算的基本准则和具体准则。我国现已颁布的会计准则,按照所规范的主体不同,可分为企业会计准则和政府会计准则;按照所规范的内容不同,可分为基本会计准则和具体会计准则。本书只对企业会计准则作简要说明。

我国的企业会计规范和标准自 20 世纪 50 年代至 90 年代初,一直采用企业会计制度的形式。改革开放后,为了适应社会主义市场经济发展的需要,我国自 1988 年起开始研究起草《企业会计准则》,并陆续发布多项具体会计准则。2006 年、2014 年、2017—2019 年又对企业会计准则进行了五次修订和完善,修订和完善后的企业会计准则包括 1 项基本会计准则、42 项具体会计准则和企业会计准则应用指南与企业会计准则解释等。

1.《企业会计准则——基本准则》

我国的第一个基本会计准则于 1992 年 11 月 30 日经国务院批准,以财政部部长令的形式正式颁布,共 10 章 66 条,并规定从 1993 年 7 月 1 日起施行。基本会计准则的颁布实施,打破了传统的按行业和所有制分别制定会计制度的界限,采用了国际通用的会计方法和报表体系。2006 年 2 月 15 日财政部修订发布了《企业会计准则——基本准则》(以下简称“《基本准则》”)。

2014 年 7 月 23 日根据《财政部关于修改〈企业会计准则——基本准则〉的决定》又对其个

1

别条款进行修订。重新修订后的《基本准则》主要包括：会计基本假设、会计信息质量要求、会计要素及其确认和计量、财务会计报告的总体要求等内容。《基本准则》一方面用于指导具体会计准则的制定，另一方面用于当出现新的业务且具体会计准则暂未涵盖时，按基本准则确立的原则进行会计处理。

2.《企业会计准则——具体准则》

《企业会计准则——具体准则》，是根据基本准则的要求，就会计核算的基本业务和特殊行业的会计核算工作作出的规定。我国从 1997 年上半年正式颁布第一个具体会计准则起，至 2005 年止共陆续颁布了 16 项具体会计准则。2006 年，国家对已颁布的具体会计准则进行了全面修订，重新颁布了 38 项具体会计准则（第 1 号至第 38 号），自 2007 年 1 月 1 日起在上市公司范围内施行，鼓励其他企业执行。2014 年，国家对原颁布的部分具体会计准则进行了修订，并颁布了 3 项新的具体会计准则（第 39 号至第 41 号），重新修订和新颁布的会计准则自 2014 年 7 月 1 日起实施。

2017—2019 年国家又对原颁布的部分具体会计准则进行了修订，并颁布了 1 项新的具体会计准则（第 42 号），重新修订和新颁布的具体准则，分别自规定的时间起实施。

我国的《企业会计准则——具体准则》，如表 1-2 所示。

表 1-2 《企业会计准则——具体准则》一览表

序号	名 称	序号	名 称	序号	名 称
1	存货	15	建造合同	29	资产负债表日后事项
2	长期股权投资	16	政府补助	30	财务报表列报
3	投资性房地产	17	借款费用	31	现金流量表
4	固定资产	18	所得税	32	中期财务报告
5	生物资产	19	外币折算	33	合并财务报表
6	无形资产	20	企业合并	34	每股收益
7	非货币性资产交换	21	租赁	35	分部报告
8	资产减值	22	金融工具确认和计量	36	关联方披露
9	职工薪酬	23	金融资产转移	37	金融工具列报
10	企业年金基金	24	套期会计	38	首次执行企业会计准则
11	股利支付	25	原保险合同	39	公允价值计量
12	债务重组	26	再保险合同	40	合营安排
13	或有事项	27	石油天然气开采	41	在其他主体中权益的披露
14	收入	28	会计政策、会计估计变更和差错更正	42	持有待售的非流动资产、处置组和终止经营

3.《企业会计准则——应用指南》

《企业会计准则——应用指南》是对具体准则的一些重点、难点问题作出的操作性规定。自 2006 年起，财政部已经陆续颁布了第 1 号至第 42 号具体会计准则的应用指南或讲解，并附录了会计科目和主要账务处理。

4.《企业会计准则解释》

《企业会计准则解释》是对具体会计准则实施过程中出现的问题、具体会计准则条款规定不清楚或者尚未规定的问题进行的补充说明。财政部自 2007 年始先后发布了多个企业会计准则解释。

5.《小企业会计准则》

2011 年 10 月，财政部颁布《小企业会计准则》，对小企业的会计确认、计量和报告行为进行了规范。

《小企业会计准则》自 2013 年 1 月 1 日起施行，鼓励小企业提前执行，有条件的小企业也可以执行企业会计准则。

（三）企业会计制度

会计制度是指财政部门制定并颁布的有关会计核算的制度规范。根据《会计法》的规定，我国实施由财政部统一制定和颁布会计制度。1949 年到 1992 年期间，全国实行统一的会计政策和会计方法，财政部先后制定并颁布了分部门、分行业、分所有制为特征的会计制度，企业对会计政策和会计方法没有选择权。1992 年至 1998 年期间，为适应市场经济发展的需要，我国对会计制度进行了重大改革，财政部先后制定和颁布了《企业会计准则——基本准则》《企业财务通则》《工业企业会计制度》和《商品流通企业会计制度》等 13 个行业会计制度，以及《股份有限公司会计制度》《外商投资企业会计制度》等多项会计制度。这一时期会计制度的主要特点仍是分行业、分所有制的，但吸收和借鉴了国际通用的会计政策和会计方法，企业选择会计政策和会计方法时有一定的自主性。

1999 年通过的《中共中央关于国有企业改革和发展若干重大问题的决定》和新修订的《会计法》均明确要求建立全国统一的会计制度。为此，我国会计制度又一次进行了重大改革，自 2000 年开始，财政部相继颁布了全国统一的《企业会计制度》《金融企业会计制度》《民间非营利组织会计制度》《个体工商户会计制度》。至此，基本上形成了全国统一的新的企业会计核算制度体系。

《企业会计制度》适用于除不对外筹集资金、经营规模较小的企业，以及金融保险企业以外，在中华人民共和国境内设立的企业。《金融企业会计制度》适用于中华人民共和国境内依法成立的各类金融企业，包括银行（含信用社）、保险公司、证券公司、信托投资公司、期货公司、基金管理公司、租赁公司、财务公司等。

《企业会计制度》自 2001 年 1 月 1 日起施行。其内容共分十四章一百六十条，分别是总则、资产、负债、所有者权益、收入、成本和费用、利润及利润分配、非货币性交易、外币业务、会计调整、或有事项、关联方关系及交易、财务会计报告和附则等。其他会计制度的具体内容不再详述。

暂不执行《企业会计准则》的企业，按《企业会计制度》的规定规范相关业务的处理。

（四）《企业财务会计报告条例》

为了规范企业财务会计报告，保证财务会计报告的真实、完整，国务院于 2000 年 6 月 21 日颁布了《企业财务会计报告条例》，并于 2001 年 1 月 1 日实施。本条例共分六章四十六条，分别为总则、财务会计报告的构成、财务会计报告的编制、财务会计报告的对外提供、法律责任、附则等。

（五）《会计基础工作规范》

《会计基础工作规范》是由财政部于 1996 年 6 月 17 日颁布并实施，于 2019 年 3 月 14 日财政部进行了重新修订，其内容包括：总则、会计机构和会计人员、会计核算、会计监督、内部会计管理制度和附则，共六章一百条。

《会计基础工作规范》在遵循《会计法》规定的基本原则和各项要求的基础上，对会计基础工作的管理、会计监督、单位内部管理制度建设等问题作出了全面、具体的规范，是《会计法》的重要配套法规之一，也是会计人员工作的指南。

（六）会计从业人员管理法规

1.《总会计师条例》

《总会计师条例》由国务院于 1990 年 12 月 31 日颁布并施行，于 2011 年 1 月 8 日国务院进行了修订，其内容包括：总则、总会计师的职责、总会计师的权限、任免与奖惩和附则，共五章二十三条。

2.《会计专业技术资格考试暂行规定》

新修订的《会计专业技术资格考试暂行规定》由财政部和人事部颁布并于 2000 年 9 月 8 日施行，其内容包括 18 项条款。

3.《会计专业技术人员继续教育规定》

新修订的《会计专业技术人员继续教育规定》由财政部和人力资源社会保障部联合颁布，并于 2018 年 7 月 1 日施行。其内容包括：总则、管理体制、内容与形式、学分管理、会计继续教育机构管理、考核与评价和附则，共 7 章 27 条。

（七）《会计档案管理办法》

新修订的《会计档案管理办法》由财政部和国家档案局于 2015 年 12 月颁布，并从 2016 年 1 月 1 日施行，其内容包括 31 项条款和 2 个附表。

（八）内部控制规范

2008 年和 2010 年财政部会同有关部门分别发布了《企业内部控制基本规范》和《企业内部控制配套指引》，并要求在规定的企业范围内执行。

1.《企业内部控制基本规范》

《企业内部控制基本规范》由财政部会同证监会、审计署、银监会、保监会于 2008 年 5 月 22 日联合发布。

《企业内部控制基本规范》自 2009 年 7 月 1 日起在上市公司范围内施行，鼓励非上市的大中型企业执行。主要内容包括：总则、内部环境、风险评估、控制活动、信息与沟通、内部监督、附则等。

2.《企业内部控制配套指引》

《企业内部控制配套指引》由财政部会同证监会、审计署、银监会、保监会于 2010 年 4 月 15 日联合发布。

《企业内部控制配套指引》自 2011 年 1 月 1 日起在境内外同时上市的公司施行，自 2012 年 1 月 1 日起在上海证券交易所、深圳证券交易所主板上市公司施行；在此基础上，择机在中小板和创业板上市公司施行。鼓励非上市大中型企业提前执行。《企业内部控制配套指引》包括《企业内部控制应用指引》《企业内部控制评价指引》和《企业内部控制审计指引》三个具体指引，每个具体指引又规范了多项企业内部控制内容。

《企业内部控制基本规范》和《企业内部控制配套指引》的发布，标志着适应我国企业实际情况，融合国际先进经验的中国企业内部控制规范体系基本建成。

第二章　货币资金

【内容结构】

- 货币资金
  - 货币资金概述
    - 货币资金的概念和范围
    - 货币资金的内部控制
  - 库存现金
    - 库存现金的特点
    - 库存现金管理的主要内容
    - 库存现金的核算
    - 库存现金的清查
    - 备用金
  - 银行存款
    - 银行结算账户的分类与管理
    - 支付结算
    - 银行存款的核算
    - 银行存款的清查
  - 其他货币资金
    - 其他货币资金的范围和性质
    - 其他货币资金的核算

【学习目标】

知识目标：

1. 熟悉货币资金概念、范围及内部控制的原则和规定。
2. 明确库存现金管理的主要内容。
3. 明确银行结算账户的分类和管理要求。
4. 明确支付结算的具体方式及使用、支付结算的原则和纪律。
5. 熟悉其他货币资金范围和性质。

技能目标：

1. 能进行库存现金核算账户的设置与登记，能进行库存现金收支业务、清查业务和备用金业务的账务处理。

2. 能进行各种支付结算方式的应用与结算。

3. 能进行银行存款核算账户的设置与登记，能进行银行存款收付业务、清查业务的账务处理。

4. 能进行其他货币资金业务的账务处理。

第一节 货币资金概述

一、货币资金的概念和范围

（一）货币资金的概念

货币资金是指在企业生产经营过程中以货币形态存在的那部分资产，是企业资产中流动性很强的一种资产。企业可以直接用货币资金购买货物、支付劳务报酬和偿还债务等。任何企业进行生产经营活动都要拥有一定数额的货币资金，持有货币资金是企业进行生产经营活动的基本条件，在企业的各项经济活动中，货币资金起着非常重要的作用。

（二）货币资金的范围

根据货币资金的存放地点和用途的不同，货币资金分为库存现金、银行存款及其他货币资金三类。

1. 库存现金

现金的概念有狭义和广义之分。狭义的现金是指企业的库存现金，包括库存的人民币现金和外币现金。广义的现金包括库存现金、银行存款和其他符合现金定义的票证。本章所指的现金是狭义的现金。

2. 银行存款

银行存款是指企业存放在银行或其他金融机构的货币资金。

3. 其他货币资金

其他货币资金是指除库存现金、银行存款以外的其他各种货币资金，包括外埠存款、银行汇票存款、银行本票存款、信用卡存款、存出投资款等。

二、货币资金的内部控制

微课视频：货币资金的内部控制

货币资金的内部控制是指单位内部为了保护货币资金的安全完整和有效运用，保证货币资金收付的真实和合法，在分工基础上建立起来的相互制约的管理体系。加强货币资金的管理与核算，有利于保证企业生产经营活动的正常进行、提高货币资金的周转速度和使用效益、保护企业资产的安全完整、有效地防止不法行为的发生。

（一）货币资金内部控制的原则

对货币资金实行内部控制，应当结合企业生产经营的特点，制定相应的控制制度，并监督实施。一般来说，货币资金的管理和控制应当遵循以下原则：

（1）岗位职责牵制原则。涉及货币资金不相容的职责应分别由不同的人员担任，形成严密的内部牵制制度，以减少和降低货币资金管理上舞弊的可能性。

（2）收支交易分开原则。将现金支出业务和现金收入业务分开进行处理，不得坐支。

（3）内部稽核监督原则。企业应当建立对货币资金业务的监督检查制度，设置内部稽核部门和人员，对货币资金实施经常性的检查，及时发现货币资金管理中存在的问题，并加以改进。

（4）定期轮换岗位原则。对涉及货币资金管理和控制的业务人员定期轮换岗位，通过轮换岗位，减少货币资金管理和控制中产生舞弊的可能性，并及时发现有关人员的舞弊行为。

（二）货币资金内部控制的有关规定

为了加强对单位货币资金的内部控制和管理、保证货币资金的安全，财政部先后发布了《企业内部控制基本规范》《企业内部控制应用指引》。规定单位负责人应当对本单位货币资金内部控制的建立健全和有效实施以及货币资金的安全完整负责。具体规定如下：

（1）建立货币资金业务的岗位责任制度。企业应明确相关部门和岗位的职责权限，确保办理货币资金业务的不相容岗位相互分离、制约和监督。出纳人员不得兼任稽核、会计档案保管和收入、支出、费用、债权、债务账目的登记工作。不得由一人办理货币资金业务的全过程。

（2）配备合格人员，实行定期轮岗制度。

企业办理货币资金业务的人员应当具备良好的职业道德，忠于职守，廉洁奉公，遵纪守法，客观公正，不断提高会计业务素质和职业道德水平。企业要建立负责货币资金核算岗位人员的定期换岗制度，并严格执行。

（3）建立货币资金业务授权批准制度。企业要明确审批人对货币资金业务的授权批准方式、权限、程序、责任和相关控制措施，规定经办人办理货币资金业务的职责范围和工作要求。

审批人应当根据货币资金授权批准制度的规定，在授权范围内进行审批，不得超越审批权限。经办人应当在职责范围内，按照审批人的批准意见办理货币资金业务。对于审批人超越授权范围审批的货币资金业务，经办人员有权拒绝办理，并及时向审批人的上级授权部门报告。

单位对于重要的货币资金支付业务，应当实行集体决策和审批，并建立责任追究制度，防范贪污、侵占、挪用货币资金等行为。

严禁未经授权的机构或人员办理货币资金业务或直接接触货币资金。

（4）按照规定程序办理货币资金支付业务。

❶ 支付申请。单位有关部门或个人用款时，应当提前向审批人提交货币资金支付申请，注明款项的用途、金额、预算、支付方式等内容，并附有效经济合同或相关证明。

❷ 支付审批。审批人根据其职责、权限和相应程序对支付申请进行审批。对不符合规定的货币资金支付申请，审批人应当拒绝批准。

❸ 支付复核。复核人应当对批准后的货币资金支付申请进行复核，复核货币资金支付申请的批准范围、权限、程序是否正确，手续及相关单证是否齐备，金额计算是否准确，支付方式、支付单位是否妥当等。复核无误后，交由出纳人员办理支付手续。

❹ 办理支付。出纳人员应当根据复核无误的支付申请，按规定办理货币资金支付手续，及时登记现金日记账和银行存款日记账。

（5）加强货币资金收付业务的票据管理。明确各种票据的购买、保管、领用、背书转让、注销等环节的职责权限和程序，并专设登记簿进行记录，防止空白票据的遗失和被盗用。

(6) 加强企业开户银行预留印鉴的管理。财务专用章应由专人保管，个人名章必须由本人或其授权人员保管。严禁一人保管支付款项所需的全部印章。

(7) 建立货币资金业务的监督检查制度，明确监督检查机构或人员的职责权限，定期和不定期地进行检查。

货币资金监督检查的内容主要包括：❶货币资金业务相关岗位及人员的设置情况。重点检查是否存在货币资金业务不相容职务混岗的现象。❷货币资金授权批准制度的执行情况。重点检查货币资金支出的授权批准手续是否健全，是否存在越权审批行为。❸支付款项印章的保管情况。重点检查是否存在办理付款业务的所需的全部印章交由一人保管的现象。❹票据的保管情况。重点检查票据的购买、领用、保管手续是否健全，票据保管是否存在漏洞。

对监督检查过程中发现的货币资金内部控制中的薄弱环节，应当及时采取措施，加以纠正和完善。

第二节 库 存 现 金

一、库存现金的特点

企业的库存现金包括库存的人民币现金和外币现金。库存现金是企业资产中流动性最强的一种货币资产，既可以直接用于支付各项费用和用于清偿各种债务，也可立即投入流通，随时购买所需的物品。同时，库存现金对人的诱惑力也最大，因为它可以作为商品交换的媒介，具有普遍的可接受性，不经任何改变，就可以为企业或个人占有。因此，企业应特别加强库存现金的管理与控制，以保护其安全与完整。

二、库存现金管理的主要内容

(一) 规定库存现金的使用范围

根据国家现金管理制度和结算制度的规定，企业各种需要现金收支的款项必须按照国务院颁发的《现金管理暂行条例》的规定办理，在规定的范围内使用现金。允许企业使用现金结算的范围有：

(1) 支付给职工的工资、津贴。

(2) 个人劳务报酬。

(3) 根据国家规定颁发给个人的科学技术、文化艺术、体育等各种奖金。

(4) 各种劳保、福利费用以及国家规定的对个人的其他支出。

(5) 向个人收购农副产品和其他物资的价款。

(6) 出差人员必须随身携带的差旅费。

(7) 零星支出。

(8) 中国人民银行确定需要支付现金的其他支出。

属于上述现金结算范围的支出，企业可以根据需要向银行提取现金支付，不属于上述现金结算范围的款项支付，一律通过银行转账结算。

（二）核定库存现金限额

库存现金限额是指为了保证各单位日常零星支出的需要，按规定允许留存的现金的最高数额。库存现金限额由开户银行根据开户单位的实际需要和距离银行远近等情况核定，一般按照单位3～5天日常零星开支的需要确定。远离银行或交通不便地区的企业，银行最多可以根据企业15天的日常开支需要量来核定库存现金的限额。日常开支需要量不包括企业每月发放工资和不定期差旅费等大额现金支出。库存限额一经核定，要求企业必须严格遵守，不能任意超过，超过限额的现金应及时存入银行，库存现金低于限额时，可以签发现金支票从银行提取现金，补足限额。

（三）不得坐支现金

企业在经营活动中，经常会取得一些现金收入，例如，收取不足转账起点的小额销售收入、销售给不能转账的集体或个人的销货款、职工交回的差旅费剩余款等。企业的现金收入，应及时送存银行，不得直接用于支付企业的支出。用收入的现金直接支付支出的行为叫作“坐支”。企业如因特殊情况需要坐支现金的，应当事先报经开户银行审查批准，由开户银行核定坐支范围和限额。企业应定期向开户银行报送坐支金额和现金的使用情况。未经银行批准，企业不得擅自坐支现金。为了便于银行加强监督，企业向银行送存现金时，应在送款簿上注明款项的来源。从开户银行提取现金时，应当在现金支票上写明用途，由本单位财会部门负责人签字盖章，经开户银行审核后，予以支付现金。

（四）库存现金管理的日常收支管理

（1）财务部门统一办理现金收支业务。企业在经营活动中的全部现金收支业务必须集中由财务部门统一办理，禁止其他部门代办现金收支业务，严禁私设小金库。

（2）不准携带现金到外地采购。单位派人到外地采购，不得让采购人员携带大量现金，而应通过银行汇款或采用其他非现金结算方式。

（3）钱账分管，专职人员办理现金收支。财务部门应严格遵守“管账不管钱，管钱不管账，账款分开管理”的原则，配备专职出纳员，负责现金的收付保管工作。非出纳员不得保管现金，已入账的原始凭证应由会计人员负责保管。

（4）严禁现金收支的违法违规行为。不准用不符合财务制度规定的凭证顶替库存现金，即不能“白条顶库”。任何人员不准谎报用途套取现金，不准用银行账户代其他单位和个人存入或支取现金，不准将单位收入的现金以个人名义储蓄，不准保留账外公款，不准私自借支公款，不准用债券或契单等抵作库存现金，不得涂改和伪造现金收付单证等。

（5）加强库存现金的清查盘点工作。企业应当定期和不定期地进行现金盘点，确保现金账面余额与实际库存数额相符。

三、库存现金的核算

（一）库存现金收支的凭证

企业各项现金的收入与支出，必须以合法的原始凭证为依据，经主管人员审核和授权批准人员审批后，才能据以收支款项。

现金收入与支出核算时所依据的原始凭证是多种多样的。例如，企业从银行提取现金，要以现金支票存根作为原始凭证；将现金送存银行，要填写送款单，以银行退回的送款单的回单作为原始凭证；收到转账起点以下的小额销货款，应以销售部门开出的发货票作为收款证明；支付职工差旅费借款，应以授权批准人员批准的借款单作为支付款项的证明；等等。企业发生的每笔现金收付业务，都必须根据有关的原始凭证编制“现金收款凭证”或“现金付款凭证”，作为登记库存现金日记账和总账的依据。

2

（二）库存现金收支业务的核算

1. 库存现金核算的账户设置及登记

现金收支业务的核算是通过设置“库存现金”账户进行的。该账户属于资产类账户，用以核算企业库存现金的增减变化及结存情况。其借方登记库存现金的增加额，贷方登记库存现金的减少额，期末借方余额表示库存现金的结余额。库存现金总分类账可以直接根据有关的收款凭证、付款凭证逐笔登记，也可以定期或于月份终了，根据汇总收付款凭证或科目汇总表登记。企业内部周转使用的备用金，可以单独设置“备用金”账户核算。

2. 库存现金收支业务的账务处理

企业收入现金时，应借记“库存现金”账户；按照现金的来源贷记有关账户。支出现金时，按照现金的用途借记有关账户，贷记“库存现金”账户。

某企业20××年5月5日发生如下现金收支业务：

【例2-1】 出纳员签发现金支票一张，金额为3 000元，从银行提取现金以备日常开支。企业根据现金支票存根，填制付款凭证，编制会计分录如下：

借：库存现金	3 000	
贷：银行存款		3 000

【例2-2】 销售产品一批，货款为400元，增值税税额为52元，共计收入现金452元。根据销货发票，填制现金收款凭证，编制会计分录如下：

借：库存现金	452	
贷：主营业务收入		400
应交税费——应交增值税（销项税额）		52

【例2-3】 职工张华出差，预借差旅费1 500元，以现金支付。根据审核批准的借款单，填制现金付款凭证，编制会计分录如下：

借：其他应收款——张华	1 500	
贷：库存现金		1 500

【例2-4】 用现金购买办公用品230元。根据发货票填制现金付款凭证，编制会计分录如下：

借：管理费用	230	
贷：库存现金		230

（三）库存现金日记账的设置和登记

企业每天都发生大量的现金收付业务，为了加强对现金的管理，并能按照现金收付业务发生的先后顺序，了解和掌握现金的收支动态和结存余额，企业应设置和登记库存现金日记账，进行库存现金的序时核算。库存现金日记账由出纳员根据审核后的收付款凭证，按业务发生的先后顺序逐日逐笔地进行登记。每日终了，应计算本日现金收入、支出合计数和结存数，并同库存现金的实存数相核对，做到日清月结，保证账款相符。有多币种库存现金的企业，应当按照币种分别设置“库存现金日记账”进行明细核算。

现将前述现金收支业务登记库存现金日记账，如表2-1所示。

表 2-1 库存现金日记账 单位：元

20××年		凭证		摘要	对方科目	收入	支出	余额
月	日	种类	号数					
5	1			承前页				600
5	5	银付	1	提取现金	银行存款	3 000		3 600
5	5	现收	1	销售产品	主营业务收入	400		4 000
		现收	1	销售产品	应交税费	52		4 052
5	5	现付	1	张华预借款	其他应收款		1 500	2 552
5	5	现付	2	购办公用品	管理费用		230	2 322
				本日合计		3 452	1 730	2 322

四、库存现金的清查

库存现金的清查是为了保证账款相符、防止现金丢失和收支记账时发生差错以及贪污盗窃和挪用公款等违法行为，对库存现金进行的盘点与核对。库存现金的清查包括出纳人员每日的清点核对和组成清查小组进行的定期和不定期的盘点与核对。库存现金清查的方法是实地盘点，并将现金库存数与库存现金日记账余额进行核对。如发现账实不符，应立即查明原因、及时更正。对有待查明原因的现金短缺或溢余，应先通过“待处理财产损溢——待处理流动资产损溢”账户核算。如为库存现金短缺，应按实际短缺的金额，借记“待处理财产损溢——待处理流动资产损溢”账户，贷记“库存现金”账户；属于库存现金溢余，按实际溢余的金额，借记“库存现金”账户，贷记“待处理财产损溢——待处理流动资产损溢”账户。

待查明原因后，再分别不同情况作如下处理：

如为库存现金短缺，属于应由责任人赔偿的部分，借记“其他应收款——应收现金短缺款（××个人）”或“库存现金”等账户，贷记“待处理财产损溢——待处理流动资产损溢”账户；属于应由保险公司赔偿的部分，借记“其他应收款——应收保险赔款”账户，贷记“待处理财产损溢——待处理流动资产损溢”账户；属于无法查明的其他原因，根据管理权限，经批准后，借记“管理费用——现金短缺”账户，贷记“待处理财产损溢——待处理流动资产损溢”账户。

如为库存现金溢余，属于应支付给有关人员或单位的，应借记“待处理财产损溢——待处理流动资产损溢”账户，贷记“其他应付款——应付现金溢余（××个人或单位）”账户；属于无法查明原因的现金溢余，经批准后，借记“待处理财产损溢——待处理流动资产损溢”账户，贷记“营业外收入——现金溢余”账户。

【例 2-5】 甲企业在 20××年 5 月 10 日现金清查中，发现现金短缺 320 元，原因待查。编制会计分录如下：

借：待处理财产损溢——待处理流动资产损溢 320
　贷：库存现金 320

【例 2-6】 5 月 14 日，查明上例现金短缺的原因，其中，120 元是出纳员王芳工作失职造成的，由其负责赔偿；剩余 200 元原因无法查明，经批准转入管理费用。编制会计分录如下：

借：其他应收款——应收现金短缺款（王芳） 120
　管理费用——现金短缺 200
　贷：待处理财产损溢——待处理流动资产损溢 320

【例 2-7】 甲企业在 20××年 5 月 25 日现金清查中，发现现金溢余 280 元，原因待查。编制会计分录如下：

借：库存现金　　280

　　贷：待处理财产损溢——待处理流动资产损溢　　280

【例 2-8】 20××年 5 月 30 日，上例溢余的现金，原因无法查明，经批准，转入营业外收入。编制会计分录如下：

借：待处理财产损溢——待处理流动资产损溢　　280

　　贷：营业外收入——现金溢余　　280

五、备用金

备用金是指企业财会部门拨付给内部用款单位或职工个人作为日常零星开支的备用款项。备用金的使用方法是先借后用、凭据报销。企业可单独设置“备用金”账户进行备用金的核算，不设“备用金”账户的，可在“其他应收款——备用金”账户中进行核算。

按管理方式的不同，备用金可分为定额备用金和非定额备用金两种。

（一）定额备用金

定额备用金是指用款单位按定额持有的备用金。实行这种制度，通常是根据用款单位的实际需要，由财会部门会同有关用款单位核定备用金定额拨付款项，同时规定其用途和报销期限，待用款单位实际支用后，凭有效单据向财会部门报销，财会部门根据报销数用现金补足备用金定额。报销数和拨补数都不再通过“备用金”账户核算。这种方法便于企业对备用金的使用进行控制，并可减少财会部门的日常核算工作，一般适用于有经常性费用开支的内部用款单位。

【例 2-9】 某企业总务科实行定额备用金制度，财会部门根据核定的备用金定额3 000 元，开出现金支票拨付。编制会计分录如下：

借：备用金——总务科　　3 000

　　贷：银行存款　　3 000

【例 2-10】 总务科购买办公用品 1 200 元，经审核同意报销并付现金补足定额。编制会计分录如下：

借：管理费用　　1 200

　　贷：库存现金　　1 200

（二）非定额备用金

非定额备用金是指企业内部单位或个人不按固定定额持有的备用金。当用款单位或个人需要备用金时，由财会部门按实际需要预付所需的数额，使用后凭有关单据向财会部门报销。这种方式的特点是“按需预付，凭据报销，多退少补，一次结清”。

【例 2-11】 企业业务部因工作需要拨付备用金 1 300 元，以现金支付。编制会计分录如下：

借：备用金——业务部　　1 300

　　贷：库存现金　　1 300

【例 2-12】 业务部凭有关单证报销费用 1 150 元，交回现金 150 元。编制会计分录如下：

借：管理费用　　1 150

　　库存现金　　150

　　贷：备用金——业务部　　1 300

专栏 2-1

中华人民共和国第一部统一的会计制度

1950 年 3 月 9 日，中财委发布《关于草拟统一的会计制度的训令》，指出现在各企业会计制度十分混乱，要求财政部设置专门机构统一审查。4 月 25 日，财政部根据训令的要求成立了会计制度审议委员会。1 个月后，重工业部首先拟定了《中央重工业部所属企业及经济结构统一会计制度》，并于 1950 年 7 月 1 日开始施行。这是中华人民共和国第一部统一的会计制度。其后又有铁道部、邮电部、贸易部、卫生部、人民银行、中央合作事业管理局及出版总署等，共拟订了 22 个会计制度草案。统一会计制度的发布和执行有效地规范了各类企业的会计行为，在会计核算方面形成了统一的局面，从而为以后会计制度的建立打下了一个良好的基础。

第三节 银 行 存 款

一、银行结算账户的分类与管理

企业在银行办理存取款和结算业务，应先在银行开立银行结算账户，并遵守《人民币银行结算账户管理办法》的相关规定。

（一）银行结算账户分类

银行结算账户是指银行为存款人开立的办理资金收付结算的人民币活期存款账户。企业开立的银行结算账户按其用途分为基本存款账户、一般存款账户、专用存款账户和临时存款账户等四种。

1. 基本存款账户

基本存款账户是企业因办理日常转账结算和现金收付需要开立的银行结算账户，是企业的主办账户。企业日常经营活动的资金收付及其工资、奖金和现金的支取，应通过该账户办理。一个企业只能选择一家银行的一个营业机构开立一个基本存款账户。

2. 一般存款账户

一般存款账户是企业因借款或其他结算需要，在基本存款账户开户银行以外的银行营业机构开立的银行结算账户。一般存款账户用于办理企业借款转存、借款归还和其他结算的资金收付。

3. 专用存款账户

专用存款账户是企业按照法律、行政法规和规章，对其特定用途资金进行专项管理和使用而开立的银行结算账户。专用存款账户用于办理各项专用资金的收付。

4. 临时存款账户

临时存款账户是企业因临时需要并在规定期限内使用而开立的银行结算账户。临时存款账户用于办理临时机构以及企业临时经营活动发生的资金收付。临时存款账户的有效期最长不得超过两年。

企业在银行开立银行结算账户后，可到开户银行购买各种银行支付结算使用的凭证（如送款簿、进账单、现金支票、转账支票等），用以办理银行存款的收付款项。企业除了按照规定留存的库存现金之外，所有货币资金都必须存入银行，企业与其他单位之间的一切收付款项，除规定可用现金支付的部分之外，都必须通过银行办理转账结算，也就是由银行按照事先规定的支付结算方式，将款项从付款单位的账户划出，转入收款单位的账户。因此，企业不仅要在银行开立结算账户，而且其结算账户内必须要有可供支付的存款。

（二）银行结算账户管理

企业使用银行结算账户时，不得有下列行为：

（1）违反管理办法规定将单位款项转入个人银行结算账户。

（2）违反管理办法规定支取现金。

（3）利用开立银行结算账户逃废银行债务。

（4）出租、出借银行结算账户。

（5）从基本存款账户之外的银行结算账户转账存入、将销货收入存入或现金存入单位信用卡账户。

（6）企业法定代表人或主要负责人、地址以及其他开户资料的变更事项未在规定期限内通知银行。

二、支付结算

（一）支付结算的概念与具体方式

支付结算是指单位、个人在社会经济活动中使用票据、信用卡和汇兑、托收承付、委托收款等结算方式进行货币给付及其资金清算的行为。上述票据是指银行汇票、商业汇票、银行本票和支票。根据《支付结算办法》的规定，支付结算包括：银行汇票、银行本票、商业汇票、支票、汇兑、托收承付、委托收款、信用卡、信用证等具体方式。

（二）支付结算原则与纪律

支付结算应遵守的原则为：恪守信用，履约付款；谁的钱进谁的账，由谁支配；银行不垫款。

支付结算应遵守的纪律为：单位和个人办理支付结算时，不准签发没有资金保证的票据或远期支票，套取银行信用；不准签发、取得和转让没有真实交易和债权债务的票据，套取银行和他人资金；不准无理拒绝付款，任意占用他人资金；不准违反规定开立和使用账户。

（三）支付结算的核算账户

企业选用不同的支付结算方式，需分别设置不同的账户核算，其中：

银行汇票、银行本票、信用卡等支付结算方式通过“其他货币资金”账户核算；商业汇票支付结算方式通过“应付票据”或“应收票据”账户核算；支票、汇兑、托收承付、委托收款等支付结算方式通过“银行存款”账户核算。

（四）支付结算方式的具体内容

1. 银行汇票

银行汇票是出票银行签发的，由其在见票时按照实际结算金额无条件支付给收款人或者持票人的票据。

使用银行汇票应遵守以下相关规定:银行汇票一律记名,由出票银行签发;银行汇票的出票银行为银行汇票的付款人;单位和个人各种款项结算,均可使用银行汇票;银行汇票可以用于转账,填明现金字样的银行汇票也可以用于支取现金,不填明"现金"字样的银行汇票允许背书转让;提示付款期自出票日起1个月(不分大月、小月,按次月对日计算,到期日遇节假日顺延);票随人到,同城异地(同一票据交换区内外)均可使用等。

银行汇票的结算程序:❶申请汇票。企业(申请人)申请办理银行汇票,应向出票银行填写"银行汇票申请书",填明申请人、收款人、汇票金额和申请日期等事项并签章。❷签发汇票。银行受理银行汇票申请书,收妥票款后,向申请人签发银行汇票,并用压数机压印出票金额,将银行汇票和解讫通知一并交给申请人。❸持票结算。申请人取得银行汇票后即可持银行汇票向填明的收款人办理结算,将银行汇票和解讫通知一并交给收款人。❹提请进账。收款人在收到银行汇票时,应在银行汇票和解讫通知的有关栏内准确、清晰地填写实际结算金额、多余金额,根据实际结算金额填写进账单,连同银行汇票和解讫通知一并送交开户银行办理结算。❺进账或付现。收款人开户银行审核银行汇票、解讫通知和进账单等内容无误后,将实际结算的票款转入收款人银行结算账户,符合现金支取条件的向收款人支付现金。❻票款清算。收款人开户银行与付款人开户银行之间进行票款资金清算。❼余款划回。银行汇票经实际支付结算后有多余金额的,由申请人开户银行主动划入申请人银行结算账户。背书转让的银行汇票,收款人为被背书人。银行汇票结算程序如图2-1所示。

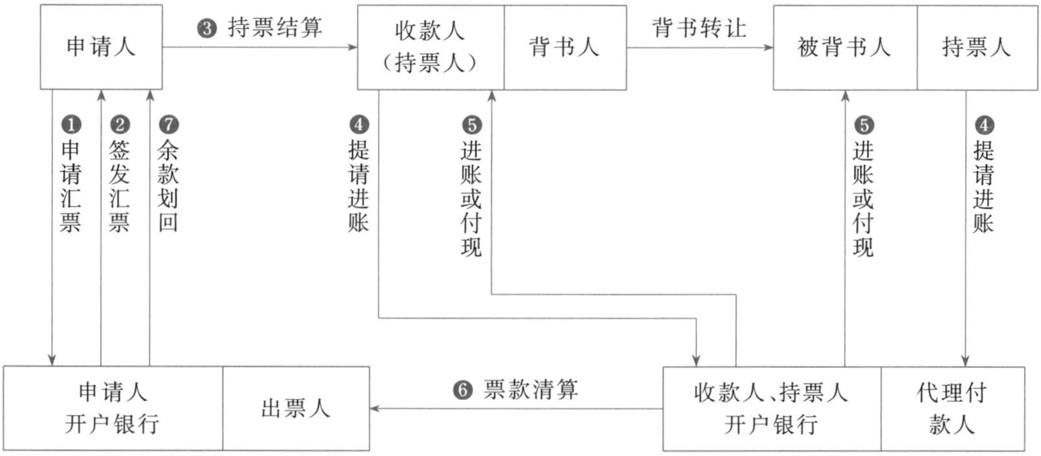

图2-1 银行汇票结算程序

采用银行汇票结算方式的,收款单位应根据银行汇票的进账单回单(收账通知)和有关的原始凭据编制收款凭证;付款单位应在收到银行签发的银行汇票后,根据"银行汇票申请书(存根)"联编制付款凭证。如有多余款项退回,应根据银行的收账通知编制收款凭证,进行账务处理。银行汇票结算核算举例参照本章第四节【例2-19】。

2. 银行本票

银行本票是银行签发的,承诺其在见票时无条件支付确定的金额给收款人或者持票人的票据。银行本票分为定额银行本票和不定额银行本票两种,定额银行本票面额分别为1 000元、5 000元、10 000元和50 000元。

使用银行本票应遵守以下相关规定:❶银行本票由银行签发,保证兑付。❷单位和个人同城(同一票据交换区域内)支付的各种款项,均可使用银行本票。❸银行本票可以用于转账,注明“现金”字样的银行本票可以用于支取现金。申请人或收款人为单位的,银行不得为其签发现金银行本票。❹银行本票的提示付款期限自出票日起最长不得超过 2 个月。❺银行本票在票据交换区域内允许背书转让。

银行本票的结算程序:❶申请本票。申请人需使用银行本票办理结算时,应向银行提交“银行本票申请书”,填明收款人名称、申请人名称、支付金额、申请日期等事项并签章。❷签发本票。银行受理“银行本票申请书”,收妥票款后签发银行本票交给申请人。❸持票结算。申请人取得银行本票后,即可持银行本票向填明的收款人办理结算。❹提请进账。收款人在将收到的银行本票向开户银行提请进账,填写进账单,连同银行本票一并交给开户银行。❺进账或付现。收款人开户银行审查后将票款转入收款人的银行结算账户,符合支取现金条件的向收款人支付现金。❻票款清算。付款人与收款人的开户银行之间进行票款资金清算。背书转让的银行本票,收款人为被背书人。银行本票结算程序如图 2-2 所示。

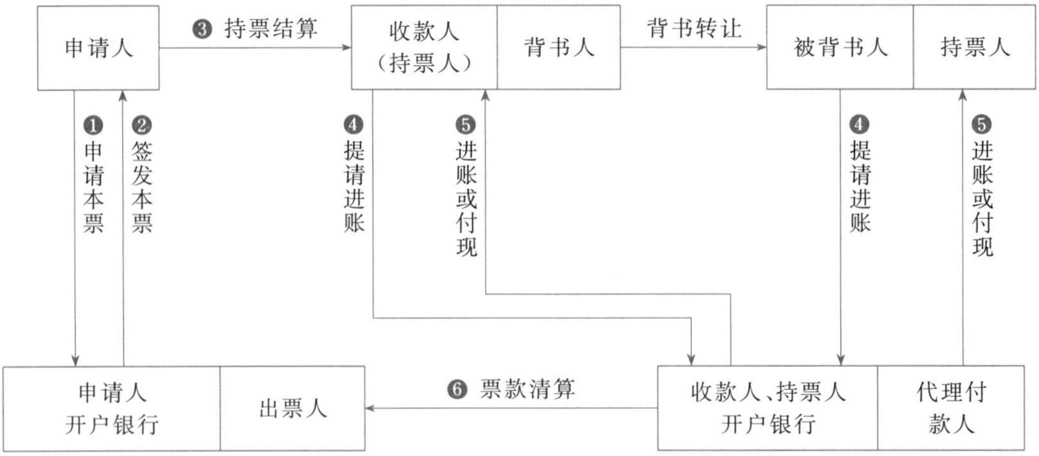

图 2-2 银行本票结算程序

采用银行本票结算方式的,收款单位按照规定受理本票后,应将银行本票连同进账单一并送交银行办理转账,根据银行退回的进账单和有关原始凭证编制收款凭证,付款单位在填送“银行本票申请书”并将款项交存银行,收到银行签发的银行本票后,根据“银行本票申请书”存根联编制付款凭证,进行账务处理。银行本票结算核算举例参照本章第四节【例 2-20】。

3. 商业汇票

商业汇票是出票人签发的、委托付款人在指定日期无条件支付确定的金额给收款人或者持票人的票据。商业汇票按照承兑人不同,分为商业承兑汇票和银行承兑汇票。商业承兑汇票由银行以外的付款人承兑,银行承兑汇票由银行承兑。商业汇票的付款人为承兑人。

使用商业汇票应遵守以下相关规定:在银行开立存款账户的法人以及其他组织之间,必须具有真实的交易关系或债权债务关系,才能使用商业汇票;商业汇票的出票人是交易中的收款人或付款人;商业汇票须经承兑人承兑,承兑是汇票的付款人承诺在汇票到期日支付汇票金额的票据行为;商业汇票的付款期限由交易双方商定,但最长不得超过 6 个月;商业汇票的提示付款期限自汇票到期日起 10 日内;商业汇票没有金额起点限制;同城、异地均可采用;商业汇票一律记名允许背书转让,也可以办理贴现;商业汇票到期一律通过银行办理转账结算,银行不支付现金。

(1) 商业承兑汇票。商业承兑汇票是指由收款人签发、付款人承兑,或由付款人签发并承兑的票据。商业承兑汇票的承兑人是付款人,也是交易中的购货单位。承兑时,购货企业应在汇票正面记载“承兑”字样和承兑日期并签章。商业承兑汇票到期时,购货单位的开户银行将票款划给销货单位。如果付款人的存款不足支付票款或付款人存在合法抗辩事由拒绝支付的,付款人开户银行应填制付款人未付票款通知书或取得付款人的拒绝付款证明,连同商业承兑汇票邮寄持票人开户银行转持票人,银行不负责付款,由购销双方自行处理。

商业承兑汇票的结算程序(以付款人签发并承兑为例):❶签交汇票。付款人填制并承兑商业承兑汇票后,交给收款人。❷收票发货。收款人收到承兑后的商业承兑汇票,审核无误即按合同发运商品。❸委托收款。在汇票到期日凭汇票委托开户银行收款,即填制委托收款凭证,连同商业承兑汇票一并交开户银行办理托收手续。❹传递凭证。收款人开户银行将委托收款凭证及商业承兑汇票寄交付款人开户银行,委托其代收货款。❺备付票款。付款人于汇票到期日之前,必须将票款足额交存银行,以备到期支付。❻划转票款。付款人开户银行接到收款人开户银行转来的委托收款凭证及商业承兑汇票后,于汇票到期日,将票款从付款人账户内付出,划转给收款人开户银行。❼通知付款。付款人开户银行通知付款人票款已付。❽收妥票款。收款人开户银行接到付款人开户银行划回的票款后,将委托收款凭证的收账通知联加盖“转讫”章交给收款人,通知收款人款项已收妥。商业承兑汇票结算程序如图 2-3 所示。

图 2-3　商业承兑汇票结算程序

(2) 银行承兑汇票。银行承兑汇票是指由在承兑银行开立存款账户的存款人(承兑申请人)签发,并由承兑申请人向开户银行申请,经银行审查同意承兑的票据。银行承兑汇票的出票人是购货企业,承兑人和付款人是购货企业的开户银行,承兑银行应按票面金额向出票人收取万分之五的手续费。银行承兑汇票的出票人应于汇票到期前将票款足额交存其开户银行。承兑银行应在汇票到期日或到期日后的见票当日支付票款。如果出票人于汇票到期日未能足额交存票款的,承兑银行除凭票向持票人无条件付款之外,对出票人尚未支付的汇票金额按照每天万分之五的利率计收罚息。

银行承兑汇票的结算程序:❶申请承兑。付款人填制“银行承兑汇票”,持票向开户银行申请承兑。❷银行承兑。银行接到汇票后,按规定进行审查无误后受理承兑,与承兑申请人签署“银行承兑协议”。银行在承兑汇票上盖章表示承兑,对汇票与承兑申请收取汇票面额万分之五的手续费。❸交付汇票。承兑申请人将银行已承兑的汇票交付收款人(销货单位)。❹收票发货。收款人收到承兑后的汇票,办理商品发运。❺交存票款。承兑申请人应于银行承兑汇票到期前,将票款足额交存其开户银行。❻到期付款。汇票到期日,付款银行向承兑申请人发出支款通知。❼委托收款。收款人在银行承兑汇票到期时,应填制进账单连同银行承兑汇票一并交开户银行收款。❽收妥票款。收款人开户银行收到上述汇票审核无误后,即代替承兑人开户银行(承兑银行)将票款付给收款人,以进账单回单联通知收款人款项已收妥。❾资金清算。收款人开户银行与承兑银行清算代付资金。银行承兑汇票结算程序如图 2-4 所示。

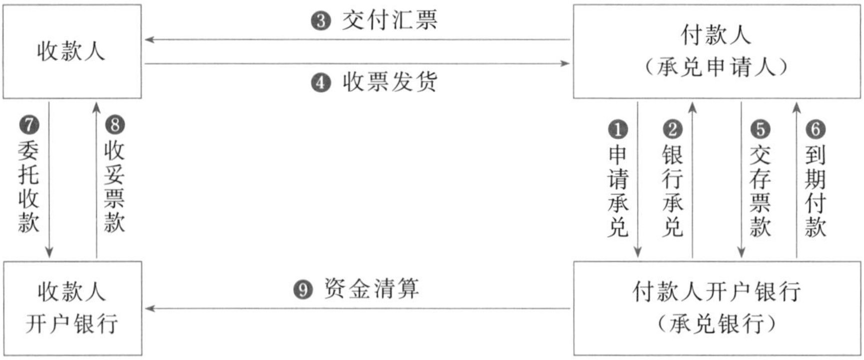

图 2-4 银行承兑汇票结算程序

采用银行承兑汇票支付结算,银行要承担一定经济风险。若承兑申请人在银行汇票到期日,未能足额交存票款时,银行负有向收款人无条件支付票款的责任。但银行应向购货单位执行扣款,作逾期贷款处理,按期计收贷款利息。

以上两种承兑汇票,可由收款人和付款人协商选用。当收款人认为付款人的商业信用不强时,收款人通常要求付款人签发由银行承兑的汇票。

采用商业承兑汇票结算方式的,收款单位将到期的商业承兑汇票送交银行办理收款后,在收到银行的收账通知时,应据以编制收款凭证。采用银行承兑汇票结算方式的,收款单位将到期的银行承兑汇票、解讫通知连同进账单送交银行办理转账,根据银行退回的进账单编制收款凭证。无论使用哪种商业汇票,付款单位均应在收到银行付款通知时,据以编制付款凭证。商业汇票结算方式的账务处理比较复杂,要使用"应收票据"和"应付票据"账户,有关业务核算将在本书第三章和第九章中专门说明。

4. 支票

支票是出票人签发的、委托办理支票存款业务的银行在见票时无条件支付确定的金额给收款人或者持票人的票据。

我国的《中华人民共和国票据法》按照支付票款的方式,将支票分为现金支票、转账支票和普通支票三种。支票上印有"现金"字样的为现金支票,现金支票只能用于支取现金;支票上印有"转账"字样的为转账支票,转账支票只能用于转账;支票上未印有"现金"或"转账"字样的为普通支票,普通支票可以用于支取现金,也可以用于转账。在普通支票左上角划两条平行线的,为画线支票,画线支票只能用于转账,不得支取现金。

使用支票应遵守以下相关规定:支票的付款人为支票上记载的出票人开户银行;单位和个

人在同一票据交换区域的各种款项结算，均可以使用支票，支票的提示付款期限为自出票日起10天内；签发支票应使用碳素墨水或墨汁填写；出票人签发现金支票和用于支取现金的普通支票，必须符合国家现金管理的有关规定；出票人不得签发与其预留银行印鉴不符的支票；使用支付密码的，出票人不得签发支付密码错误的支票；禁止签发空头支票，即签发的支票金额超过银行存款余额；领购支票，必须填写票据和结算凭证领用单并签章；支票的金额、收款人名称，可由出票人授权补记；转账支票允许在票据交换区域内背书转让。

2

转账支票结算程序：❶签发支票。付款单位根据商品交易、劳务供应或其他经济往来事项向收款单位签发转账支票。❷足额存款。付款单位向其开户银行结算账户备存足额存款以备支付票款。❸送存支票。收款单位收到支票后，填写进账单连同支票一并送交开户银行。❹清算票款。收款单位开户银行向付款单位开户银行提出清算资金。❺收妥票款。收款单位开户银行为收款单位收妥票款。转账支票结算程序如图2-5所示。

采用转账支票结算方式的，收款单位对于收到的转账支票，应在收到支票当日填制进账单并连同支票送交银行，根据银行盖章退回的进账单和有关原始凭证编制收款凭证；付款单位对于开出的支票，应根据支票存根和有关原始凭证，及时编制付款凭证。

图 2-5 转账支票结算程序

5. 汇兑

汇兑是汇款人委托银行将其款项支付给收款人的结算方式。按照款项划转方式的不同，可分为信汇和电汇两种。信汇是指汇款人委托银行通过邮寄方式将款项划转给收款人。电汇是指汇款人委托银行通过电报方式将款项划转给收款人。

使用汇兑结算应遵守以下相关规定：付款人向异地收款人主动付款，单位和个人各种款项的结算，均可使用汇兑支付结算；汇兑凭证记载的汇款人、收款人，其在银行开立结算账户的，必须记载其账号；汇款人和收款人均为个人、需要在汇入银行支取现金的，应在信汇、电汇凭证的汇款金额大写栏，先填写现金字样，后填写汇款金额；汇款回单只能作为汇出银行受理汇款的依据，不能作为该笔汇款已转入收款人账户的证明。

汇兑结算程序：❶委托汇款。汇款单位汇出款项时，应填写银行印发的汇款凭证，列明收款单位名称、汇款金额及汇款的用途等项目，送达开户银行即汇出银行，银行向汇款单位退回汇款回单。❷划转款项。汇出银行受理汇款单位签发的汇兑凭证，经审查无误后，应及时向汇入银行办理汇款。❸通知收款。对开立结算账户的收款单位，汇入银行应将汇入的款项直接转入收款单位账户，并向其发出收账通知。❹办理取款。收款单位需支取现金的，应在汇款额度内支用款项。汇兑结算程序如图2-6所示。

采用汇兑结算方式的，收款单位对于汇入的款项，应在收到银行的收账通知时，根据以编制收款凭证；付款单位对于汇出的款项，应在向银行办理汇款后，根据汇款回单编制付款凭证，进行账务处理。

图 2-6 汇兑结算程序

6. 托收承付

托收承付是根据购销合同由收款人发货后，委托银行向异地付款人收取款项，并由付款人向银行承认付款的一种结算方式。

使用托收承付结算应遵守以下相关规定：

(1) 使用范围。托收承付结算主要限于以下两种情况：❶使用该结算方式的收款单位和付款单位必须是国有企业、供销合作社以及经营管理较好、并经开户银行审查同意的城乡集体所有制工业企业。❷办理结算的款项必须是商品交易以及因商品交易而产生的劳务供应的款项。

(2) 使用条件。使用托收承付结算必须具备以下三个条件：❶收付双方使用托收承付结算必须签有符合《经济合同法》的购销合同，并在合同上注明使用托收承付结算方式。❷收款人办理托收，必须具有商品确已发运的证件（包括铁路、航运、公路等运输部门签发的运单、运单副本和邮局包裹回执）。没有发运证件的，可凭其他有关证件办理。❸收付双方办理托收承付结算时，必须重合同、守信用。

(3) 金额起点。托收承付结算每笔的金额起点为 10 000 元，新华书店系统每笔的金额起点为 1 000 元。

托收承付结算程序：❶发出商品。销货企业按照购销合同发货。❷委托银行收款。销货企业填写托收承付结算凭证，盖章后连同发运凭证或其他符合托收承付结算的有关证明和交易单证，送交开户银行办理托收手续。❸传递托收凭证。销货企业开户银行接到托收凭证及其附件后，应当按照托收范围、条件和托收凭证记载的要求认真进行审查；经审查无误的，将有关托收凭证连同交易单证一并寄交购货企业开户银行。❹通知付款。购货企业开户银行收到托收凭证及其附件后，应及时转交购货企业通知其付款。❺承兑或拒付。购货企业在承付期内审查核对，安排资金以备承付。购货企业的承付期应在双方签订合同时，约定验单还是验货付款；验单付款的承付期为 3 天，验货付款的承付期为 10 天。❻划转款项。承付期内购货企业未表示拒绝付款的，其开户银行视为同意承付，于承付期满的次日上午银行开始营业时，将款项划给销货企业开户银行。❼托收款入账。销货企业开户银行通知销货企业款已收妥。托收承付结算程序如图 2-7 所示。

图 2-7 托收承付结算程序

对于下列情况，购货企业可以在承付期内向银行提出全部或部分拒绝付款：❶没有签订购销合同或购销合同未订明托收承付结算方式的款项。❷未经双方事先达成协议，收款人提前交货或因逾期交货付款人不再需要该项货物的款项。❸未按合同规定的到货地点发货的款项。❹代销、寄销、赊销商品的款项。❺验单付款，发现所到货物的品种、规格、数量、价格与合同规定不符；或货物已到，经查验货物与合同规定或发货清单不符的款项。❻验货付款，经查验货物与合同规定或与发货清单不符的款项。❼货款已经支付或计算有错误的款项。购货企业提出拒绝付款时，必须填写"拒绝付款理由书"并签章，购货企业开户银行必须认真审查拒绝付款的理由，查验合同。银行同意部分或全部拒绝付款的，应在"拒绝付款理由书"上签注意见，并将拒绝付款理由书、拒付证明、拒付商品清单和有关单证邮寄销货企业开户银行，由其转交销货企业。

采用托收承付结算方式的，收款企业对于托收的款项，应在收到银行的收账通知时，根据收账通知和有关原始凭证，编制收款凭证；付款单位对于承付的款项，应于承付时，根据承付通知和有关发票账单等原始凭证，编制付款凭证。

7. 委托收款

委托收款是收款人委托银行向付款人收取款项的一种结算方式。委托收款按照结算款项的划回方式不同，分为邮寄和电报两种，由收款人选用。

使用委托收款结算应遵守以下相关规定：收款人主动收款，在同城异地均可以办理且不受金额起点限制；无论单位还是个人，都可凭已承兑商业汇票、债券、存单等付款人债务证明，采用该结算方式办理款项的结算。委托收款还适用于收取水电费、电话费等付款人众多、分散的公用事业等有关款项。

委托收款结算程序：❶委托银行收款。收款企业委托银行收款时，应填写委托收款凭证并提供有关的债务证明，经开户银行审查后，据以办理委托收款。❷传递收款凭证。收款企业开户银行向付款单位开户银行传递委托收款单证。❸通知付款。付款单位开户银行接到收款企业开户银行寄来的委托收款凭证，经审查后通知付款单位付款。❹同意付款。付款单位收到银行交给的委托收款凭证及债务证明，应签收并在 3 日之内审查债务证明是否真实、是否是本单位的债务，确认之后通知银行付款；如果付款单位不通知银行，银行将视其为同意付款，并在第 4 日从单位账户中付出此笔托收款项。如果付款单位在 3 日内审查有关债务凭证后，对收款企业委托收取款项需要拒绝付款的，应出具拒绝证明，连同有关债务证明等凭证一并寄给收款企业开户银行，转交收款企业。在付款日期满，付款单位若无足够资金支付全部款项时，其开户银行应将其债务证明连同未付款项通知书邮寄收款企业开户银行并转交收款企业。❺划转款项。付款单位开户银行向收款企业开户银行划转款项。❻托收款入账。收款企业开户银行通知收款企业款已收妥。委托收款结算程序如图 2-8 所示。

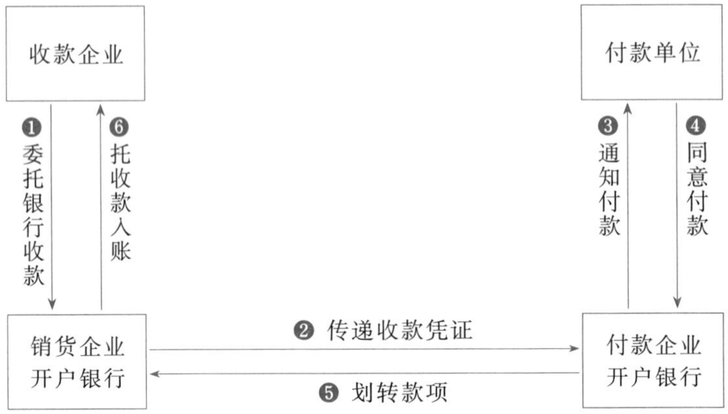

图 2-8 委托收款结算程序

采用委托收款结算方式的，收款企业对于托收款项，应在收到银行的收账通知时，根据收账通知编制收款凭证；付款单位根据委托收款的付款通知联和有关的原始凭证，编制付款凭证。

8. 信用卡

信用卡是指商业银行向个人和单位发行的，凭以向特约单位购物、消费和向银行存取现金，且具有消费信用的特制载体卡片。信用卡按照使用对象的不同，分为单位卡和个人卡，单位卡的使用对象为单位、个人卡的使用对象为个人。信用卡还可按照信誉等级的不同，分为金卡和普通卡。

使用信用卡应遵守的相关规定：凡在中国境内金融机构开立基本存款账户的单位均可申请单位卡，单位卡可申领多张，持卡人资格由申领企业法定代表人书面指定和注销；单位卡账户的资金一律从其基本存款账户转账存入，在使用过程中，需要向其账户续存资金的，也一律从其基本存款账户转账存入，不得交存现金，不得将销售收入的款项存入其账户；持卡人可持信用卡在特约单位购物、消费，单位卡不得用于 10 万元以上的商品交易、劳务供应款项的结算，不得支取现金；持卡人凭卡购物、消费时，需将信用卡和身份证件一并交给特约单位；持卡人不得出租或转借信用卡；信用卡在规定限额和期限内允许善意透支，对于信用卡的透支额，金卡最高不得超过 10 000 元，普通卡最高不得超过 5 000 元，透支期限最长为 60 天；持卡人使用信用卡时不得发生恶意透支，即指持卡人超过限额或规定期限，并且经发卡银行催收无效的透支行为。

单位或个人申请信用卡，应按照规定填申请表，连同有关资料一并送交发卡银行。符合条件并按银行要求交存一定金额的备用金后，银行为申领人开立信用卡存款账户，并发给信用卡，持卡人可在特约单位范围内持卡购物和消费。信用卡结算核算举例参照本章第四节【例 2-21】。

9. 信用证

信用证是开证行根据开证申请人（付款人）的申请，向受益人（收款人）开出的有一定金额、并在一定期限内凭规定的单据承诺付款的付款承诺书。信用证的性质是一种银行信用，即银行对买卖双方提供信用保证。信用证结算方式主要有以下特点：

（1）银行（开证行）承担第一付款人的责任。信用证开出后，开证行负第一付款责任，销货方无须先找购货方而是通过有关的银行向信用证上的开证银行交单取款。

（2）信用证是独立文件，不依附于贸易合同。即开证银行只对信用证负责，不受有关贸易合同的约束；处理信用证业务时，银行只凭信用证所规定的而又完全符合条款的单据付款，而不管销货方是否履行合同以及履行合同的程度如何。

（3）信用证业务只处理单据，一切都以单据为准。信用证业务实质上是一种单据的买卖，银行只凭相符的单据付款，而对货物的真假好坏不负责任。

信用证结算方式是国际结算的一种主要方式。经中国人民银行批准经营结算业务的商业银行总行以及经商业银行总行批准开办信用证结算的分支机构，也可以办理国内企业之间商品交易的信用证结算业务。

采用信用证结算方式的，受益人（收款人）应根据银行退还的信用证等相关凭证编制收款凭证；受益人（付款人）在接到开证行的通知时，根据付款的相关单据编制付款凭证。信用证结算核算举例参照本章第四节【例 2-22】。

10. 网络银行支付

网络银行，又称网上银行或在线银行，简称“网银”，是指一种以信息技术和互联网技术为依托，通过互联网平台向用户开展和提供开户、销户、查询、对账、行内转账、跨行转账、信贷、网上证券交易、投资理财等各种金融服务的新型银行机构与服务形式，为用户提供全方位、全天候、实时的快捷金融服务系统。网络银行支付是指在银联在线支付平台通过输入用户名和密码的方式登录网络银行，并完成支付的方式。

企业在网络银行上办理业务，可以通过互联网直接进入银行，随时进行账务查询、转账、外汇交易、银行转账、网上购物、账户挂失等。企业还可以通过定制的网上银行系统，实行集团性企业跨地区的账户查询、资金管理和资金汇划。不同银行的网络功能有所差异，但一般都具有支付结算功能、代发（工资等）业务功能、电子回单功能、电子对账功能、国际业务功能、电子票据功能、单位借记卡功能等。

企业应在确保资金安全和高效运作的前提下，根据业务需要，在符合中国人民银行颁布的《支付结算办法》《非金融机构支付服务管理办法》、中国银行业监督管理委员会颁布的《电子银行业务管理办法》等相关规定的基础上，制定企业网上银行管理办法，详细规定企业网络银行的使用范围、管理原则、密钥及口令管理、业务流程、日常业务管理、业务维护及控制管理、违规责任及处罚等具体内容，并严格执行。

专栏 2-2

我国西周前后的会计制度

人类进入奴隶社会以后，在原始计量的基础上，逐步形成了最早的会计制度。我国有关会计事项记载的文字，最早出现于商朝的甲骨文；而“会计”一词的出现、会计的职位则均起源于西周，其含义是通过日积月累的零星核算和年终的总合核算，达到正确考核王朝财政经济收支的目的。据《周礼》记载，西周国家设立“司会”一职对财政收支活动进行“月计岁会”，又设司书、职内、职岁和职币四职分理会计业务，其中，司书掌管会计账簿、职内掌管财政收入类账户、职岁掌管财政支出类账户、职币掌管财政结余，并建立了定期会计报表制度、专仓出纳制度、财物稽核制度等。这表明在西周前后，我国已经初步形成了完整的会计工作组织系统，并已形成文字叙述式的“单式记账法”。

2

三、银行存款的核算

(一) 银行存款收付业务的核算

1. 银行存款核算的总分类账户及登记

银行存款收支业务的核算是通过设置“银行存款”账户进行的。该账户属于资产类账户，用以核算企业存入银行的各种存款的增减变化及结存情况。该账户借方登记银行存款的增加数，贷方登记银行存款的减少数，期末借方余额表示银行存款的实际结存数。企业存在其他金融机构的存款也应在本账户内核算，但企业在银行的外埠存款、银行本票存款、银行汇票存款、信用卡存款、信用证保证金存款、存出投资款等，不在本账户核算。银行存款总账可以直接根据收、付款凭证逐笔登记，也可定期或于月份终了，根据汇总收付款凭证或科目汇总表登记。

2. 银行存款收付业务的账务处理

企业将款项存入银行或其他金融机构时，借记“银行存款”账户，按存款来源贷记“主营业务收入”“应收账款”“应交税费——应交增值税(销项税额)”等账户；提取或支出存款时，按存款的用途借记“材料采购”“应交税费——应交增值税(进项税额)”“管理费用”等账户，贷记“银行存款”账户。

某企业在20××年5月6日发生如下银行存款收付业务：

【例 2-13】 收到乙公司归还前欠本企业货款的转账支票一张，金额为80 000元，企业将支票和填制的进账单送交开户银行。根据银行盖章退回的进账单和有关原始凭证，编制会计分录如下：

借：银行存款　　80 000
　　贷：应收账款——乙公司　　80 000

【例 2-14】 购买办公用品1 500元，开出转账支票支付款项。根据支票存根和有关发票，编制会计分录如下：

借：管理费用　　1 500
　　贷：银行存款　　1 500

【例 2-15】 企业采用汇兑结算方式，委托银行将款项23 000元划转给丙公司，以偿还前欠货款。根据开户银行退回的汇款回单，编制会计分录如下：

借：应付账款——丙公司　　23 000
　　贷：银行存款　　23 000

【例 2-16】 向丁公司采购材料一批，价款为20 000元，增值税税额为2 600元，经税务部门认证准予抵扣本月销项税额(以下简称“经认证准予抵扣”，本书以下同)，双方约定采用托收承付结算方式，验单付款。现收到银行转来的托收承付结算凭证和所附单据，经审核无误，在3天期满时承认付款，但材料尚未收到。根据托收承付结算凭证的承付支款通知和所附单据，编制会计分录如下：

借：材料采购（或在途物资）　　20 000

　应交税费——应交增值税（进项税额）　　2 600

　贷：银行存款　　22 600

（二）银行存款日记账的设置和登记

为了加强对银行存款的管理，及时了解和掌握银行存款的存、取和结存情况，企业应当按照开户银行和其他金融机构、存款种类、币种等分别设置银行存款日记账，进行银行存款的明细核算。

银行存款日记账由企业出纳人员根据审核后的收付款凭证，按照业务发生的先后顺序逐日逐笔登记，每日终了应结出余额。银行存款日记账应定期与银行对账单核对，月份终了，银行存款日记账的余额必须与银行总账的余额核对相符。

现根据前述银行存款收付业务登记银行存款日记账，如表2-2所示。

表2-2　银行存款日记账　单位：元

20××年		凭证		摘要	对方科目	收入	支出	余额
月	日	种类	号数					
5	1			承前页				55 000
5	6	银收	1	收回前欠货款	应收账款	80 000		135 000
5	6	银付	1	购买办公用品	管理费用		1 500	133 500
5	6	银付	2	偿还前欠货款	应付账款		23 000	110 500
5	6	银付	3	采购材料	材料采购		20 000	90 500
5	6	银付	3	采购材料	应交税费		2 600	87 900
				本日合计		80 000	47 100	87 900

四、银行存款的清查

（一）银行存款清查的内容

为了保证银行存款核算的真实、准确，及时纠正银行存款账目可能发生的差错，准确掌握企业可运用的银行存款实有数，保证银行存款账实相符，企业必须做好银行存款的清查核对工作。

银行存款的清查主要包括以下三项内容：

（1）银行存款日记账与银行存款收、付款凭证互相核对，做到账证相符。收付款凭证是登记银行存款日记账的依据，在记账过程中，可能会由于粗心而发生重记、漏记、记错方向或记错数字等情况。通过账证核对，就可以及时发现这些差错，并立即按规定方法更正，从而保证账证相符。

（2）银行存款日记账与银行存款总账互相核对，做到账账相符。银行存款日记账是序时逐笔登记的，总账一般是定期汇总登记的，由于逐笔登记的记录次数较多，汇总登记时的工作量较大，难免发生差错。通过账账核对，就可及时发现差错并立即更正。同时，由于银行存款日记账与总账是由不同人员登记的，通过账账核对，也能有效地防止差错和舞弊行为的发生。

(3) 银行存款日记账与银行对账单互相核对，做到账单相符，从而达到账实相符。银行存款是企业存在银行的款项，由银行负责保管。企业在银行的存款实有数是通过银行对账单反映的，所以，企业应定期将银行存款日记账的记录同银行对账单进行逐笔核对，及时查找双方不一致的原因，保证银行存款账实相符。从理论上讲，银行存款日记账的记录与银行开出的银行对账单的记录，无论是发生额还是期末余额都应该是一致的，但在核对中，往往会出现不一致，原因主要有两个：一是双方各自的记账错误，这种错误应由双方及时查明原因，予以更正；二是存在未达账项。所谓未达账项，是指企业与银行之间由于凭证传递上的时间差，造成一方已经登记入账而另一方尚未入账的账项。在核对中如发现未达账项，应编制"银行存款余额调节表"进行调节，使双方余额相等。

(二) 银行存款余额调节表的编制

由于银行存款的收付有多种结算方式，收付凭证的传递又需要一定的时间，这就会出现在某些结算方式下，银行已完成了款项的收付但凭证还未到达企业的情况；在另一些结算方式下，企业已登记入账而银行尚未收付款项的情况。所以，对同一笔业务，企业和银行双方的入账时间可能会不一致。

未达账项具体有四种情况：

(1) 银行已收款记账，企业尚未收到银行的收账通知而尚未记账。如企业委托银行收取的款项，银行办妥收款手续后入账，而收款通知尚未到达企业，企业尚未记增加。

(2) 银行已付款记账，企业尚未收到银行的付款通知而尚未记账。如银行向企业收取的借款利息、代企业支付的公用事业费、到期的商业汇票付款等，银行办妥付款手续后入账，而付款通知尚未到达企业，企业尚未记减少。

(3) 企业已收款记账，而银行尚未办妥入账手续。如企业收到外单位的转账支票，填好进账单，并经银行受理盖章，即可入账增加，而银行则要办妥转账手续后，才能入账记增加。

(4) 企业已付款记账，而银行尚未付款入账。如企业签发转账支票后就可记银行存款减少，而持票人尚未到银行办理转账手续，银行尚未记减少。

出现未达账项的第(1)种和第(4)种情况，会使银行对账单的余额大于企业银行存款日记账的余额，出现第(2)种和第(3)种情况，结果相反。为了准确掌握企业可运用的银行存款实有数，合理调配资金，企业应通过编制"银行存款余额调节表"，对未达账项进行调节。

银行存款余额调节表的具体编制方法通常是：在银行与企业的存款账户余额的基础上，加上各自的未收款，减去各自的未付款，然后再计算出各自的余额。经调节后，双方余额如果相等，一般说明双方记账没有错误，该余额就是企业银行存款的实有数；双方余额如果不相等，表明记账有差错，应立即查明错误原因。属于本企业原因的，应按规定的改错方法进行更正；属于银行方面原因的，应及时通知银行更正。

【例 2-17】 5 月 31 日，企业银行存款日记账的余额为 185 300 元，银行对账单上的企业存款余额为 176 500 元。经逐笔核对，发现有以下未达账项：❶5 月 29 日，企业收到其他单位的转账支票 8 200 元，企业已入账，银行尚未入账。❷5 月 31 日，企业开出转账支票 200 元，持票人尚未到银行办理转账，银行尚未入账。❸5 月 31 日，企业委托银行代收款项 900 元，银行已收妥入账，企业未接到银行的收账通知，尚未入账。❹5 月 31 日，银行代企业支付水费 1 700 元，企业未接到银行的付款通知，尚未入账。

根据以上未达账项，编制"银行存款余额调节表"，如表 2-3 所示。

表 2-3 银行存款余额调节表 单位:元

项 目	金 额	项 目	金 额
企业银行存款账户余额	185 300	银行对账单余额	176 500
加:银行已收、企业未收的托收款项	900	加:企业已收、银行未收的转账支票	8 200
减:银行已付、企业未付的水费	1 700	减:企业已付、银行未付的转账支票	200
调整后的存款余额	184 500	调整后的存款余额	184 500

调整后的余额相等,表示双方记账基本没有错误,调整后的余额就是企业目前银行存款的实有数。但要说明的是,银行存款余额调节表不是记账的依据,不能据此进行账面调整,要等结算凭证到达企业后才能进行账务处理,登记入账。

第四节 其他货币资金

一、其他货币资金的范围和性质

其他货币资金是指企业除库存现金、银行存款以外的其他各种货币资金,包括外埠存款、银行汇票、银行本票、信用卡、信用证保证金、存出投资款和支付宝存款或微信存款等。其他货币资金的性质同现金、银行存款一样,均属于货币资金,从某种意义上说,它也是一种银行存款,但它是承诺了专门用途的存款,不能像结算户存款那样可随时安排使用,因此,应单独设置账户进行核算。

二、其他货币资金的核算

为了核算和反映企业各种其他货币资金的增、减变动和结存情况,企业应设置“其他货币资金”账户。该账户属于资产类账户,借方登记其他货币资金的增加数,贷方登记其他货币资金的减少数,期末借方余额反映其他货币资金的结存数。在其他货币资金总分类账户下应按其他货币资金的种类,设置“外埠存款”“银行本票”“银行汇票”“信用卡”“信用证保证金”“存出投资款”等明细账户。

(一) 外埠存款

外埠存款是指企业到外地进行临时或零星采购时,汇往采购地银行开立采购专户的款项。企业可将款项委托当地银行汇往采购地开立的采购专户。除采购员差旅费可以支取少量现金外,一律转账结算;采购专户只付不收,付完结束账户。企业在采购时,通过采购专户结算货款。采购结束后有结余款的,将其退回汇款企业开户银行。

企业将款项委托当地银行汇往采购地开立采购专户时,借记“其他货币资金——外埠存款”账户,贷记“银行存款”账户。收到采购员交来的供应单位发票账单等报销凭证时,借记“材料采购”或“原材料”“应交税费——应交增值税(进项税额)”等账户,贷记“其他货币资金——外埠存款”账户。将多余的外埠存款转回当地银行时,根据银行的收账通知,借记“银行存款”账户,贷记“其他货币资金——外埠存款”账户。

【例 2-18】 企业派采购员到外地某市采购甲材料,委托当地开户银行汇款 50 000 元到采购地开立采购专户。根据收到的银行汇款回单,编制会计分录如下:

借：其他货币资金——外埠存款 50 000

  贷：银行存款 50 000

上述采购完成，收到采购员交来的供应单位发票账单，共支付甲材料款项 46 330 元，其中，价款为 41 000 元，增值税税额为 5 330 元，经认证准予抵扣。根据收到的有关账单，编制会计分录如下：

借：原材料——甲材料 41 000

  应交税费——应交增值税（进项税额） 5 330

  贷：其他货币资金——外埠存款 46 330

收回多余款项 3 670 元。根据银行的收款通知，编制会计分录如下：

借：银行存款 3 670

  贷：其他货币资金——外埠存款 3 670

（二）银行汇票存款

银行汇票存款是指企业为了取得银行汇票按规定存入银行的款项。企业将款项交存开户银行取得银行汇票后，可持往异地办理转账结算或支取现金，汇票使用后如有多余款或因汇票超过付款期未付出的，将其退回企业开户银行。

企业在填送“银行汇票申请书”并将款项交存银行，取得银行汇票后，根据银行盖章退回的申请书存根联，借记“其他货币资金——银行汇票”账户，贷记“银行存款”账户。企业使用银行汇票后，根据购货发票等原始凭证，借记“材料采购”或“原材料”“应交税费——应交增值税（进项税额）”等账户，贷记“其他货币资金——银行汇票”账户。收回多余款项时，根据银行转来的多余款收账通知，借记“银行存款”账户，贷记“其他货币资金——银行汇票”账户。

【例 2-19】 企业向银行提交“银行汇票申请书”，并将款项 100 000 元交存开户银行，委托银行办理银行汇票并已取得汇票。根据银行盖章退回的银行汇票申请书存根联，编制会计分录如下：

借：其他货币资金——银行汇票 100 000

  贷：银行存款 100 000

企业持该银行汇票往异地采购乙材料，实际使用汇票支付材料价款 80 000 元，增值税税额 10 400元，经认证准予抵扣。根据发票账单等有关凭证，编制会计分录如下：

借：原材料——乙材料 80 000

  应交税费——应交增值税（进项税额） 10 400

  贷：其他货币资金——银行汇票 90 400

银行汇票多余款项 9 600 元已退回企业开户银行。根据开户银行转来的银行汇票第四联（多余款收账通知），编制会计分录如下：

借：银行存款 9 600

  贷：其他货币资金——银行汇票 9 600

（三）银行本票存款

银行本票存款是指企业为了取得银行本票按规定存入银行的款项。企业将款项交存开户银行取得银行本票后，可在同一票据交换区域内办理转账结算或取得现金。如企业因本票超过付款期等原因未曾使用的，可要求银行退款。其账务处理与银行汇票存款相同。

【例 2-20】 企业向银行提交“银行本票申请书”，并将款项 3 000 元交存银行，取得银行本票。根据银行盖章退回的申请书存根联，编制会计分录如下：

借：其他货币资金——银行本票　3 000

　　贷：银行存款　3 000

企业用银行本票购买办公用品 3 000 元。根据发票账单等有关凭证，编制会计分录如下：

借：管理费用　3 000

　　贷：其他货币资金——银行本票　3 000

（四）信用卡存款

信用卡存款是指企业为了取得信用卡，按照规定存入银行的款项。企业的信用卡一律从基本存款账户转账存入，持卡人可持信用卡在特约单位购货、消费，但不得支取现金。

企业在取得信用卡时，应按规定填制申请表，连同支票和有关资料一并送交发卡银行，根据银行退回的进账单，借记“其他货币资金——信用卡”账户，贷记“银行存款”账户。企业用信用卡购物或支付有关费用，借记有关账户，贷记“其他货币资金——信用卡”账户。

【例 2-21】　企业申请信用卡，将信用卡申请表连同 50 000 元的支票一并送交发卡银行。根据银行盖章退回的进账单，编制会计分录如下：

借：其他货币资金——信用卡　50 000

　　贷：银行存款　50 000

企业用信用卡支付费用共 28 000 元。根据银行转来的付款凭证及所附发票账单，经核对无误后，编制会计分录如下：

借：管理费用　28 000

　　贷：其他货币资金——信用卡　28 000

（五）信用证保证金存款

信用证保证金存款是指采用信用证结算方式的企业为开具信用证而存入银行信用证保证金账户的款项。企业向银行申请开出信用证用于支付供货单位的购货款项时，根据银行盖章退回的“信用证委托书”回单，借记“其他货币资金——信用证保证金”账户，贷记“银行存款”账户。企业收到供货单位的信用证结算凭证及发票账单时，借记“材料采购”或“在途物资”“应交税费——应交增值税（进项税额）”等账户，贷记“其他货币资金——信用证保证金”账户。如果企业收到结余的信用证保证金款项时，应借记“银行存款”账户，贷记“其他货币资金——信用证保证金”账户。

【例 2-22】　某企业向银行提交“信用证委托书”连同保证金 30 000 元一并送交银行，申请向境外供货单位签发信用证，15 天后企业收到供货单位的信用证结算凭证及发票账单共计款项 25 990 元（其中，货款 23 000 元，增值税税额 2 990 元，经认证准予抵扣）。

编制会计分录如下：

（1）收到“信用证委托书”回单时：

借：其他货币资金——信用证保证金　30 000

　　贷：银行存款　30 000

（2）收到供货单位的信用证结算凭证及发票账单时：

借：在途物资　23 000

　　应交税费——应交增值税（进项税额）　2 990

　　贷：其他货币资金——信用证保证金　25 990

(3) 收到结余的款项时:

借:银行存款 4 010

贷:其他货币资金——信用证保证金 4 010

(六) 存出投资款

存出投资款是指企业已存入证券公司但尚未转为金融资产或投资的款项。

企业向证券公司存入资金时,应按实际存入的金额,借记“其他货币资金——存出投资款”账户,贷记“银行存款”账户;购买股票、债券时,按公允价值或实际投资金额,借记“交易性金融资产”等账户,贷记“其他货币资金——存出投资款”账户。

【例 2-23】 某企业向证券公司存入资金 150 000 元,5 天后用该项存款购买甲企业的股票 85 000 元,该股票不准备长期持有。编制会计分录如下:

(1) 存入证券公司款项时:

借:其他货币资金——存出投资款 150 000

贷:银行存款 150 000

(2) 购买股票时:

借:交易性金融资产 85 000

贷:其他货币资金——存出投资款 85 000

(七) 支付宝或微信存款

企业存入支付宝或微信等第三方支付平台的资金,也作为其他货币资金核算。企业将银行存款转入支付宝或微信账户时,借记“其他货币资金——支付宝(微信)”账户,贷记“银行存款”账户。将支付宝或微信账户上的余额转入银行存款账户时,作相反方向会计分录。使用支付宝或微信支付时,借记“管理费用”等账户,贷记“其他货币资金——支付宝(微信)”账户。

第三章　应收和预付款项

【内容结构】

- 应收和预付款项
  - 应收票据
    - 应收票据的分类、期限和计价
    - 应收票据的核算
  - 应收账款
    - 应收账款的确认和计价
    - 应收账款的核算
    - 合同资产的核算
  - 预付账款和其他应收款项
    - 预付账款
    - 其他应收款项
  - 应收款项减值
    - 应收款项减值损失的确认
    - 坏账损失的核算

【学习目标】

知识目标：

1. 熟悉应收票据的分类、计价、背书转让、贴现等的概念和相关规定。
2. 熟悉应收账款的确认、计价、商业折扣、现金折扣等的概念和相关规定。
3. 明确合同资产的概念及和应收账款的区别。
4. 明确预付账款的概念及和应收账款的区别。
5. 熟悉应收股利、应收利息和其他应收款的概念和具体内容。
6. 熟悉应收款项减值损失的确认，直接转销法与备抵法的主要不同。

技能目标：

1. 能进行不带息和带息应收票据业务的核算。
2. 能进行应收票据背书转让和贴现业务的核算。
3. 能进行无商业折扣和无现金折扣情况下应收账款的核算。
4. 能进行商业折扣和现金折扣情况下应收账款的核算。

5. 能进行其他应收款的核算。
6. 能进行直接转销法下坏账损失的核算。

第一节 应收票据

应收票据属于金融资产，根据其业务管理模式可分为以摊余成本计量和以公允价值计量两种类别，有关问题参见本书第五章的相关说明。本节主要介绍应收票据按摊余成本计量核算的相关内容。

一、应收票据的分类、期限和计价

（一）应收票据的分类

根据我国《中华人民共和国票据法》的规定，票据包括汇票、支票和本票，汇票又分为银行汇票和商业汇票。上述票据除商业汇票外，其余都是即期票据，可以即刻收款或存入银行成为企业的货币资金，不需要作应收票据核算。因此，我国的应收票据是指企业因销售商品、产品、提供劳务而收到的尚未到期的商业汇票。商业汇票是由出票人签发的，委托付款人在指定日期无条件支付确定金额给收款人或持票人的票据。在银行开立存款户的法人以及其他经济组织之间，须具有真实的交易关系或债权债务关系，才能使用商业汇票。

商业汇票按承兑人的不同，分为商业承兑汇票和银行承兑汇票两种。商业承兑汇票以付款人的信誉为担保，银行承兑汇票以银行的信誉为担保。对于收款企业来讲，银行承兑汇票的风险远低于商业承兑汇票。详见本书第二章有关内容。

商业汇票按是否带息，分为不带息商业汇票和带息商业汇票两种。不带息商业汇票是指商业汇票到期时，承兑人只按票据面值向收款人或被背书人支付款项的票据。不带息商业汇票的票面不载明利率。带息商业汇票是指商业汇票到期时，承兑人必须按票面金额加上应计利息向收款人或被背书人支付票款的票据。带息商业汇票的票面上载明了利率和付息日期。

（二）应收票据的期限

应收票据的期限是指票据的签发日至到期日或期末的时间间隔，有按月表示或按日表示两种，在实际业务中为方便计算，通常把一个月定为 30 天，一年定为 360 天。

票据期限按月表示的，以票据到期月份中与出票日相同的那一天为到期日。如 3 月 18 日签发的 3 个月票据，到期日应为 6 月 18 日。月末签发的票据，不论月份大小，以到期月份的月末那一天为到期日。如 5 月 31 日签发的 4 个月票据，到期日为 9 月 30 日。票据期限按月表示的，计算带息票据利息时使用月利率，要把年利率换算为月利率，月利率 = 年利率 ÷ 12。

票据期限按日表示的，应从出票日起按实际经历天数计算。出票日和到期日只能计算其中的一天，即“算头不算尾”或“算尾不算头”。如 4 月 15 日签发的 90 天的票据，到期日应为 7 月 14 日，即 90－(30－15)－31－30＝ 14。票据期限按日表示的，计算带息票据利息时使用日利率，要把年利率换算为日利率，日利率 = 年利率 ÷ 360。

微课视频：应收票据的期限

（三）应收票据的计价

应收票据的计价包括取得票据时入账价值的确定和票据持有期间的期末计息。

在我国，商业汇票的期限最长不超过 6 个月，用现值记账其折价要逐期摊销，比较烦琐。因此，应收票据一般按其面值计价，即企业收到应收票据时，按票据的票面价值入账。

对于带息票据，应于期末按照应收票据的票面价值和确定的利率计提利息，计提的利息计入应收票据的账面价值。

企业持有的应收票据一般不计提坏账准备，因为应收票据相对于应收账款来讲发生坏账的风险较小。如确有证据表明企业不能收回的应收票据款应及时转入应收账款，带息票据不再计提利息，并计提相应的坏账准备。

二、应收票据的核算

为了反映和监督应收票据的取得、到期收回票款等情况，企业应设置“应收票据”账户进行核算。该账户借方登记企业收到的承兑的商业汇票的面值；贷方登记企业到期收回的商业汇票或未到期向银行申请贴现的商业汇票以及已背书转让给其他单位的商业汇票的面值；期末余额在借方，反映企业持有的商业汇票的面值。该账户还应按票据种类和对方单位名称设置明细分类账进行核算。

为了便于管理和分析各种应收票据，企业对于收到的商业汇票应设置“应收票据登记簿”，逐笔登记每一应收票据的种类、号数、出票日期、票面金额、票面利率、交易合同号和付款人、承兑人、背书人的姓名或单位名称、到期日、背书转让日、贴现日、贴现率、贴现金额、收款日期、收回金额及退票情况等资料。应收票据到期结清票款或退票后，应在备查簿中逐笔注销。

3

（一）不带息应收票据的核算

（1）企业因销售商品、提供劳务等而收到开出、承兑的商业汇票，按商业汇票的票面金额，借记“应收票据”账户，按实现的营业收入，贷记“主营业务收入”等账户，按专用发票上注明的增值税税额，贷记“应交税费——应交增值税（销项税额）”账户。

（2）商业汇票到期，应按实际收到的金额，借记“银行存款”账户，按商业汇票的票面金额，贷记“应收票据”账户。

（3）因付款人无力支付票款，收到银行退回的商业承兑汇票、委托收款凭证、未付票款通知书或拒绝付款证明等，按商业汇票的票面金额，借记“应收账款”账户，贷记“应收票据”账户。

【例 3-1】　某企业 20××年 3 月 10 日销售给乙企业 A 产品一批，货款为 50 000 元，增值税税额为 6 500 元，收到乙企业签发并承兑的期限为 5 个月、面值为 56 500 元的不带息商业汇票一张。编制会计分录如下：

（1）收到汇票时：

借：应收票据——乙企业	56 500	
贷：主营业务收入		50 000
应交税费——应交增值税（销项税额）		6 500

（2）到期承兑时：

借：银行存款	56 500	
贷：应收票据——乙企业		56 500

（3）如到期付款人不能承兑票款时：

借：应收账款——乙企业	56 500	
贷：应收票据——乙企业		56 500

（二）带息应收票据的核算

带息应收票据的到期价值等于应收票据的面值加上应收票据的利息。票据利息的计算，通常在票据持有期间的中期（季度、半年、年度）期末进行。按规定计算的票据利息，增加应收

票据的票面价值,同时冲减财务费用。票据利息的计算公式如下:

应收票据利息＝票据面值×票面利率×票据期限

【例 3-2】 乙公司 20××年 9 月 1 日销售一批产品给甲公司,货已发出,增值税专用发票上注明的商品价款为 100 000 元,增值税税额为 13 000 元。当日收到甲公司签发的商业承兑汇票一张,期限为 6 个月,票面利率为 5%。计算结果保留 2 位小数。乙公司编制会计分录如下:

(1) 收到票据时:

借:应收票据　　113 000

　贷:主营业务收入　　100 000

　　应交税费——应交增值税(销项税额)　　13 000

(2) 20××年 12 月 31 日,计提票面利息:

3

$$计提利息＝113\,000×5\%×\frac{4}{12}＝1\,883.33(元)$$

票据账面价值＝113 000＋1 883.33＝114 883.33(元)

借:应收票据　　1 883.33

　贷:财务费用　　1 883.33

(3) 票据到期收回:

$$票据到期收回款项＝113\,000＋113\,000×5\%×\frac{6}{12}＝115\,825(元)$$

$$未计提的票据利息＝113\,000×5\%×\frac{2}{12}＝941.67(元)$$

借:银行存款　　115 825

　贷:应收票据　　114 883.33

　　财务费用　　941.67

【例 3-3】 甲公司 20××年 3 月 6 日,向乙企业销售商品一批,价值为 100 000 元,增值税税率为 13%,收到对方开出并承兑的 6 个月期限的商业汇票一张,面额为117 000元,其中包含企业为对方代垫的运杂费 4 000 元。该票据为带息票据,年利率为 6%。编制会计分录如下:

(1) 销售实现,取得商业汇票时:

借:应收票据——乙企业　　117 000

　贷:主营业务收入　　100 000

　　应交税费——应交增值税(销项税额)　　13 000

　　银行存款　　4 000

(2) 6 月 30 日计提利息时:

计提利息＝117 000×6%÷360×116＝2 262(元)

借:应收票据——乙企业　　2 262

　贷:财务费用　　2 262

(3) 9 月 6 日票据到期时,企业发现对方无力兑付该应收票据,转为应收账款。编制会计分录如下(依据谨慎性要求,余下的利息暂不计算,待实际收到时再作处理):

借:应收账款——乙企业　　119 262

　贷:应收票据——乙企业　　119 262

（三）应收票据的背书转让

应收票据的背书转让是指持票人将未到期的商业汇票背书后转让给其他单位或个人的业务活动。背书是指在票据背面或者粘单上记载有关事项并签章的票据行为。签章人称为背书人，对背书转让的票据到期付款承担连带责任。我国现行银行支付结算办法规定，企业可以将持有的应收票据进行背书转让，用于购买所需的商品物资。对于被拒绝承兑、拒绝付款和超过付款期限的票据，不得背书转让。

企业将持有的不带息商业汇票背书转让以取得所需物资时，按应计入取得物资成本的金额，借记"在途物资"或"原材料""库存商品"等账户，按可抵扣的增值税税额，借记"应交税费——应交增值税（进项税额）"账户，按商业汇票的票面金额，贷记"应收票据"账户，如有差额，借记或贷记"银行存款"等账户。

【例 3-4】 某企业采购原材料一批，价款为 20 000 元，增值税税额为 2 600 元，经认证准予抵扣。将账面余额为 25 000 元的商业汇票背书转让，收到差额款 2 400 元并存入银行，材料已入库。

3

编制会计分录如下：

借：原材料	20 000	
应交税费——应交增值税（进项税额）	2 600	
银行存款	2 400	
贷：应收票据		25 000

企业将持有的带息商业汇票背书转让以取得所需物资时，按应计入取得物资成本的金额，借记"在途物资"或"原材料""库存商品"等账户，按可抵扣的增值税税额，借记"应交税费——应交增值税（进项税额）"账户，按商业汇票的票面金额，贷记"应收票据"账户，按尚未计提的利息，贷记"财务费用"账户，按应收或应付的金额，借记或贷记"银行存款"等账户。

（四）应收票据贴现

票据贴现实质上是企业融通资金的一种形式。企业持有的应收票据在未到期前，如因急需资金可以向其开户银行申请贴现以获得所需资金。贴现是指票据持有人将未到期的票据背书转让给银行，银行受理后从票据到期值中扣除按银行贴现率计算确定的贴现利息，将余额付给持票人的业务活动。

票据贴现有关计算公式如下：

1. 票据的到期价值

（1）带息应收票据：

$$\begin{aligned}票据到期价值 &= 票据面值 \times (1 + 年利率 \times 票据到期天数 \div 360) \\ &= 票据面值 \times (1 + 年利率 \times 票据到期月数 \div 12)\end{aligned}$$

（2）不带息应收票据：不带息应收票据的到期价值就是票据面值。

2. 票据贴现天数

$$票据贴现天数 = 贴现日至票据到期日的实际天数 - 1$$

3. 票据贴现利息

$$票据贴现利息 = 票据到期价值 \times 年贴现率 \times 票据贴现天数 \div 360$$

4. 票据贴现净额

$$票据贴现净额 = 票据到期价值 - 票据贴现利息$$

企业持未到期的不带息应收票据向银行贴现，应按票据贴现净额，借记“银行存款”账户，按贴现利息部分，借记“财务费用”等账户，按应收票据的票面金额，贷记“应收票据”账户。如为带息应收票据向银行贴现，应按票据贴现净额，借记“银行存款”账户，按应收票据的账面价值，贷记“应收票据”账户。按其差额，借记或贷记“财务费用”账户。

【例 3-5】 20××年 3 月 23 日，宏达公司销售给新鑫公司商品一批，取得含税收入 200 000 元，收到一张商业承兑汇票，期限为 6 个月，到期日为 9 月 23 日，面值为200 000 元。20××年 5 月 2 日，宏达公司持该票据向银行申请贴现。银行规定，承兑人不付款时，宏达公司承担连带偿还责任。年贴现率为 12%。

有关计算和账务处理如下：

票据到期价值＝200 000(元)

票据贴现天数＝30＋30＋31＋31＋23－1＝144(天)

即 5 月份 30 天，6 月份 30 天，7 月份 31 天，8 月份 31 天，9 月份 23 天，按算头不算尾或算尾不算头的规定扣 1 天。

票据贴现利息＝200 000×12%×144÷360＝9 600(元)

票据贴现净额＝200 000－9 600＝190 400(元)

(1) 3 月 23 日，收到票据时：

借：应收票据　　200 000

　　贷：主营业务收入　　176 991.15

　　　　应交税费——应交增值税(销项税额)　　23 008.85

(2) 5 月 2 日，票据贴现时：

借：银行存款　　190 400

　　财务费用　　9 600

　　贷：应收票据　　200 000

【例 3-6】 以【例 3-5】的资料为例，假定该贴现票据为带息票据，年利率为 10%，票据持有期间没有计算应计利息，其他资料不变。

(1) 3 月 23 日收到票据时：

借：应收票据　　200 000

　　贷：主营业务收入　　176 991.15

　　　　应交税费——应交增值税(销项税额)　　23 008.85

(2) 5 月 2 日票据贴现时：

票据到期价值＝200 000×(1＋10%×6÷12)＝210 000(元)

票据贴现利息＝210 000×12%×144÷360＝10 080(元)

票据贴现净额＝210 000－10 080＝199 920(元)

计入财务费用数额＝10 080－(210 000－200 000)＝80(元)

借：银行存款　　199 920

　　财务费用　　80

　　贷：应收票据　　200 000

企业已贴现的应收票据，如到期承兑人银行账户存款余额不足不能兑付时，贴现企业应根据是否对贴现票据承担连带责任进行不同处理。

贴现企业对贴现票据承担连带责任的，如商业承兑汇票，贴现银行有权将已贴现的票据退回申请贴现的企业，同时从贴现企业的账户中将票据款划回。此时，贴现企业应按所付票据本息转作应收账款，借记“应收账款”账户，贷记“银行存款”账户。如果申请贴现企业的银行存款账户余额不足，银行将作逾期贷款处理，贴现企业应借记“应收账款”账户，贷记“短期借款”账户。仍以【例 3-6】的资料为例，假设票据到期时承兑人无力偿付票款，银行享有追索权，有权从贴现企业账户中将票据款划回，同时贴现企业向银行支付票款后有权向承兑人行使再追索权，将所付款项收回，编制会计分录如下：

借：应收账款　　210 000

　贷：银行存款　　210 000

贴现企业对贴现票据不承担连带责任的，如银行承兑汇票，贴现企业把应收票据上的风险和未来经济利益在贴现时全部转让给了银行，当贴现的银行承兑汇票到期，承兑人的银行账户不足支付时，贴现企业不承担连带责任，贴现银行对其不享有追索权。此时，贴现企业不需要作账务处理。

第二节　应 收 账 款

应收账款也属于金融资产，根据其业务管理模式也分为以摊余成本计量和以公允价值计量两种类别，本节主要介绍应收账款按摊余成本计量核算的相关内容。

一、应收账款的确认和计价

应收账款是指企业因销售商品、提供劳务等业务，应向购货单位或接受劳务单位收取的款项，包括应收取的货款、应收取的增值税销项税额、代购货单位垫付的运杂费等。但不包括各种非经营业务而发生的各种应收款项，如应收职工欠款、存出保证金、应收股利和利息、应收租金等债权。不单独设置“预收账款”账户的企业，预收的账款也在“应收账款”账户核算。

（一）应收账款的确认

应收账款的确认与收入的确认密切相关。企业销售商品确认收入的条件为：将商品所有权上的主要风险和报酬转移给买方；没有对已售出商品实施控制，也没有保留通常与商品所有权相联系的继续管理权；与交易相关的经济利益能够流入企业；相关的收入能够可靠地计量；相关的已发生或将发生的成本能够可靠地计量。企业大多数商品销售在交易时具备上述条件，因此，应收账款应于收入实现时确认。

（二）应收账款的计价

应收账款是企业因销售商品或提供劳务等产生的债权，一般情况下，应收账款应按收入实现时买卖双方成交时的实际发生额入账，但企业为了及时回笼货款或为了扩大销售量，在销货时往往实行折扣政策，这就会对应收账款的计价产生影响。因此，应收账款计价应考虑折扣这一因素，采用一定的方法计算确定应收账款的入账金额。

企业在销售过程的折扣有商业折扣和现金折扣两种方式。

1. 商业折扣

商业折扣是指在商品交易时，为了鼓励客户多购买商品而从商品价目单中所列售价的基础上扣减一定的数额，实际上是对商品报价进行的折扣，通常用百分数表示，如 5%、10%、15%等，扣减后的净额才是实际销售价格，即发票价格。例如，某商品单价 300 元，成批购买

20 台，可得到 20%的商业折扣。则：

价目单销售价格（300 × 20）	6 000
减：商业折扣（6 000 × 20%）	1 200
发票价格	4 800

商业折扣作为一种促销手段，有利于扩大商品销路、增加销量、提高盈利水平。商业折扣一般在交易时即已确定，它仅仅是确定实际销售价格的一种手段，买卖双方均不需在账上反映。

在存在商业折扣的情况下，销售方应收账款的入账金额，应是扣除商业折扣后的实际成交价格。

2. 现金折扣

现金折扣是指企业为了鼓励客户在一定期限内及早付款而给予对方的一种折扣优惠。一般在合同中以“折扣/付款期限”的形式表示。例如：“3/10，2/20，n/30”表示，在 10 天内付款，按售价给予 3%的折扣；在第 11 至第 20 天内付款，给予 2%的折扣；在第 21 至第 30 天内付款，没有折扣，需全额付款。

3

现金折扣使企业收回应收账款的金额随着客户付款的时间而有所差异。

在存在现金折扣的情况下，应收账款入账金额的确认有总价法和净价法两种。

总价法是将未减去现金折扣前的金额作为实际售价，作为“应收账款”的入账价值，而现金折扣只有客户在折扣期内支付货款时，才予以确认。这种方法把给客户的现金折扣视为融资的理财费用，会计上作为财务费用处理。

净价法是将减去现金折扣后的金额作为实际售价，据以确认“应收账款”的入账价值。这种方法是把客户取得的现金折扣作为正常现象，认为客户一般都会提前付款，而将由于客户超过折扣期付款而多收入的金额，视为销货方向客户提供信贷获得的收入。

我国现行制度规定，应收账款应该采用总价法入账。

二、应收账款的核算

为了反映应收账款的增、减变动及结存情况，企业应设置“应收账款”账户。该账户借方反映应收账款的增加金额；贷方反映应收账款的减少金额（即已收回或已结转坏账损失、转作商业汇票结算方式的数额）；余额一般在借方，表示期末企业尚未收回的款项。该账户按客户名称设置明细账户进行明细核算。

（一）无商业折扣和现金折扣的核算

企业销售商品或提供劳务时，如果没有提供商业折扣和现金折扣，则按应收金额，借记“应收账款”账户，按实现的收入，贷记“主营业务收入”等账户，按增值税专用发票上注明的增值税税额，贷记“应交税费——应交增值税（销项税额）”账户；收回应收账款时，借记“银行存款”账户，贷记“应收账款”账户。

企业为购货方垫付的包装费、运杂费，借记“应收账款”账户，贷记“银行存款”账户。收回代垫款项时，作相反的会计分录。

企业的应收账款改用商业汇票结算方式的，于收到商业汇票时，借记“应收票据”账户，贷记“应收账款”账户。

【例 3-7】 甲企业 20××年 2 月 1 日采用委托收款结算方式向乙企业销售 A 产品一批，货款为 40 000 元，增值税税额为 5 200 元，以银行存款代垫运杂费 600 元，货已发出，已办妥委托收款手续。2月8日接到银行收款通知，该笔款项已收回入账。甲企业的账务处理为：

(1) 2月1日：

借：应收账款——乙企业	45 800	
贷：主营业务收入		40 000
应交税费——应交增值税(销项税额)		5 200
银行存款		600

(2) 2月8日：

借：银行存款	45 800	
贷：应收账款——乙企业		45 800

(二) 商业折扣情况下的核算

在存在商业折扣的情况下，销售方应收账款的入账金额，应按扣除商业折扣后的实际成交价格入账。

3

【例3-8】 企业销售给丙企业B产品10件，每件标价3 000元(不含税价格)，增值税税率为13%。由于是批量销售，给予对方10%的商业折扣。对方已提货，货款尚未收到。

该企业应编制会计分录如下：

借：应收账款——丙企业	30 510	
贷：主营业务收入		27 000
应交税费——应交增值税(销项税额)		3 510

(三) 现金折扣情况下的核算

由于我国制度规定企业对应收账款采用总价法入账，因此企业发生赊销业务并提供现金折扣条件时，应按未扣减现金折扣的销售额作为实际售价入账，借记“应收账款”账户，贷记“主营业务收入”“应交税费——应交增值税(销项税额)”账户。如在折扣期内收到款项，给予对方的现金折扣计入当期损益，按实际收到的款项，借记“银行存款”账户；按发生的现金折扣，借记“财务费用”账户；按应收账款的账面余额，贷记“应收账款”账户。

注：关于现金折扣的核算，财政部已明确“企业在销售商品时给予客户的现金折扣，应当按照《企业会计准则第14号——收入》中关于可变对价的相关规定进行会计处理”，我们将在现金折扣的具体核算方法规范后适时进行修订。

【例3-9】 甲企业向丁企业销售A产品500件，单价为100元，计50 000元，增值税税额为6 500元，规定的现金折扣条件为：2/10，n/30。产品已发出，各有关手续已办妥。其账务处理为：

(1) 办妥有关手续时：

借：应收账款——丁企业	56 500	
贷：主营业务收入		50 000
应交税费——应交增值税(销项税额)		6 500

(2) 如果丁企业在10天内交付货款，应编制会计分录如下：

借：银行存款	55 500	
财务费用——现金折扣	1 000	
贷：应收账款——丁企业		56 500

(3) 如果丁企业在11至30天内交付货款，应编制会计分录如下：

借：银行存款	56 500	
贷：应收账款——丁企业		56 500

三、合同资产的核算

合同资产是指企业已向客户转让商品而有权收取对价的权利，且该权利取决于时间流逝之外的其他因素。

企业同时向购货方销售两种或多种商品，如果企业交付了一种商品，并获得收取该种商品价款的权利，但该权利的实现取决于其他商品是否交付，企业应将该权利确认为合同资产而不是确认为应收账款。

企业发生合同资产的销售商品时，应按销售商品的全部价税款，借记“合同资产”账户，按销售商品价款，贷记“主营业务收入”账户，当与合同资产相关的商品交付实现销售时，将合同资产转为应收账款。

【例 3-10】 某公司 20××年 10 月 5 日与购货商签订合同，向客户销售甲、乙两种产品。甲产品的售价为 10 000 元，成本为 7 000 元，乙产品的售价为 20 000 元，成本为 15 000 元。合同规定甲产品在签订合同后交付，乙产品在 2 个月后交付，当两种产品全部交付后，才能结算两种产品价款。该公司的增值税税率为 13%，在交付商品确认收入时发生纳税义务。作相关会计分录如下：

(1) 20××年 10 月 5 日向购货商交付甲产品时：

借：合同资产	11 300	
贷：主营业务收入		10 000
应交税费——应交增值税（销项税额）		1 300
借：主营业务成本	7 000	
贷：库存商品		7 000

(2) 2 个月后向客户交付乙产品时：

借：应收账款	33 900	
贷：合同资产		11 300
主营业务收入		20 000
应交税费——应交增值税（销项税额）		2 600
借：主营业务成本	15 000	
贷：库存商品		15 000

合同资产与应收账款两者的主要区别是：应收账款是企业向客户无条件收取合同对价的权利，仅仅随着时间的流逝即可收款，应收账款仅仅承担客户的信用风险；合同资产不是一项无条件收款权，该权利的履行除时间流逝外，还取决于其他条件（如履行合同中的其他履约义务）。合同资产除承担信用风险外，还可能承担其他风险，如履约风险等。

专栏 3-1

中华人民共和国第一次实施增减复式记账法

1964 年，我国首创并试点推行增减复式记账法。增减复式记账法是会计记账方法的一种，用“增”“减”作为记账符号，来表示资产、负债、所有者权益、收入和费用的增减变动。采用这种记账方法，要把全部账户固定地划分为两类：资产类账户和权益类账户。根据资产总额与权益总额的相等关系，凡一项经济业务只引起资产类账户或权益类账户内部变动时，以相等的金额在有关的资产类账户分别记增加和减少，即“同类账户，有增有减”；凡一项经济业务同时引起资产类账户和权益类账户的增减变动时，在有关的资产类账户和权益类账户中同时记增加或减少，即“异类账户，同增同减”。20世纪60年代中期至70年代后期，这种会计记账方法在我国得到广泛的使用。

第三节 预付账款和其他应收款项

一、预付账款

（一）预付账款的含义

3

预付账款是指企业按照购货合同的规定预付给供货单位的货款，是企业的一项债权。预付账款与应收账款的区别在于，应收账款是在产品积压或有剩余生产能力的情况下，应收购货单位的货款；而预付账款是在货源紧张的情况下，预付给供货单位的货款。预付账款将来收回的是企业所需要的材料，即供货单位自己生产的产品，所以这种债权的风险较小。预付账款按实际发生额入账。

（二）预付账款的核算

为了反映预付账款的发生及结算情况，企业应设置“预付账款”账户，该账户借方登记企业预付的货款和补付的货款，贷方登记企业收到采购货物时，按发票金额冲销的预付货款数和退回多付的货款；期末余额一般在借方，表示企业预付的货款数，若为贷方金额，则反映企业尚未补付的款项。该账户应按供应单位名称设置明细账户，进行明细核算。

企业根据购销合同规定，向供货单位预付款项时，借记“预付账款”账户，贷记“银行存款”账户。

企业收到所购货物时，根据有关发票账单金额，借记“在途物资”或“原材料”等账户，按增值税专用发票上注明的增值税税额，借记“应交税费——应交增值税（进项税额）”账户，按应付金额，贷记“预付账款”账户。当预付货款大于采购货物应支付金额时，按收回的多余款项，借记“银行存款”账户，贷记“预付账款”账户；当预付货款小于采购货物应支付金额时，按补付金额借记“预付账款”账户，贷记“银行存款”账户。

企业的预付账款，如有确凿证据表明其不符合预付账款性质，或者因供货单位破产、撤销等原因无望再收到所购货物的，应将原记入预付账款的金额转入其他应收款，借记“其他应收款——预付账款转入”账户，贷记“预付账款”账户。

【例3-11】 某企业根据购货合同规定，预付给甲公司货款9 000元，供货单位提供货物后，开来发票账单，计列货款8 000元，增值税税额1 040元，经认证准予抵扣。

该企业应编制会计分录如下：

（1）预付货款时：

借：预付账款——甲公司　　9 000

　贷：银行存款　　9 000

（2）供货单位提供所购货物，并开来发票账单时：

借：在途物资——××物资　　8 000

应交税费——应交增值税(进项税额)　　1 040

　　贷:预付账款——甲公司　　9 040

(3) 补付甲公司货款时:

借:预付账款——甲公司　　40

　　贷:银行存款　　40

预付货款业务不多的企业,也可以不单设“预付账款”账户,而将企业预付的款项并入“应付账款”账户核算。企业预付款项时,记入“应付账款”账户的借方;冲销预付货款时,记入“应付账款”账户的贷方。

二、其他应收款项

(一) 应收股利

3

应收股利是指企业发生交易性金融资产、长期股权投资、其他权益工具投资等业务而应收取的现金股利和应收取其他单位分配的利润。应收股利包括取得交易性金融资产、长期股权投资、其他权益工具投资等时支付价款中所包含的已宣告但尚未发放的现金股利。

按规定计算应收股利时,借记“应收股利”账户,贷记“银行存款”“投资收益”等账户。实际收到现金股利或利润时,借记“银行存款”等账户,贷记“应收股利”账户。

具体业务举例参照第五章、第六章的有关内容。

(二) 应收利息

应收利息是指企业发生交易性金融资产、债权投资、其他债权投资等业务应收取的利息。应收利息包括取得交易性金融资产、债权投资、其他债权投资等时支付的价款中所包含的已到付息期但尚未领取的利息。

按规定计算应收利息时,借记“应收利息”账户,贷记“银行存款”“投资收益”等账户。实际收到利息时,借记“银行存款”等账户,贷记“应收利息”账户。

具体业务举例参照第五章有关内容。

(三) 其他应收款

1. 其他应收款的内容

其他应收款是指除应收账款、应收票据、应收股利、应收利息、预付账款和长期应收款等经营活动以外的其他各种应收、暂付款项。包括:

(1) 应收的各种赔款、罚款。

(2) 应收出租包装物的租金。

(3) 应向职工收取的各种垫付款项。

(4) 备用金(向企业各职能科室、车间等拨出的备用金)。

(5) 存出保证金,如租入包装物支付的押金。

(6) 预付账款转入。

(7) 其他各种应收、暂付款项。

2. 其他应收款的核算

为了核算和监督其他应收款的增减变动及结存情况,企业应设置“其他应收款”账户。企业发生各种应收、暂付款项以及预付账款转入时,借记“其他应收款”账户,贷记有关账户;收回、核销其他应收款时,借记有关账户,贷记“其他应收款”账户。其他应收款应按各种应收、暂付项目分类,并应按每项应收款的不同债务人设置明细账户,进行明细核算。

【例 3-12】　赵华出差预借差旅费 3 000 元，财会部门以现金支付。根据有关凭证，编制会计分录如下：

借：其他应收款——赵华　　3 000
　　贷：库存现金　　3 000

赵华出差归来，凭差旅费报销凭证报销差旅费 2 800 元。财会部门审核后予以报销，余款 200 元收回现金。根据有关凭证，编制会计分录如下：

借：管理费用——公司经费（差旅费）　　2 800
　　库存现金　　200
　　贷：其他应收款——赵华　　3 000

【例 3-13】　企业租入包装物一批，以银行存款向出租方支付押金 3 000 元。编制会计分录如下：

借：其他应收款——存出包装物押金　　3 000
　　贷：银行存款　　3 000

若租入包装物如数退回，收到出租方退还的押金 3 000 元，已存入银行。

借：银行存款　　3 000
　　贷：其他应收款——存出包装物押金　　3 000

专栏 3-2

我国春秋至秦汉的会计制度

春秋至秦汉，在会计原则、法律、方法方面均有所发展。孔子提出了我国最早的会计原则："会计当而已矣"，意思是会计要平衡、真实、准确。具体地说，就是要求会计的收付存平衡且正确无误。它与目前的"客观性"原则相似。战国时期，我国还出现了最早的封建法典——《法经》，其中包含"会计"方面的内容，如在会计簿书的真实性和保管方面，规定会计簿书如果丢失、错讹，与被盗数额同罪；在会计凭证和印鉴方面，规定券契（当时的原始凭证）如有伪造、更改等情况，重者与盗贼同罪论处，轻者以欺诈论处；如上计报告不真实，有欺诈隐瞒者，根据情节轻重判刑；在仓储保管方面，规定对于账实不符的，区分通盗、责任事故、非责任事故等不同情况进行处理；在度量衡方面，规定度量衡不准者，按情况不同实行杖打等处罚。秦汉时期，我国在记账方法上已超越文字叙述式的"单式记账法"，建立起另一种形式的"单式记账法"，即以"入、出"为会计记录符号的定式简明会计记录方法。它以"入－出＝余"作为结算的基本公式，即"三柱结算法"，又称为"入出（或收付）记账法"。西汉时采用的由郡国向朝廷呈报财务收支簿——"上计簿"可视为"会计报告"的滥觞。南北朝时期，苏绰创造"朱出墨入记账法"，规定以红记出、以墨记入。

第四节　应收款项减值

一、应收款项减值损失的确认

企业在经营活动中发生的各种应收款项，如应收票据、应收账款、预付账款、应收利息、其他应收款、长期应收款等，可能会因债务人破产、死亡、拒付等原因而无法收回。这类无法收回的应收款项就是坏账。由于发生坏账而造成的损失称为坏账损失。

企业应在资产负债表日对应收款项的账面价值进行检查，如有客观证据表明应收款项发生减值的，应计提坏账准备。符合下列条件之一者，应确认为坏账：

(1) 因债务人破产或死亡，以其破产财产或遗产清偿债务后，仍然无法收回的应收款项。

(2) 因债务单位撤销、资不抵债或现金流量严重不足，确实不能收回的应收款项。

(3) 因发生严重的自然灾害等导致债务单位停产而在短时间内无法偿付债务，确实无法收回的应收款项。

(4) 因债务人逾期未履行偿债义务超过 3 年，经核查确实无法收回的应收款项。

对坏账损失的确认，既要注重证据又要注重实质，并且应规定坏账损失的审批权为股东大会或董事会等类似机构。

二、坏账损失的核算

坏账损失的核算方法一般有两种：直接转销法和备抵法。

企业的应收款项（金融资产）发生减值损失多为预期信用损失，通过“信用减值损失”账户核算。

（一）直接转销法

直接转销法是指在实际发生坏账时，将坏账损失直接计入当期损益，同时冲销应收账款。

【例 3-14】 某企业应收丙公司欠货款 30 000 元，已超过 3 年，确认无法收回，批准作为坏账损失处理。编制会计分录如下：

借：信用减值损失	30 000	
贷：应收账款——丙公司		30 000

如已冲销的应收账款以后又收回的，先冲回应收账款，再作收款处理。

借：应收账款——丙公司	30 000	
贷：信用减值损失		30 000
借：银行存款	30 000	
贷：应收账款——丙公司		30 000

直接转销法在转销坏账损失的前期，对坏账不作任何处理，会使企业发生大量的坏账、呆账。长年挂账得不到处理，应收账款的可实现价值被夸大，虚增了企业利润。同时直接转销法也不符合权责发生制会计基础和收入费用配比的要求。我国会计制度规定企业不得采用直接转销法核算坏账损失，而应按备抵法核算企业的坏账损失。

（二）备抵法

备抵法是指采用一定的方法按期估计坏账损失，计入当期损益，形成坏账准备，待坏账实际发生时，再冲销已计提的坏账准备和相应的应收款项。采用这种方法，将预计不能收回的应收款项作为坏账损失入账，避免了虚盈实亏。同时，备抵法便于了解企业应收款项的可变现净值，以真实反映企业的财务状况。另外，预计不能收回的应收款项已不符合资产的定义，计提坏账准备可以防止企业虚增资产。

在计提坏账准备时，应当注意以下问题：

一是企业的应收票据，有确凿证据证明不能收回时，应将其账面价值转入应收账款，并计提相应的坏账准备；二是企业的预付账款，有确凿证据证明不符合预付账款的性质时，应将原计入预付账款的金额转入其他应收款，并按规定计提坏账准备；三是企业对已确认为坏账的应收账款，并不意味着对其放弃追索权，一旦将款项重新收回应及时入账。

我国现行制度规定，对于确认的坏账损失，企业应采用备抵法进行会计核算。在备抵法下，企业应设置“坏账准备”账户，其贷方登记每期提取的坏账准备数额，借方登记实际发生的坏账损失和冲减的坏账准备数额，期末余额一般在贷方，反映企业已经提取尚未转销的坏账准备数额。坏账准备可按以下公式计算：

当期实际提取的坏账准备

＝当期按应收款项计算应提的坏账准备金额－“坏账准备”账户的贷方余额

如果期末按应收款项计算的应提取坏账准备的金额大于“坏账准备”账户的贷方余额，应按其差额提取坏账准备；如果期末按应收款项计算的应提取坏账准备的金额小于“坏账准备”账户的贷方余额，则应按其差额冲减已计提的坏账准备；如果期末本账户为借方余额，则按应收款项计算的应提取坏账准备的金额，应加上本账户的借方余额，作为本期计提坏账准备的金额。

企业提取坏账准备时，借记“信用减值损失——计提的坏账准备”账户，贷记“坏账准备”账户；冲减已计提的坏账准备时，借记“坏账准备”账户，贷记“信用减值损失——计提的坏账准备”账户；发生坏账损失时，借记“坏账准备”账户，贷记“应收账款”“其他应收款”等账户；已确认并转销的坏账损失以后又收回时，借记“应收账款”“其他应收款”等账户，贷记“坏账准备”账户，同时，借记“银行存款”账户，贷记“应收账款”“其他应收款”等账户。

在会计实务中，企业按期估计坏账损失的方法主要有应收款项余额百分比法、账龄分析法、销货百分比法和个别认定法四种。我国会计制度规定，计提坏账准备的方法及提取比例等均由企业自行确定。如果采用应收账款余额百分比法，提取比例一般掌握在3‰～5‰。坏账准备提取方法一经确定，不得随意变更。如需变更，除应报经批准及备案外，还应在会计报表附注中予以说明。

1. 应收款项余额百分比法

应收款项余额百分比法，是根据会计期末应收款项各账户余额和估计的坏账率，计算坏账损失，计提坏账准备的方法。

【例3-15】 某企业确定的坏账准备提取比例为5‰。20××年起四年内发生下列与坏账准备有关的业务计算及会计分录如下：

20××年年末，“应收账款”账户余额1 000 000元（本例题暂且不考虑其他应收款等账户），“坏账准备”账户贷方余额3 000元。

(1) 20××年年末，“坏账准备”账户应保持的余额＝1 000 000×5‰＝5 000(元)，应提取的坏账准备＝5 000－3 000＝2 000(元)。

借：信用减值损失——计提的坏账准备　　2 000

　　贷：坏账准备　　2 000

(2) 第2年5月，发生坏账(甲单位)3 000元。

借：坏账准备　　3 000

　　贷：应收账款——甲单位　　3 000

(3) 第2年年末，“应收账款”余额为1 200 000元，应提取的坏账准备＝1 200 000×5‰－2 000＝4 000(元)。

借：信用减值损失——计提的坏账准备　　4 000
　贷：坏账准备　　4 000

(4) 第 3 年 5 月 8 日，接到银行通知，第二年 5 月已冲销的坏账(甲单位)3 000 元又收回存入银行。

借：应收账款——甲单位　　3 000
　贷：坏账准备　　3 000
借：银行存款　　3 000
　贷：应收账款——甲单位　　3 000

(5) 第 3 年年末，“应收账款”余额为 1 500 000 元，应提取的坏账准备 =1 500 000×5‰－9 000＝－1 500(元)。

借：坏账准备　　1 500
　贷：信用减值损失——计提的坏账准备　　1 500

(6) 第 4 年 4 月，发生坏账(乙单位)8 000 元。

借：坏账准备　　8 000
　贷：应收账款——乙单位　　8 000

(7) 第 4 年年末，“应收账款”余额为 1 000 000 元，应提取的坏账准备 =1 000 000×5‰＋500＝5 500(元)。

借：信用减值损失——计提的坏账准备　　5 500
　贷：坏账准备　　5 500

2. 账龄分析法

账龄分析法，是根据各应收款项账龄的长短来估计坏账的方法。通常情况下，应收款项被拖欠的时间越长，发生坏账的可能性就越大。采用账龄分析法，首先将应收款项按拖欠时间长短划分为若干区间，计列各区间上应收款项的余额，并为每一个区间估计一个坏账损失的百分比，然后据以计算期末坏账准备的金额。

【例 3-16】 某企业 20××年 12 月 31 日应收账款账龄分析资料和估计的坏账损失，如表 3-1所示。(本例题暂且不考虑其他应收款等账户)

表 3-1　坏账损失估算表

20××年 12 月 31 日　　金额单位：元

应收账款账龄	应收账款余额	估计坏账率	估计坏账损失
未到期	300 000	0.3%	900
过期 3 个月	200 000	1%	2 000
过期 6 个月	50 000	3%	1 500
过期 1 年	100 000	5%	5 000
过期 2 年及以上	84 000	10%	8 400
合　计	734 000	—	17 800

在账龄分析法下，有关账务处理与应收款项余额百分比法相同。

3. 销货百分比法

销货百分比法，是按本期赊销金额的一定百分比估计坏账的方法。企业可以根据过去的经验和有关资料，估计坏账损失与赊销金额之间的百分比。

采用销货百分比法估计坏账损失，将坏账的发生与当期赊销业务直接联系，强调了同期收入与费用的配比。坏账百分比的估计要尽可能如实反映客观情况，企业要根据应收款项实际情况的变化，及时修正估计的坏账百分比。

4. 个别认定法

个别认定法是指采用"应收款项余额百分比法"和"账龄分析法"时，如果某项应收款项的可收回性与其他各项应收款项存在明显差别(如债务单位所处的特定地区等)，导致该项应收款项如果按照与其他应收款项同样的方法计提坏账准备，将无法真实地反映其可收回金额的，可对该项应收款项采用个别认定法计提坏账准备。在同一会计期间内采用个别认定法的应收款项，应从按其他方法计提坏账准备的应收款项中剔除。

第四章　存　　货

【内容结构】

- 存货
  - 存货概述
    - 存货的概念
    - 存货的确认
    - 存货的分类
  - 存货计量
    - 存货的初始计量
    - 发出存货的计量
    - 期末存货的计量
  - 原材料存货
    - 原材料的分类
    - 材料的收发凭证
    - 原材料的核算
  - 商品存货
    - 库存商品的范围
    - 工业企业库存商品的核算
    - 商品流通企业库存商品的核算
  - 周转材料
    - 低值易耗品
    - 包装物
  - 存货的清查
    - 存货清查的意义
    - 存货清查的方法
    - 存货清查结果的核算

【学习目标】

知识目标：

1. 了解存货的概念、特点、确认条件和具体分类。
2. 明确存货初始计量、发出存货计量和期末存货计量各种方法的特点和应用。

3. 明确原材料按实际成本核算和按计划成本核算账户使用和账务处理的区别。
4 熟悉各种库存商品核算方法的具体内容。
5. 熟悉低值易耗品和包装物的概念和分类。
6. 了解存货清查的意义和方法。

技能目标：

1. 能正确计算存货的采购成本、加工成本和其他成本。
2. 能合理选用发出存货的计价方法，并正确计算发出存货和期末存货的成本。
3. 能进行期末存货计量直接转销法和备抵法的相关计算和核算。
4. 能进行原材料按实际成本和按计划成本的核算。
5. 能进行低值易耗品和包装物的核算。
6. 能进行商品的数量进价金额核算和售价金额核算。
7. 能进行存货清查结果的账务处理。

第一节　存货概述

一、存货的概念

存货是指企业在日常生产经营活动中持有以备出售的产成品或商品、处在生产过程中的在产品、在生产过程或提供劳务过程中耗用的材料和物料等。从存货的定义分析，存货具有以下特点：

（1）企业持有存货的目的在于准备在正常经营过程中予以出售，如商品、产成品及某些半成品等；或者将在生产或提供劳务的过程中耗用，制成产成品后再予以出售，如材料、包装物等；或者仍然处在生产过程中，如在产品、半成品等。一项资产是否属于存货，不是取决于该项资产的物质实体，而是取决于该项资产在生产经营过程中的用途或所起的作用。如同一项机器设备，对于销售该机器设备的企业来讲属于存货，而对于使用该机器设备的企业来讲则属于固定资产；又如企业为建造固定资产而储备的各种材料，虽在物质实体上与生产产品储备的原材料类似，但不符合存货概念，不能作为企业的存货进行核算；再如企业按国家指令储备的各种特种物资和专项物资，并不参加企业的生产经营周转活动，也不能列入企业存货进行核算。

（2）存货属于有形资产，具有物质实体。存货的这一特征，使其与企业的许多其他无实物形态的资产相区别，如应收账款、无形资产、交易性金融资产等。同时，也将现金和银行存款排除在存货的范围之外。

（3）存货属于流动资产，具有较大的流动性，但其流动性又低于现金、应收账款等流动资产。存货的这一特征，使其区别于企业其他各种有物质实体存在的资产，如固定资产、在建工程等。企业的低值易耗品由于价值较低、易损坏、使用期限较短、具有较大的流动性，因此，也将其列入存货的范围之内。

（4）存货具有时效性和发生潜在损失的可能性。在正常的生产经营活动过程中，存货能够转换为货币资产或其他资产。但长期不能销售的商品或耗用材料，有可能变为积压物资或者需降价销售，从而给企业造成损失。

在企业的生产经营过程中，有的存货被耗用转化为另一种存货，如原材料耗用后转化为在产品或产成品，有的存货被销售后转化为产品或商品的销售成本，有的存货以销售费用的形式被消耗掉，有的存货仍以原有形态存在。存货的管理与核算不仅关系到资产价值核算的正确性，也关系到企业损益计算的正确性。

二、存货的确认

某项资产是否作为企业的存货进行核算，首先要看其是否符合存货的概念，在此前提下，还应考虑同时符合两个条件的，才能作为存货进行核算。

（一）该存货有关的经济利益很可能流入企业

资产最重要的特征是预期会给企业带来经济利益。存货是企业的一项重要的流动资产，因此，对存货的确认，关键是判断该存货所包含的经济利益是否很可能流入企业。通常认为拥有存货的所有权是存货包含的经济利益很可能流入企业的一个重要标志。在进行这种判断时，需考虑业务实际情况和相关的因素。在商品销售时，凡依据销售合同已经售出取得现金或获得收取现金的权利，其商品的所有权已经转移，就不能再列作企业的存货，即使该商品尚未运离企业。反之，如企业尚未取得现金或获得收取现金的权利，该商品的所有权尚未转移，即使商品已运离企业，该商品仍包括在企业的存货之中。

需要注意的是，存货的交易方式是多种多样的，在有些情况下，存货实物的交付、所有权的转移、收取现金或获得收取现金的权利可能是不同步的，因此，存货的确认也不能一概而论，还应当注意以下几种特殊情形：

1. 收取手续费的代销商品

从商品所有权的转移来分析，代销商品在售出之前，所有权属于委托方，受托方只是代对方销售商品。因此，代销商品应作为委托方的存货处理。但是为了使受托方加强对代销商品的核算和管理，要求受托方对其受托代销商品纳入存货核算。

2. 在途存货

对于购货方已确认为购进（如已付款等）而尚未到达入库的在途存货，购货方应将其作为存货处理。对于购货方已收到存货但尚未收到销货方结算发票的，购货方应作为其存货处理；对于销售方按销售合同、协议规定已确认销售（如已收到货款等），而尚未发运给购货方的存货，应作为购货方的存货而不应作为销货方的存货。

3. 购货协定

对于约定未来购入的存货，企业没有发生实际的购货行为，不作为企业的存货核算。

（二）该存货的成本能够可靠地计量

存货的成本能够可靠计量是资产确认的一个基本条件。作为企业资产的组成部分，存货的确认也要求能够对其成本进行可靠的计量。如果存货的成本不能可靠计量，就不能对该项存货进行确认。如企业承诺的订货合同，由于并未发生实际的购货业务，存货相关成本不能可靠地计量，就不能确认为购货企业的存货。

通常随着存货实物的交付，存货所有权也随之转移，而随着存货所有权的转移，所有权上的主要风险和报酬也一并转移。此时，一般可以满足存货确认的上述两个条件。因此，存货确认的一个基本标志是企业是否拥有某项存货的法定所有权。在存货盘存日，凡企业拥有法定所有权的货物，无论存放何处，通常都应包括在本企业的存货之中；而尚未取得法定所有权或者已将法定所有权转移给其他企业的货物，即使存放在本企业，也不应包括在本企业的存货之中。

三、存货的分类

存货的构成内容很多，各种存货的具体特点和管理要求也不同，为了有效地组织存货的核算，有必要对存货进行科学的分类。

（一）按存货的经济用途分类

（1）在正常经营过程中储存备售的存货。这是指企业以对外销售为目的而持有的已完工产品或以转让销售为目的而持有的商品，主要包括工业企业的产成品和商品流通企业的库存商品等。

（2）为最终出售正处于生产过程的存货。这是指企业正处于加工环节的各种存货，主要包括在产品和自制半成品等。在产品是指尚未最后完工的产品，自制半成品是指尚未完成全部生产过程但可以适量对外销售的自制半成品等。

（3）在生产经营过程中储存备耗的存货。这是指企业为产品生产或提供劳务耗用而储备的各种物品，如工业企业为生产产品而储存的原材料、包装物、低值易耗品等。

（二）按存货的存放地点分类

（1）库存存货。这是指所有权属于企业并已验收入库的各种材料、商品以及已验收入库的自制半成品和产成品等。

（2）在途存货。这包括运入在途存货和运出在途存货。运入在途存货是指企业已经支付货款，正在运入途中或已运到企业但尚未验收入库的各种存货。运出在途存货是指企业按合同规定已经发出或送出但尚未确认销售收入的存货。

（3）加工中的存货。这是指处于企业自行生产加工中或委托外单位加工中的各种存货。

（4）委托代销存货。这是指企业已经委托外单位代销，但按合同规定尚未办理代销货款结算手续的存货。

（5）寄存的存货。这是指产权属于企业所有，暂时存放在外单位的存货。

（三）按存货的来源渠道分类

（1）外购存货。这是指企业从外部购入的存货，如工业企业的外购材料、商品流通企业的外购商品等。

（2）自制存货。这是指企业自己制造的各种存货，如工业企业的自制原材料和自制半成品等。

（3）委托加工存货。这是指企业通过支付加工费的方式委托外单位加工生产的各种存货。

另外，有些企业还可能有接受投资的存货、接受捐赠的存货和盘盈的存货等。

（四）按存货的经济内容分类

（1）原材料。这是指企业在生产过程中经加工改变其形态或性质并构成产品主要实体的各种原料及主要材料、辅助材料、外购半成品或外购件、修理用备件、燃料、包装材料等。

（2）在产品。这是指企业尚未加工完成，需进一步加工且正在加工的在制品。

（3）自制半成品。这是指企业已完成一定生产过程的加工任务，且验收合格入库，但需进一步加工的中间产品。

(4) 库存商品。这是指企业已完成全部生产过程并已验收合格入库,可以按照合同规定的条件送交订货单位,或可以作为商品对外销售的产品。

(5) 代销商品。这是指企业委托其他单位代销的商品以及企业接受其他单位委托代销的商品。

(6) 周转材料。这是指企业能够多次使用、逐渐转移其价值但仍然保持原来形态、不确认为固定资产的材料,如包装物和低值易耗品。

(7) 外购商品。这是指企业购入的不需要任何加工即可对外销售的商品。

第二节 存货的计量

存货的计量包括取得存货的初始计量、发出存货的计量和期末存货的计量等,存货的计量是存货核算的重要内容之一,下面分别加以说明。

一、存货的初始计量

《企业会计准则第 1 号——存货》规定,存货应当按照成本进行初始计量。存货的成本包括采购成本、加工成本和其他成本。不同的存货,其成本构成内容也不同。原材料、商品等通过购买而取得的存货的成本由采购成本构成。产成品、在产品、委托加工物资等通过进一步加工而取得的存货的成本由采购成本、加工成本以及使存货达到目前场所和状态所发生的其他成本构成。

微课视频:存货的初始计量

(一) 存货的采购成本

存货的采购成本是指企业物资从采购到入库前所发生的全部支出,包括购买价款、应计入存货采购成本的税费、运输费、装卸费、保险费以及可归属于存货采购成本的费用。购买价款是指企业购入存货时发票账单上列明的价款,但不包括按规定可以抵扣的增值税税额。应计入存货采购成本的税费含进口关税和其他税金。进口关税是指从中国境外购入的货物和物品,在报关进口环节,根据税法规定缴纳的进口关税。其他税金是指企业购买、自制或委托加工存货发生的消费税、资源税等。可归属于存货采购成本的费用,包括存货采购过程中发生的仓储费及包装费、存货运输途中的合理损耗、入库前的挑选整理费用等。

商品流通企业购入的商品,按照进价和按规定应计入商品成本的税金作为采购成本。采购过程中发生的运输费、装卸费、包装费、保险费等费用,以及运输途中的合理损耗和入库前的挑选整理费用等,可以先进行汇集,期末根据所购商品的存销比例进行分摊,对于已销商品的进货费用,计入当期损益(主营业务成本);对于未销商品的进货费用,计入期末存货成本。企业采购商品进货费用金额较小的,可以在发生时直接计入当期损益(销售费用)。

(二) 存货的加工成本

存货的加工成本包括直接人工及按照一定方法分配的制造费用等。直接人工是指企业在生产产品过程中直接从事产品生产的职工薪酬。制造费用是指企业为生产产品和提供劳务而发生的各种间接费用。企业应当根据制造费用的性质合理地选择制造费用的分配方法。在同一生产过程同时生产两种或两种以上的产品，并且每种产品的加工成本不能直接区分的，其加工成本应当按照合理的方法在各种产品之间进行分配。委托加工存货，应按加工过程中实际耗用的原材料或半成品的实际成本、加工费、运杂费等费用以及按规定应计入成本的税金作为实际成本。

（三）存货的其他成本

存货的其他成本是指除采购成本、加工成本以外的使存货达到目前场所和状态所发生的其他支出，如企业在生产过程中为达到下一个生产阶段所必需的仓储费用。企业提供劳务的，所发生的从事劳务提供人员的直接人工薪酬和其他直接费用以及可归属的间接费用，应当计入存货成本。为取得存货而发生的借款费用，应当按照《企业会计准则第 17 号——借款费用》的规定进行处理，即满足借款费用资本化条件的，应当计入存货成本；不满足借款费用资本化条件的，应当计入当期损益。

投资者投入存货、接受捐赠存货及盘盈的存货等也应按成本进行初始计量。

（1）投资者投入的存货，按照投资合同或协议约定的价值确定，但合同或协议约定价值不公允的除外。投资合同或协议约定价值不公允时，按存货的公允价值确定。

（2）接受捐赠的存货，应按公允价值入账。公允价值不能确定的，按以下规定办理：捐赠方提供有关凭据的，按凭据上标明的金额减去可抵扣进项税额计算；捐赠方没有提供有关凭据的，按同类或类似存货活跃市场的市场价格估计的金额减去可抵扣进项税额计算；若同类或类似存货不存在活跃市场，则按捐赠存货预计未来现金流量的现值减去可抵扣进项税额计算。

（3）盘盈的存货，按其重置成本作为入账价值。

二、发出存货的计量

发出存货的计量是指对每次发出的存货价值和每次发出后结存的存货价值的计算确定。由于存货品种多、收发频繁、采购地点不同、每次采购成本不一定相等等原因，在每次发出存货时，就会产生按哪种单价计量成本的问题，即用什么方法在发出存货和结存存货之间分配存货成本。按现行企业会计准则的规定，主要有以下几种方法。

（一）个别计价法

个别计价法，又称个别认定法，是指以每批收入存货的实际成本作为发出各该批存货实际成本的方法。采用这种方法，要求企业逐一辨认各批发出存货和期末存货所属的收入批别，分别按其收入批别确定的单位成本作为计算各批发出存货和期末存货的成本。为此，要求企业按存货的收入批别或品种设置明细账，对存货进行详细记录，并在存货上附加标签或编号，以便正确辨认确定发出存货的个别实际成本。

【例 4-1】 某企业 20××年 9 月份乙材料收发存情况如表 4-1 所示。假定月初只结存一种批次的材料，9 月 2 日发出的是结存的材料；10 日发出材料 1 200 千克，其中 500 千克是月初结存的，另 700 千克是 8 日购入的；25 日发出的均是 18 日购进的存货。采用个别计价法计算发出和结存乙材料的实际成本，如表 4-2 所示。

表 4-1 乙材料收发存数量一览表

业 务	收入		发出数量/千克	结存数量/千克
	数量/千克	单价/元		
1日结存				1 500(单价 10 元)
2日发出			800	700
8日购入	1 000	11.75		1 700
10日发出			1 200	500
18日购入	1 500	11.50		2 000
25日发出			1 000	1 000

表 4-2 乙材料明细分类账

20××年		凭证字号	摘要	收入			发出			结存		
月	日			数量/千克	单价/(元/千克)	金额/元	数量/千克	单价/(元/千克)	金额/元	数量/千克	单价/(元/千克)	金额/元
9	1	(略)	月初结存							1 500	10	15 000
	2		发出				800	10	8 000	700	10	7 000
	8		购入	1 000	11.75	11 750				700 1 000	10 11.75	7 000 11 750
	10		发出				500 700	10 11.75	5 000 8 225	200 300	10 11.75	2 000 3 525
	18		购入	1 500	11.50	17 250				200 300 1 500	10 11.75 11.50	2 000 3 525 17 250
	25		发出				1 000	11.50	11 500	200 300 500	10 11.75 11.50	2 000 3 525 5 750
	30		本月合计	2 500		29 000	3 000		32 725	200 300 500	10 11.75 11.50	2 000 3 525 5 750

由表 4-2 可以得出，本月发出乙材料的实际成本为：

$$800 \times 10 + 500 \times 10 + 700 \times 11.75 + 1\,000 \times 11.50$$

$$= 8\,000 + 5\,000 + 8\,225 + 11\,500 = 32\,725 (元)$$

月末结存乙材料的实际成本为：

$$15\,000 + 29\,000 - 32\,725 = 11\,275 (元)$$

或：$200 \times 10 + 300 \times 11.75 + 500 \times 11.50 = 11\,275$(元)

采用个别计价法，能准确计算发出存货和结存存货的实际成本。但这种方法要求对发出存货和结存存货的批别进行具体认定，以辨别其所属的收入批别，所以实务操作的工作量繁重，困难较大；另外，容易出现企业随意选用较高或较低价格的存货以调整当期利润的问题。所以，该方法一般适用于容易识别、存货品种数量不多、单位成本较高的存货的计价。

（二）先进先出法

先进先出法是以先收到的存货先发出为假定条件，并按这种假定的存货流转次序对发出存货和结存存货进行计价的方法。如果采用这种方法，收到存货时，应在存货明细分类账中逐笔登记每一批存货的数量、单价和金额；发出存货时，按照先进先出的原则确定单位实际成本，逐笔登记存货的发出金额和结存金额。

【例 4-2】 以【例 4-1】资料为例，采用先进先出法计算发出和结存乙材料的实际成本，如表 4-3 所示。

表 4-3 乙材料明细分类账

20××年		凭证字号	摘要	收入			发出			结存		
月	日			数量/千克	单价/(元/千克)	金额/元	数量/千克	单价/(元/千克)	金额/元	数量/千克	单价/(元/千克)	金额/元
9	1	（略）	月初结存							1 500	10	15 000
	2		发出				800	10	8 000	700	10	7 000
	8		购入	1 000	11.75	11 750				700 1 000	10 11.75	7 000 11 750
	10		发出				700 500	10 11.75	7 000 5 875	500	11.75	5 875
	18		购入	1 500	11.50	17 250				500 1 500	11.75 11.50	5 875 17 250
	25		发出				500 500	11.75 11.50	5 875 5 750	1 000	11.50	11 500
	30		本月合计	2 500		29 000	3 000		32 500	1 000	11.50	11 500

由表 4-3 可以得出，本月发出乙材料的实际成本为：

(800 × 10) + (700 × 10 + 500 × 11.75) + (500 × 11.75 + 500 × 11.50)

= 8 000 + (7 000 + 5 875) + (5 875 + 5 750) = 32 500(元)

月末结存乙材料的实际成本为：

15 000 + 29 000 − 32 500 = 11 500(元)

或：1 000 × 11.50 = 11 500(元)

采用先进先出法，期末存货的实际成本都是按最近的购货成本确定的，比较接近现行的市场价值，其优点是便于日常计算发出存货及结存存货的实际成本，企业不能随意挑选存货计价以调整当期利润；缺点是工作量大，且计价比较烦琐，特别是对于存货进出频繁的企业更是如此。而且，当物价上涨时，会高估企业当期利润和结存存货的价值；反之，会低估企业当期利润和结存存货的价值。

(三) 加权平均法

加权平均法也称全月一次加权平均法，是指以月初结存存货数量加本月收入存货数量作为权数，去除月初结存存货实际成本加本月收入存货实际成本，计算出存货的加权平均单位成本，从而确定本月发出存货实际成本和期末存货实际成本的一种方法。其计算公式为：

$$\text{加权平均单位成本}=\frac{\text{月初结存存货实际成本}+\text{本月收入存货实际成本}}{\text{月初结存存货数量}+\text{本月收入存货数量}}$$

$$\text{本月发出存货实际成本}=\text{本月发出存货数量}\times\text{加权平均单位成本}$$

$$\text{期末结存存货实际成本}=\text{期末结存存货数量}\times\text{加权平均单位成本}$$

若计算出来的加权平均单位成本不是整数，需要四舍五入的，为了保证月末结存存货实际成本的正确性，应采用倒挤成本的方法计算本月发出存货的实际成本。

$$\text{期末结存存货实际成本}=\text{期末结存存货数量}\times\text{加权平均单位成本}$$

$$\text{本月发出存货实际成本}=\text{月初结存存货实际成本}+\text{本月收入存货实际成本}-\text{期末结存存货实际成本}$$

【例 4-3】 仍以【例 4-1】的资料为例，采用加权平均法计算发出和结存乙材料的实际成本，如表 4-4 所示。

表 4-4 乙材料明细分类账

20××年		凭证字号	摘要	收入			发出			结存		
月	日			数量/千克	单价/(元/千克)	金额/元	数量/千克	单价/(元/千克)	金额/元	数量/千克	单价/(元/千克)	金额/元
9	1	(略)	月初结存							1 500	10	15 000
	2		发出				800			700		
	8		购入	1 000	11.75	11 750				1 700		
	10		发出				1 200			500		
	18		购入	1 500	11.50	17 250				2 000		
	25		发出				1 000			1 000		
	30		本月合计	2 500		29 000	3 000	11	33 000	1 000	11	11 000

由表 4-4 可以得出，本月发出乙材料的实际成本为：

$$\text{加权平均单位成本}=\frac{15\,000+29\,000}{1\,500+2\,500}=11(\text{元})$$

$$\text{本月发出乙材料的实际成本}=3\,000\times 11=33\,000(\text{元})$$

$$\text{月末结存乙材料的实际成本}=1\,000\times 11=11\,000(\text{元})$$

或：$\text{本月发出乙材料的实际成本}=15\,000+29\,000-11\,000=33\,000(\text{元})$

采用加权平均法，只在月末一次计算加权平均单位成本，比较简单，而且在市场价格上涨或下跌时所计算出来的单位成本平均化，对存货成本的分摊较为折中。但是，这种方法平时无法计算发出和结存存货的单位实际成本及其总成本，不利于加强对存货的管理；而且，期末核算的工作量较大。因此，这种方法适用于存货品种较少，而且前后收入存货单位成本相差较大的企业。

（四）移动加权平均法

移动加权平均法是指以本次进货入库前结存存货的实际成本加本次收入存货的实际成本，除以本次入库前结存存货数量加本次收入存货数量，据以计算移动加权平均单位成本，并对发出存货和结存存货进行计价的一种方法。其计算公式为：

$$移动加权平均单位成本=\frac{本次进货入库前结存存货实际成本+本次收入存货实际成本}{本次入库前结存存货数量+本次收入存货数量}$$

$$本次发出存货实际成本=本次发出存货数量\times 移动加权平均单位成本$$

$$本次发出存货后结存存货实际成本=结存存货数量\times 移动加权平均单位成本$$

若计算出来的移动加权平均单位成本不是整数，需要四舍五入的，为了保证月末结存存货实际成本的正确性，应采用倒挤成本的方法计算本次发出存货的实际成本。

$$本次发出存货后结存进货实际成本=结存存货数量\times 移动加权平均单位成本$$

$$本次发出存货实际成本=本次存货入库前结存存货实际成本+本次收入存货实际成本-本次发出进货后结存存货实际成本$$

4

【例 4-4】　仍以【例 4-1】的资料为例，采用移动加权平均法计算发出和结存乙材料的实际成本，如表 4-5 所示。

表 4-5　　乙材料明细分类账

20××年		凭证字号	摘要	收入			发出			结存		
月	日			数量/千克	单价/(元/千克)	金额/元	数量/千克	单价/(元/千克)	金额/元	数量/千克	单价/(元/千克)	金额/元
9	1	（略）	月初结存							1 500	10	15 000
	2		发出				800	10	8 000	700	10	7 000
	8		购入	1 000	11.75	11 750				1 700	11.03	18 750
	10		发出				1 200	11.03	13 235	500	11.03	5 515
	18		购入	1 500	11.50	17 250				2 000	11.38	22 765
	25		发出				1 000	11.38	11 385	1 000	11.38	11 380
	30		本月合计	2 500		29 000	3 000		32 620	1 000	11.38	11 380

第一批发出乙材料实际成本 $=800\times 10=8\ 000$（元）

发货后结存乙材料实际成本 $=700\times 10=7\ 000$（元）

第一次收入乙材料后的移动加权平均单位成本 $=\dfrac{7\ 000+11\ 750}{700+1\ 000}\approx 11.03$（元）

第二批发货后结存乙材料实际成本 $=500\times11.03=5\ 515$(元)

第二批发出乙材料实际成本 $=7\ 000+11\ 750-5\ 515=13\ 235$(元)

$$第二次收入乙材料后的移动加权平均单位成本=\frac{5\ 515+17\ 250}{500+1\ 500}\approx11.38(元)$$

第三批发货后结存乙材料实际成本 $=1\ 000\times11.38=11\ 380$(元)

第三批发出乙材料实际成本 $=5\ 515+17\ 250-11\ 380=11\ 385$(元)

本月发出乙材料实际成本 $=8\ 000+13\ 235+11\ 385=32\ 620$(元)

月末结存乙材料实际成本 $=1\ 000\times11.38=11\ 380$(元)

移动加权平均法的优点在于能使管理当局及时了解存货的结存情况，而且计算的移动加权平均单位成本以及发出和结存存货的实际成本比较客观。但采用这种方法，每次进货都要计算一次移动加权平均单价，工作量较大，对存货收发频繁的企业不适用。

（五）毛利率法

毛利率法是根据本期实际销售额乘以上季度（或本期计划）毛利率匡算本期销售毛利，据以计算发出存货成本和期末结存存货成本的一种方法。其计算公式为：

$$毛利率=\frac{销售毛利}{销售净额}\times100\%$$

销售净额＝商品销售收入－销售退回与折让

销售毛利＝销售净额×毛利率

销售成本＝销售净额－销售毛利

或＝销售净额×(1－毛利率)

期末存货成本＝期初存货成本＋本期购货成本－本期销售成本

【例 4-5】 某商场 20××年 10 月 1 日，甲类商品库存 80 000 元，本月购进 120 000 元，本月销售收入 160 000 元，发生销售折让 7 000 元，上季度该类商品的毛利率为 20%。计算本月已销商品和期末库存商品的成本。

本月销售净额 $=160\ 000-7\ 000=153\ 000$(元)

销售毛利 $=153\ 000\times20\%=30\ 600$(元)

本月销售成本 $=153\ 000-30\ 600=122\ 400$(元)

月末库存商品成本 $=80\ 000+120\ 000-122\ 400=77\ 600$(元)

用毛利率法计算本期销售成本和期末存货成本，在商品流通企业较为常见，尤其是商品批发企业，若按每种商品计算并结转销售成本，工作量较为繁重；同时，由于商品批发企业的同类商品毛利率大致相同，采用这种存货计价方法也比较接近实际。

采用这种方法，用上季度毛利率，按商品大类计算、结转本期销售成本，能简化计算工作量，但计算结果往往不够准确。为了弥补这种不足，企业可以在每季度的最后一个月，根据月末结存商品的数量，采用先进先出等方法，确定月末存货成本，然后再计算该季度的商品销售成本，用该季度的商品销售成本减去前两个月已结转的成本，计算第三个月应结转的销售成本，从而对前两个月用毛利率计算的销售成本进行调整。

（六）零售价法

零售价法是指用存货成本占零售价的百分比计算发出存货和期末存货成本的一种方法。采用这种方法，期初存货和本期购货同时按成本和零售价记录，本期销售只按零售价记录，通过计算存货成本占零售价的百分比，即成本率，计算出期末存货成本和本期销售成本，其计算公式为：

$$成本率=\frac{期初存货成本+本期购货成本}{期初存货售价总额+本期购货售价总额}\times100\%$$

$$期末存货售价总额=期初存货售价总额+本期购货售价总额-本期销售总额$$

$$期末存货成本=期末存货售价总额\times成本率$$

$$本期销售成本=期初存货成本+本期购货成本-期末存货成本$$

【例 4-6】 某商店 20××年 11 月的期初存货成本为 150 000 元，售价总额 187 500 元；本期购货成本为 527 250 元，售价总额 780 000 元；本期销售收入为 832 000 元。月末存货成本和本月销售成本计算如下：

$$成本率=\frac{150\ 000+527\ 250}{187\ 500+780\ 000}\times100\%=70\%$$

$$期末存货售价总额=187\ 500+780\ 000-832\ 000=135\ 500(元)$$

$$期末存货成本=135\ 500\times70\%=94\ 850(元)$$

$$本期销售成本=150\ 000+527\ 250-94\ 850=582\ 400(元)$$

零售价法主要适用于商品零售企业，如百货商店或超级市场等，由于这类企业的商品都要标明零售价格，而且商品的型号、品种、款式繁多，难以采用其他方法计价。

发出存货成本的计价除上述介绍的几种方法外，还有计划成本法、售价金额核算法等，将分别在本章第三节和第四节结合有关内容进行说明，关于周转材料的成本结转将在本章第五节中介绍。

由以上所述可知，发出存货成本的计价方法不同，直接影响到当期销售成本和期末存货价值的大小，从而影响到企业损益的计算以及资产负债表中相关项目的价值表现。所以企业应根据自身的经营性质、经营规模及存货收发等实际情况，选用合适的发出存货成本的计量方法。方法一旦确定，不得随意变更。如需要变更，应在会计报表附注中予以说明。

三、期末存货的计量

前面介绍的各种存货计价方法均是以历史成本为基础计算出期末存货价值的，但在存货毁损、全部或部分陈旧过时、销售价格低于成本等情况下，会使持有存货的市价下跌到成本以下，表明该存货给企业带来的未来经济利益低于其账面金额，由此形成的损失已不符合资产的定义，若期末存货仍以历史成本计价，就会出现虚增资产的现象，所以，我国企业会计准则规定：在资产负债表日，存货应当按照成本与可变现净值孰低法计价。

（一）成本与可变现净值孰低法的含义

成本与可变现净值孰低法是指对期末存货按照成本与可变现净值两者之中的较低者进行计价的方法。即当成本低于可变现净值时，存货按成本计价；当可变现净值低于成本时，存货按可变现净值计价，此时应当计提存货跌价准备，将两者差额计入当期损益。成本与可变现净值孰低法的理论基础是在存货发生贬值等情况下，使存货符合资产的定义。

这里所讲的“成本”是指存货的历史成本，即按前面所讲的以历史成本为基础的发出存货计价方法计算出来的期末存货的实际成本。可变现净值是指在日常活动中，存货的估计售价减去至完工时估计将要发生的成本、估计的销售费用以及相关税费后的金额。

采用成本与可变现净值孰低法计价，就是当存货的可变现净值低于成本时，把其差额作为一项损失从存货价值中抵销，列入当期损益，使存货账面价值表现为可变现净值；但当存货的可变现净值高于成本时，并不把其差额作为一项收益调增存货价值，存货价值仍表现为历史成本。这种计价方法体现了会计信息质量的谨慎性要求。

（二）存货可变现净值的确定

1. 应考虑的主要因素

企业在确定存货的可变现净值时，应当取得确凿的证据，并要考虑到持有存货的目的等因素：

4

（1）在确定可变现净值时，应以取得的可靠证据为基础。此处讲的“可靠证据”是指对确定存货的可变现净值有直接影响的确凿证据，如产品的市场销售价格、供货方及销售方提供的有关资料等。

（2）应考虑持有存货的目的。企业持有的存货可以是用于出售的，也可以是用于继续加工的。企业持有存货的目的不同，其确定存货可变现净值的方法也不同。

2. 估计售价的确定

从“可变现净值”的概念可以看出，存货估计售价的确定对于计算可变现净值非常重要，所以企业确定存货的估计售价应遵循以下原则：

（1）为执行销售合同或劳务合同而持有的存货，通常应当以产成品或商品的合同价格作为其可变现净值的计量基础。

（2）如果企业持有存货的数量多于销售合同订购数量，则超出部分的存货可变现净值应当以产成品或商品的一般销售价格作为计量基础。

（3）没有销售合同或劳务合同约定的存货，其可变现净值应当以产成品或商品的一般销售价格或原材料的市场价格作为计量基础。

3. 材料存货的期末计量

企业持有的材料主要用于生产产品，但也会直接对外销售。会计期末，在采用成本与可变现净值孰低法对材料进行计量时，需要考虑材料的用途。

（1）对用于出售而持有的材料，应直接比较材料的成本和根据材料估计售价确定的可变现净值。

（2）对用于生产而持有的材料，应当将材料的期末计价与所生产的产成品的期末价值减损情况联系起来，按如下原则处理：

❶如果用该材料生产的产成品的可变现净值预计高于生产成本，则该材料应当按照成本

计量；❷如果材料价格的下降表明产成品的可变现净值低于生产成本，则该材料应当按照可变现净值计量。

(三) 成本与可变现净值孰低法的应用

企业按成本与可变现净值孰低法对存货期末计价时，有三种不同的计算方法可供选择：

(1) 单项比较法，也称逐项比较法或个别比较法，是指对每一项存货的成本与可变现净值逐项进行比较，每项存货均取较低者来确定存货的期末价值。

(2) 分类比较法，是指按存货类别比较其成本和可变现净值，每类存货取其较低者来确定存货的价值。

(3) 总额比较法，也称综合比较法，是指按全部存货的总成本与可变现净值总额进行比较，以较低者作为期末全部存货的价值。

在采用成本与可变现净值孰低法时，按照企业会计准则的规定，企业应当按照单个存货项目计提存货跌价准备。对于数量繁多、单价较低的存货，可以按照存货类别计提存货跌价准备；与在同一地区生产和销售的产品系列相关、具有相同或类似最终用途或目的，且难以与其他项目分开计量的存货，可以合并计提存货跌价准备。

【例 4-7】 某企业有甲、乙、丙、丁四种存货，分为 A、B 两大类，各种存货的成本与可变现净值的资料，以及分别按三种比较方法确定期末存货价值，如表 4-6 所示。

表 4-6 期末存货成本与可变现净值比较表 单位：元

项目	成本	可变现净值	单项比较法	分类比较法	总额比较法
A 类存货	10 000	9 600		9 600	
甲存货	4 000	3 200	3 200		
乙存货	6 000	6 400	6 000		
B 类存货	20 000	20 800		20 000	
丙存货	8 000	9 200	8 000		
丁存货	12 000	11 600	11 600		
总计	30 000	30 400	28 800	29 600	30 000

由表 4-6 可知，单项比较法确定的期末存货价值最低，为 28 800 元；分类比较法次之，为 29 600 元；总额比较法最高，为 30 000 元。

通过对三种计算方法的比较可见，单项比较法的确定结果最为准确，但工作量也最大；总额比较法工作量较小，但确定结果的准确性较差；分类比较法的优缺点介于两者之间。

(四) 成本与可变现净值孰低法的账务处理

企业在选定某种比较方法并确定了存货的期末价值之后，应视具体情况进行账务处理：若成本低于其可变现净值，则不需要做账务处理，因为存货账面原来就是按历史成本反映的；若可变现净值低于成本，其差额就要进行账务处理。具体有以下两种方法可供选择：

1. 直接转销法

将可变现净值低于成本的损失直接列入当期损益，并转销存货账户，使存货成本调整为可变现净值。在会计核算时，借记“资产减值损失——计提存货跌价准备”账户，贷记有关存货账户。

采用这种方法，要直接冲销有关存货的账簿记录，工作量较大，而且若已作调整的存货以后可变现净值又得以恢复，则再恢复有关存货的成本记录十分麻烦，因此该方法不常用。

2. 备抵法

对于存货可变现净值低于成本的损失不直接冲减有关存货账户，而是另设“存货跌价准备”账户，用于核算企业提取的存货跌价准备。该账户属于资产类账户，贷方登记存货可变现净值低于成本的差额；借方登记已计提跌价准备的存货价值以后又得以恢复的金额和其他原因冲减已计提跌价准备的金额；期末贷方余额反映企业已提取的存货跌价准备。“存货跌价准备”账户是有关存货账户的备抵调整账户，有关存货账户的期末借方余额减去“存货跌价准备”账户的期末贷方余额，即为期末存货的账面价值。

当企业存在下列情况之一时，应当计提存货跌价准备：❶市价持续下跌，并且在可预见的未来无回升的希望；❷企业使用该项原材料生产的产品成本大于产品的销售价格；❸企业因产品更新换代，原有库存原材料已不适应新产品的需要，而该原材料的市场价格又低于其账面成本；❹因企业所提供的商品或劳务过时或消费者偏好改变而使市场的需求发生变化，导致市场价格逐渐下跌；❺其他足以证明该项存货实质上已经发生减值的情形。

当存货存在下列情况之一时，表明存货的可变现净值为零：❶已霉烂变质的存货；❷已过期且无转让价值的存货；❸生产中已不再需要，并且已无使用价值和转让价值的存货；❹其他足以证明无使用价值和转让价值的存货。

企业应当在每一会计期末，比较期末存货的成本与可变现净值，计算出应计提的存货跌价准备数额，然后与“存货跌价准备”账户的余额比较：若应计提数大于已计提数，应予补提；若应计提数小于已计提数，应冲销多计提部分，此时表明前已计提跌价准备的存货的价值以后又得以部分恢复，应按恢复部分的数额冲销已计提数；若已计提跌价准备的存货的价值以后全部恢复，则其冲减的跌价准备金额应以“存货跌价准备”账户的余额冲至零为限。

$$\text{某期应补提或冲销的存货跌价准备} = \text{当期可变现净值低于成本的差额} - \text{“存货跌价准备”账户贷方余额}$$

（正数为补提数，负数为冲销数）

【例 4-8】 某企业采用成本与可变现净值法进行期末存货的计价，并运用备抵法进行相应的账务处理。假设企业在20××年年末开始计提存货跌价准备，有关年度某存货的资料，如表4-7所示。

表 4-7 存货资料表 单位：元

日 期	历史成本	可变现净值
20××年年末	150 000	146 000
第二年年末	186 000	180 000
第三年年末	154 000	150 500
第四年年末	135 000	136 000

各年末的账务处理如下：

(1) 20××年年末，应计提的存货跌价准备为：

$$150\ 000-146\ 000=4\ 000(\text{元})$$

编制会计分录如下：

借：资产减值损失——计提存货跌价准备　　4 000

　　贷：存货跌价准备　　4 000

(2) 第二年年末，应计提的存货跌价准备为：

$$186\ 000-180\ 000=6\ 000(\text{元})$$

应补提的存货跌价准备为：

$$6\ 000-4\ 000=2\ 000(\text{元})$$

编制会计分录如下：

借：资产减值损失——计提存货跌价准备　　2 000

　　贷：存货跌价准备　　2 000

(3) 第三年年末，应计提的存货跌价准备为：

$$154\ 000-150\ 500=3\ 500(\text{元})$$

应冲销的存货跌价准备为：

$$3\ 500-6\ 000=-2\ 500(\text{元})$$

编制会计分录如下：

借：存货跌价准备　　2 500

　　贷：资产减值损失——计提存货跌价准备　　2 500

(4) 第四年年末，应计提的存货跌价准备为 0，应冲销的存货跌价准备为 3 500 元。

编制会计分录如下：

借：存货跌价准备　　3 500

　　贷：资产减值损失——计提存货跌价准备　　3 500

备抵法弥补了直接转销法的不足，采用这种方法，不需要对有关存货的账目进行调整，保持了账簿记录的全貌，工作量也较小，现行会计准则规定企业应采用备抵法进行账务处理。

专栏 4-1

中华人民共和国颁布的第一个具体会计准则

随着近年我国证券市场的快速发展和企业股份制改造的日益兴起，公众对上市公司会计信息的需求程度远远高于对非上市公司会计信息的需求。因此，提高会计信息质量，保证会计信息的可靠性，提高会计信息的透明度，就自然地提到了议事日程。后来，社会公众以及证券监管部门对会计核算和信息披露提出了更高的要求，财政部于 1997 年发布了第一个具体会计准则——《关联方关系及其交易的披露》，旨在规范关联交易的信息披露，增加关联交易的透明度。这一准则的发布拉开了我国颁布一系列具体会计准则的序幕。

第三节 原材料存货

一、原材料的分类

原材料是指企业在生产过程中将通过加工改变其形态或性质的各种原料及主要材料、辅助材料、修理用备件(备品备件)、外购半成品(外购件)、燃料等。

(一) 原料及主要材料

原料及主要材料是指经过加工后构成产品主要实体的各种原料和材料。原料一般是指直接取自自然界处于天然状态的农产品与矿产品等劳动对象,如原棉、矿石、原油等。材料一般是指经过工业企业加工过的劳动对象,如棉纱、钢材等。

(二) 辅助材料

辅助材料是指直接用于生产、有助于产品形成或便于生产进行,但不构成产品主要实体的各种材料。其中有的与原料及主要材料相结合,有助于产品的形成,如催化剂、染料、油漆等;有的被劳动工具所消耗,如润滑油、防锈剂等;有的用于创造正常的劳动条件,如照明用灯泡、清洁工具等。

4

(三) 修理用备件

修理用备件是指本企业机器设备和运输设备所专用的各种零件和部件,如轴承、齿轮、阀门、轮胎等。

(四) 外购半成品

外购半成品是指企业从外部购入的需要进行加工或装配于企业产品,构成产品主要实体的半成品及零配件,如生产汽车配套的轮胎、织布用的外购棉纱等。

(五) 燃料

燃料是指在生产过程中用于燃烧发热或者创造正常劳动条件而使用的各种燃料,包括固体燃料、液体燃料和气体燃料等,如煤炭、柴油、煤气等。

上述材料类别是按照经济内容的分类,这种分类有助于掌握具有不同作用的各种材料的收、发、存情况和资金占用动态,根据生产需要进行材料采购。

二、材料的收发凭证

(一) 材料收入的凭证

材料的来源渠道不同,反映材料收入的凭证和手续也不相同。现分述如下:

1. 外购材料

企业外购材料需要的凭证有银行结算凭证、供货单位提供的发货票、运输单位提供的运单等。在材料运达企业验收入库后,必须填写“收料单”作为收入材料的凭证。收料单的格式如表 4-8 所示。

表 4-8 收 料 单

编号：

发票号码： 年 月 日 仓库：

<table>
<tr><td rowspan="2">材料编号</td><td rowspan="2">材料名称</td><td rowspan="2">规格</td><td rowspan="2">计量单位</td><td colspan="2">数 量</td><td colspan="4">实际成本</td><td colspan="2">计划单价</td><td rowspan="2">备注</td></tr>
<tr><td>应收</td><td>实收</td><td>单价</td><td>买价</td><td>运杂费</td><td>合计</td><td>单价</td><td>金额</td></tr>
<tr><td></td><td></td><td></td><td></td><td></td><td></td><td></td><td></td><td></td><td></td><td></td><td></td><td></td></tr>
<tr><td colspan="2">供货单位</td><td colspan="2" rowspan="2">质量检验记录</td><td colspan="2">生产日期</td><td colspan="2">会计证号</td><td colspan="2">质量状况</td><td colspan="2">检验结论</td><td></td></tr>
<tr><td colspan="2"></td><td colspan="2"></td><td colspan="2"></td><td colspan="2"></td><td colspan="2"></td><td></td></tr>
</table>

供应部门负责人： 检验： 记账： 收料：

收料单通常一式三联：一联由采购部门留存，作为材料供应统计的凭证；一联由仓库留存，用于登记材料明细账；一联随同发票送交财会部门报账，并据以登记入账。委托加工材料的收入凭证和手续与外购材料基本相同。

2. 自制材料和回收废料

自制材料是指企业自行制造完成并已验收入库为本企业制造产品使用的各种材料。回收废料是指回收的生产加工过程中产生的尚有一定价值的废料。自制材料和回收废料入库凭证为材料交库单，格式类似收料单。自制材料和废料入库时，应由交库的车间或部门填写“材料交库单”，连同材料一起交仓库验收。“材料交库单”一般一式三联：一联送财会部门，据以进行材料收入核算。至于生产中退回的多余材料，有两种情况：一是多余不用的，应由退料单位填写退料单，其内容与“领料单”基本相同，只不过改“领料”为“退料”，企业一般采用“领料单”用红字填写；二是为了正确计算月份内的生产成本，对于本月未用完但准备在下月继续使用的材料，于月末办理假退料手续，即一边填写“退料单”作本月份退料，一边填写“领料单”作下月初领料，其实物并未进出仓库。无论哪种情况，退料都应在材料明细账的“发出”栏中作抵减处理。

3. 盘盈的材料

盘盈是指材料实地盘点数量大于账面数量的差额。对材料清查中确定的盘盈，要填制材料盘点报告单。材料盘点报告单的格式如表 4-9 所示。

表 4-9 材料盘点报告单

编号	存货名称规格	计量单位	数　量		单价	盘　盈		盘　亏		原因
			账存	实存		数量	金额	数量	金额	

供应部门负责人： 仓库保管员： 清查人：

(二) 材料发出的凭证

材料的发出主要是企业各部门的生产领用、对外销售以及委托外单位加工等。仓库发出材料，不论什么原因，都必须填制有关发料凭证，并经有关人员批准，仓库管理人员才能据以发料。材料发出的凭证主要有领料单、限额领料单。

1. 领料单

领料单是一种一次性有效的领料凭证，一般适用于没有消耗定额或不经常领用的材料领发业务。领料单一般采用一单一料制，由领料单位填写，一式三联：一联由领料单位留存；一联由仓库发出材料后作为登记明细账的依据；一联交财会部门作为账务处理的依据，其格式如表4-10所示。

表4-10 领 料 单

领料部门： 年 月 日 编 号：
用 途： 发料仓库：

材料类别	材料名称及规格	计量单位	数 量		计划单价		用 途
			请 领	实 领	单 价	金 额	

仓库主管： 发料人： 领料部门主管： 领料人：

2. 限额领料单

限额领料单是一种在规定限额和有效期内，连续记录若干次不断重复发生的领料业务的凭证。它适用于经常领用并规定有消耗定额的材料的领发业务。限额领料单一式两联：一联作为仓库据以备料发料的凭证，每次领料时，领料单位应在单内填写请领数量，经仓库审查未超过限额，予以发料；月末仓库结出实发数量和金额，据以登记材料明细账，并交由财会部门稽核签收，作为财会部门进行材料发出总分类核算的原始依据。另一联交给用料单位据以领料，并于月末转给成本会计，据以进行产品成本中的材料费用的明细核算。可见，"限额领料单"有利于加强对材料领用的控制与管理，其格式如表4-11所示。

表4-11 限额领料单

领料部门： 编号：
用 途 年 月 仓库：

<table>
<tr><td rowspan="2">材料编号</td><td rowspan="2">材料名称</td><td rowspan="2">规格</td><td rowspan="2">计量单位</td><td rowspan="2">计划投产量</td><td rowspan="2">单位消耗定额</td><td rowspan="2">领用限额</td><td colspan="3">实 发</td></tr>
<tr><td>数量</td><td>实际(计划)单价</td><td>金 额</td></tr>
<tr><td></td><td></td><td></td><td></td><td></td><td></td><td></td><td></td><td></td><td></td></tr>
<tr><td rowspan="2">日期</td><td colspan="4">领 用</td><td colspan="4">退 料</td><td>限额结余</td></tr>
<tr><td>数 量</td><td colspan="2">领料人</td><td>发料人</td><td>数 量</td><td>退料人</td><td colspan="2">收料人</td><td></td></tr>
<tr><td></td><td></td><td colspan="2"></td><td></td><td></td><td></td><td colspan="2"></td><td></td></tr>
<tr><td>合 计</td><td></td><td colspan="2"></td><td></td><td></td><td></td><td colspan="2"></td><td></td></tr>
</table>

（三）增值税发票

增值税发票分为专用发票和普通发票两种。增值税专用发票由具备增值税一般纳税人条件的企业使用，增值税普通发票由不具备增值税一般纳税人条件的企业使用。

下面以增值税专用发票为例说明其使用方法。增值税专用发票的格式如图4-1所示。

增值税专用发票的基本联为三联：第一联为"记账联：销售方记账凭证"；第二联为"抵扣联：购买方扣税凭证"；第三联为"发票联：购买方记账凭证"。增值税专用发票的其他联次由使用单位根据需要安排。

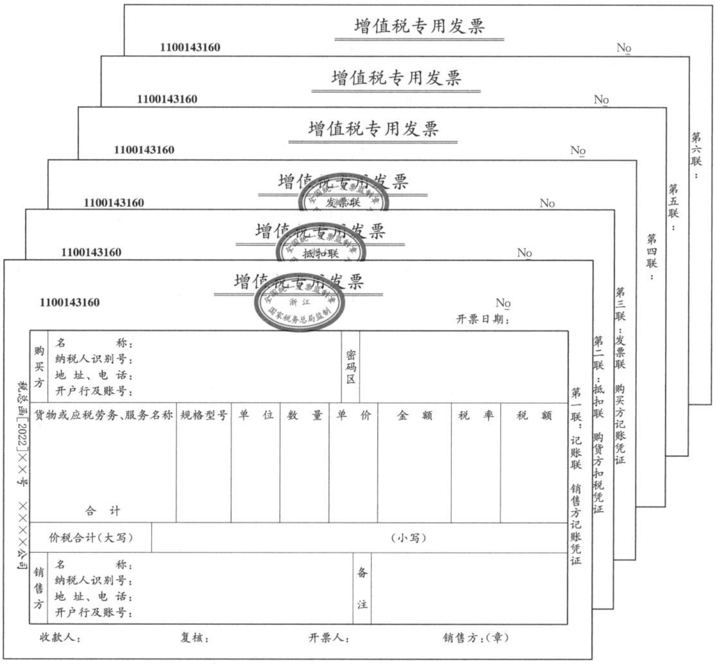

图 4-1 增值税专用发票

三、原材料的核算

企业原材料的核算，有按实际成本核算和按计划成本核算两种方法，下面分别加以说明。

（一）原材料按实际成本核算

原材料按实际成本核算的特点是：从原材料收发凭证到明细分类账和总分类账全部按实际成本计价。这种核算方法一般适用于规模较小、原材料品种简单、采购业务不多的企业。

1. 材料的明细分类核算

材料的明细分类核算应包括数量核算和价值核算。

材料明细分类账是数量金额式明细账，由财会部门按材料品种、规格设置，采用收、发、余三栏式。登记方法是：根据收料凭证序时逐笔登记“收入”栏；根据发料凭证序时逐笔登记“发出”栏。从该明细账中，不仅可以取得材料的数量资料，还可以取得各种材料的价值增减和资金占用的核算资料。

2. 材料收入的总分类核算

在实际成本法下，取得原材料主要通过“原材料”和“在途物资”账户核算。

“原材料”账户，用于核算企业库存原材料的增减变化情况。该账户是资产类账户，借方登记入库原材料的实际成本；贷方登记发出原材料的实际成本；期末借方余额反映企业库存原材料的实际成本。该账户应按原材料的类别、品种和规格设置材料明细账。

“在途物资”账户，用于核算企业购入尚未到达或尚未验收入库的各种物资的实际成本。该账户是资产类账户，借方登记已付款或已开出承兑商业汇票的物资的实际成本；贷方登记已验收入库物资的实际成本；期末借方余额，反映企业已付款或已开出承兑商业汇票，但尚未到达或尚未验收入库的在途物资的实际成本。该账户应按供货单位设置明细账进行明细核算。

(1) 外购材料的核算。企业外购材料的实际成本包括买价和采购费用两部分。

买价是指购入原材料时发票上列出的货款金额;采购费用包括运杂费、运输途中的合理损耗、入库前的挑选整理费用等。运杂费包括运输费、装卸费、保险费、包装费等。

购入材料时所支付的消费税、资源税和城市维护建设税以及进口材料缴纳的关税等计入材料成本。支付的增值税是否计入材料成本,一般纳税人与小规模纳税人有所不同:❶一般纳税人购入生产用材料,凡取得增值税专用发票等凭证的,则其支付的增值税不计入所购材料的成本,作为进项税单独核算;若没有取得增值税专用发票等凭证,则其购进材料支付的增值税计入所购材料的成本。❷小规模纳税人购入材料支付的增值税,无论是否取得增值税专用发票等凭证,其支付的增值税均计入所购材料的成本。

企业外购材料,由于地点不同,采用的结算方式不同,收料与支付货款的时间常常会不一致,因此账务处理方法也不一样。下面以一般纳税人为例介绍外购材料的核算。

❶ 货款已经支付(或已开出、承兑商业汇票),原材料同时验收入库。对于货款已经支付,材料同时验收入库的外购原材料,企业应根据结算凭证、发票账单和收料单等确定原材料成本,借记"原材料"账户,根据取得的增值税专用发票上注明的增值税进项税额(准予抵扣的),借记"应交税费——应交增值税(进项税额)"账户,根据实际支付的款项,贷记"银行存款""应付票据"账户。

【例 4-9】 某企业购入甲材料一批,取得增值税专用发票上注明的材料价款为50 000元,增值税税额为6 500元,经认证准予抵扣,货款56 500元已通过银行转账支付,材料已验收入库。编制会计分录如下:

借:原材料——甲材料	50 000
应交税费——应交增值税(进项税额)	6 500
贷:银行存款	56 500

❷ 货款已经支付(或已开出、承兑商业汇票),原材料尚未验收入库。在这种情况下,企业支付货款或开出、承兑商业汇票时,材料尚未到达或尚未验收入库,隔一段时间后材料才验收入库。发生这种材料采购业务应先通过"在途物资"账户进行核算。企业应根据结算凭证、发票账单等确定原材料成本,借记"在途物资"账户,根据取得的增值税专用发票注明的增值税进项税额(准予抵扣的),借记"应交税费——应交增值税(进项税额)"账户,根据实际支付的款项,贷记"银行存款""应付票据"账户。待原材料运到并验收入库后,再根据收料单,借记"原材料"账户,贷记"在途物资"账户。

【例 4-10】 某企业从外地钢材厂购入乙材料一批,有关结算凭证已到,增值税专用发票上注明的材料价款为100 000元,增值税税额为13 000元,经认证准予抵扣,运输单据列明的运费为1 000元,增值税税额为90元,经认证准予抵扣,装卸费为400元。企业签发并承兑一张票面面值为114 490元、3个月期的商业汇票结算材料款项,材料尚未验收入库。

编制会计分录如下:

借:在途物资——某钢铁厂	101 400
应交税费——应交增值税(进项税额)	13 090
贷:应付票据	114 490

收到材料验收入库时:

借:原材料——乙材料	101 400
贷:在途物资——某钢铁厂	101 400

❸ 原材料已验收入库，货款尚未支付。发生此类业务时，因企业尚未收到有关结算凭证，无法准确计算入库材料的实际成本，因此，为了简化核算手续，在月份内收到材料验收入库时，暂不进行总分类核算，只将收到的材料数量登记明细分类账，待有关发票账单到达后，再按正常程序进行账务处理。如果月末发票账单仍未到达，则为了反映企业的资产及负债情况，应按材料的暂估价入账，借记“原材料”账户，贷记“应付账款”——暂估应付款账户，下月初作相反方向会计分录冲回，待收到发票账单付款时，按正常程序进行账务处理。

【例 4-11】 某企业从外地购入丙材料一批，材料已验收入库，但银行的结算凭证和发票等单据未到，货款尚未支付。月末，按暂估价入账，假定其暂估价为 185 000 元。编制会计分录如下：

借：原材料——丙材料 185 000

　　贷：应付账款——暂估应付款 185 000

下月初作相反方向分录冲回：

借：应付账款——暂估应付款 185 000

　　贷：原材料——丙材料 185 000

下月收到该批材料的发票账单，增值税专用发票上注明的材料价款为 183 000 元，增值税税额为 23 790 元，经认证准予抵扣，运输单据上列明运费 4 000 元，增值税税额 360 元准予抵扣，装卸费等 500 元，款项共 211 650 元，以银行存款支付。编制会计分录如下：

借：原材料——丙材料 187 500

　　应交税费——应交增值税(进项税额) 24 150

　　贷：银行存款 211 650

4

❹ 预付货款购料。企业在采购材料时，可按合同规定预付一部分款项，待材料收到后再进行结算，多退少补。采用预付方式采购原材料，应在预付原材料价款时，按照实际预付的金额，借记“预付账款”账户，贷记“银行存款”账户。已经预付价款的原材料在验收入库时，根据发票账单等所列价款及税额，借记“原材料”“应交税费——应交增值税(进项税额)”账户，贷记“预付账款”账户。预付材料价款不足补付的价款，借记“预付账款”账户，贷记“银行存款”账户。预付材料价款多余退回的价款，借记“银行存款”账户，贷记“预付账款”账户。

【例 4-12】 某企业与甲公司签订合同，购入原材料一批，预付价款 200 000 元，以银行存款支付。次月 10 日材料运到并验收入库，发票账单注明材料价款为230 000 元，增值税税额为 29 900 元，经认证准予抵扣，所欠款项当即以银行存款付清。编制会计分录如下：

预付款项时：

借：预付账款——甲公司 200 000

　　贷：银行存款 200 000

材料运到验收入库时：

借：原材料 230 000

　　应交税费——应交增值税(进项税额) 29 900

　　贷：预付账款 259 900

补付价款时：

借：预付账款——甲公司 59 900

　　贷：银行存款 59 900

❺ 材料短缺损坏。企业购进原材料发生短缺和损耗，尚未查明原因或尚未作出处理之前，一般先按原材料的实际成本作为待处理财产损溢入账，等查明原因并作出处理后，再根据具体情况转账。凡属运输途中的定额内合理损耗，按其实际成本记入入库原材料成本；属于自然灾害等原因造成的非常损失，应将扣除残料价值和过失人、保险公司赔偿后的净损失记入“营业外支出——非常损失”账户；属于无法收回的其他损失，记入“管理费用”账户；属于供货单位、运输部门或其他责任人造成的损失，记入“应付账款”“其他应收款”等账户。

【例 4-13】 某企业某年 9 月 26 日从外地 A 厂购入甲材料 200 吨，每吨不含税单价为 1 000 元，每吨增值税税额为 130 元，经认证准予抵扣，每吨运费为 200 元，每吨运费的增值税税额 18 元准予抵扣，运输保险费共 5 000 元，货款及运杂费已支付。10 月 5 日，原材料到达，验收入库的合格品为 188 吨，2 吨属于运输途中的合理损耗，10 吨短缺原因待查。

9 月 26 日付款时：

购进原材料的实际成本＝(1 000＋200)×200＋5 000＝245 000(元)

购进原材料的进项税额＝(130＋18)×200＝29 600(元)

借：在途物资——A 厂	245 000	
应交税费——应交增值税(进项税额)	29 600	
贷：银行存款		274 600

10 月 5 日验收入库时：

单位原材料的实际成本＝245 000÷200＝1 225(元)

单位原材料的增值税税额＝130＋18＝148(元)

入库 188 吨原材料的实际成本＝1 225×(188＋2)＝232 750(元)

短缺原材料的实际成本＝1 225×10＝12 250(元)

借：原材料——甲材料	232 750	
待处理财产损溢——待处理流动资产损溢	12 250	
贷：在途物资——A 厂		245 000

10 月 10 日，查明原因，短缺的甲材料其中 5 吨属于运输部门的责任造成，已由运输部门修复后作为合格品入库；另外 5 吨甲材料缺少系本单位在提货以后、验收入库前被盗所致，保险公司按规定同意赔偿 5 000 元，但赔款尚未收到。

修复后原材料实际成本＝1 225×5＝6 125(元)

被盗原材料的实际成本＝1 225×5＝6 125(元)

被盗原材料的增值税税额＝148×5＝740(元)

被盗原材料的实际损失＝6 125＋740＝6 865(元)

被盗原材料的净损失金额＝6 865－5 000＝1 865(元)

借：原材料——甲材料	6 125	
其他应收款——××保险公司	5 000	
营业外支出	1 865	
贷：待处理财产损溢——待处理流动资产损溢		12 250
应交税费——应交增值税(进项税额转出)		740

(2) 自制原材料、投资者投入的原材料、接受捐赠的原材料的核算。

❶ 自制原材料。自制原材料的入账价值，按自制过程中发生的直接材料、直接人工、其他直接费用和应分摊的间接费用确定。

自制原材料完工并已验收入库的，按实际成本借记“原材料”账户，贷记“生产成本”账户。

❷ 投资者投入的原材料。投资者投入的原材料，按投资合同或协议约定价值，借记“原材料”账户；按专用发票上注明的增值税税额，借记“应交税费——应交增值税（进项税额）”账户；按确定的出资额，贷记“实收资本”账户（或“股本”账户），按其差额，贷记“资本公积”账户。

【例 4-14】 某股份公司收到丙公司投入的原材料一批，协议约定，该批材料价款为 480 000 元，计税价格为 500 000 元，增值税税额为 65 000 元，经认证准予抵扣。丙公司投入材料占该股份公司 300 000 元的股本。编制会计分录如下：

借：原材料	480 000	
应交税费——应交增值税（进项税额）	65 000	
贷：股本——丙公司		300 000
资本公积——股本溢价		245 000

❸ 接受捐赠的原材料。企业接受捐赠的原材料，应按公允价值加支付的相关税费计算实际成本，借记“原材料”账户，按照凭据上标明的金额计算的进项税额借记“应交税费——应交增值税（进项税额）”账户；按实际成本减去支付的相关税费后的差额，贷记“营业外收入”账户，按实际支付的相关税费，贷记“银行存款”账户。

【例 4-15】 某公司接受丁企业捐赠原材料一批，发票上注明购买价为 140 000 元，增值税税额为 18 200 元，经认证准予抵扣，用银行存款支付材料运杂费 2 000 元。编制会计分录如下：

借：原材料	142 000	
应交税费——应交增值税（进项税额）	18 200	
贷：营业外收入		158 200
银行存款		2 000

（3）委托加工材料的核算。委托加工材料是指委托外单位加工的材料。委托加工材料的实际成本包括：委托加工过程中耗用材料的实际成本、支付的加工费、往返运杂费以及应负担的相关税金等。

委托加工材料在会计处理上主要包括拨付加工材料、支付加工费、运杂费和税金、收回加工完成的物资和剩余物资等几个环节。委托加工材料通过设置“委托加工物资”账户核算。该账户属于资产类账户，用来核算企业委托外单位加工的各种物资的实际成本。借方登记发出加工物资的实际成本、支付的加工费、往返运杂费和应计入委托加工物资成本的税金；贷方登记加工完成收回物资和退回剩余物资的实际成本；期末借方余额，反映企业委托外单位加工但尚未加工完成的物资的实际成本。该账户应按受托加工的单位设明细账，进行明细分类核算。

需要缴纳消费税的委托加工材料，其由受托方代收代交的消费税，应分别两种情况处理：

❶ 委托加工材料收回后直接用于销售的，由受托方代收代交的消费税应计入委托加工物资的成本，借记“委托加工物资”账户，贷记“应付账款”“银行存款”等账户。

❷ 委托加工材料收回后用于连续生产应税消费品的，由受托方代收代交的消费税借记“应交税费——应交消费税”账户，贷记“应付账款”“银行存款”等账户。

【例 4-16】 某企业发出甲材料，委托 A 企业加工成乙材料（属于应税消费品），甲材料的实际成本为 102 000 元；支付的加工费为 15 000 元，增值税税额为 1 950 元，经认证准予抵扣；

往返运杂费为2 000 元；消费税税额为 13 000 元，款项已用银行存款支付。乙材料加工完成验收入库，实际成本为 116 000 元（以后继续用于生产应税消费品），退回甲材料的实际成本 3 000 元。

该企业编制的会计分录如下：

发出委托加工材料：

借：委托加工物资——A 企业　　102 000

　贷：原材料——甲材料　　102 000

支付加工费、增值税、运杂费等：

借：委托加工物资——A 企业　　17 000

　应交税费——应交增值税（进项税额）　　1 950

　贷：银行存款　　18 950

缴纳消费税：

借：应交税费——应交消费税　　13 000

　贷：银行存款　　13 000

乙材料加工完成收回并验收入库：

借：原材料——乙材料　　116 000

　贷：委托加工物资——A 企业　　116 000

退回剩余的甲材料：

借：原材料——甲材料　　3 000

　贷：委托加工物资——A 企业　　3 000

3. 材料发出的总分类核算

企业生产经营领用材料，按其领用材料的实际成本，借记“生产成本”“制造费用”“管理费用”等账户，贷记“原材料”账户。

企业基建工程领用外购材料，按领用材料的实际成本，借记“在建工程”账户，贷记“原材料”账户。

企业基建工程领用自制原材料，应视同销售计缴增值税，按实际成本加上应交的增值税税额等，借记“在建工程”账户，按领用材料的实际成本，贷记“原材料”账户，按应交的增值税税额，贷记“应交税费——应交增值税（销项税额）”账户。

企业对于出售的材料，应按已收或应收的价款，借记“银行存款”或“应收账款”等账户，按实现的销售收入，贷记“其他业务收入”账户，按应交的增值税税额，贷记“应交税费——应交增值税（销项税额）”账户，按出售材料的实际成本，借记“其他业务成本”账户，贷记“原材料”账户。

企业发出的材料不管用途如何，均应办理必要的手续和填制领发料凭证，据以进行发出材料的核算。各种领发料凭证是进行原材料发出总分类核算的依据，由于企业材料的日常领发业务频繁，为了简化日常核算工作，平时一般只登记材料明细分类账，反映各种材料的收发和结存情况，月末根据当月的发料凭证，按领用部门和用途进行归类汇总，编制“发料凭证汇总表”，格式如表 4-12 所示，据以进行材料发出的总分类核算。

【例 4-17】 某企业 20××年 9 月月末根据发料凭证，汇总编制“发料凭证汇总表”，如表 4-12 所示。

表 4-12　　发料凭证汇总表

20××年 9 月　　单位：元

用　　途	甲材料	乙材料	丙材料	合　计
A 产品耗用	26 000			26 000
B 产品耗用		3 000	23 000	26 000
车间一般消耗		8 000	1 000	9 000
厂部管理部门领用	6 000			6 000
销售部门领用		7 000		7 000
合　计	32 000	18 000	24 000	74 000

根据发料凭证汇总表，编制会计分录如下：

借：生产成本——A 产品　　26 000
　　　　　——B 产品　　26 000
　制造费用　　9 000
　管理费用　　6 000
　销售费用　　7 000
　贷：原材料——甲材料　　32 000
　　　　　——乙材料　　18 000
　　　　　——丙材料　　24 000

（二）原材料按计划成本核算

原材料按计划成本核算时，原材料的收入、发出和结存均按预先确定的计划成本计价。原材料的收发凭证以及总账和明细账均按计划成本进行登记。材料计划成本的构成内容应当与实际成本的构成内容相同。这种方法的优点是既可以简化存货的日常核算手续，又便于考核采购部门的工作业绩。

1. 原材料的明细分类核算

按计划成本核算时，原材料的明细分类核算，应设置以下明细分类账：

（1）原材料明细分类账。仓库应按原材料的品种、规格设置一套数量金额式材料明细分类账或材料卡片。由于材料的收发都按计划成本计价，因而这种明细分类账或材料卡片的收入和发出栏只记数量、不记金额。结存栏分别记数量和金额，但金额栏不必逐笔计算登记，可以在月末时，根据材料的结存数量和计划单价计算登记。除仓库设置的材料卡片外，企业财会部门还应按仓库和材料类别设置只登记金额的材料明细账。该明细账根据仓库转来的材料收发凭证，按期归类汇总登记，反映各类材料资金的占用情况，它与仓库设置的材料卡片可以起到相互核对、相互控制的作用。

（2）材料采购明细分类账。材料采购明细分类账用来提供外购材料的实际成本与计划成本的详细资料。该明细分类账采用横线登记式，借方金额根据付款凭证等有关单据，按实际采购成本登记；贷方金额根据计划成本计价的收料单登记。月末，将同批次购入材料的实际成本与其计划成本的差异，一次结转到材料成本差异明细账户。期末若该账户有余额，则为借方余额，反映企业在途材料的实际成本。

(3) 材料成本差异明细分类账。材料成本差异明细分类账用来核算各类或各种材料的实际成本与计划成本之间差异额和差异率,为将发出材料的计划成本调整为实际成本提供依据。材料成本差异明细分类账与材料采购明细分类账的设置口径应相一致。月末根据该明细账提供的资料计算出某类或某种材料的成本差异率。计算公式为:

$$成本差异=实际成本-计划成本$$

正数为超支差异;负数为节约差异。

$$实际成本=计划成本+成本差异$$

$$材料成本差异率=\frac{月初结存材料成本差异额+本月收入材料成本差异额}{月初结存材料计划成本+本月收入材料计划成本}\times 100\%$$

正数为超支差异率;负数为节约差异率。

根据材料成本差异率,可以将发出材料的计划成本调整为实际成本。

$$发出材料应负担的成本差异=发出材料的计划成本\times 材料成本差异率$$

$$发出材料的实际成本=发出材料的计划成本+发出材料应负担的成本差异$$

4

【例 4-18】 某企业月初结存原材料的计划成本为 200 000 元,成本差异为-4 000 元;本月收入原材料的计划成本为 400 000 元,成本差异为-8 000 元;本月发出材料的计划成本为 320 000 元。

$$材料成本差异率=\frac{-4\ 000-8\ 000}{200\ 000+400\ 000}\times 100\%=-2\%$$

$$发出材料应负担的成本差异=320\ 000\times(-2\%)=-6\ 400(元)$$

$$发出材料的实际成本=320\ 000+(-6\ 400)=313\ 600(元)$$

2. 原材料的总分类核算

(1) 账户设置。原材料按计划成本核算时,企业应设置以下主要账户:

❶"材料采购"账户。该账户用来核算企业购入材料、商品等的采购成本,属于资产类账户,借方登记外购物资的实际成本和结转的实际成本小于计划成本的节约差异;贷方登记验收入库物资的计划成本和结转的实际成本大于计划成本的超支差异;期末借方余额反映企业已经收到发票账单付款或已开出、承兑商业汇票,但尚未到达或尚未验收入库的在途物资的实际成本。该账户应按物资类别或品种设置明细账,进行明细分类核算。

❷"材料成本差异"账户。该账户用来核算企业各种材料的实际成本与计划成本之间的差异。借方登记入库材料的实际成本大于计划成本的超支差异和发出材料应负担的节约差异;贷方登记验收入库材料实际成本小于计划成本的节约差异和发出材料应负担的超支差异;若期末余额在借方,反映结存材料的超支差异;若期末余额在贷方,反映结存材料的节约差异。该账户应按存货的类别或品种设置明细账,进行明细分类核算。

❸"原材料"账户。该账户用来核算企业各种原材料的计划成本,借方登记入库原材料的计划成本;贷方登记发出原材料的计划成本;期末余额在借方,反映结存材料的计划成本。该账户应按原材料的类别、规格或品种设置明细账,进行明细分类核算。

（2）外购原材料的核算。

❶ 货款已经支付（或已开出、承兑商业汇票），材料同时验收入库。货款已经支付，材料同时验收入库的外购原材料，企业应根据结算凭证、发票账单和收料单等确定原材料实际采购成本，借记“材料采购”账户，根据取得的增值税专用发票注明的增值税进项税额（准予抵扣的），借记“应交税费——应交增值税（进项税额）”账户，根据实际支付的款项，贷记“银行存款”“应付票据”等账户。材料已验收入库，按材料的计划成本，借记“原材料”账户，按材料实际成本大于计划成本的差额，借记“材料成本差异”账户，或按材料实际成本小于计划成本的差额，贷记“材料成本差异”账户，按材料的实际采购成本，贷记“材料采购”账户。

【例 4-19】 某企业 9 月 5 日在本地购入甲材料一批，增值税专用发票上注明的材料价款为 200 000 元，增值税税额为 26 000 元，经认证准予抵扣，运杂费为 5 000 元，材料已验收入库，计划成本 204 000 元，款项已通过银行支付。编制会计分录如下：

结算款项：

借：材料采购——原材料 205 000

　　应交税费——应交增值税（进项税额） 26 000

　　贷：银行存款 231 000

验收材料：

借：原材料——甲材料 204 000

　　贷：材料采购——原材料 204 000

结转入库材料的成本差异：

借：材料成本差异——原材料 1 000

　　贷：材料采购——原材料 1 000

❷ 货款已经支付（或已开出、承兑商业汇票），材料尚未验收入库。支付货款时，企业应根据结算凭证、发票账单等确定原材料实际采购成本，借记“材料采购”账户，根据取得的增值税专用发票注明的增值税进项税额（准予抵扣的），借记“应交税费——应交增值税（进项税额）”账户，根据实际支付的款项，贷记“银行存款”“应付票据”等账户。待材料验收入库时，再按收料单和确定的材料计划成本，借记“原材料”账户，按材料实际成本与计划成本的差额，借记或贷记“材料成本差异”账户，按材料的实际采购成本，贷记“材料采购”账户。

【例 4-20】 某企业 9 月 10 日在外地购入乙材料一批，发票账单已收到，增值税专用发票注明的材料价款为 80 000 元，增值税税额为 10 400 元，经认证准予抵扣，运杂费为 1 300 元（其中运费为 1 000 元，增值税税额 90 元准予抵扣，其余为杂费），款项已通过银行存款支付，材料尚未运到。编制会计分录如下：

借：材料采购——原材料 81 210

　　应交税费——应交增值税（进项税额） 10 490

　　贷：银行存款 91 700

若上述乙材料下月 8 日运到并验收入库，其计划成本为 83 000 元。作如下会计分录：

借：原材料——乙材料 83 000

　　贷：材料采购——原材料 83 000

结转入库材料的成本差异：

借：材料采购——原材料 1 790

　　贷：材料成本差异——原材料 1 790

4

❸ 材料已验收入库，货款尚未支付。对于材料已验收入库尚未支付货款的采购业务，应于月末按材料的计划成本估价入账，借记“原材料”账户，贷记“应付账款——暂估应付款”账户。下月初作相反方向会计分录冲回，待收到发票账单付款时，按正常程序进行账务处理。

【例 4-21】 某企业 9 月 15 日在外地购入丙材料一批，材料已运到并验收入库，其计划成本为 50 000 元。至月末，该批材料的发票账单仍尚未到达，货款未付。企业月末按材料的计划成本暂估价入账，编制会计分录如下：

借：原材料——丙材料　　50 000
　贷：应付账款——暂估应付款　　50 000

下月初，作相反方向分录冲回：

借：应付账款——暂估应付款　　50 000
　贷：原材料——丙材料　　50 000

以后收到发票账单结算款项时，再按正常程序进行账务处理。

❹ 预付货款购料。企业采购材料预付款项时，应通过“预付账款”账户核算，待收料结算时，再按材料的实际采购成本记入“材料采购”账户核算，并按计划成本记入“原材料”账户，同时将材料实际成本与计划成本的差额结转“材料成本差异”账户。

【例 4-22】 某企业准备在 9 月份从 A 企业购入丁材料一批。根据合同规定，8 月 20 日以银行存款预付购货款 50 000 元。编制会计分录如下：

借：预付账款——A 企业　　50 000
　贷：银行存款　　50 000

9 月 28 日，上述预购的原材料到达，已验收入库，计划成本 98 000 元。有关发票上注明的材料价款为 100 000 元，增值税税额为 13 000 元，经认证准予抵扣，同时以银行存款补付货款 63 000 元。编制会计分录如下：

借：材料采购——原材料　　100 000
　应交税费——应交增值税(进项税额)　　13 000
　贷：预付账款　　50 000
　　银行存款　　63 000

材料验收入库，结转成本：

借：原材料——丁材料　　98 000
　贷：材料采购——原材料　　98 000

结转入库材料的成本差异：

借：材料成本差异——原材料　　2 000
　贷：材料采购——原材料　　2 000

❺ 材料短缺损坏。材料发生短缺与损坏时，除应计算相应的原材料成本差异外，其他核算与材料按实际成本的核算大致相同，不再赘述。

(3) 材料发出的核算。为了简化日常核算工作，企业可于月末编制“发料凭证汇总表”，据以进行发出材料的总分类核算。在材料按计划成本核算方式下，发出原材料的总分类核算包括两项内容：一要按计划成本结转发出材料的成本，借记有关账户，贷记“原材料”账户；二要结转发出材料应负担的成本差异，如为超支差异，借记有关账户，贷记“材料成本差异”账户；如节约差异，作相反方向会计分录，从而将发出材料的计划成本调整为实际成本。

【例 4-23】 某企业 9 月末根据领料凭证，汇总编制“发料凭证汇总表”，如表 4-13 所示。

本月原材料的成本差异率为−1%。

表 4-13 发料凭证汇总表

20××年 9 月 30 日 单位：元

用途	甲材料	乙材料	丙材料	合计	成本差异
A 产品耗用	30 000			30 000	−300
B 产品耗用		63 000	23 000	86 000	−860
车间一般消耗		8 000	5 000	13 000	−130
厂部管理部门领用	6 000			6 000	−60
销售部门领用		8 000		8 000	−80
计划成本小计	36 000	79 000	28 000	143 000	−1 430

根据“发料凭证汇总表”，编制会计分录如下：

结转发出材料的计划成本：

借：生产成本——A 产品 30 000

——B 产品 86 000

制造费用 13 000

管理费用 6 000

销售费用 8 000

贷：原材料——甲材料 36 000

——乙材料 79 000

——丙材料 28 000

结转发出材料应负担的成本差异：

借：材料成本差异——原材料 1 430

贷：生产成本——A 产品 300

——B 产品 860

制造费用 130

管理费用 60

销售费用 80

现行会计制度规定，发出材料应负担的成本差异必须按月分摊，不得在季末或年末一次计算。

第四节 商品存货

一、库存商品的范围

库存商品是指企业已完成全部生产过程并验收入库，符合标准规格和技术条件，可以按照合同规定送交订货单位，或作为商品对外销售的产品。库存商品包括企业库存的产成品、外购商品、自制商品产品、存放在门市部准备出售的商品、发出用作展览的商品以及存放在外库的商品等。

工业企业的库存商品主要是指已完成全部加工过程并验收入库的产成品和完成部分生产过程的半成品。工业企业接受外来原材料加工制造的代制品和外单位加工修理的代修品，在制造和修理完成验收入库后，视同企业的产品；可以降价出售的不合格产品，也视同企业的产品，但应当与合格品分开管理。

商品流通企业的库存商品，主要是指外购或委托加工完成验收入库后直接用于销售的各种商品。

二、工业企业库存商品的核算

为了总括反映和监督各种库存商品的收入、发出和结存情况，企业应设置"库存商品"账户。该账户属于资产类账户，借方登记已经完成全部生产过程并验收入库的产成品的实际成本或计划成本，贷方登记出库的各种产成品的实际成本或计划成本。期末余额在借方，表示库存的各种产成品的实际成本或计划成本。

企业产成品完工验收入库时，按计算出的产成品的成本，借记"库存商品"账户，贷记"生产成本"账户。待产成品销售或因其他原因出库后，应计算出出库产成品的成本，借记"主营业务成本"等账户，贷记"库存商品"账户。

4

【例 4-24】 某企业 20××年 7 月 31 日"产成品入库汇总表"的资料显示，本月入库 A 产成品 100 件，单位成本为 280 元，B 产成品 220 件，单位成本为 50 元。编制会计分录如下：

借：库存商品——A 产品	28 000	
——B 产品	11 000	
贷：生产成本——基本生产成本		39 000

【例 4-25】 某企业本月销售 C 产品一批，其生产成本为 48 000 元，结转销售成本。编制会计分录如下：

借：主营业务成本	48 000	
贷：库存商品——C 产品		48 000

三、商品流通企业库存商品的核算

商品流通企业为了反映库存商品的收入、发出和结存情况，应当设置"库存商品"和"在途物资"等主要账户进行核算。

"库存商品"账户借方登记验收入库的各种商品的实际成本（或进价）或计划成本（或售价）；贷方登记发出和销售商品的实际成本（或进价）或计划成本（或售价）；期末借方余额，反映企业结存的库存商品。该账户应当按商品的类别、品种、规格设置明细分类账，进行明细分类核算。

"在途物资"账户的使用方法与原材料按实际成本法核算时相同，不再叙述。

商品流通企业购入的商品，按照进价和按规定应计入商品成本的税金作为实际成本。采购过程中发生的运杂费、运输途中的合理损耗、入库前的挑选整理费用等，如数额较小的在发生时直接计入当期损益；如数额较大的，先进行汇集，并于期末在已销和未销商品间分摊。

（一）数量进价金额核算法

数量进价金额核算法是指按商品品名、规格，同时以数量和进价金额反映商品收、发、存情况的一种核算方法。这种方法一般适用于批发企业批发商品的核算。其要点是：

（1）财会部门设置“库存商品”总账、类目账和明细分类账。其中，总账与类目账均按商品的进价金额记账；商品明细账则用实物数量和进价金额两种计量单位记账。

（2）业务部门和仓库保管部门应按每一商品的品名、规格等设置实物保管账。

（3）财会部门定期核对“库存商品”的总账、类目账和明细账；核对库存商品明细账与实物保管账。

1. 商品购进的核算

商品购进的核算包括两个方面：一是反映购货款的支付情况；二是反映商品验收入库的情况。其核算方法与原材料购进大体相同。采购商品支付货款或开出商业汇票时，应根据发票等有关凭证，按照进价，借记“在途物资”“应交税费”等账户，贷记“银行存款”“应付票据”等账户；商品验收入库时，应根据收货单等有关凭证，按照进价，借记“库存商品”账户，贷记“在途物资”账户。购进中发生的运杂费、包装费、保险费等数额较小的，作为当期损益，记入“销售费用”账户。

【例 4-26】 某企业购进甲商品 200 件，单价为 450 元，商品价款为 90 000 元，增值税税率为 13%，对方代垫运输费 400 元，增值税税额为 36 元，经认证准予抵扣，以上款项已开出转账支票支付。编制会计分录如下：

借：在途物资——甲商品	90 000	
应交税费——应交增值税（进项税额）	11 736	
销售费用	400	
贷：银行存款		102 136

上述商品验收入库后，根据仓库的收货单等凭证，编制会计分录如下：

借：库存商品——甲商品	90 000	
贷：在途物资——甲商品		90 000

若购进商品的批发企业属于小规模纳税人，其购进货物所支付的增值税税额，应直接计入货物成本。

2. 商品销售的核算

商品销售的核算一方面要反映商品的销售收入，即对于符合收入确认条件的，应确认为本期的收入，借记“银行存款”等账户，贷记“主营业务收入”“应交税费——应交增值税（销项税额）”账户；另一方面，应结转已销商品的进价成本，冲减库存商品。企业销售发出的商品，在计算结转商品销售成本时，可采用个别计价法、先进先出法、加权平均法、移动加权平均法和毛利率法等，借记“主营业务成本”账户，贷记“库存商品”账户。

【例 4-27】 某企业本月销售甲商品 100 件，单位售价为 600 元，增值税税额为 7 800 元，为购货单位代垫运杂费 200 元，本日已向银行办妥货款等的托收手续。编制会计分录如下：

根据销售凭证反映销售收入：

借：应收账款	68 000	
贷：主营业务收入——甲商品		60 000
应交税费——应交增值税（销项税额）		7 800
银行存款		200

上述销售的甲商品单位进价为 450 元，结转销售成本：

借：主营业务成本——甲商品	45 000	
贷：库存商品——甲商品		45 000

采用数量进价金额核算法提供的核算资料具体全面，商品入库后，按每种商品设置明细账户，按进价金额进行明细分类核算，便于实物管理，但是，每笔销货都需要制证，核算工作量比较大。

（二）数量售价金额核算法

数量售价金额核算法，是指同时以数量和售价金额反映商品增减变动及结存情况的一种核算方法。与数量进价金额核算法相比，有两点不同：

（1）“库存商品”总账、二级账及明细账中所记录的商品增减变动及结存金额均以售价反映，总账和二级账只记售价金额，不记数量，明细账既记数量又记售价金额。

（2）为了将商品的售价调整为商品的进价，并反映商品的进销差价，需要设置“商品进销差价”账户，该账户一般按商品类别设置明细账，进行明细分类核算。

数量售价金额核算法一般适用于会计部门、业务部门及仓库在同一办公地点，商品进价相对稳定的小型批发企业的批发及零售企业的贵重商品的核算。

（三）售价金额核算法

售价金额核算法是指在建立实物负责制的基础上，以售价为计量单位，控制商品的购进、销售、储存情况的一种核算方法。这种方法主要适用于服务对象较广、交易次数频繁、交易金额和规模较小、经营品种繁多的商品零售企业。其基本内容有：

（1）建立实物负责制。实行售价金额核算，企业应根据岗位责任制的要求，按经营商品的大类和地点，划分为若干实物负责小组，确定实物负责人。实物负责人对其所经营的商品承担全部经济责任。实物负责制是售价金额核算的基础。

（2）售价记账，金额控制。“库存商品”账户反映库存商品的进、销、存的增减变动，一律按售价记账，其明细账按实物负责人（或柜组）设置，用售价总金额控制各实物负责人所经管商品的变化。这里的售价指零售商品的出售价，包括销售价格和销项税额两部分。

（3）设置“商品进销差价”账户。由于库存商品按售价记账，而购进商品的成本是其进价，为了反映售价与进价之间的差额，应设置“商品进销差价”账户，该账户属于资产类账户，是“库存商品”账户的备抵账户，贷方登记企业验收商品时商品售价大于进价的差额，借方登记月末分摊已销商品的进销差价；期末贷方余额，反映结存商品应负担的进销差价。该账户应按商品类别或实物负责人设置明细账，进行明细分类核算。

（4）健全商品实地盘存制度。按照该核算方法，“库存商品”账户只记售价，不记数量，平时只能通过售价金额控制实物负责人经营的商品。为了确定库存商品的数量，核实商品价值，每月应进行一次实地盘点。对于盘盈、盘亏的商品，应及时调整账面记录，及时查明其原因并进行处理。

（5）月末应采用一定的方法计算出已销商品应分摊的进销差价。把按售价结转的商品销售成本调整为进价成本。

1. 商品购进的核算

根据发票账单等结算凭证支付或承付货款的账务处理与数量进价金额核算法相同，而商品验收入库的账务处理则不同。在售价金额核算法下，要按商品售价借记“库存商品”账户，按商品进价贷记“在途物资”账户，将商品进价与售价之间的差额贷记“商品进销差价”账户。

【例 4-28】 某商场从外地购入商品一批，其进价成本（不含税）为 30 000 元，运杂费为 800 元，款项已通过银行转账支付。6 天后该商品运到并由百货组验收。该批商品的总售价为

40 000元。编制会计分录如下：

支付款项时：

借：在途物资　30 000

　销售费用　800

　应交税费——应交增值税（进项税额）　3 900

　贷：银行存款　34 700

商品验收时：

借：库存商品——百货组　40 000

　贷：在途物资　30 000

　　商品进销差价——百货组　10 000

2. 商品销售的核算

平时发生销售业务时，按含税收入作为主营业务收入，同时，按含税售价结转销售成本，以注销实物负责人对该批已销商品的经营责任。为了简化核算手续，月末再将含税收入调整为不含税收入，计算出增值税销项税额；并计算出已销商品应分摊的进销差价，把按售价结转的主营业务成本调整为进价成本。

【例 4-29】 某商场营业柜组本日含税销售收入为：百货组 6 900 元，食品组 5 300 元，服装组 8 000 元，收入的现金当天全部送存银行。编制的会计分录为：

借：银行存款　20 200

　贷：主营业务收入——百货组　6 900

　　　　　　　　——食品组　5 300

　　　　　　　　——服装组　8 000

同时按含税零售价结转销售成本，注销库存商品：

借：主营业务成本——百货组　6 900

　　　　　　　——食品组　5 300

　　　　　　　——服装组　8 000

　贷：库存商品——百货组　6 900

　　　　　　——食品组　5 300

　　　　　　——服装组　8 000

【例 4-30】 某商场营业柜组本月含税销售收入为 124 300 元，增值税税率为 13%，已销商品的增值税销项税额为：

$$应交增值税销项税额=\frac{124\ 300}{1+13\%}\times 13\%=14\ 300(元)$$

月末将含税收入调整为不含税收入，编制会计分录如下：

借：主营业务收入　14 300

　贷：应交税费——应交增值税（销项税额）　14 300

3. 月末计算并结转已销商品的进销差价

为了正确反映库存商品实际占用的资金和已销商品实现的销售毛利，月末应采用一定的方法计算出已销商品应分摊的进销差价，把按售价结转的商品销售成本调整为进价成本。其计算公式如下：

$$\text{进销差价率}=\frac{\text{月末分摊前商品进销差价账户余额}}{\text{月末库存商品账户余额}+\text{本月主营业务收入账户贷方发生额}+\text{月末受托代销商品账户余额}+\text{月末发出商品账户余额}}\times 100\%$$

本月销售商品应分摊的进销差价＝本月主营业务收入账户贷方发生额×进销差价率

【例 4-31】 某零售商店有关账户资料如下："商品进销差价"账户余额月末调整前为 80 000 元；"库存商品"账户月末余额为 380 000 元；"主营业务收入"账户本月贷方发生额为 420 000 元。

根据上述资料计算如下：

进销差价率＝80 000÷(380 000＋420 000)×100%＝10%

本月已销商品应分摊的进销差价＝420 000×10%＝42 000(元)

结转已销商品的进销差价：

借：商品进销差价　　42 000

　贷：主营业务成本　　42 000

进销差价率有分类差价率(或分柜组差价率)和综合差价率两种形式。前者的计算工作量较大，但计算结果较准确；后者计算手续简单，但计算结果不够准确。企业一般采用分类差价率。

(四) 进价金额核算法

进价金额核算法是以"进价记账，盘存记销"的方法，即用进价金额反映购进商品总额，期末按实际盘存商品的进价金额作为结存数，倒挤已销商品进价成本的一种核算方法。其主要内容有：

(1)"库存商品"账户明细账按实物负责人(或柜组)设置，"库存商品"总账与明细账一律按进价记账，只记金额，不记数量。

(2) 平时销售商品时，不注销"库存商品"账户。

(3) 月末根据实地盘点的数量，按本月最后进货的商品单价，计算月末结存商品的进价金额，再用倒挤的方法计算出已销商品的进价成本，并进行结转，计算公式为：

$$\text{本月已销商品进价成本}=\text{月初结存商品的进价成本}+\text{本月购进商品的进价成本}-\text{月末结存商品的进价成本}$$

进价金额核算法简便易行，符合鲜活商品的特点和管理要求，但是核算不够严密，平时账上无法掌握商品的实际变化情况，经营好坏要等实地盘点时才能知道，容易掩盖经营管理中存在的问题，不利于加强对商品的管理。它一般适用于零售企业经营易腐烂变质、价格需要随时调整的鲜活商品的核算。

第五节 周 转 材 料

一、低值易耗品

(一) 低值易耗品的范围

低值易耗品是指单位价值比较低、使用年限较短、不能作为固定资产核算的劳动资料，如一般工具、管理用具、玻璃器皿以及在经营过程中周转使用的包装容器等。

低值易耗品具有固定资产的特点，能多次参与生产经营过程而不改变其实物形态，其价值随着实物的磨损逐渐地转移到成本、费用中去；在使用过程中需要维修，报废时有一定的残值。但与固定资产相比，低值易耗品又具有品种多、容易损坏、收发频繁等特点，这又类似于原材料。在实际工作中，为了简化管理和核算，将低值易耗品列入流动资产中的存货类进行管理和核算。

低值易耗品按其用途不同，可分为以下几大类：

(1) 一般工具。一般工具是指车间生产产品用的工具，如刀具、量具和各种辅助工具，以及供生产周转使用的容器等。

(2) 专用工具。专用工具是指为了生产某种产品所专用的工具，如专用模具、专用工具等。

(3) 管理工具。管理工具是指在管理工作中使用的各种物品，如办公用具、办公家具等。

(4) 劳动保护用品。劳动保护用品是指为了保证职工安全而发给职工的防护用品，如工作服、工作鞋等。

(5) 替换设备。替换设备是指容易损坏或磨损，为制造不同产品需要替换的各种设备，如钢锭模、轧辊等。

(6) 其他低值易耗品。其他低值易耗品是指不属于以上各类的低值易耗品。

(二) 低值易耗品的核算

低值易耗品既可以按实际成本核算，又可以按计划成本核算。其实际成本的组成内容与原材料相同。为了进行低值易耗品的核算，企业应设置“周转材料”账户，用于核算低值易耗品的收、发、存的实际成本或计划成本，该账户属于资产类账户，借方登记入库低值易耗品的实际成本或计划成本；贷方登记发出低值易耗品的实际成本或计划成本；期末余额在借方，反映企业库存低值易耗品的实际成本或计划成本。该账户按低值易耗品的类别、品种、规格设置明细账，进行明细分类核算。企业的低值易耗品也可以单独设置“低值易耗品”账户核算。

1. 低值易耗品增加的核算

低值易耗品采购、入库的核算，不论是按实际成本计价还是按计划成本计价，均与原材料的账务处理相同，这里不再重述。

2. 低值易耗品领用与摊销的核算

低值易耗品从发出到报废之前，可以多次参与生产经营过程而不改变其实物形态，其损耗的价值需要采用一定的方法分期转移到成本、费用中去。若低值易耗品按计划成本核算，在结转低值易耗品的成本时，要同时结转其应负担的成本差异。

低值易耗品的摊销方法主要有一次转销法和五五摊销法等。

(1) 一次转销法。一次转销法是指低值易耗品在领用时就将其全部账面价值计入有关成本费用中去的一种方法。该方法通常适用于价值较低或极易损坏的管理用具和小型工具、卡具，以及在单件小批生产方式下为制造某批订货所用的专用工具。

【例 4-32】 某企业生产车间 10 月份领用专用工具一批，计划成本为 600 元；厂部管理部门领用办公家具一批，计划成本为 1 000 元，成本差异率为 −1%。编制会计分录如下：

结转领用低值易耗品计划成本时：

借：制造费用	600
管理费用	1 000

贷：周转材料——专用工具　　600

——办公家具　　1 000

结转领用低值易耗品计划成本时：

借：材料成本差异　　16

贷：制造费用　　6

管理费用　　10

（2）五五摊销法。五五摊销法是指低值易耗品在领用时先摊销其账面价值的50%，报废时再摊销其账面价值的50%，即低值易耗品分两次各按一半进行摊销。这种方法适用于价值较低、使用年限较短的低值易耗品，也适用于每期领用数量和报废数量大致相等的物品。

采用五五摊销法的企业，应在“周转材料”账户下设置“在库”“在用”和“摊销”三个明细账户进行明细核算。“摊销”明细账户专门用来核算在用低值易耗品价值的摊销数额，是“在用”账户的备抵账户。摊销时，记入该账户的贷方，注销报废低值易耗品的摊销部分时，记入该账户的借方，期末“在用”账户余额与“摊销”账户余额之间的差额就是在用低值易耗品的净值。采用这种方法，低值易耗品报废时，若有残值，冲减相关费用，同时将报废的低值易耗品销账。

4

【例 4-33】 某企业生产车间10月份领用专用工具一批，实际成本为6 000元；报废时专用工具残料变价收入为20元。编制会计分录如下：

领用时：

借：周转材料——在用　　6 000

贷：周转材料——在库　　6 000

同时摊销其价值的50%：

借：制造费用　　3 000

贷：周转材料——摊销　　3 000

专用工具报废时，摊销其价值的另外50%，并收回残料变价收入：

借：制造费用　　2 980

库存现金　　20

贷：周转材料——摊销　　3 000

同时，注销专用工具的摊销额及其价值：

借：周转材料——摊销　　6 000

贷：周转材料——在用　　6 000

二、包装物

（一）包装物的范围

包装物是指为了包装本企业产品而储备的各种包装容器，如桶、箱、坛、瓶、袋等。

包装物的种类很多，按其具体用途可分为四类：

（1）生产过程中用于包装产品作为产品组成部分的包装物。

（2）随同商品出售而不单独计价的包装物。

（3）随同商品出售而单独计价的包装物。

(4) 出租或出借给购买单位使用的包装物。

需要注意的是，下列各项不属于包装物核算的范围：

(1) 各种包装材料，如纸、绳、铁丝、铁皮等，应作为原材料进行管理和核算。

(2) 用于储存和保管产品、商品和材料而不对外出售的包装物，应按其价值大小和使用年限长短，分别列入固定资产或低值易耗品核算。

(3) 单独列作商品产品的自制包装物，应作为库存商品处理。

(二) 包装物收入的核算

包装物实际成本的构成内容与原材料相同。企业应设置“周转材料”账户，用来核算包装物的收、发、存的实际成本或计划成本，该账户属于资产类，借方登记已验收入库包装物的实际成本或计划成本；贷方登记发出包装物的实际成本或计划成本；期末借方余额，反映库存未用包装物的实际成本或计划成本。该账户按包装物的种类设置明细账，进行明细分类反映。企业的包装物也可以单独设置“包装物”核算。

包装物采购、入库的核算，不论是按实际成本还是按计划成本核算，均与原材料的核算基本相同，这里不再重述。

(三) 包装物发出的核算

企业应按发出包装物的不同用途进行不同的账务处理。若包装物按计划成本核算，在结转包装物的成本时，要同时结转发出包装物应负担的成本差异。

4

1. 生产领用包装物

对于生产过程中领用的用于包装本企业产品、并构成产品组成部分的包装物，其价值应记入产品的生产成本。

【例 4-34】 某企业生产车间为包装 A 产品，领用包装物一批，计划成本为 4 000 元，本月包装物成本差异率为 1%。编制会计分录如下：

借：生产成本——A 产品	4 040	
贷：周转材料		4 000
材料成本差异——包装物		40

2. 随同商品出售包装物

随同商品出售的包装物有两种情况：一是不单独计价的包装物；二是单独计价的包装物，其核算方法不同。

(1) 不单独计价的包装物。随同商品出售不单独计价的包装物，其目的主要是为了确保销售商品的质量或提供较良好的销售服务，因此，应将这部分包装物的实际成本计入企业的销售费用。

【例 4-35】 某企业在商品销售过程中领用包装物一批，计划成本为 2 500 元，本月包装物成本差异率为 2%，该批包装物随同商品出售而不单独计价。编制会计分录如下：

借：销售费用	2 550	
贷：周转材料		2 500
材料成本差异——包装物		50

(2) 单独计价的包装物。随同商品出售单独计价的包装物，实际上是出售包装物，一方面应将所得收入计入其他业务收入；另一方面将包装物的实际成本计入其他业务成本。

【例 4-36】 某企业在商品销售过程中领用包装物一批，实际成本为 3 500 元，单独计算售价为 4 200 元，应收取的增值税税额为 546 元，款项已收存银行。编制会计分录如下：

取得出售包装物收入：

借：银行存款　　4 746

　　贷：其他业务收入——出售包装物　　4 200

　　　　应交税费——应交增值税（销项税额）　　546

结转出售包装物的成本：

借：其他业务成本——出售包装物　　3 500

　　贷：周转材料　　3 500

3. 出租、出借包装物

为了确保周转使用包装物的安全完好，对于企业可以周转使用的包装物，一般采用出租或出借方式向客户提供必要的配套服务。以出租方式提供包装物时，要求客户支付包装物的租金，该租金作为企业的其他业务收入；相应地，该包装物的损耗、维修等支出应列入其他业务成本。以出借方式提供包装物时，只要求客户将完好的包装物按期归还，等于无偿使用，该包装物的损耗、维修等支出应列入企业的销售费用。为了督促使用单位能按时归还，无论出租还是出借包装物，一般都要收取一定数额的押金。出租、出借包装物的价值视数额大小，可采用一次转销法或五五摊销法等摊销其成本。在第一次领用新包装物出租、出借时，应结转其成本。收回已使用过的出租出借的包装物，应加强管理，并在备查簿上进行登记。

4

【例 4-37】 某车间向仓库领用一批新的包装物，实际成本为 30 000 元，其中，用于出借的占 20 000 元，出租的占 10 000 元；出借包装物的期限为 3 个月；出租包装物的期限为 1 个月，应收租金 800 元。包装物采用一次摊销法，收取出借包装物的押金 24 000 元，出租包装物的押金 12 000 元，已收存银行。编制有关会计分录如下：

（1）结转发出包装物的成本：

借：其他业务成本——包装物出租　　10 000

　　销售费用　　20 000

　　贷：周转材料　　30 000

（2）收到押金：

借：银行存款　　36 000

　　贷：其他应付款——存入保证金　　36 000

（3）出租的包装物按期收回，在押金中扣收租金 800 元和按规定应交的增值税税额为 104 元，余额通过银行转账退回：

借：其他应付款——存入保证金　　12 000

　　贷：其他业务收入——包装物出租　　800

　　　　应交税费——应交增值税（销项税额）　　104

　　　　银行存款　　11 096

（4）按期如数收回出借的包装物，押金通过银行转账退回：

借：其他应付款——存入保证金　　24 000

　　贷：银行存款　　24 000

对于逾期未退包装物，按没收的押金，借记“其他应付款”账户；按应交的增值税，贷记“应交税费——应交增值税（销项税额）”账户；按其差额，贷记“其他业务收入”账户。出租出借的包装物，收回后不能使用而报废时，按其残料价值，借记“原材料”等账户，贷记“其他业务成本”（出租包装物）、“销售费用”（出借包装物）等账户。

专栏 4-2

我国唐宋时期的会计制度

唐宋时期，我国的会计理论与方法得到进一步发展。首先，出现了《元和国计簿》《太和国计簿》《会计录》等具有代表性的会计著作。《元和国计簿》和《太和国计簿》分别为唐人李吉甫、韦处厚所撰，收录了唐代人口、赋役、财政、税收等方面的统计资料，按照国家财政收入项目分别记载其收入数字。《会计录》为宋人所编，是一种按照国家规定的财计体制和财政收支项目归类整理，并加以会计分析的经济文献。其内容可分为两大部分：一是会计、统计经济资料部分，包括户籍计账方面的资料和当年财政收支的实际数额；二是会计、统计经济资料的分析比较部分，也可称为会计分析部分。其次，创立了“四柱结算法”。所谓“四柱”，是指旧管（上期结余）、新收（本期收入）、开除（本期支出）和实在（本期结存）四个栏目。这种结算法把一定时期内财物收付的记录，通过“旧管＋新收＝开除＋实在”这一平衡公式加以总结，既可检查日常记录的正确性，又可分类汇总日常会计记录，使之起到系统、全面和综合反映的作用；可以说，“四柱结算法”的发明把我国的簿记发展提到一个较为科学的高度。四柱结算法中的四柱平衡关系形成了会计上的方程式，这不仅成为我国传统的中式记账法（中式簿记）的一个特色，而且在世界范围内也一直沿用下来。最后，在宋代建立了我国会计史上第一个独立的政府会计组织——“三司会计司”，总核天下财赋收入，提高了会计机构的地位；同时，随着人们对账簿的认识，宋代产生并流行着一些有关账簿的专门用语。此外，“簿记”一词作为我国最早的文字记载亦已见于宋代的文献中。宋代的会计凭证可分为收入与支出两类，皆有正副两联，凭证和账簿都作为重要档案一起由专吏负责长期保存。

第六节 存货的清查

一、存货清查的意义

在存货的日常管理中，由于计量误差、管理不善、自然损耗、毁损、丢失、被盗等原因，有时会出现存货数量的溢余或短缺，造成账实不符。为了保证存货的安全完整，真实地反映存货的结存情况，挖掘存货的潜力，提高存货的周转速度，加强存货的管理，企业应当定期或不定期地对存货进行清查，确定存货的实有数，查明账实不符的原因，分清责任进行处理，从而做到账实相符。

二、存货清查的方法

存货的清查通常采用实地盘点法，通过点数、过磅等方法，确定实存数量。对于一些无法通过具体方法进行度量的存货，可通过测量、估计等方法确定其实际数量，并与账面结存数量进行核对。存货应当定期盘点，每年至少一次，对于账实不符的存货，应核实盘盈、盘亏和毁损的数量，查明原因，并编制“存货盘点报告单”，格式如表 4-9 所示，按规定程序报请有关部门批准。

三、存货清查结果的核算

为了核算企业在财产清查中查明的各种财产物资的盘盈、盘亏和毁损情况，应设置“待处理财产损溢”账户，其借方登记发生的各种财产物资的盘亏、毁损金额和批准转销的盘盈金额；贷方登记发生的各种财产物资的盘盈金额和批准转销的盘亏、毁损金额；期末如为借方余额，反映尚未处理的各种财产物资的净损失；期末如为贷方余额，反映尚未处理的各种财产物资的净溢余。该账户下设“待处理流动资产损溢”和“待处理固定资产损溢”两个明细账户，进行明细分类核算。存货的盘盈、盘亏和毁损，通过“待处理流动资产损溢”明细账户进行明细分类核算。

存货清查结果的处理程序分两步：

第一步，在报经有关部门批准前，根据“存货盘点报告表”，将盘盈、盘亏和毁损的存货先记入“待处理财产损溢——待处理流动资产损溢”账户，从而调整存货的账面记录，做到账实相符。

第二步，报经有关部门批准后，根据存货盘盈、盘亏和毁损的不同原因和处理结果，将待处理的财产损溢分别进行转销，以落实经济责任。

（一）存货的盘盈

存货发生盘盈，主要是由于收发计量或核算上的误差等原因造成的，使实存数大于账面数。企业对于盘盈的存货应当按照其重置成本作为入账价值，根据“存货盘点报告单”及时办理存货入账手续，调整账面记录，保证账实相符，经批准后再冲减管理费用。

4

【例 4-38】 某公司 8 月月末在存货清查中，发现盘盈甲材料 2 吨，每吨重置成本为 140 元，经查，系计量错误造成的。

根据“存货盘点报告单”，编制如下会计分录：

借：原材料——甲材料	280	
贷：待处理财产损溢——待处理流动资产损溢		280

批准处理时，编制会计分录：

借：待处理财产损溢——待处理流动资产损溢	280	
贷：管理费用		280

（二）存货盘亏与毁损

造成盘亏的原因有很多，报经批准后，应根据不同的原因分别进行处理：

（1）属于自然原因产生的定额内损耗，经批准后转作管理费用。

（2）属于计量收发错误和管理不善等原因造成的存货盘亏和毁损，先扣除残料价值、可以收回的保险赔款和过失人赔偿，然后将净损失计入管理费用。

（3）属于自然灾害或意外事故造成的存货毁损，在扣除残料价值和可以收回的保险赔款后，将其净损失转作营业外支出。

【例 4-39】 某公司 9 月月末在存货清查中，发现盘亏乙材料 5 吨，账面实际成本为 50 000 元，其购入时应负担的进项税额为 6 500 元。经查，原因如下：由于管理不善造成损失 2 200 元，收回残料价值 200 元，净损失 2 000 元；由于自然灾害造成损失 54 300 元，保险公司同意赔偿 28 000 元，净损失 26 300 元。编制如下会计分录：

（1）报经批准前调整账面记录，达到账实相符：

借：待处理财产损溢——待处理流动资产损溢	56 500	
贷：原材料——乙材料		50 000
应交税费——应交增值税（进项税额转出）		6 500

根据有关规定，企业发生的非正常损失的购进货物以及非正常损失的在产品、产成品所消耗的购进货物或应税劳务的增值税进项税额不得从增值税销项税额中抵扣。即损失的乙材料应负担的增值税进项税额应从“应交税费——应交增值税”账户中转出。

(2) 报经批准后，分别原因进行处理：

借：原材料——乙材料	200	
管理费用	2 000	
其他应收款——某保险公司	28 000	
营业外支出	26 300	
贷：待处理财产损溢——待处理流动资产损溢		56 500

若企业存货按计划成本核算的，盘亏和毁损的存货还应当同时结转其成本差异。

第五章 金融资产

【内容结构】

- 金融资产
  - 金融资产的分类和计量
    - 金融资产的概念
    - 金融资产的分类
    - 金融资产的计量
  - 以摊余成本计量的金融资产
    - 设置的核算账户
    - 取得债权投资的核算
    - 债权投资的后续计量
    - 债权投资的到期兑现
    - 债权投资的减值
  - 以公允价值计量且其变动计入其他综合收益的金融资产
    - 债权性投资(债务工具)形成的金融资产
    - 权益性投资(权益工具)形成的金融资产
  - 以公允价值计量且其变动计入当期损益的金融资产
    - 设置的核算账户
    - 取得交易性金融资产
    - 交易性金融资产持有期间的股利或利息
    - 交易性金融资产的期末计量
    - 交易性金融资产的处置

【学习目标】

知识目标：

1. 了解金融工具的概念和构成、广义和狭义金融资产的区别。
2. 熟悉企业管理金融资产的业务模式、合同现金流量特征和金融资产的分类。
3. 明确金融资产初始计量和后续计量要求。
4. 熟悉金融资产不同核算方法的账户设置要求。

技能目标：

1. 能进行以摊余成本计量的金融资产取得、后续计量、到期兑现和减值等业务的计算与核算。

2. 能进行以公允价值计量且其变动计入其他综合收益的债权性投资取得、持有期间计息、期末计量、处置等业务的计算与核算。

3. 能进行以公允价值计量且其变动计入其他综合收益的权益性投资取得、持有期间股利、期末计量、处置等业务的计算与核算。

4. 能进行以公允价值计量且其变动计入当期损益的金融资产取得、持有期间股利或利息、期末计量、处置等业务的计算与核算。

第一节 金融资产的分类和计量

一、金融资产的概念

（一）金融工具

金融工具是指形成一方的金融资产，并形成其他方的金融负债或权益工具的合同，包括：金融资产、金融负债和权益工具。其中：金融资产一般指企业的库存现金、银行存款、应收账款、应收票据、股权投资和债券投资等。金融负债一般指企业的应付账款、应付票据和应付债券等。权益工具一般指企业发行的普通股和认股权证等。

金融工具按其内容的复杂程度可分为基本金融工具和衍生金融工具。

基本金融工具主要包括企业持有的现金、存放在金融机构的款项、普通股及代表在未来期间收取或支付金融资产合同的权利或义务，如应收账款、应付账款、其他应收款、其他应付款、债券投资、应付债券等。衍生金融工具是指在基本金融工具基础上衍生出来的金融工具，如期货合同、远期合同、互换与期权等。本章主要涉及部分基本金融工具的相关内容。

5

（二）金融资产

金融资产是实物资产的对称，有广义和狭义之分。广义的金融资产是从经济学角度进行表述的，是指一切可以在有序金融市场上进行交易，具有现实价格和未来估价的金融品的总称。其最大特点是能够在市场交易中为其所有者提供即期或远期的货币收入流量，包括：库存现金、银行存款、其他货币资金、应收账款、应收票据、贷款、其他应收款、股权投资、债权投资和衍生金融工具形成的资产等。

狭义的金融资产是从会计视角进行表述的，即企业会计准则所称的金融资产，是指企业持有的现金、其他方的权益工具以及符合下列条件之一的资产：

（1）从其他方收取现金或其他金融资产的合同权利。

（2）在潜在有利条件下，与其他方交换金融资产或金融负债的合同权利。

（3）将来须用或可用企业自身权益工具进行结算的非衍生工具合同，且企业根据该合同将收到可变数量的自身权益工具。

（4）将来须用或可用企业自身权益工具进行结算的衍生工具合同（制度规定不包括的项目除外）。

按照企业会计准则的规定，企业的金融资产主要包括：库存现金、银行存款、应收账款、应收票据、应收利息、应收股利、其他应收款、贷款、债权投资、股权投资、基金投资、衍生金融资产等。在上述金融资产项目中，库存现金和银行存款属于货币资金，应收账款、应收票据、应收利息、应收股利、其他应收款等属于应收款项，已分别在本书第二章货币资金和第三章应收和预付款项中作了专门介绍。企业对子公司、联营公司、合营企业的股权投资以及在活跃市场没有报价且其公允价值不能可靠计量的股权投资属于长期股权投资，将在本书第六章中作专门介绍。本章所述金融资产不涉及货币资金、应收款项和长期股权投资等内容，也不涉及贷款和衍生金融资产等内容。重点以债权投资和股权投资等为例对金融资产的相关问题进行说明。

二、金融资产的分类

（一）企业管理金融资产的业务模式

企业管理金融资产的业务模式，是指企业如何管理其金融资产以产生现金流量。业务模式决定企业所管理金融资产现金流量的来源是收取合同现金流量、出售金融资产还是两者兼有。

企业管理金融资产的业务模式，应当以企业关键管理人员决定的对金融资产进行管理的特定业务目标为基础确定。

企业确定管理金融资产的业务模式，应当以客观事实为依据，不得按照合理预期不会发生的情形为基础确定。

（二）企业金融资产的合同现金流量特征

金融资产的合同现金流量特征，是指金融工具合同约定的、反映相关金融资产经济特征的现金流量属性。某项金融资产的合同现金流量特征，应当与其基本借贷安排相一致。即相关金融资产在特定日期产生的合同现金流量仅为对本金和以未偿付本金金额为基础的利息的支付。其中，本金是指金融资产在初始确认时的公允价值，本金金额可能因提前还款等原因在金融资产的存续期内发生变动；利息包括对货币时间价值、与特定时期未偿付本金金额相关的信用风险、以及其他基本借贷风险、成本和利润的对价等。

（三）金融资产的分类

根据企业管理金融资产的业务模式和金融资产的合同现金流量特征，金融资产分为以下三类：

1. 以摊余成本计量的金融资产

金融资产同时符合下列条件的，应当分类为以摊余成本计量的金融资产：

（1）企业管理该金融资产的业务模式是以收取合同现金流量为目标。

（2）该金融资产的合同条款规定，在特定日期产生的现金流量，仅为对本金和以未偿付本金金额为基础的利息的支付。

2. 以公允价值计量且其变动计入其他综合收益的金融资产

金融资产同时符合下列条件的，应当分类为以公允价值计量且其变动计入其他综合收益的金融资产：

（1）企业管理该金融资产的业务模式既以收取合同现金流量为目标，又以出售该金融资产为目标。

（2）该金融资产的合同条款规定，在特定日期产生的现金流量，仅为对本金和以未偿付本金金额为基础的利息的支付。

3. 以公允价值计量且其变动计入当期损益的金融资产

上述“以摊余成本计量的金融资产”和“以公允价值计量且其变动计入其他综合收益的金融资产”之外的金融资产，被分类为以公允价值计量且其变动计入当期损益的金融资产。

企业在初始确认金融资产分类时，还应注意以下规定事项：

(1) 企业可以将非交易性权益工具投资指定为以公允价值计量且其变动计入其他综合收益的金融资产，并按规定确认股利收入。该指定一经做出，不得撤销。

(2) 企业在非同一控制下的企业合并中确认的或有对价构成金融资产的，该金融资产应当分类为以公允价值计量且其变动计入当期损益的金融资产，不得指定为以公允价值计量且其变动计入其他综合收益的金融资产。

金融资产分类如图 5-1 所示。

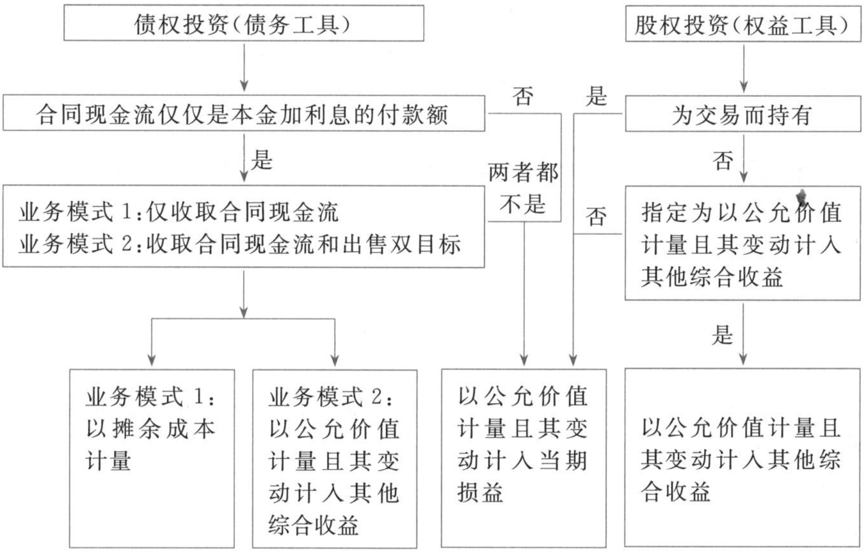

图 5-1 金融资产分类

三、金融资产的计量

(一) 金融资产的初始计量

企业初始确认金融资产，除有特别规定外，均应当按照公允价值计量。

与金融资产相关的交易费用分别不同类别的金融资金作不同的会计处理。对于以公允价值计量且其变动计入当期损益的金融资产，相关交易费用直接计入当期损益；对于其他类别的金融资产，相关交易费用计入初始确认金额。

上述相关的交易费用，是指可直接归属于购买、发行或处置金融工具的增量费用。增量费用是指企业没有发生购买、发行或处置相关金融工具的情形就不会发生的费用，包括支付给代理机构、咨询公司、券商、证券交易所、政府有关部门等的手续费、佣金、相关税费以及其他必要支出；不包括债券溢价、折价、融资费用、内部管理成本和持有成本等与交易不直接相关的费用。

公允价值通常为相关金融资产的交易价格。金融资产的公允价值与交易价格存在差异的，应当区别下列情况进行处理：

（1）在初始确认时，金融资产的公允价值依据相同资产在活跃市场上的报价或者以仅使用可观察市场数据的估值技术确定的，公允价值与交易价格之间的差额确认为一项利得或损失。

（2）在初始确认时，金融资产的公允价值以其他方式确定的，企业应当将该公允价值与交易价格之间的差额递延。初始确认后，企业应当根据某一因素在相应会计期间的变动程度将该递延差额确认为相应会计期间的利得或损失。该因素应当仅限于市场参与者对该金融工具定价时将予考虑的因素，包括时间等。

企业取得金融资产所支付的价款中包含的已宣告但尚未发放的现金股利或已到付息期但尚未领取的债券利息，应单独确认为应收股利或应收利息。

（二）金融资产的后续计量

金融资产的后续计量与金融资产的分类密切相关。金融资产初始确认后，企业应当对不同类别的金融资产，分别以摊余成本、以公允价值计量且其变动计入其他综合收益或以公允价值计量且其变动计入当期损益进行后续计量。

1. 以摊余成本后续计量

金融资产的摊余成本是指该金融资产的初始确认金额经下列调整后的金额：

（1）扣除已偿还的本金。

（2）加上或减去采用实际利率法将该初始确认金额与到期日金额之间的差额进行摊销形成的累计摊销额。

（3）扣除累计计提的损失准备（仅适用于金融资产）。

2. 以公允价值后续计量

5

对于按公允价值进行后续计量的金融资产，其公允价值变动产生的利得或损失，除有特殊规定的外，遵照下列原则处理：

（1）以公允价值计量且其变动计入当期损益的金融资产，公允价值变动产生的利得或损失，计入当期损益。

（2）以公允价值计量且其变动计入其他综合收益的金融资产，公允价值变动产生的利得或损失（除减值损失和外币性金融资产形成的汇兑损益外），计入其他综合收益。在该金融资产终止确认时转出，计入当期损益。

（3）企业将非交易性权益工具投资指定为以公允价值计量且其变动计入其他综合收益的金融资产的，除了获得的股利计入当期损益外，其他相关的利得或损失（包括汇兑损益）全部计入其他综合收益，并其后续不得转入当期损益。当该金融资产终止确认时，之前计入其他综合收益的累计利得或损失从其他综合收益中转出，计入留存收益。

第二节 以摊余成本计量的金融资产

企业以摊余成本计量的金融资产通常为债权投资等。其管理的业务模式是以收取合同现金流量为目标，相关的合同条款规定在特定日期产生的现金流量，仅为对本金和以未偿付本金金额为基础的利息的支付。

以摊余成本计量的金融资产初始确认时以公允价值进行计量，相关交易费用计入初始确认金额，后续以摊余成本进行计量。

一、设置的核算账户

为了加强对以摊余成本计量的金融资产的管理与核算，企业应设置“债权投资”总分类账户，“债权投资”账户属于非流动资产账户。可区分类别和品种分别设置“成本”“利息调整”“应计利息”等明细账户进行核算。

“成本”明细账户用于核算债权投资的面值。

“利息调整”明细账户用于核算债权投资的溢价、折价、交易费用及其摊销。

“应计利息”用于核算到期一次还本付息债权投资应计而未收取的利息，即资产负债表日按票面利率计算确定的应计而未收取的利息。

企业的债权投资为分期付息，到期一次还本的，资产负债表日按票面利率计算确定的应计而未收取的利息，记入“应收利息”账户，不在“债权投资——应计利息”明细账户核算。

二、取得债权投资的核算

企业取得债权投资时，应以取得时的公允价值和相关交易费用之和作为初始确认金额，对于实际支付的价款中包含的已到付息期但尚未领取的债券利息，应单独确认为应收利息，不构成债权投资的初始确认金额。

企业取得债权投资时，应按债权投资的面值，借记“债权投资——成本”账户，按实际支付价款中包含的已到付息期但尚未领取的债券利息，借记“应收利息”账户，按实际支付的价款金额，贷记“银行存款”等账户，按其差额，借记或贷记“债权投资——利息调整”账户。

【例 5-1】　某企业 20××年 1 月 1 日购入甲公司于当日发行的面值为 4 000 000 元三年期债券，共支付价款 4 005 000 元，另支付相关税费 15 000 元。作会计分录如下：

借：债权投资——甲公司债券（成本）	4 000 000	
——甲公司债券（利息调整）	20 000	
贷：银行存款		4 020 000

【例 5-2】　甲企业 20××年 1 月 1 日以 1 060 万元的价款购入 A 公司发行面值为 1 000 万元的债券。支付价款中含有已到付息期尚未领取的利息 50 万元，另支付相关税费 5 万元。该债券是上一年 1 月 1 日发行，票面年利率为 5%，期限为 3 年，到期一次还本付息。按年计提债券利息。作会计分录如下：

借：债权投资——A 公司债券（成本）	10 000 000	
——A 公司债券（利息调整）	150 000	
应收利息	500 000	
贷：银行存款		10 650 000

【例 5-3】　某企业于 20××年 1 月 1 日购入当日发行的 B 企业债券，面值 32 万元。票面利率 12%，期限五年，支付买价 33 万元，另支付相关税费 0.6 万元，该债券按年计算利息，到期一次还本金付息。作会计分录如下：

借：债权投资——B 企业债券（成本）	320 000	
——B 企业债券（利息调整）	16 000	
贷：银行存款		336 000

5

三、债权投资的后续计量

(一) 摊余成本与实际利率法

债权投资持有期间按摊余成本计量。有关摊余成本的说明见本章第一节中金融资产的后续计量的相关内容。

债权投资持有期间按摊余成本和实际利率法计算确认利息收入,计入投资收益。

实际利率法,是指计算金融资产的摊余成本以及将利息收入或利息费用分摊计入各会计期间的方法。

实际利率,是指将金融资产在预计存续期的估计未来现金流量,折现为该金融资产账面余额所使用的利率。实际利率也可以看作能够使金融资产未来现金流量的现值之和等于其发行价格(含交易费用)的折现率,是金融资产投资的真实报酬率。债权投资的未来现金流量是其未来收回的利息和本金。

在确定实际利率时,应当在考虑金融资产所有合同条款(如提前还款、展期、看涨期权或其他类似期权等)的基础上估计预期现金流量,但不应当考虑预期信用损失。

实际利率应在取得金融资产时确定,通常借助年金现值系数和复利现值系数,采用插值法测算求得。

(1) 分期付息到期一次还本债券发行价格的计算公式:

$$P = I \times (P/A, r, n) + F \times (P/F, r, n)$$

其中,P 为发行价格(或利息和本金的现值),I 为每期利息,F 为面值,n 为付息期数,r 为实际利率。

(2) 到期一次还本付息债券发行价格的计算公式:

$$P = (I \times n + F) \times (P/F, r, n)$$

5

其中,P 为发行价格(或利息和本金的现值),I 为每期利息,F 为面值,n 为付息期数,r 为实际利率。

【例 5-4】 20××年1月1日丙公司购买了一项债券确认为债权投资,期限为5年,公允价值104万元,交易费用1万元。债券面值100万元,票面利率6%,分期付息,每年年末付息一次到期还本。要求计算其实际利率。

设实际利率为 r,则有:

$$105 = 6 \times (P/A, r, 5) + 100 \times (P/F, r, 5)$$

该债权投资的初始入账金额105万元高于面值100万元,实际利率一定小于票面利率6%。先取5%作为折现率进行测算,分5期,5%的年金现值系数为4.329 5、复利现值系数为0.783 5。

$$利息和本金的现值 = 6 \times 4.329\,5 + 100 \times 0.783\,5 = 104.327(万元)$$

上式计算结果104.327万元小于初始入账金额105万元,说明实际利率小于5%,再按4%作为折现率进行测算,分5期,4%的年金现值系数为4.451 8、复利现值系数为0.821 9。

$$利息和本金的现值 = 6 \times 4.451\,8 + 100 \times 0.821\,9 = 108.900\,8(万元)$$

上式计算结果108.900 8万元大于初始入账金额105万元,说明实际利率大于4%小于

5%，用插值法测算实际利率：

$$实际利率 = 4\% + (5\% - 4\%) \times (108.900\,8 - 105) \div (108.900\,8 - 104.327) = 4.85\%$$

注：本章后续举例均直接给出实际利率。

（二）债权投资后续计量涉及的计算问题

（1）按债权投资面值和票面利率（名义利率）计算的应计利息，即应收利息：

$$应计利息 = 债权投资面值 \times 票面利率$$

（2）按债权投资摊余成本和实际利率计算的利息收入，即投资收益：

$$利息收入 = 债权投资期初摊余成本 \times 实际利率$$

（3）本期利息调整数额：

$$本期利息调整数额 = 应计利息 - 利息收入$$

（4）债权投资的期末摊余成本：

$$债权投资的期末摊余成本 = 期初摊余成本 - 本期利息调整数额$$

（三）债权投资后续计量的会计处理

1. 分期付息到期一次还本的债权投资

对于分期付息到期一次还本的债权投资，企业应于资产负债表日，按债权投资面值和票面利率计算确定的应收未收利息，借记“应收利息”账户，按债权投资摊余成本和实际利率计算确定的利息收入，贷记“投资收益”账户，按其差额，借记或贷记“债权投资——利息调整”账户。

【例 5-5】　根据【例 5-4】所给资料，采用实际利率法计算摊余成本和利息收入如表 5-1 所示，并编制债权投资从取得至持有期间的相关会计分录（计算结果保留两位小数）。

表 5-1　　摊余成本和利息收入计算表（实际利率法）　　单位：万元

计息日期	应收利息	利息收入	利息调整	剩余利息调整	期末摊余成本
	面值×票面利率	上期期末摊余成本×实际利率	应收利息－利息收入	上期剩余利息调整－利息调整	上期期末摊余成本－利息调整
20××年1月1日				5.00	105.00
20××年12月31日	6.00	5.09	－0.91	4.09	104.09
第二年12月31日	6.00	5.05	－0.95	3.14	103.14
第三年12月31日	6.00	5.00	－1.00	2.14	102.14
第四年12月31日	6.00	4.95	－1.05	1.09	101.09
第五年12月31日	6.00	4.91*	－1.09	0	100.00
合　计	30.00	25.00	－5.00		

注：表中数字四舍五入，* 数字包括计算过程中的尾差，倒挤［(100＋6)－101.09＝4.91］。

(1) 20××年 1 月 1 日取得债权投资：

	借方	贷方
借：债权投资——丙公司债券（成本）	1 000 000	
——丙公司债券（利息调整）	50 000	
贷：银行存款		1 050 000

(2) 20××年 12 月 31 日计算债券利息：

	借方	贷方
借：应收利息——丙公司债券利息	60 000	
贷：投资收益——债券利息收入		50 900
债权投资——丙公司债券（利息调整）		9 100

收到 20××年债券利息时：

	借方	贷方
借：银行存款	60 000	
贷：应收利息——丙公司债券利息		60 000

(3) 第二年 12 月 31 日计算债券利息：

	借方	贷方
借：应收利息——丙公司债券利息	60 000	
贷：投资收益——债券利息收入		50 500
债权投资——丙公司债券（利息调整）		9 500

收到第二年债券利息时：

	借方	贷方
借：银行存款	60 000	
贷：应收利息——丙公司债券利息		60 000

(4) 第三年 12 月 31 日计算债券利息：

	借方	贷方
借：应收利息——丙公司债券利息	60 000	
贷：投资收益——债券利息收入		50 000
债权投资——丙公司债券（利息调整）		10 000

收到第三年债券利息时：

	借方	贷方
借：银行存款	60 000	
贷：应收利息——丙公司债券利息		60 000

(5) 第四年 12 月 31 日计算债券利息：

	借方	贷方
借：应收利息——丙公司债券利息	60 000	
贷：投资收益——债券利息收入		49 500
债权投资——丙公司债券（利息调整）		10 500

收到第四年债券利息时：

	借方	贷方
借：银行存款	60 000	
贷：应收利息——丙公司债券利息		60 000

(6) 第五年 12 月 31 日计算债券利息：

	借方	贷方
借：应收利息——丙公司债券利息	60 000	
贷：投资收益——债券利息收入		49 100
债权投资——丙公司债券（利息调整）		10 900

收到第五年债券利息时：

	借方	贷方
借：银行存款	60 000	
贷：应收利息——丙公司债券利息		60 000

(7) 债权投资到期收回本金时：

借：银行存款　　1 000 000

　　贷：债权投资——丙公司债券（成本）　　1 000 000

2. 到期一次还本付息债权投资

对于到期一次还本付息债权投资，企业应于资产负债表日，按债权投资的面值和票面利率计算确定的应收未收利息，借记“债权投资——应计利息”账户，按债权投资摊余成本和实际利率计算确定的利息收入，贷记“投资收益”账户，按其差额，借记或贷记“债权投资——利息调整”账户。

【例 5-6】 根据【例 5-3】提供的资料，假定实际利率为 10.66%，有关摊余成本和利息收入计算如表 5-2 所示，并编制债券持有期间的相关会计分录（计算结果保留整数）。

表 5-2　　摊余成本和利息收入计算表（实际利率法）　　单位：元

计息日期	应收利息	利息收入	利息调整	剩余利息调整	期末摊余成本
	面值×票面利率	上一期期末摊余成本×实际利率	应收利息－利息收入	上一期剩余利息调整－利息调整	上一期剩余摊余成本－利息调整
20××年 1 月 1 日				16 000	336 000
20××年 12 月 31 日	38 400	35 818	2 582	13 418	333 418
第二年 12 月 31 日	38 400	35 542	2 858	10 560	330 560
第三年 12 月 31 日	38 400	35 238	3 162	7 398	327 398
第四年 12 月 31 日	38 400	34 901	3 499	3 899	323 899
第五年 12 月 31 日	38 400	34 501*	3 899	0	320 000
合　计	192 000	176 000	16 000		

注：表中数字计算四舍五入取整，* 数字金额应为 34 528(323 899 × 10.66%)，差额为 27(34 528 － 34 501)，包括前几期尾数调整，为倒挤求得。

(1) 20××年 12 月 31 日计算债券利息：

借：债权投资——A 企业债券（应计利息）　　38 400

　　贷：债权投资——A 企业债券（利息调整）　　2 582

　　　　投资收益——债券利息收入　　35 818

(2) 第二年 12 月 31 日计算债券利息：

借：债权投资——A 企业债券（应计利息）　　38 400

　　贷：债权投资——A 企业债券（利息调整）　　2 858

　　　　投资收益——债券利息收入　　35 542

(3) 第三年 12 月 31 日计算债券利息：

借：债权投资——A 企业债券（应计利息）　　38 400

　　贷：债权投资——A 企业债券（利息调整）　　3 162

　　　　投资收益——债券利息收入　　35 238

(4) 第四年 12 月 31 日计算债券利息：

借：债权投资——A 企业债券（应计利息）　　38 400

贷:债权投资——A 企业债券(利息调整) 3 499

投资收益——债券利息收入 34 901

(5) 第五年 12 月 31 日计算债券利息:

借:债权投资——A 企业债券(应计利息) 38 400

贷:债权投资——A 企业债券(利息调整) 3 899

投资收益——债券利息收入 34 501

(6) 债权投资到期收到本金和利息:

借:银行存款 512 000

贷:债权投资——A 企业债券(成本) 320 000

——A 企业债券(应计利息) 192 000

四、债权投资的到期兑现

债权投资到期时,若为到期一次还本付息的债权投资,应按实际收到的款项借记“银行存款”账户,按债权投资的账面价值贷记“债权投资——成本”“债权投资——应计利息”账户,如【例 5-6】(6)中的会计分录。

若为分期付息到期一次还本的债权投资,应按实际收到的款项,借记“银行存款”账户,按债权投资的账面价值,贷记“债权投资——成本”账户,按收到最后一期利息,贷记“应收利息”账户,如【例 5-5】(6)、(7)中的会计分录。

五、债权投资的减值

(一) 债权投资减值的判断

以摊余成本计量的金融资产(如债权投资),按规定应计提减值损失准备。

当对债权投资预期未来现金流量具有不利影响的一项或多项事件发生时,该债权投资成为已发生减值的金融资产,该减值称为信用减值。金融资产已发生信用减值的证据包括下列信息:

(1) 发行方或债务人发生重大财务困难。

(2) 债务人违反合同,如偿付利息或本金违约或逾期等。

(3) 债权人出于与债务人财务困难有关的经济或合同考虑,给予债务人在任何其他情况下都不会作出的让步。

(4) 债务人很可能破产或进行其他财务重组。

(5) 发行方或债务人财务困难导致该金融资产的活跃市场消失。

(6) 以大幅折扣购买或源生一项金融资产,该折扣反映了发生信用损失的事实。

金融资产发生信用减值,有可能是多个事件的共同作用所致,未必是可单独识别的事件所致。

(二) 债权投资减值的计量

企业应当按规定以预期信用损失为基础,对金融资产进行减值会计处理并确认损失准备。

损失准备是指针对金融资产的预期信用损失计提的准备。预期信用损失是指以发生违约的风险为权重的金融工具信用损失的加权平均值。信用损失是指企业按照原实际利率折现的、根据合同应收的所有合同现金流量与所有预期收取的现金流量之间的差额,即全部现金短缺的现值。

对于债权投资，信用损失应为企业应收取的合同现金流量与预期收取的现金流量之间差额的现值。

（三）债权投资减值的账务处理

债权投资减值应设置“债权投资减值准备”核算账户。

该账户的贷方登记企业计提的债权投资减值准备，借方登记冲销（或转销）已计提的减值减备，期末贷方余额，反映企业已计提但尚未转销的债权投资减值准备。该账户应当按照债权投资类别和品种进行明细核算。

在资产负债表日，企业债权投资发生减值的，按应减记的金额，借记“信用减值损失”账户，贷记“债权投资减值准备”账户。

已计提减值准备的债权投资价值以后又得以恢复的，应在原已计提的减值准备金额内，按恢复增加的金额，借记“债权投资减值准备”账户，贷记“信用减值损失”账户。

第三节　以公允价值计量且其变动计入其他综合收益的金融资产

以公允价值计量且其变动计入其他综合收益的金融资产分为两种情况：一是债权性投资（或称债务工具）形成的金融资产；二是权益性投资（或称权益工具）形成的金融资产。上述两种情况形成的金融资产在会计核算账户的设置和会计账务处理方法方面均存在区别，本节分别进行说明。

5

一、债权性投资（债务工具）形成的金融资产

（一）设置的核算账户

为了加强对以公允价值计量且其变动计入其他综合收益的金融资产（债权性投资）的管理与核算，企业应设置“其他债权投资”总分类账户，该账户为非流动资产账户，用于核算其他债权投资的公允价值。该账户下应设置“成本”“利息调整”“公允价值变动”等明细账户。

“成本”明细账户用于核算其他债权投资面值的增减变动情况。

“利息调整”明细账户用于核算其他债权投资初始确认金额与其面值的差额以及按照实际利率法分期摊销后该差额的摊余金额。

“公允价值变动”明细账户用于核算其他债权投资公允价值的变动金额。

（二）取得其他债权投资

企业取得其他债权投资时，应按照其他债权投资公允价值与交易费用之和确认初始金额。按照其他债权投资的面值，借记“其他债权投资——成本”账户，按照支付价款中包含的已到付息期但尚未领取的利息，借记“应收利息”账户，按照实际支付的价款，贷记“银行存款”等到账户，按照其差额，借记或贷记“其他债权投资——利息调整”账户。

【例5-7】　A公司20××年1月1日用银行存款21 363 000元从证券市场上购入丁公司上一年年初发行的5年期债券，剩余年限4年，面值20 000 000元，支付价款中包含已到付息期尚未领取的利息1 000 000元，债券票面年利率为5%，经测算实际利率为4.5%。该债券

分期付息，丁公司每年1月10日前支付上年度债券利息，到期后丁公司一次归还债券本金和最后一次利息。A公司将该债券投资确认为其他债权投资，并按年计提利息收入。A公司作会计分录如下：

借：其他债权投资——丁公司债券（成本）　20 000 000
　　　　　　　　——丁公司债券（利息调整）　363 000
　　应收利息　1 000 000
　　贷：银行存款　21 363 000

1月10日前收到上述利息时：

借：银行存款　1 000 000
　　贷：应收利息　1 000 000

（三）其他债权投资持有期间的计息

其他债权投资持有期间的利息，包括以下几种情况：

（1）收回取得其他债权投资时，支付价款中包含的已到付息期尚未领取的利息，冲减已记录的应收利息，不确认投资收益，如【例5-7】。

（2）在付息日或资产负债表日，按照实际利率法计算确认其他债权的利息收入（投资收益），贷记“投资收益”账户；同时按照其他债权投资的面值和票面利率计算应收利息，借记“应收利息”账户（分期付息到期一次还本）或“其他债权投资——应计利息”账户（到期一次还本付息）。按照差额，借记或贷记“其他债权投资——利息调整”账户。

（3）实际收到其他债权投资的利息，借记“银行存款”账户，贷记“应收利息”账户（分期付息到期一次还本）或“其他债权投资——应计利息”账户（到期一次还本付息）。

【例5-8】 根据【例5-7】所给资料，采用实际利率法计算摊余成本和利息收入如表5-3所示，并编制其他债权投资持有期间的相关会计分录（计算结果保留两位小数）。

表5-3　**摊余成本和利息收入计算表（实际利率法）**　单位：万元

计息日期	应收利息	利息收入	利息调整	剩余利息调整	期末摊余成本
	面值×票面利率	上期期末摊余成本×实际利率	应收利息－利息收入	上期剩余利息调整－利息调整	上期期末摊余成本－利息调整
20××年1月1日				36.30	2 036.3
20××年12月31日	100	91.63	－8.37	27.93	2 027.93
第二年12月31日	100	91.26	－8.74	19.19	2 019.19
第三年12月31日	100	90.86	－9.14	10.05	2 010.05
第四年12月31日	100	89.95*	－10.05		2 000.00
合　计	400	363.70	－36.30		

注：表中数字四舍五入，*数字包括计算过程中的尾差，倒挤求得。

（1）20××年12月31日计算利息：

借：应收利息　1 000 000
　　贷：投资收益　916 300
　　　　其他债权投资——丁公司债券（利息调整）　83 700

(2) 第二年1月10日前收到上一年利息：

借：银行存款　　1 000 000
　　贷：应收利息　　1 000 000

第二年12月31日计算利息：

借：应收利息　　1 000 000
　　贷：投资收益　　912 600
　　　　其他债权投资——丁公司债券(利息调整)　　87 400

(3) 第三年1月10日前收到第二年利息：

借：银行存款　　1 000 000
　　贷：应收利息　　1 000 000

第三年12月31日计算利息：

借：应收利息　　1 000 000
　　贷：投资收益　　908 600
　　　　其他债权投资——丁公司债券(利息调整)　　91 400

(4) 第四年1月10日前收到第三年利息：

借：银行存款　　1 000 000
　　贷：应收利息　　1 000 000

第四年12月31日计算利息：

借：应收利息　　1 000 000
　　贷：投资收益　　899 500
　　　　其他债权投资——丁公司债券(利息调整)　　100 500

(5) 第五年1月10日前收回债券本金和最后一次利息：

借：银行存款　　21 000 000
　　贷：应收利息　　1 000 000
　　　　其他债权投资——丁公司债券(成本)　　20 000 000

(四) 其他债权投资的期末计量

按照会计准则规定，其他债权投资期末或资产负债表日以公允价值进行后续计量，公允价值变动额计入其他综合收益，借记或贷记“其他债权投资——公允价值变动”账户，贷记或借记“其他综合收益”账户。

企业计算公允价值变动额时，用公允价值与其他债权投资的账面价值进行比较，而不是用公允价值与其摊余成本进行比较。

【例5-9】 继【例5-7】【例5-8】提供的资料，发生下列公允价值变动业务：

(1) 20××年12月31日丁公司债券的公允价值为2 035万元。

债券的账面价值＝20 000 000＋363 000－83 700＝20 279 300(元)

公允价值变动额＝20 350 000－20 279 000＝70 700(元)(增加额)

借：其他债权投资——丁公司债券(公允价值变动)　　70 700
　　贷：其他综合收益　　70 700

20××年12月31日丁公司债券的账面价值＝20 279 300＋70 700＝20 350 000(元)

(2) 第二年12月31日丁公司债券的公允价值为2 000万元。

债券的账面价值＝20 350 000－87 400＝20 262 600(元)

5

公允价值变动额＝20 000 000－20 262 600＝262 600(元)(减少额)

借:其他综合收益　262 600

　贷:其他债权投资——丁公司债券(公允价值变动)　262 600

第二年12月31日丁公司债券的账面价值＝20 262 600－262 600＝20 000 000(元)

(3) 第三年12月31日丁公司债券的公允价值为2 015万元。

债券的账面价值＝20 000 000－91 400＝19 908 600(元)

公允价值变动额＝20 150 000－19 908 600＝241 400(元)(增加额)

借:其他债权投资——丁公司债券(公允价值变动)　241 400

　贷:其他综合收益　241 400

第三年12月31日丁公司债券的账面价值＝19 908 600＋241 400＝20 150 000(元)

以后年份如发生公允价值变动,会计处理同上。

(五) 其他债权投资的处置

企业处置其他债权投资时,按照实际收到的处置价款,借记"银行存款"等账户,按照处置其他债权投资的面值,贷记"其他债权投资——成本"账户,按照其他债权投资的利息调整余额和公允价值变动余额,借记或贷记"其他债权投资——利息调整""其他债权投资——公允价值变动"账户,按照差额,借记或贷记"投资收益"账户。

同时,将原直接计入其他综合收益的公允价值累计变动额对应处置部分的金额转出,借记或贷记"其他综合收益"账户,贷记或借记"投资收益"账户。

【例5-10】 继【例5-7】【例5-8】【例5-9】提供的核算资料,假定第四年年初A公司将从丁公司购入的债券全部出售,共收到出售价款20 300 000元存入银行。

其他债权投资丁公司债券的账面价值20 150 000元,其中,"成本"明细账户借方余额20 000 000元、"利息调整"明细账户借方余额100 500元、"公允价值变动"明细账户借方余额49 500元。作会计分录如下:

5

借:银行存款　20 300 000

　贷:其他债权投资——丁公司债券(成本)　20 000 000

　　　　　　　　——丁公司债券(利息调整)　100 500

　　　　　　　　——丁公司债券(公允价值变动)　49 500

　　投资收益　150 000

借:其他综合收益　49 500

　贷:投资收益　49 500

二、权益性投资(权益工具)形成的金融资产

(一) 设置的核算账户

为了加强对以公允价值计量且其变动计入其他综合收益的金融资产(权益性投资)的管理与核算,企业应设置"其他权益工具投资"总分类账户,该账户为非流动资产账户,用于核算其他权益工具投资的公允价值。该账户下应设置"成本""公允价值变动"等明细账户。

"成本"明细账户用于核算其他权益工具投资公允价值和交易费用之和。

"公允价值变动"明细账户用于核算其他权益工具投资公允价值的变动金额。

（二）取得其他权益工具投资

企业取得其他权益工具投资时，按公允价值和交易费用之和确认初始金额，借记“其他权益工具投资——成本”账户，按支付价款中包含的已宣告但尚未发放的现金股利，借记“应收股利”账户，按实际支付的价款金额，贷记“银行存款”等账户。

【例 5-11】 B公司20××年3月5日取得A上市公司的法人股100 000股，每股3.06元，款项用银行存款支付。支付价款中含已宣告尚未发放的现金股利10 000元，另支付相关税费4 000元。B公司将该股票投资划分为其他权益工具投资。作会计分录如下：

（1）取得其他权益工具投资时：

借：其他权益工具投资——A公司股票（成本）	300 000	
应收股利——A公司	10 000	
贷：银行存款		310 000

（2）收到尚未发放的现金股利时：

借：银行存款	10 000	
贷：应收股利——A公司		10 000

（三）其他权益工具投资持有期间的股利

其他权益工具投资持有期间的股利分别按以下几种情况进行不同会计处理：

（1）收到取得其他权益工具投资时支付价款中包含的已宣告但尚未发放的现金股利，冲减已记录的应收股利，不确认投资收益，如【例5-11】。

（2）持有期间获取的现金股利，应在股利宣告日将其确认为投资收益，借记“应收股利”账户，贷记“投资收益”账户。实际收到发放的现金股利时，借记“银行存款”账户，贷记“应收股利”账户。

【例 5-12】 继【例5-11】提供的资料，20××年10月10日A公司宣告发放现金股利，每股0.3元。11月5日收到A公司发放的现金股利。

20××年10月10日B公司的账务处理：

借：应收股利——A公司	30 000	
贷：投资收益		30 000

20××年11月5日B公司的账务处理：

借：银行存款	30 000	
贷：应收股利——A公司		30 000

（四）其他权益工具投资的期末计量

企业持有的其他权益工具投资，期末应按公允价值进行后续计量。

资产负债表日其他权益工具投资公允价值高于其账面价值的，应按其高于账面价值的差额，借记“其他权益工具投资——公允价值变动”账户，贷记“其他综合收益”账户。若公允价值低于其账面价值的，按其差额作相反方向的会计分录。

【例 5-13】 继【例5-11】提供的资料，20××年12月31日，A公司股票每股市值上升为4元。作会计分录如下：

借：其他权益工具投资——A公司股票（公允价值变动）	100 000	
贷：其他综合收益		100 000

5

（五）其他权益投资的处置

企业处置其他权益工具投资时，按实际收到的处置价款，借记“银行存款”账户，按取得其他权益工具投资时确认的初始金额，贷记“其他权益工具投资——成本”账户，按公允价值的累计变动金额，借记或贷记“其他权益工具投资——公允价值变动”账户，按其差额，贷记或借记“盈余公积”“利润分配——未分配利润”等留存收益账户。

同时，将原直接计入其他综合收益的公允价值累计变动额对应处置部分的金额转出，借记或贷记“其他综合收益”账户，贷记或借记“盈余公积”“利润分配——未分配利润”等留存收益账户。

【例 5-14】 继【例 5-11】【例 5-13】提供的资料，第二年 1 月 10 日，B 公司将持有的 A 公司股票全部出售，每股 4.20 元。假定企业按留存收益的 10% 计提法定盈余公积金，作会计分录如下：

借：银行存款	420 000	
贷：其他权益工具投资——A 公司股票（成本）		300 000
——A 公司股票（公允价值变动）		100 000
盈余公积		2 000
利润分配——未分配利润		18 000
借：其他综合收益	100 000	
贷：盈余公积		10 000
利润分配——未分配利润		90 000

专栏 5-1 国际上首例货币互换合约

货币互换是指两笔金额相同、期限相同、计算利率方法相同，但货币不同的债务资金之间的调换，同时也包括不同利息额的货币调换。简单来说，货币互换双方互换的是货币，他们之间各自的债权债务关系并没有发生改变。

货币互换合约旨在避免汇率结算损失，增强贸易结算的安全性。

国际上第一份货币互换合约出现在 20 世纪 80 年代初。这次互换交易发生在世界银行与国际商业机器公司（IBM）之间，它是由所罗门兄弟公司于 1981 年 8 月安排成交的。1981 年，由于美元对瑞士法郎（SF）、联邦德国马克（DM）急剧升值，货币之间出现了一定的汇兑差额，所罗门兄弟公司利用外汇市场中的汇差以及世界银行与 IBM 公司的不同需求，通过协商达成互换协议。这是一项在固定利率条件下进行的货币互换合约，而且在交易开始时没有本金的交换。世界银行将它的 2.9 亿美元金额的固定利率债务与 IBM 公司已有的瑞士法郎和德国马克的债务互换合约。

第四节　以公允价值计量且其变动计入当期损益的金融资产

以公允价值计量且其变动计入当期损益的金融资产，是指不符合以摊余成本计量的金融资产的确认条件和以公允价值计量且其变动计入其他综合收益的金融资产的确认条件以外的金融资产，包括债权投资、股权投资、基金投资等。企业持有该部分金融资产主要以交易为目的。以公允价值计量且其变动计入当期损益的金融资产通常称为交易性金融资产。

金融资产满足下列条件之一的，表明企业持有该金融资产的目的是交易性的：

(1) 取得相关金融资产的目的，主要是为了近期出售或回购。

(2) 相关金融资产在初始确认时属于集中管理的可辨认金融工具组合的一部分，且有客观证据表明近期实际存在短期获利模式。

(3) 相关金融资产属于衍生工具(准则另有规定的除外)。

在初始确认时，如果能够消除或显著减少会计错配，企业可以将金融资产指定为以公允价值计量且其变动计入当期损益的金融资产。该指定一经作出，不得撤销。

一、设置的核算账户

为了加强企业以交易为目的而持有的金融资产的管理与核算，企业应设置“交易性金融资产”总分类账户，用以核算交易性金融资产的公允价值，以及直接指定为以公允价值计量且其变动计入当期损益的金融资产。该账户下应设置“成本”“公允价值变动”等明细账户。

“成本”明细账户用于核算取得交易性金融资产时按公允价值确认的初始入账价值。

“公允价值变动”明细账户用于核算交易性金融资产公允价值的变动金额。对应账户是“公允价值变动损益”账户。

二、取得交易性金融资产

微课视频：取得交易性金融资产

企业取得交易性金融资产时，按其公允价值作为初始确认金额，借记“交易性金融资产——成本”账户，发生的交易费用不计入初始确认金额，直接计入当期损益，借记“投资收益”账户，按已到付息期但尚未领取的利息或已宣告发放但尚未发放的现金股利，借记“应收利息”或“应收股利”账户，按实际支付的金额，贷记“银行存款”等账户。

【例 5-15】　丁企业 20××年 3 月 1 日以银行存款从证券市场购买 A 公司股票 20 000 股，每股单价 4.75 元，另支付相关税费 580 元，共支付 95 580 元。企业将该股票划分为交易性金融资产。作会计分录如下：

借：交易性金融资产——A 公司股票(成本)	95 000	
投资收益	580	
贷：银行存款		95 580

【例 5-16】　丁企业于 20××年 7 月 2 日以银行存款购入 B 公司同年 1 月 1 日发行的两年期可流通债券。债券面值为 30 000 元，年利率为 4%，每年 6 月 30 日与 12 月 31 日付息两次，所支付的价款中包含已到期尚未领取的利息 600 元，该批债券的买入价为 31 600 元，另支付手续费等相关费用 200 元。该债券企业将其划分为交易性金融资产。作会计分录如下：

借:交易性金融资产——B公司债券(成本)　　31 000
　投资收益　　200
　应收利息　　600
　　贷:银行存款　　31 800

收到上述取得债券利息时:

借:银行存款　　600
　　贷:应收利息　　600

三、交易性金融资产持有期间的股利或利息

交易性金融资产持有期间取得的股票现金股利或债券利息等收益有两种核算方法:一是作为本期投资收益核算,交易性金融资产的账面价值不减少,在交易性金融资产处置时相应减少处置收益,这种方法是将交易性金融资产收益分别体现在收到收益和处置投资两个时点上。二是不作为本期投资收益核算,作减少交易性金融资产账面价值处理,在交易性金融资产处置时相应增加处置收益,这种方法是将交易性金融资产收益集中体现在交易性金融资产处置之时。现行会计准则规定采用第一种方法。

交易性金融资产取得时包含在购买股票价款中的已宣告发放但尚未领取的股利或购买债券价款中已到期但未支付的债券利息,在实际收回时,借记"银行存款"账户,贷记"应收股利""应收利息"账户,如【例5-16】。

企业持有交易性金融资产期间被投资单位宣告发放现金股利或在资产负债表日按债券票面利率计算利息时,借记"应收股利"或"应收利息"账户,贷记"投资收益"账户。收到现金股利或债券利息时,借记"银行存款"账户,贷记"应收股利"或"应收利息"账户。

需要说明的是,企业持有的作为交易性金融资产核算的股权投资,只有在同时满足下列三个条件时才能确认取得的股利收入并计入当期损益。

5

(1) 企业收取股利的权利已经确立。

(2) 与股利相关的经济利益很可能流入企业。

(3) 股利的金额能够可靠计量。

【例5-17】 根据【例5-15】资料,购买的A公司股票于4月1日宣告每10股发放现金股利1.50元,4月10日派现,作会计分录如下:

4月5日宣告发放现金股利:

借:应收股利　　3 000
　　贷:投资收益　　3 000

4月10日实际收到股利:

借:银行存款　　3 000
　　贷:应收股利　　3 000

四、交易性金融资产的期末计量

在资产负债表日,应按当日各项交易性金融资产的公允价值对交易性金融资产的账面价值进行调整,交易性金融资产的公允价值高于其账面余额的差额,借记"交易性金融资产——公允价值变动"账户,贷记"公允价值变动损益"账户;公允价值低于其账面余额的差额,作相反的会计分录。

【例 5-18】 根据【例 5-15】提供的资料，6 月月末，丁企业持有 A 公司股票公允价值每股 5 元，共计公允价值 100 000 元。作会计分录如下：

借：交易性金融资产——A 公司股票（公允价值变动） 5 000
　　贷：公允价值变动损益 5 000

五、交易性金融资产的处置

企业处置交易性金融资产时，应按实际收到的金额，借记“银行存款”等账户，按该交易性金融资产的成本，贷记“交易性金融资产——成本”账户，按该项交易性金融资产的公允价值变动，贷记或借记“交易性金融资产——公允价值变动”账户，按其差额，贷记或借记“投资收益”账户。

同时，按累计的该交易性金融资产的公允价值变动损益，借记或贷记“公允价值变动损益”账户，贷记或借记“投资收益”账户。

【例 5-19】 继【例 5-15】【例 5-18】资料，7 月 15 日丁企业将持有 A 公司股票出售，每股售价 6 元，款项到期存入银行。作会计分录如下：

借：银行存款 120 000
　　贷：交易性金融资产——A 公司股票（成本） 95 000
　　　　　　　　　　　——A 公司股票（公允价值变动） 5 000
　　　　投资收益 20 000
借：公允价值变动损益 5 000
　　贷：投资收益 5 000

企业在编制会计报表时，交易性金融资产以账面价值反映，持有期间的公允价值变动损益作为经营利润的构成项目单独反映。

对原已作为公允价值变动损益入账而在本期实现的部分，从公允价值变动损益转为投资收益。该部分公允价值变动损益的确认时间与转为投资收益的时间可能发生在不同会计年度。这种情况下即使“公允价值变动损益”账户已无余额，无论是借记或贷记“公允价值变动损益”账户，都不会影响公允价值变动损益实现年度的经营利润，因公允价值变动损益和投资收益都属于经营利润的组成项目，借记或贷记“投资收益”账户，贷记或借记“公允价值变动损益”账户，都不会影响当年经营利润的数额，只是通过“投资收益”账户来反映实际实现的公允价值变动损益。

第六章　长期股权投资

【内容结构】

- 长期股权投资
  - 长期股权投资概述
    - 长期股权投资的概念和特点
    - 投资方和被投资方的关系
    - 长期股权投资核算的账户设置
  - 长期股权投资的取得
    - 企业合并形成的长期股权投资
    - 其他方式取得的长期股权投资
  - 长期股权投资的后续计量
    - 长期股权投资核算的成本法
    - 长期股权投资核算的权益法
  - 长期股权投资的减值和处置
    - 长期股权投资的减值
    - 长期股权投资的处置

【学习目标】

知识目标：

1. 熟悉长期股权投资概念、特点，了解控制、共同控制和重大影响的内容。
2. 明确如何确定企业合并形成长期股权投资的初始投资成本。
3. 明确如何确定其他方式取得长期股权投资的初始投资成本。
4. 明确长期股权投资后续计量的成本法和权益法的概念和使用范围。
5. 熟悉长期股权投资减值确认与判断。

技能目标：

1. 能进行同一控制和非同一控制下企业合并形成长期股权投资的核算。
2. 能进行其他方式取得长期股权投资的核算。
3. 能进行成本法和权益法下企业长期股权投资收益的核算。
4. 能进行长期股权投资减值和处置的核算。

第一节　长期股权投资概述

一、长期股权投资的概念和特点

（一）长期股权投资的概念

长期股权投资是指企业能够对被投资单位实施控制、共同控制或施加重大影响的权益性投资。在这里，企业称为投资方，被投资单位又称为被投资方。

企业发生长期股权投资时，通常是通过投资取得被投资单位的股份且准备长期持有，成为被投资单位的股东，按所持股份的比例享有被投资单位的权益并承担相应的责任。

（二）长期股权投资的特点

长期股权投资具有以下特点：投资期限长，投资风险大；不能随意抽回投资；按所持股份享有权利和承担义务；投资的目的除获取投资收益外，更重要的是对被投资单位施加影响，增强企业竞争力，以谋求最大的经济利益。

微课视频：长期股权投资的类型

二、投资方和被投资方的关系

投资方和被投资方的关系，直接影响长期股权投资日常会计核算及报表的填列与合并方法。根据投资方拥有被投资方股份的数额及对被投资方施加影响的程度，投资方和被投资方的关系可分为以下三种类型。

（一）控制

控制是指投资方拥有对被投资方的权力，通过参与被投资方的相关活动而享有可变回报，并且有能力运用对被投资方的权力影响其回报金额。

关于控制表述中有关问题的理解。

1. 投资方拥有对被投资方的权力

通常来讲，下列四种情况表明投资方对被投资方拥有权力：

（1）投资方持有被投资方半数以上的表决权。

（2）投资方持有被投资方半数或以下的表决权，但通过与其他表决权持有人之间的协议能够控制半数以上表决权。

例如，A公司拥有B公司40％的表决权资本，C公司拥有B公司30％的表决权资本，D公司拥有B公司30％的表决权资本。A公司与C公司达成协议，C公司在B公司的权益由A公司代表。在这种情况下，A公司实质上拥有B公司70％表决权资本的控制权，表明A公司实质上控制B公司。

（3）投资方持有被投资方半数或以下的表决权，但综合考虑下列事实和情况后，判断投资方持有的表决权足以使其目前有能力主导被投资方相关活动的，视为投资方对被投资方拥有权力：

❶ 投资方持有的表决权相对于其他投资方持有的表决权份额比较大，以及其他投资方持有表决权比较分散。

❷ 投资方持有被投资方的潜在表决权，如可转换公司债券、可执行认股权证等。

❸ 其他合同安排产生的权利。

❹ 被投资方以往的表决权行使情况等其他相关事实和情况标明对被投资方拥有权力。

(4) 投资方难以判断其享有的权利是否足以使其拥有对被投资方的权力的情况下，应当考虑其具有实际能力以单方面主导被投资方相关活动的证据，从而判断其是否拥有对被投资方的权力。相关证据包括下列事项但不限于这些事项：

❶ 投资方能够任命或批准被投资方的关键管理人员。

例如，A 公司拥有 B 公司 45%的表决权资本，同时，根据协议，B 公司的董事长和总经理由 A 公司派出，总经理有权负责 B 公司的经营管理。在这种情况下，A 公司虽然只拥有 B 公司 45%的表决权资本，但由于 B 公司的董事长和总经理均由 A 公司派出，A 公司可以通过其派出的董事长和总经理对 B 公司进行经营管理，达到对 B 公司的财务和经营政策实施控制的权力，则表明 A 公司实质上控制 B 公司。

❷ 投资方能够出于其自身利益决定或否决被投资方的重大交易。

❸ 投资方能够掌控被投资方董事会等类似权力机构成员的任命程序。

❹ 投资方与被投资方的关键管理人员或董事会等类似权力机构中的多数成员存在关联方关系。

2. 参与被投资方的相关活动

参与被投资方的相关活动是指参与对被投资方的回报产生重大影响的活动。通常包括商品或劳务的销售和购买、金融资产的管理、资产的购买和处置、研究与开发活动以及融资活动等。

3. 享有可变回报

投资方自被投资方取得的回报可能会随着被投资方业绩而变动的，视为享有可变回报。

4. 有能力运用对被投资方的权力

投资方在判断是否拥有对被投资方的权力时，应当仅考虑与被投资方相关的实质性权利，包括自身所享有的实质性权利以及其他方所享有的实质性权利。实质性权利，是指对相关活动进行决策时有实际能力行使的可执行权利。

投资方享有现时权利使其目前有能力主导被投资方的相关活动，而不论其是否实际行使该权利，视为投资方拥有对被投资方的权力。

投资方对被投资方形成控制关系的，投资方一般称为母公司，被投资方一般称为子公司。

6

(二) 共同控制

共同控制是指各投资方按照相关约定对被投资方所共有的控制，并且该被投资方的相关活动必须经过分享控制权的各投资方一致同意后才能决策。

共同控制的特点是：实施共同控制的任何一个投资方都不能够单独控制被投资方，对被投资方具有共同控制的任何一个投资方均能够阻止其他投资方单独控制被投资方，共同控制不能要求所有投资方都对被投资方实施共同控制。

各投资方与被投资方形成共同控制关系的，一般称被投资方为合营企业。

(三) 重大影响

重大影响是指投资方对被投资方的财务和经营政策有参与决策的权力，但并不能够控制或者与其他方一起共同控制这些政策的制定。在确定能否对被投资方施加重大影响时，应当考虑投资方和其他方持有的被投资方当期可转换公司债券、当期可执行认股权证等潜在表决权因素。

当投资企业直接拥有被投资单位20%或以上至50%的表决权资本时，一般认为对被投资单位具有重大影响。此外，虽然投资企业直接拥有被投资单位20%以下的表决权资本，但符合下列情况之一的，也应认为对被投资单位具有重大影响：

(1) 在被投资方的董事会或类似的权力机构中派有代表。在这种情况下，由于在被投资单位的董事会或类似的权力机构中派有代表，并享有相应的实质性的参与决策权，投资企业可以通过该代表参与被投资单位政策的制定，从而对该被投资单位施加重大影响。

(2) 参与被投资方的政策制定过程。在这种情况下，由于可以参与被投资单位的政策制定过程，在制定政策过程中可以为其自身利益而提出建议和意见，由此也可以对该被投资单位施加重大影响。

(3) 向被投资方派出管理人员。在这种情况下，通过投资企业对被投资单位派出管理人员，管理人员有权力并负责被投资单位的财务和经营活动，从而能对被投资单位施加重大影响。

(4) 依赖投资企业的技术资料。在这种情况下，由于被投资单位的生产经营需要依赖对方的技术或技术资料，从而表明投资企业对被投资单位具有重大影响。

(5) 其他能足以证明投资方对被投资方具有重大影响的情形。

投资方与被投资方形成重大影响关系的，一般称被投资方为联营企业。

三、长期股权投资核算的账户设置

为了核算企业的长期股权投资，企业应当设置"长期股权投资"账户。

"长期股权投资"账户用来核算企业持有的采用成本法和权益法核算的长期股权投资，借方登记长期股权投资取得时的成本以及采用权益法核算时按被投资企业实现净利润计算的应分享的份额；贷方登记收回长期股权投资的价值或采用权益法核算时被投资单位宣告分派现金股利或利润时企业按持股比例应享有的份额，及按被投资单位发生的净亏损计算的应分担的份额；期末余额在借方，反映企业持有的长期股权投资的价值。

第二节　长期股权投资的取得

企业的长期股权投资分为两大类：一类是企业合并形成的长期股权投资，另一类是其他方式取得的长期股权投资。企业合并是指将两个或两个以上单独的企业合并成一个报告主体的交易或事项。企业合并通常分为控股合并、吸收合并和新设合并三种形式，控股合并是指一家公司通过股权投资取得对另一家公司控制权的行为。吸收合并和新设合并均不形成投资关系，只有控股合并才形成投资关系。企业合并形成的长期股权投资是指控股合并所形成的投资企业对被投资单位的股权投资。企业合并形成的长期股权投资又进一步分为同一控制下企业合并形成的长期股权投资和非同一控制下企业合并形成的长期股权投资。

一、企业合并形成的长期股权投资

（一）同一控制下的企业合并形成的长期股权投资

1. 初始投资成本的确定

同一控制下的企业合并是指参与合并的企业在合并前后均受同一方或相同的多方最终控

制且该控制并非是暂时性的。同一方是指对参与合并的企业在合并前后均实施最终控制的投资者，如企业集团的母公司等。相同的多方一般是指按照投资者之间的协议约定，在对被投资单位的生产经营决策行使表决权时发表一致意见的两个或两个以上的投资者。控制并非暂时性是指参与合并各方在合并前后较长的时间内受同一方或相同的多方最终控制，控制的时间通常在一年或一年以上。如甲、乙公司同属于ABC公司的子公司，现甲、乙公司达成合并协议，甲公司以支付货币资金和转让固定资产为合并对价，取得乙公司60%的股权。

同一控制下的企业合并，从最终控制方的角度看，合并前与合并后所拥有的资源并没有发生变化，变化的只是集团的布局、结构及资金链条，而这种合并的交易价格往往是不公允的。因此，同一控制下的企业合并取得的长期股权投资的初始投资成本不能用公允价值计量。

同一控制下的企业合并，合并方以支付现金、转让非现金资产或承担债务方式作为合并对价的，应当在合并日按照取得被合并方所有者权益账面价值的份额作为长期股权投资的初始投资成本。长期股权投资初始投资成本与支付的现金、转让的非现金资产以及所承担债务账面价值之间如有差额，则应当调整资本公积；资本公积不足冲减的，调整留存收益。

合并方以发行权益性证券作为合并对价的，应当在合并日按照取得被合并方所有者权益账面价值的份额作为长期股权投资的初始投资成本。按照发行股份的面值总额作为股本，长期股权投资初始投资成本与所发行股份面值总额之间如有差额，则应当调整资本公积；资本公积不足冲减的，调整留存收益。

合并方为进行企业合并发生的各项直接相关费用，包括支付的审计费用、评估费用、法律服务费用等，计入发生当期损益，作为管理费用核算。

合并中合并方发行权益性证券发生的相关手续费、佣金等，抵减权益性证券的溢价收入，溢价收入不足冲减的，冲减留存收益。

企业合并中合并方发行债券或承担其他债务支付的手续费、佣金等，计入所发行债券或其他债务的初始成本。

2. 形成长期股权投资的核算

同一控制下企业合并形成的长期股权投资，应当在合并日按取得被合并方所有者权益账面价值的份额，借记“长期股权投资”账户，按享有被投资单位已宣告尚未发放的现金股利或利润，借记“应收股利”账户，按支付的合并对价的账面价值，贷记有关资产或借记有关负债账户，按其差额，贷记“资本公积——资本（或股本）溢价”；如为借方差额的，借记“资本公积——资本（或股本）溢价”，资本公积（资本溢价或股本溢价）不足冲减的，借记“盈余公积”“利润分配——未分配利润”账户。

6

【例6-1】 甲、乙公司同属于ABC公司的子公司。甲公司于20××年4月1日以银行存款2 000万元和转让固定资产（账面原值1 000万元，已计提折旧300万元）取得乙公司60%的股份，同时支付审计费用和评估费用1万元。乙公司20××年4月1日所有者权益总额为4 000万元，甲公司“资本公积——股本溢价”账户的余额250万元。

则该项投资的初始投资成本为4 000×60%＝2 400（万元）。

编制有关会计分录如下：

借：长期股权投资——乙公司	24 000 000
资本公积——股本溢价	2 500 000
盈余公积	500 000
累计折旧	3 000 000

贷：固定资产 10 000 000

银行存款 20 000 000

借：管理费用 10 000

贷：银行存款 10 000

【例 6-2】 A、B公司同属于甲公司的子公司。A公司于20××年5月1日以发行股票的方式取得B公司70%的股份。A公司发行3 000万股普通股，该股每股面值1元，以银行存款支付发行股票手续费3万元。B公司20××年5月1日所有者权益总额为6 000万元。

则该项投资的初始投资成本为6 000×70%＝4 200（万元）

编制有关会计分录如下：

借：长期股权投资——B公司 42 000 000

贷：股本 30 000 000

资本公积——资本溢价 12 000 000

借：资本公积——资本溢价 30 000

贷：银行存款 30 000

（二）非同一控制下的企业合并形成的长期股权投资

1. 初始投资成本的确定

非同一控制下企业合并是指参与合并的各方在合并前后不属于同一方或相同的多方最终控制的情况下进行的合并。这种合并通常以市价为基础，交易作价相对公平合理，因此，非同一控制下企业合并取得的长期股权投资的初始投资成本以公允价值为基础计价。

非同一控制下的企业合并，购买方在购买日应当按照《企业会计准则第20号——企业合并》确定的合并成本作为长期股权投资的初始投资成本。合并成本主要是指购买方在购买日对作为企业合并对价付出的资产、发生或承担的负债以及发行权益性证券的公允价值。该公允价值与其付出的资产、发生或承担的负债的账面价值的差额，计入当期损益。

购买方为进行企业合并发生的各项直接相关费用，如审计费用、评估费用、法律服务费用等计入当期损益。

购买方作为合并对价发行的权益性证券和债务性证券的交易费用，应当计入权益性证券和债务性证券的初始确认金额。为发行权益性证券支付给有关证券承销机构等的手续费、佣金等与权益性证券发行直接相关的费用，抵减权益性证券的溢价收入，溢价收入不足冲减的，冲减留存收益。

2. 形成长期股权投资的核算

非同一控制下企业合并形成的长期股权投资，应当在合并日按企业合并成本（不含应自被投资单位收取的现金股利或利润），借记“长期股权投资”账户；按享有被投资单位已宣告尚未发放的现金股利或利润，借记“应收股利”账户；按支付的合并对价的账面价值，贷记有关资产或贷记有关负债账户；按其差额贷记或借记“资产处置损益”账户。非同一控制下企业合并涉及以库存商品等作为合并对价的，应按库存商品的公允价值，贷记“主营业务收入”账户，并同时结转相关的成本。涉及增值税的，还应进行相应的处理。

按发生的直接相关费用，借记“管理费用”账户，贷记“银行存款”账户。

【例 6-3】 20××年5月1日，甲公司以银行存款3 000万元向乙公司投资（甲、乙两公司不属于同一控制的两个公司），占乙公司注册资本的70%。合并中支付咨询费用100万元。

甲公司编制有关会计分录如下：

借：长期股权投资　　30 000 000
　　管理费用　　1 000 000
　　贷：银行存款　　31 000 000

【例 6-4】 甲、乙两家公司属于非同一控制下的独立公司。甲公司于20××年4月1日以本企业的固定资产对乙企业投资，取得乙公司60%的股份。该固定资产原值3 000万元，已计提折旧800万元，已计提减值准备100万元，投资当日该固定资产的公允价值为2 500万元。乙公司20××年4月1日所有者权益为4 000万元。

该投资的初始投资成本为该固定资产的公允价值2 500万元。

编制有关会计分录如下：

借：固定资产清理　　21 000 000
　　累计折旧　　8 000 000
　　固定资产减值准备　　1 000 000
　　贷：固定资产　　30 000 000

借：长期股权投资　　25 000 000
　　贷：固定资产清理　　21 000 000
　　　　资产处置损益　　4 000 000

假如上例固定资产的公允价值为2 000万元，则编制有关会计分录如下：

借：长期股权投资　　20 000 000
　　资产处置损益　　1 000 000
　　贷：固定资产清理　　21 000 000

【例 6-5】 甲公司和乙公司不属于同一控制下的公司。20××年7月1日甲公司与乙公司原投资者A公司签订协议，甲公司以存货和承担A公司的短期还贷款义务换取A公司持有的乙公司70%的股权。甲公司投出存货的公允价值为500万元，增值税税额为65万元，账面成本为400万元，承担归还贷款义务为200万元。

该投资的初始投资成本为合并成本＝该存货的公允价值500万元＋承担的债务金额200万元＋销项税额65万元＝765万元。

6

编制有关会计分录如下：

借：长期股权投资　　7 650 000
　　贷：短期借款　　2 000 000
　　　　主营业务收入　　5 000 000
　　　　应交税费——应交增值税（销项税额）　　650 000

借：主营业务成本　　4 000 000
　　贷：库存商品　　4 000 000

二、其他方式取得的长期股权投资

除合并方式形成的长期股权投资外，其他方式取得的长期股权投资按下列要求确定其初始投资成本，并进行相应账务处理：

（一）以支付现金取得的长期股权投资

以支付现金取得的长期股权投资，应当按照实际支付的购买价款作为初始投资成本。初始投资成本包括与取得长期股权投资直接相关的费用、税金及其他必要支出。企业取得长期股权投资，实际支付的价款或对价中包含的已宣告但尚未发放的现金股利或利润，应作为应收项目处理。

【例 6-6】 20××年6月1日，甲公司从证券市场上购入乙公司发行在外的1 000万股股票作为长期股权投资，每股6元（含已宣告但尚未发放的现金股利0.5元），实际支付价款6 000万元，另支付相关税费20万元。

甲公司编制有关会计分录如下：

借：长期股权投资——乙公司	55 200 000	
应收股利——乙公司	5 000 000	
贷：银行存款		60 200 000

（二）以发行权益性证券取得的长期股权投资

以发行权益性证券取得的长期股权投资，应当按照发行权益性证券的公允价值作为初始投资成本。为发行权益性证券支付的手续费、佣金等应自权益性证券的溢价发行收入中扣除，溢价收入不足的，应冲减盈余公积和未分配利润。

【例 6-7】 20××年3月1日，甲公司发行股票200万股作为对价向乙公司投资，每股面值为1元，实际发行价为每股3元，不考虑相关税费。

甲公司编制有关会计分录如下：

借：长期股权投资——乙公司	6 000 000	
贷：股本——乙公司		2 000 000
资本公积——股本溢价		4 000 000

（三）投资者投入的长期股权投资

投资者投入的长期股权投资，应当按照投资合同或协议约定的价值作为初始投资成本，但合同或协议约定价值不公允的除外。

【例 6-8】 20××年9月1日，甲公司接受乙公司投资，乙公司将持有的对丙公司的长期股权投资投入到甲公司。乙公司持有的对丙公司的长期股权投资的账面余额为900万元，未计提减值准备。甲公司和乙公司投资合同约定的价值为1 200万元，甲公司的注册资本为5 000万元，乙公司投资持股比例为20%。

甲公司编制有关会计分录如下：

借：长期股权投资——丙公司	12 000 000	
贷：实收资本——乙公司		10 000 000
资本公积——资本溢价		2 000 000

专栏 6-1

中华人民共和国第一本全国性会计月刊

《新会计》是中华人民共和国第一本全国性的会计月刊，由会计名家杨纪琬创建并担任主编，于1951年1月创刊。时任财政部副部长的王绍鏊为月刊题写刊名。中国人民大学邢宗江、黄寿宸两位同志在《新会计》月刊创刊号上发表《怎样建立新中国会计理论基础》一文，认为会计是监督和管理物质生产过程的方法并同时提出了会计具有阶级性的观点。以后各期陆续发表了关于当时会计学界最新动向的文章。该刊"发刊词"提出的办刊方向是：政府会计法规传达，为编著会计教材做准备，展开会计专门问题的研讨，给大众会计学习以辅导，对实际会计疑难问题作详细解答等。

第三节 长期股权投资的后续计量

长期股权投资的后续计量有成本法和权益法两种处理方法。

一、长期股权投资核算的成本法

（一）成本法的概念

成本法是指对长期股权投资按投资成本计价核算的方法。在成本法下，长期股权投资以取得股权时的初始投资成本计价，在长期股权投资持有期间，除了投资企业追加投资或收回投资外，长期股权投资的账面价值一般保持不变。即长期股权投资按确定的初始投资成本一经入账，无论被投资单位的生产经营情况是盈利还是亏损，净资产是增加还是减少，投资企业均不改变其长期股权投资的账面价值，仍以初始投资成本反映企业的长期股权投资。

（二）成本法的适用范围

长期股权投资的成本法核算适用于企业持有的能够对被投资单位实施控制的权益性投资，即对子公司投资。

（三）成本法的核算

1. 长期股权投资的取得

企业通过不同方式取得的长期股权投资，适用于成本法核算的，应当按《企业会计准则第2号——长期股权投资》和《企业会计准则第20号——企业合并》等有关准则规定，确定其初始投资成本，企业初始投资或追加投资时，按确定的初始投资成本增加长期股权投资的账面价值。具体业务处理参见本章第二节相关内容。

2. 被投资单位宣告发放现金股利和利润

被投资单位宣告分派的现金股利或利润，投资企业有两种核算方法。

一是将被投资单位宣告分派的现金股利或利润区分为投资前产生的累积净利润的分配额和投资后产生的累积净利润的分配额两部分，前者作为初始投资成本的收回，后者作为当期投资收益。投资企业按被投资单位宣告分派的现金股利或利润，借记"应收股利"账户，按投资前产生的累积净利润的分配额贷记"长期股权投资"账户，按投资后产生的累积净利润的分配额贷记"投资收益"账户。实际收到被投资单位分派的现金股利或利润时，借记"银行存款"等账户，贷记"应收股利"账户。

二是不将被投资单位宣告分派的现金股利或利润区分为投资前产生的累积净利润的分配

额和投资后产生的累积净利润的分配额两部分。投资企业按照享有被投资单位宣告发放的现金股利或利润确认当期投资收益，借记“应收股利”账户，贷记“投资收益”账户。实际收到被投资单位分派的现金股利或利润时，借记“银行存款”等账户，贷记“应收股利”账户。

我国现行企业会计准则规定，企业对投资单位宣告分派的现金股利或利润采用第二种方法进行核算。

现按方法二说明被投资单位宣告发放现金股利和利润的核算。

【例 6-9】 A 企业 20××年 12 月 10 日购入甲公司持有丙公司 60%的股权，用银行存款支付购买价款 4 000 万元。下一年 1 月 1 日办妥过户手续。A 企业取得上述股权后成为丙公司第一大股东。下一年 1 月 1 日丙公司所有者权益 8 000 万元。A 企业编制会计分录如下：

投资合并成本＝8 000×60%＝4 800（万元）

借：长期股权投资——丙公司　　48 000 000

　贷：银行存款　　40 000 000

　　资本公积——资本溢价　　8 000 000

【例 6-10】 根据【例 6-9】的资料，下一年 3 月 10 日，丙公司宣告分派 20××年度现金股利 500 万元。4 月 10 日收到分派的现金股利。编制会计分录如下：

3 月 10 日：

应享有分派现金股利数额＝500×60%＝300（万元）

借：应收股利——丙公司　　3 000 000

　贷：投资收益　　3 000 000

4 月 10 日：

借：银行存款　　3 000 000

　贷：应收股利——丙公司　　3 000 000

【例 6-11】 根据【例 6-9】的资料，丙公司下一年年末实现净利润 1 600 万元，第三年 3 月宣告从中拿出 400 万元发放现金股利，丙公司宣告分派现金股利时，企业应编制会计分录如下：

应享有分派现金股利数额＝400×60%＝240（万元）

借：应收股利——丙公司　　2 400 000

　贷：投资收益　　2 400 000

实际收到时，应编制会计分录如下：

借：银行存款　　2 400 000

　贷：应收股利——丙公司　　2 400 000

【例 6-12】 根据【例 6-9】的资料，假定丙公司下一年亏损 200 万元，不进行股利分配。第三年盈利 500 万元，宣告分配现金股利 600 万元。

编制会计分录如下：

下一年：无需做账务处理。

第三年丙公司宣告发放现金股利时：

借：应收股利——丙公司　　3 600 000

　贷：投资收益　　3 600 000

实际收到时：

借:银行存款　　　　3 600 000

　贷:应收股利——丙公司　　　　3 600 000

二、长期股权投资核算的权益法

(一) 权益法的概念

权益法是指对长期股权投资最初以投资成本计价,以后根据投资企业享有被投资单位所有者权益份额的变动对投资的账面价值进行调整的一种方法。

在权益法下,长期股权投资的账面价值随着被投资单位所有者权益的变动而变动,包括被投资单位实现的净利润或发生的净亏损以及其他所有者权益项目的变动。

(二) 权益法的适用范围

(1) 企业能够对被投资方实施共同控制的权益性投资,即对合营企业的投资。

(2) 企业能够对被投资方施加重大影响的权益性投资,即对联营企业的投资。

(三) 权益法的核算

长期股权投资采用权益法核算的,在"长期股权投资"明细账户下设置"成本""损益调整""其他权益变动"等明细账户,以便对相关业务进行核算,反映长期股权投资的价值。

1. 长期股权投资的取得

企业以现金和非现金资产等方式进行初始投资或追加投资时,按确认的初始投资成本借记"长期股权投资——××单位(成本)"账户,贷记"银行存款"等账户。

如果初始投资成本与其在投资时应享有被投资单位可辨认净资产公允价值份额不一致,长期股权投资的初始投资成本大于投资时应享有被投资单位可辨认净资产公允价值份额的,其差额性质与商誉相同,不调整已确认的初始投资成本;长期股权投资的初始投资成本小于投资时应享有被投资单位可辨认净资产公允价值份额的,应按其差额,借记"长期股权投资"账户(成本),贷记"营业外收入"账户。

【例 6-13】 B企业与乙企业属于非同一控制下的两个独立企业。B企业购买乙公司的股票200 000股,占乙公司30%的股权,对乙公司有重大影响,购买价格为每股8元,B企业支付的价款与其在投资时应享有被投资单位可辨认净资产公允价值份额一致,款项由银行存款支付。应编制会计分录如下:

借:长期股权投资——乙公司(成本)　　　　1 600 000

　贷:银行存款　　　　1 600 000

6

【例 6-14】 甲企业与丙公司属于非同一控制下的两个独立企业。甲企业20××年1月5日按协议收购价3 020万元购买丙公司的股票,占丙公司20%的股权,对丙公司有重大影响,并准备长期持有。此时丙公司的所有者权益金额为15 000万元。假定丙公司可辨认净资产的公允价值与其所有者权益的账面价值一致。

按20%的比例计算出甲企业投资占丙公司所有者权益的金额为3 000万元,差额20万元(3 020－3 000),不调整投资成本。甲公司编制会计分录如下:

借:长期股权投资——丙公司股票(成本)　　　　30 200 000

　贷:银行存款　　　　30 200 000

假定甲公司以协议价2 800万元购买丙公司股票,其他条件与上例相同,则按20%的比例计算出占丙公司所有者权益的金额为3 000万元,差额200万元(3 000－2 800)则要调整投资成本。甲公司编制会计分录如下:

借：长期股权投资——丙公司股票（成本） 30 000 000
　　贷：银行存款 28 000 000
　　　　营业外收入 2 000 000

【例 6-15】 甲公司以一台设备投资于 Y 公司，该设备的账面原值为 600 000 元，已提折旧 60 000 元，未计提减值准备。该设备账面价值与公允价值一致。该投资占被投资企业注册资本的比例为 30%。甲公司编制会计分录如下：

借：长期股权投资——Y 公司（成本） 540 000
　　累计折旧 60 000
　　贷：固定资产 600 000

2. 长期股权投资的损益调整及股利收入

被投资单位当年实现的净利润或发生的净亏损均会影响所有者权益的变动，因此长期股权投资的账面价值也需要进行相应的调整。具体账务处理为：

按根据被投资单位实现的净利润或经调整的净利润计算应享有的份额，借记“长期股权投资——损益调整”账户，贷记“投资收益”账户。被投资单位发生净亏损时作相反的会计分录。企业分担亏损份额超过“长期股权投资”的账面价值，以其他实质上构成对被投资单位净投资的“长期应收款”等账户的账面价值减记至零为限。如按合同约定继续承担损失的，则确认为预计负债。发生亏损的被投资单位以后实现净利润的，按上述相反方向进行处理。被投资单位以后宣告发放现金股利或利润时，企业计算应分得的部分，借记“应收股利”账户，贷记“长期股权投资——损益调整”账户。收到被投资单位发放的股票股利时，不进行账务处理，但应在备查簿中登记。

【例 6-16】 根据【例 6-14】的资料，丙公司 20××年实现净利润 6 000 000 元；第二年 2 月宣告分派现金股利 5 000 000 元，3 月份甲企业收到现金股利；第二年丙公司全年亏损 100 000 000 元。甲公司应编制会计分录如下：

(1) 20××年年末：

借：长期股权投资——损益调整（丙公司） 1 200 000
　　贷：投资收益——股票投资收益 1 200 000

(2) 第二年 2 月，丙公司宣告分派现金股利时：

借：应收股利——丙公司 1 000 000
　　贷：长期股权投资——损益调整（丙公司） 1 000 000

(3) 第二年 3 月，甲企业收到现金股利时：

借：银行存款 1 000 000
　　贷：应收股利——丙公司 1 000 000

(4) 第二年年末：

借：投资收益——股票投资收益 20 000 000
　　贷：长期股权投资——损益调整（丙公司） 20 000 000

3. 所有者权益的其他变动

被投资单位净资产的变动除了实现净损益外，还包括所有者权益的其他变动，如资本溢价、其他权益工具投资公允价值变动等。投资企业应根据被投资单位所有者权益变动额中属于本企业的份额作为“资本公积——其他资本公积”“其他综合收益”等入账，同时调整账面价值，作为“长期股权投资——其他权益变动”入账。

6

【例 6-17】 假设【例 6-14】中丙公司因其他权益工具投资公允价值变动，丙公司记入其他综合收益的金额为 12 万元。

丙公司其他综合收益增加的数额中属于甲企业的份额为：12×20%＝2.4(万元)。

甲企业会计处理如下：

借：长期股权投资——其他权益变动(丙公司)　　　24 000

　　贷：其他综合收益　　　24 000

专栏 6-2

我国明代的会计制度

元代承袭旧制，在会计方面无重大发展。至明代，政府颇重视会计报表，要求按旧管、新收、开除和实在四柱编报，报表逐级汇总上报，国家对报表有统一的编报格式和上报日期。明代的代表性会计著作是《万历会计录》，按旧额、见额、岁入、岁出汇录了人户、田粮、军饷、俸禄及各种税收和交通运输等统计资料，编排井然有序，数据先后可循，并突出了财政收支项目的对比关系，便于分析研究。

第四节　长期股权投资的减值和处置

一、长期股权投资的减值

企业应当定期对长期股权投资的账面价值逐项进行检查，至少在每年年末检查一次。如果其可收回金额低于投资的账面价值，应将可收回金额低于长期投资账面价值的差额，计提减值准备，确认为当期投资损失。可收回金额按长期股权投资的公允价值减去处置费用后的净额与长期股权投资预计未来现金流量的现值两者之间的较高者确定。

根据企业会计准则规定，长期股权投资应按单项计提减值准备。长期股权投资的损失一经确认，在以后的会计期间不得转回。

长期股权投资是否提取减值准备，应根据下列情况判断：

(1) 影响被投资企业经营的政治或法律等环境的变化(如税收、贸易法规等的颁布或修订)，而导致被投资企业出现巨额亏损。

(2) 被投资企业提供的商品或劳务因产品过时或消费者偏好改变，使其市场份额减少甚至丧失，而导致被投资企业财务状况和现金流量发生严重恶化。

(3) 被投资企业所从事产业的生产技术或竞争者数量等发生变化，被投资企业已失去竞争能力，而导致财务状况和现金流量发生严重恶化。

(4) 被投资企业进行清理整顿、清算或出现其他不能持续经营的迹象。

当企业持有的长期股权投资出现上述情况之一时，即可视为该项投资已经发生减值损失，可以计提减值准备。

企业计提长期股权投资减值准备时，借记“资产减值损失”账户，贷记“长期股权投资减值准备”账户。

【例 6-18】　20××年 12 月 31 日，甲公司占有乙公司表决权股份的 60%，对乙企业构成控制。至本期期末止，该长期股权投资的账面价值为 6 000 万元。由于没有公开市场价格且不能可靠计量其公允价值，按市场收益率计算，该项长期股权投资在 20××年 12 月 31 日预计未来现金流量的现值为 4 960 万元。

根据上述资料，该长期股权投资减值了 1 040 万元。编制会计分录如下：

借：资产减值损失——计提长期股权投资减值准备　　10 400 000

　贷：长期股权投资减值准备　　10 400 000

【例 6-19】　甲企业 20××年 1 月 1 日对 B 公司长期股权投资的账面价值为 6 000 万元，计 1 000 万股，按权益法核算。同年 8 月 5 日，由于 B 公司发生重大火灾，损失惨重，并难有恢复的可能，其股票市价已下跌为每股 3 元。甲企业对该项投资计提了减值准备。编制会计分录如下：

应计提的减值准备＝6 000－1 000×3＝3 000(万元)

借：资产减值损失——计提长期股权投资减值准备　　30 000 000

　贷：长期股权投资减值准备——B 公司　　30 000 000

假定至 20××年年末，B 公司股票市价上升至每股 4 元。已恢复的数额不得在原计提减值准备的范围内冲回。

二、长期股权投资的处置

处置长期股权投资时，应按实际收到的金额，借记“银行存款”等账户；已计提减值准备的，借记“长期股权投资减值准备”账户；按其账面余额，贷记“长期股权投资”账户；按尚未领取的现金股利或利润，贷记“应收股利”账户；按其差额，贷记或借记“投资收益”账户。处置采用权益法核算的长期股权投资时，还应按处置长期股权投资的比例结转原记入“资本公积”或“其他综合收益”账户的金额，借记或贷记“资本公积”“其他综合收益”账户，贷记或借记“投资收益”账户。

【例 6-20】　20××年甲企业将持有的 S 公司股份全部转让，收到价款 4 500 万元，其中包括 S 公司已宣告尚未发放的现金股利 300 万元。转让时，该项股权投资的账面价值为 3 150 万元。其中，投资成本 1 800 万元，损益调整(借方)1 200 万元，其他权益变动(借方)150 万元(S 公司其他综合收益变动引起)，没有计提过减值准备。

甲企业编制会计分录如下：

借：银行存款　　45 000 000

　贷：应收股利——S 公司　　3 000 000

　　长期股权投资——成本　　18 000 000

　　　　　　　　损益调整　　12 000 000

　　　　　　　　其他权益变动　　1 500 000

　　投资收益　　10 500 000

借：其他综合收益　　1 500 000

　贷：投资收益　　1 500 000

6

第七章　固定资产

【内容结构】

- 固定资产
  - 固定资产概述
    - 固定资产的概念和特征
    - 固定资产的分类
    - 固定资产的计价
    - 固定资产核算的账户设置
  - 固定资产的增加
    - 外购固定资产
    - 自行建造固定资产
    - 投资者投入固定资产
    - 接受捐赠固定资产
    - 固定资产弃置费用
    - 盘盈固定资产
  - 固定资产的折旧
    - 固定资产折旧的概念
    - 影响固定资产折旧的因素
    - 固定资产折旧的范围
    - 固定资产折旧的方法
    - 固定资产折旧的会计处理
  - 固定资产的后续支出
    - 固定资产后续支出的含义和分类
    - 固定资产后续支出的核算
  - 固定资产的减值
    - 固定资产减值的确认
    - 固定资产减值的核算
  - 固定资产的处置、报废、毁损和盘亏
    - 固定资产的处置
    - 固定资产的报废、毁损和盘亏

【学习目标】

知识目标：

1. 熟悉固定资产的概念、分类、计价和核算账户。
2. 熟悉固定资产折旧的概念、影响因素和折旧范围。
3. 熟悉固定资产后续支出的构成内容。
4. 熟悉固定资产减值的迹象、计量和确认。

技能目标：

1. 能进行外购、自行建造、接受投资和接受捐赠固定资产的核算。
2. 能进行固定资产折旧的各种计算与折旧的核算。
3. 能进行固定资产修理、改扩建或改良、装修等后续支出的核算。
4. 能进行固定资产减值的核算。
5. 能进行固定资产处置、报废、毁损与盘亏的核算。

第一节　固定资产概述

一、固定资产的概念和特征

（一）固定资产的概念

固定资产是指同时具有以下特征的有形资产：❶为生产商品、提供劳务、出租或经营管理而持有；❷使用寿命超过1个会计年度。使用寿命是指企业使用固定资产的预计期间，或者该固定资产所能生产产品或提供劳务的数量。

上述关于固定资产的定义强调了固定资产的三个主要特征：固定资产的物质形态、固定资产的持有目的和固定资产的使用寿命。

（二）固定资产的特征

不同的固定资产在企业生产经营过程中发挥着各不相同的作用，有的固定资产直接参加生产经营过程并把劳动者的劳动传导到劳动对象上去，如生产机器和生产工具等；有的固定资产在生产经营过程中起辅助生产作用，如运输工具、动力设备等；有的固定资产作为生产经营活动的必要条件，如厂房等。虽然各种固定资产发挥的作用不尽相同，但都具有以下主要特征：

（1）固定资产的物质形态是有形资产。作为企业的固定资产，都应具有存在的实体，不能是无形的。

（2）企业持有固定资产不以销售为目的。企业持有固定资产的目的是为了自用，服务于企业自身的生产经营活动，而不是作为商品出售。

（3）可供企业生产经营活动长期使用。固定资产属于长期耐用资产，实务上规定使用年限要在1年以上，固定资产的实物形态在使用中不会发生显著变化。

由于企业的经营内容、经营规模等各不相同，固定资产的确认标准不可能强求一致，各企业应根据会计制度中对固定资产标准的规定，结合各自的具体情况，制定适合本企业实际情况的固定资产目录、分类方法、每类或每项固定资产的折旧年限、折旧方法，作为固定资产核算的依据。

（三）固定资产的确认

某一资产项目，如果要确认为固定资产，首先必须符合固定资产的定义；其次，还必须同时符合以下两个条件：

（1）该固定资产有关的经济利益很可能流入企业。

（2）该固定资产的成本能够可靠地计量。

固定资产的各组成部分具有不同的使用寿命或者以不同的方式为企业提供经济利益，适用不同的折旧率或折旧方法的，应当将各组成部分确认为单项固定资产。

与固定资产有关的后续支出，符合上述确认条件的，应当计入固定资产成本；不符合上述确认条件的，应当在发生时计入当期损益。

二、固定资产的分类

企业的固定资产根据不同的管理需要和核算要求，可按不同的标准进行分类。主要有以下几种分类方法：

（一）按固定资产的经济用途分类

按照经济用途的不同，固定资产可分为生产经营用固定资产和非生产经营用固定资产两类。

（1）生产经营用固定资产，是指直接服务于企业生产、经营过程的各种固定资产。如生产经营用的房屋、建筑物、机器、设备、器具、工具等。

（2）非生产经营用固定资产，是指不直接服务于生产、经营过程的各种固定资产。如职工宿舍、食堂、浴室、理发室等使用的房屋、设备和其他固定资产等。

（二）按固定资产的所有权分类

按照所有权的不同，固定资产可分为自有固定资产和租入固定资产两类。

（1）自有固定资产，是指企业拥有的可供企业自由支配使用的固定资产。

（2）租入固定资产，是指企业采用租赁方式从其他单位租入的固定资产。企业对租入固定资产依照租赁合同拥有使用权，同时负有支付租金的义务，但资产的所有权属于出租单位。租入固定资产通常确认为短期租赁与低价值租赁固定资产、使用权资产。具体核算参见第八章、第十章相关内容。

（三）按固定资产的使用情况分类

按使用情况的不同，固定资产可分为使用中的固定资产、未使用的固定资产和不需用的固定资产三类。

（1）使用中的固定资产，是指正在使用中的经营性和非经营性固定资产。由于季节性经营或大修理等原因，暂时停止使用的固定资产仍属于企业使用中的固定资产，企业出租（指经营性租赁）给其他单位使用的固定资产和内部替换使用的固定资产也属于使用中的固定资产。

（2）未使用的固定资产，是指已完工或已购建的尚未正式使用的新增固定资产，以及因进行改建、扩建等原因暂停使用的固定资产。如企业购建的尚未正式投入使用的固定资产、经营任务变更停止使用的固定资产以及主要的备用设备等。

（3）不需用的固定资产，是指本企业多余或不适用的各种固定资产。

(四) 按固定资产的经济用途和使用情况综合分类

采用这一分类方法，可把企业的固定资产分为七大类：

(1) 生产经营用固定资产。

(2) 非生产经营用固定资产。

(3) 租出固定资产，是指在经营性租赁方式下出租给外单位使用的固定资产。

(4) 不需用固定资产。

(5) 未使用固定资产。

(6) 土地，是指过去已经估价单独入账的土地。因征地而支付的补偿费，应计入与土地有关的房屋、建筑物的价值内，不单独作为土地价值入账。企业取得的土地使用权不能作为固定资产管理。

由于企业的经营性质不同、经营规模各异，对固定资产的分类不可能完全一致，也没必要强求统一，企业可以根据各自的具体情况和经营管理、会计核算的需要进行必要的分类。

三、固定资产的计价

(一) 固定资产的计价基础

微课视频：固定资产的计价

《企业会计准则第 4 号——固定资产》规定，固定资产应当按照成本进行初始计量。这里的成本是指历史成本，亦称原始价值。考虑到固定资产价值较大，其价值会随着固定资产的使用而逐渐减少，还需要计量固定资产的折余价值。因此，固定资产的计价主要有以下三种方法：

1. 原始价值

原始价值又称原值，也称实际成本、历史成本等，是指企业购建某项固定资产达到可使用状态前所发生的一切合理、必要的支出。一般包括：买价、相关税费、运输费、装卸费、安装费用和专业人员服务费、资本化的借款费用等。

2. 净值

净值也称为折余价值，指固定资产原始价值减去已提折旧后的净额。它可以反映企业固定资产的现有价值，通过固定资产净值和原始价值的比较可以了解固定资产的新旧程度，以便于企业及时对固定资产进行更新改造。

3. 重置价值

固定资产重置价值也称重置完全价值，是指在目前的市场条件下，重新购置该项固定资产所需的全部支出。

在实际工作中，企业对取得的无法确定原始价值的固定资产通常采用这种计价方法，如盘盈固定资产。

(二) 固定资产的价值构成

固定资产的价值构成是指固定资产价值所包括的范围，由于固定资产的来源渠道不同，其价值构成的具体内容也有所差异。

(1) 外购固定资产的成本，包括购买价款、相关税费、使固定资产达到预定可使用状态前所发生的可归属于该项资产的运输费、装卸费、安装费和专业人员服务费等。

企业是增值税一般纳税人的，购进(包括接受捐赠、实物投资)或者自制(包括改扩建、安装)固定资产发生的进项税额，可根据有关规定从销项税额中抵扣，不计入固定资产的成本。

以一笔款项购入多项没有单独标价的固定资产时，应当按照各项固定资产公允价值的比例对总成本进行分配，分别确定各项固定资产的成本。

购买固定资产的价款超过正常信用条件延期支付，实质上具有融资性质的，固定资产的成本应以购买价款的现值为基础确定。实际支付的价款与购买价款的现值之间的差额，除按照《企业会计准则第17号——借款费用》规定应予资本化的以外，应当在信用期间内计入当期损益。

(2) 自行建造固定资产的成本，由建造该项资产达到预定可使用状态前所发生的必要支出构成。

(3) 投资者投入固定资产的成本，应当按照投资合同或协议约定的价值确定，但合同或协议约定价值不公允的除外。

(4) 在原有固定资产的基础上进行改建、扩建的，按原固定资产的账面价值，加上由于改建、扩建而使该项资产达到预定可使用状态前发生的支出，减去改建、扩建过程中发生的变价收入作为入账价值。

(5) 接受捐赠的固定资产，应按以下规定确定其入账价值：

❶ 捐赠方提供了有关凭据的，按凭据上标明的金额加上应支付的相关税费作为入账价值。

❷ 捐赠方没有提供有关凭据的，按如下顺序确定其入账价值：同类或类似固定资产存在活跃市场的，按同类或类似固定资产的市场价格估计的金额，加上应支付的相关税费，作为入账价值；同类或类似固定资产不存在活跃市场的，按该接受捐赠的固定资产的预计未来现金流量的现值，作为入账价值。

如受赠的系旧的固定资产，则按照上述方法确定的价值，减去按该项资产的新旧程度估计的价值损耗后的余额，作为入账价值。

(6) 盘盈的固定资产，按同类或类似固定资产的市场价格，减去按该项资产的新旧程度估计的价值损耗后的余额，作为入账价值。如果同类或类似固定资产不存在活跃市场的，按该项固定资产的预计未来现金流量的现值，作为入账价值。

固定资产的入账价值中，还应当包括企业为取得固定资产而缴纳的契税、耕地占用税、车辆购置税等相关税费。如涉及借款，还应考虑相关的借款费用资本化金额等问题。

针对某些特定行业固定资产的弃置费用较高的情况，要将其弃置费用折现值构成固定资产初始成本。即固定资产初始价值确认时，就把未来处置时的弃置费用的现值计入资产价值，同时确认为相应的预计负债。

四、固定资产核算的账户设置

（一）“固定资产”账户

7

“固定资产”账户核算固定资产的原始价值。其借方登记企业购入、接受投资等原因增加的固定资产的原始价值；贷方登记因出售、报废、毁损及投资转出等原因减少的固定资产的原始价值；该账户期末一般为借方余额，反映企业期末固定资产的账面原价。

企业应当设置“固定资产登记簿”和“固定资产卡片”，按固定资产类别、使用部门和每项固定资产进行明细核算。

（二）"累计折旧"账户

"累计折旧"账户核算企业固定资产的累计折旧。其借方登记减少的固定资产注销的折旧，贷方登记提取的折旧等折旧增加额，期末贷方余额反映企业提取的固定资产折旧累计数。该账户是"固定资产"账户的备抵账户，两者相抵的差额为固定资产的净值。"累计折旧"账户应当按照固定资产的类别或项目进行明细分类核算。

（三）"工程物资"账户

"工程物资"账户核算企业为基建工程、更新改造工程和大修理工程准备的各种物资的实际成本。企业购入的不需要安装的设备，应当在"固定资产"账户核算，不在本账户核算。本账户借方登记企业为工程准备而购入的物资及需要安装设备等的实际成本；贷方登记工程领用的工程物资等。本账户期末一般为借方余额，反映企业为工程购入但尚未领用的专用物资的实际成本、购入需要安装设备的实际成本，以及为生产准备但尚未交付的工具及器具的实际成本等。应当按照"专用材料""专用设备""工器具"等进行明细核算。

（四）"在建工程"账户

"在建工程"账户核算企业进行各项工程（固定资产的新建、改造和大修理等工程）所发生的实际支出。该账户借方登记工程建设发生的各项支出，贷方登记交付使用工程的实际成本。期末借方余额反映企业尚未完工的工程发生的各项实际支出，其下应分别设置"建筑工程""安装工程""在安装设备""待摊支出"及单项工程等明细账户进行核算。

第二节 固定资产的增加

固定资产的增加，其取得方式有以下几种：外购固定资产、自行建造固定资产、投资者投入固定资产、接受捐赠固定资产和盘盈固定资产等，企业应当分别不同来源进行会计处理。

一、外购固定资产

企业外购固定资产的成本包括买价、不允许抵扣的增值税进项税额、进口关税等相关税费，以及为使固定资产达到预定可使用状态前发生的可直接归属于该项资产的其他支出，如场地整理费、运输费、装卸费、安装费和专业人员服务费等。

外购固定资产分为不需要安装的固定资产、需要安装的固定资产和超过正常信用条件购进的固定资产三类。

（一）购入不需要安装的固定资产

企业购入的固定资产如果不需要安装就可以直接交付使用，应按购入固定资产时实际支付的买价、运输费、装卸费、专业人员服务费和其他相关税费等计算确定原始价值，借记"固定资产"账户，按准予抵扣的进项税额，借记"应交税费——应交增值税（进项税额）"账户，按支付的价税款贷记"银行存款"等账户。

【例 7-1】 甲公司为增值税一般纳税人，20××年 6 月 12 日购入一台不需要安装就可以投入使用的生产用设备，取得的增值税专用发票上注明的设备价款为 900 000 元，增值税税额为

117 000 元，经认证准予抵扣，发生的运杂费为 5 000 元，用银行存款转账支付。作会计分录如下：

借：固定资产——生产用固定资产 905 000
　应交税费——应交增值税（进项税额） 117 000
　贷：银行存款 1 022 000

【例 7-2】 甲公司为增值税一般纳税人，20××年 10 月 10 日购入一批机器设备，包括供电设备、生产设备等，共计支付价款 360 000 元，增值税税额为 46 800 元，经认证准予抵扣，款以银行存款付清。经评估，供电设备的公允价值为 280 000 元，生产设备的公允价值 120 000 元。全部设备均直接投入使用。

原始价值的分配率为：

$$360\ 000 \div (280\ 000 + 120\ 000) = 0.9$$

各项固定资产的原始价值为：

供电设备：$280\ 000 \times 0.9 = 252\ 000$（元）
生产设备：$120\ 000 \times 0.9 = 108\ 000$（元）

根据计算分配结果，作会计分录如下：

借：固定资产——生产用固定资产（供电设备） 252 000
　　　　　　　　　　　　（生产设备） 108 000
　应交税费——应交增值税（进项税额） 46 800
　贷：银行存款 406 800

（二）购入需要安装的固定资产

企业购入的固定资产如果需要经过安装才能交付使用，购入固定资产时实际支付的买价、运输费、装卸费、专业人员服务费和其他相关税费等均应先通过“在建工程”账户核算，待安装完毕达到预定可使用状态时，再由“在建工程”账户转入“固定资产”账户。企业购入固定资产时，按实际支付的买价、运输费、装卸费和其他相关税费等，借记“在建工程”账户，贷记“银行存款”等账户；安装完毕达到预定可使用状态时，按其实际成本，借记“固定资产”账户，贷记“在建工程”账户。

【例 7-3】 乙公司为增值税一般纳税人，购入一台需要安装的机器设备，取得的增值税专用发票上注明的设备价款为 300 000 元，增值税税额为 39 000 元，经认证准予抵扣。乙公司另支付的运输费为 3 000 元，增值税税额 270 元准予抵扣。上述款项均已通过银行转账支付。安装设备时，领用原材料一批，不含增值税价格 36 000 元；应支付安装工人的工资为 5 000 元。作会计分录如下：

（1）支付设备价款、增值税、运输费：

借：在建工程——在安装设备 303 000
　应交税费——应交增值税（进项税额） 39 270
　贷：银行存款 342 270

（2）领用本公司原材料，支付安装工人工资等费用：

借：在建工程——在安装设备 41 000
　贷：原材料 36 000
　　应付职工薪酬 5 000

(3) 设备安装完毕达到预定可使用状态：

借：固定资产——生产用固定资产　　344 000

　贷：在建工程——在安装设备　　344 000

(三) 购入超过正常信用条件购进固定资产

企业购入固定资产如采用分期付款方式，且合同规定的付款期限较长，超过了正常的信用条件，则该购买固定资产的合同实质上具有融资性质，购入固定资产的成本不能以各期付款数额之和来确定，而应以各期付款数额之和的现值来确定。各期实际支付的价款之和与其现值之间的差额，应在信用期间内采用实际利率法进行摊销，摊销金额满足借款费用资本化条件的应当计入固定资产成本，不满足借款费用资本化条件的应当在信用期间确认为财务费用，计入当期损益。超过正常信用条件购进固定资产的核算参见第十章第四节有关内容。

二、自行建造固定资产

自行建造的固定资产，按建造该项资产达到预定可使用状态前所发生的全部必要支出，作为入账价值。这里所讲的“建造该项资产达到预定可使用状态前所发生的全部必要支出”，包括工程物资成本、人工成本、应予以资本化的固定资产借款费用、缴纳的相关税金以及应分摊的其他间接费用等。企业为在建工程准备的各种物资，应当按照实际支付的买价、运输费、保险费等相关费用，作为实际成本，并按照各种专项物资的种类进行明细核算。

企业自行建造固定资产包括自营建造和出包建造两种方式，主要通过“工程物资”和“在建工程”账户进行核算。

(一) 自营方式建造固定资产

企业通过自营方式建造固定资产，其入账价值应当按照建造该项固定资产达到预定可使用状态前所发生的必要支出确定。工程项目较多且工程支出较大的企业，应当按照工程项目的性质分别核算各工程项目的成本。

工程完工达到预定可使用状态后，应将该项工程完工达到预定可使用状态前所发生的必要支出结转，作为固定资产的入账价值。固定资产达到预定可使用状态后剩余的工程物资，可按其实际成本或计划成本，转作企业的库存材料。盘盈、盘亏、报废、毁损的工程物资，减去保险公司、过失人赔偿部分后的余额，分别情况处理：如果工程项目尚未达到预定可使用状态，计入或冲减所建工程项目的成本；如果工程项目已经达到预定可使用状态，计入当期营业外支出或营业外收入。工程在达到预定可使用状态前，因必须进行试运转而形成的、能够对外销售的产品，其发生的成本，记入“在建工程——待摊支出”账户；销售或转为库存商品时，按实际销售收入或按预计售价，冲减“在建工程——待摊支出”账户。所建造的固定资产已达到预定可使用状态，但尚未办理竣工决算的，应当自达到预定可使用状态之日起，根据工程预算、造价或者工程实际成本等，按暂估价转入固定资产成本，待办理竣工决算手续后再作调整。

由于正常原因造成的单项工程或单位工程报废或毁损的，扣除残料价值和过失人或保险公司等赔偿后的净损失，如果工程项目尚未达到预定可使用状态的，计入继续施工的工程成本；如果工程项目已经达到预定可使用状态的，属于筹建期间的，计入长期待摊费用(筹建费用)；不属于筹建期间的，直接计入当期营业外支出。如为净收益，属于筹建期间的，冲减长期待摊费用(筹建费用)；不属于筹建期间的，直接计入当期营业外收入。

如为非正常原因造成的单项工程或单位工程报废或毁损，或在建工程项目全部报废或毁损,扣除残料价值和过失人或保险公司等赔款后的净损失,属于筹建期间的,计入长期待摊费用(筹建费用);不属于筹建期间的,直接计入当期营业外支出,并计算结转相关的进项税额。如为收益,属于筹建期间的,冲减长期待摊费用(筹建费用);不属于筹建期间的,直接计入当期营业外收入。

企业通过自营方式建造的固定资产,按建造该项资产达到预定可使用状态前所发生的必要支出,借记"在建工程""应交税费"等账户,贷记"银行存款""原材料""应付职工薪酬"等账户。工程达到预定可使用状态交付使用时,借记"固定资产"账户,贷记"在建工程"账户。

【例 7-4】 甲公司为增值税一般纳税人,20××年 1 月准备自行建造一座机关办公楼,为此购入工程物资一批,价款为 320 000 元,支付的增值税进项税额为 41 600 元,经认证准予抵扣,款项以银行存款支付。1—6 月,工程先后领用工程物资 300 000 元;剩余工程物资转为该公司的存货;领用生产用原材料一批,价值为 30 000 元,购进该批原材料时支付的增值税为 3 900 元;辅助生产车间为工程提供有关劳务的支出为32 000 元;支付的工程人员工资为 79 800 元。12 月底,工程达到预定可使用状态并交付使用。作有关会计分录如下:

(1) 购入工程准备的物资:

借:工程物资——专用材料	320 000	
应交税费——应交增值税(进项税额)	41 600	
贷:银行存款		361 600

(2) 工程领用物资:

借:在建工程——建筑工程(机关办公楼)	300 000	
贷:工程物资——专用材料		300 000

(3) 工程领用原材料:

借:在建工程——建筑工程(机关办公楼)	30 000	
贷:原材料		30 000

(4) 辅助生产车间为工程提供劳务支出:

借:在建工程——建筑工程(机关办公楼)	32 000	
贷:生产成本——辅助生产成本		32 000

(5) 分配工程人员工资:

借:在建工程——建筑工程(机关办公楼)	79 800	
贷:应付职工薪酬		79 800

(6) 12 月底,工程达到预定可使用状态并交付使用:

借:固定资产——非生产用固定资产	441 800	
贷:在建工程——建筑工程(机关办公楼)		441 800

(7) 剩余工程物资转作存货:

借:原材料	20 000	
贷:工程物资——专用材料		20 000

7

(二) 出包方式建造固定资产

企业通过出包工程方式建造的固定资产,应按照支付的工程价款等进行计量,企业将与承包单位结算的工程价款作为工程成本,通过"在建工程"账户核算。企业按合同规定支付工程价款时,借记"在建工程""应交税费"等账户,贷记"银行存款"账户;工程达到预定可使用状态交付使用时,借记"固定资产"账户,贷记"在建工程"账户。

【例 7-5】 20××年 2 月 1 日，甲公司将一幢住宅楼工程出包给乙公司承建，工程使用的设备、材料等由乙公司负责采购，甲公司按规定工程开工向乙公司支付工程价款 600 000 元，相关增值税税额 54 000 元，经认证准予抵扣，款项以银行存款转账支付；20××年 10 月 8 日，工程达到预定可使用状态后，收到乙公司的有关工程结算单据，又支付工程款180 000 元，相关增值税税额 16 200 元，经认证准予抵扣，款项以银行存款转账支付；20××年 10 月 23 日，工程达到预定可使用状态，经验收后交付使用。

甲公司作会计分录如下：

(1) 20××年 2 月 1 日，支付工程款 600 000 元：

借：在建工程——建筑工程（住宅楼）	600 000	
应交税费——应交增值税（进项税额）	54 000	
贷：银行存款		654 000

(2) 20××年 10 月 8 日，支付工程款 180 000 元：

借：在建工程——建筑工程（住宅楼）	180 000	
应交税费——应交增值税（进项税额）	16 200	
贷：银行存款		196 200

(3) 20××年 10 月 23 日，工程达到预定可使用状态，经验收交付使用：

借：固定资产——非生产用固定资产	780 000	
贷：在建工程——建筑工程（住宅楼）		780 000

三、投资者投入固定资产

接受投资者投入的固定资产，按照专用发票上注明的增值税税额，借记“应交税费——应交增值税（进项税额）”账户，按照确认的固定资产价值，借记“固定资产”等账户，按确定的投入资本数额，贷记“股本”账户，按照增值税与固定资产价值的合计数与投入资本数额的差额，借记或者贷记“资本公积”等账户。

【例 7-6】 甲企业接受 A 公司投资转入的生产设备一台，专用发票上注明的价款为 10 000 000 元，增值税为 1 300 000 元，经认证准予抵扣。双方商定该投资占甲企业注册总资本 80 000 000 元的 10%。

甲企业编制会计分录如下：

借：固定资产	10 000 000	
应交税费——应交增值税（进项税额）	1 300 000	
贷：股本		8 000 000
资本公积		3 300 000

四、接受捐赠固定资产

企业接受捐赠固定资产，应按接受捐赠固定资产确定的固定资产入账价值，借记“固定资产”账户，按企业因接受捐赠固定资产实际支付或应付的相关税费金额，贷记“银行存款”“应交税费”等账户，按两者的差额贷记“营业外收入”账户。

接受捐赠固定资产的入账价值，是指按会计规定计入受赠固定资产成本的金额，包括接受捐赠固定资产的价值和因接受捐赠固定资产另外支付的相关税费。一般情况下，捐赠方提供了有关凭据的，按凭据上标明的金额加上应支付的相关税费作为入账价值，捐赠方没有提供有关凭据的，按如下顺序确定其入账价值：❶同类或类似固定资产存在活跃市场的，按同类或类似固定资产的市场价格估计的金额，加上应支付的相关税费，作为入账价值。❷同类或类似固定资产不存在活跃市场的，按该接受捐赠的固定资产的预计未来现金流量的现值，作为入账价值。如受赠的系旧的固定资产，按照上述方法确定的价值，减去按该项资产的新旧程度估计的价值损耗后的余额，作为入账价值；接受捐赠固定资产计入营业外收入的金额，是指根据有关凭据等确定的、应计入应纳税所得额的价值，不包括按会计规定应计入受赠固定资产成本的由受赠企业另外支付或应付的相关税费。

【例 7-7】 甲公司接受乙公司捐赠的一台九成新的非生产用设备，乙公司提供了有关发票等凭证，据此确定该设备原价为 90 000 元，增值税为 11 700 元，经认证准予抵扣。甲公司以银行存款支付运输及安装费等为 2 200 元。

甲公司接受捐赠设备作会计分录如下：

借：固定资产	92 200	
应交税费——应交增值税（进项税额）	11 700	
贷：营业外收入		101 700
银行存款		2 200

【例 7-8】 甲公司接受乙公司捐赠的全新大型机器设备一台，乙公司提供了购买这台机器设备的有关发票等凭证，据此确定该机器设备原价为 220 000 元，增值税税额 28 600 元，经认证准予抵扣。甲公司以银行存款支付运输费、安装调试费等为 8 450 元（其中：运费 5 500 元），运费的增值税税额 495 元准予抵扣。

甲公司编制会计分录如下：

接受捐赠固定资产：

借：在建工程	220 000	
应交税费——应交增值税（进项税额）	28 600	
贷：营业外收入		248 600
借：在建工程	8 450	
应交税费——应交增值税（进项税额）	495	
贷：银行存款		8 945
借：固定资产	228 450	
贷：在建工程		228 450

五、盘盈固定资产

企业应定期或不定期对固定资产进行清查，如发现实际存在而账簿上无记录的固定资产，会计上称为固定资产盘盈。盘盈的固定资产，应按以下方法确定其入账价值：

(1) 如果同类或类似固定资产存在活跃市场的，按同类或类似固定资产的市场价格，减去按该项资产的新旧程度估计的价值损耗后的余额，作为入账价值。

(2) 如果同类或类似固定资产不存在活跃市场的，按该项固定资产的预计未来现金流量的现值，作为入账价值。

企业盘盈的固定资产，应按确定的价值，借记“固定资产”账户，贷记“以前年度损益调整”账户。

【例 7-9】 20××年 3 月 31 日，乙公司进行盘点，发现有一台使用中的机器设备未入账，该机器设备九成新；该型号的设备存在活跃的交易市场，市场价格为 400 000 元。乙公司编制会计分录如下：

借：固定资产 360 000

　　贷：以前年度损益调整 360 000

六、固定资产弃置费用

弃置费用是指根据国家法律和行政法规、国际公约等规定，企业承担的环境保护和生态恢复等义务所确定的支出。

某些特殊行业的特定固定资产，在确定其入账成本时，应考虑相关的弃置费用。现行制度规定企业应按照弃置费用的现值计算确定应计入固定资产成本的金额和相应的预计负债，并在固定资产的使用寿命期内按照预计负债的摊余成本和实际利率计算确定利息费用计入财务费用。一般工商企业固定资产发生的报废清理费用应做处置费用核算，不属于弃置费用。

【例 7-10】 某企业 20××年 1 月 1 日购入某项含有放射性元素的仪器，购价 500 万元，银行存款付款。预计使用 5 年，预计弃置费用 100 万元，假定折现率(即实际利率)为 10%。

(1) 计算固定资产的入账成本：

弃置费用的现值 $=1\,000\,000\times(P/F,\ 10\%,\ 5)$

$=1\,000\,000\times 0.620\,9=620\,900$(元)

借：固定资产 5 620 900

　　贷：银行存款 5 000 000

　　　　预计负债——弃置费用 620 900

(2) 第一年确认利息费用：

第一年利息费用 $=620\,900\times 10\%=62\,090$(元)

借：财务费用 62 090

　　贷：预计负债 62 090

(3) 第二年确认利息费用：

第二年利息费用 $=(620\,900+62\,090)\times 10\%=68\,299$(元)

借：财务费用 68 299

　　贷：预计负债 68 299

第三、四、五年确认利息费用分别为 75 129 元、82 642 元、90 940 元，会计分录同上。

专栏 7-1

中华人民共和国第一部会计史稿和成本管理方面的专著

中华人民共和国第一部会计史稿是郭道扬教授编撰的《中国会计史稿》(1982 年 11 月 8 日，中国财政经济出版社出版)。郭道扬是中南财经政法大学教授，1994 年被批准为会计学专业博士生导师，同年享受国务院特殊津贴，曾任中国会计学会常务理事、中国会计教授会副会长、湖北省会计学会副会长、国际会计师学家协会学术委员。《中国会计史稿》分上、中、下三册，约 83 万字，详细考察了中国从古至今历朝历代的会计学发展情况，内容翔实全面，被国内外同行誉为填补空白的专著。该书多次参加国际书展,1995 年被评为普通高校首届人文社会科学优秀成果一等奖。

1983 年 10 月 30 日,中国社会科学出版社出版了《成本管理手册》一书,这是我国第一部成本管理方面的专著。该书由中国成本研究会组织国内成本管理方面的专家,经过两年的紧张工作编写而成。我国著名经济学家、财政学家许毅担任主编,杨纪琬、王振之任副主编。该书的出版填补了我国在成本管理学术研究方面的空白。

第三节 固定资产的折旧

一、固定资产折旧的概念

固定资产折旧是指在固定资产的预计使用寿命期限内,按照事先确定的方法对应计折旧额进行的系统分摊。其中,应计折旧额是指应当计提折旧的固定资产原价扣除其预计净残值后的余额;如果已对固定资产计提减值准备,则还应扣除已计提的固定资产减值准备累计金额。预计净残值,是指假定固定资产预计使用寿命已满并处于使用寿命终了时的预期状态时,企业可从该项资产处置中获得的扣除预计处置费用后的金额。

二、影响固定资产折旧的因素

影响固定资产折旧的因素主要有四个。

(一) 折旧基数

固定资产折旧基数一般为取得固定资产的原始成本,即固定资产的账面原价。对于已入账的固定资产,除以下情况外,不得任意变动其账面原值:根据国家规定对固定资产进行重估价;增加补充设备或改良设备;将固定资产的一部分拆除;根据实际价值调整原来的暂估价值;发现原记固定资产价值有错误。在会计核算中,以原价作为计提折旧的基数,可以使折旧的计算建立在客观的基础之上,免受主观因素的影响。

(二) 预计净残值

固定资产预计净残值是指企业固定资产处置时获得的残值收入(报废清理时剩下的器材、零件、材料等残余价值)扣除预计处置费用(报废清理时发生的拆卸、整理、搬运等费用)后的金额。固定资产账面原价减去预计净残值后的差额即为固定资产应提折旧总额。

(三) 预计使用寿命

固定资产预计使用寿命是指固定资产的预计经济使用寿命,即折旧年限。企业确定固定资产使用寿命,应当考虑下列三个因素:❶预计生产能力或实物产量;❷预计有形损耗和无形损耗;❸法律或者类似规定对资产使用的限制。

固定资产折旧年限的长短,直接影响到各期计提折旧费用的计算,但折旧年限是很难确切估计的,为了避免企业人为延长或缩短折旧年限,合理计算固定资产的转移价值,企业应根据国家有关规定,结合本企业的具体情况,合理地确定折旧年限,作为计提折旧的依据。

(四) 固定资产减值准备

固定资产减值准备是指固定资产已计提的减值准备的累计金额,固定资产计提减值准备后，应在剩余的使用寿命内根据调整后的固定资产账面价值（固定资产账面价值扣减累计折旧和累计减值准备后的金额）和预计净残值重新计算确定折旧率和折旧额。

三、固定资产折旧的范围

确定固定资产折旧的范围，包括两个方面：一是空间范围，即要确定哪些固定资产应当提取折旧，哪些固定资产不应当提取折旧；二是时间范围，即要确定应提折旧的固定资产什么时间开始提取折旧，什么时间停止提取折旧。

除以下情况外，企业应对所有固定资产计提折旧：❶已提足折旧仍继续使用的固定资产；❷按照规定单独估价作为固定资产入账的土地。

已达到预定可使用状态的固定资产，如果尚未办理竣工决算的，应当按照估计价值暂估入账，并计提折旧；待办理了竣工决算手续后，再按照实际成本调整原来的暂估价值，但不需要调整原已计提的折旧额。

企业对固定资产进行更新改造时，应将更新改造的固定资产账面价值转入在建工程，并在此基础上确定经更新改造后的固定资产原价。因更新改造而停止使用的固定资产，因已转入在建工程，因此不计提折旧，待更新改造项目达到预定可使用状态转为固定资产后，再按重新确定的折旧方法和该项固定资产尚可使用年限计提折旧。

因进行大修理而暂时停用的固定资产，应当照提折旧，计提的折旧应计入相关成本费用。

企业一般应当按月提取折旧，当月增加的固定资产，当月不提折旧，从下月起计提折旧；当月减少的固定资产，当月照提折旧，从下月起停提折旧。固定资产提足折旧后，不管能否继续使用，均不再提取折旧；提前报废的固定资产也不再补提折旧。

四、固定资产折旧的方法

企业应当根据固定资产所含经济利益的预期实现方式选择折旧方法，可选择的折旧方法包括年限平均法、工作量法、年数总和法和双倍余额递减法。折旧方法一经选定，不得随意变更。如需变更，应当在会计报表附注中予以说明。

（一）年限平均法

年限平均法又称直线法，是将固定资产的应计折旧额均衡地分摊到各会计期间的一种方法。采用这种方法计算的每期折旧额均是相等的。其计算公式如下：

$$年折旧率=\frac{1-预计净残值率}{预计使用年限}\times 100\%$$

$$月折旧率=年折旧率\div 12$$

$$月折旧额=固定资产原价\times 月折旧率$$

【例 7-11】 某企业有一厂房，原价为 4 000 000 元，预计可使用 20 年。按照有关规定，该厂房报废时的净残值率为 2%。该厂房的折旧率和折旧额的计算如下：

$$年折旧率=\frac{1-2\%}{20}\times 100\%=4.9\%$$

$$月折旧率=4.9\%\div 12=0.41\%$$

$$月折旧额=4\,000\,000\times 0.41\%=16\,400（元）$$

7

上述计算的折旧率是按个别固定资产单独计算的，称为个别折旧率，即某项固定资产在一定期间的折旧额与该项固定资产原价的比率。此外，还有分类折旧率和综合折旧率。

分类折旧率是指固定资产分类折旧额与该类固定资产原价的比率，采用这种方法，应先把性质、结构和使用年限接近的固定资产归为一类，再按类计算平均折旧率，用该类折旧率对该类固定资产计提折旧。例如，企业可将房屋建筑物划分为一类，将机械设备划分为一类，分类计算折旧率并分类计提折旧。分类折旧率的计算公式如下：

$$某类固定资产年分类折旧率=\frac{该类固定资产年折旧额之和}{该类固定资产原价之和}\times 100\%$$

采用分类折旧率计算固定资产折旧，其优点是计算方法简单，但准确性不如个别折旧率。

综合折旧率是指某一期间企业全部固定资产折旧额与全部固定资产原价的比率。其计算公式如下：

$$固定资产年综合折旧率=\frac{各项固定资产年折旧额之和}{各项固定资产原价之和}\times 100\%$$

与采用个别折旧率和分类折旧率计算固定资产折旧相比，采用综合折旧率计算固定资产折旧，其计算结果的准确性较差。

（二）工作量法

工作量法是根据实际工作量计提折旧额的一种方法。这种方法弥补了年限平均法只重使用时间、不考虑使用强度的缺点。其计算公式为：

$$单位工作量折旧额=\frac{固定资产原价\times(1-净残值率)}{预计总工作量}$$

$$某项固定资产月折旧额=该项固定资产当月工作量\times 单位工作量折旧额$$

【例 7-12】 某企业的一辆运货卡车，原价为 80 000 元，预计总行驶里程为 500 000 千米，预计报废时的净残值率为 5%，本月行驶 4 000 千米。该辆汽车的月折旧额计算如下：

$$单位里程折旧额=\frac{80\,000\times(1-5\%)}{500\,000}=0.152(元/千米)$$

$$本月折旧额=4\,000\times 0.152=608(元)$$

（三）双倍余额递减法

双倍余额递减法是在不考虑固定资产预计净残值的情况下，根据每期期初固定资产账面余额和双倍的直线法折旧率计算固定资产折旧的一种方法。其计算公式为：

$$年折旧率=\frac{2}{预计折旧年限}\times 100\%$$

$$月折旧率=年折旧率\div 12$$

$$月折旧额=固定资产账面净值\times 月折旧率$$

由于双倍余额递减法不考虑固定资产的预计净残值，因此，在应用这种方法时必须注意，不能使固定资产的账面折余价值降低到它的预计净残值以下，即实行双倍余额递减法计提折旧的固定资产，应当在其固定资产折旧年限到期以前两年内，将固定资产净值扣除预计净残值

7

后的余额平均摊销。

【例 7-13】　某企业一项固定资产的原价为 100 000 元，预计使用年限为 5 年，预计净残值 200 元。按双倍余额递减法计算折旧，每年的折旧额计算如下：

$$双倍直线折旧率 = \frac{2}{5} \times 100\% = 40\%$$

第一年应提的折旧额：100 000 × 40% ＝40 000（元）

第二年应提的折旧额：（100 000 － 40 000）× 40% ＝24 000（元）

第三年应提的折旧额：（60 000 － 24 000）× 40% ＝14 400（元）

从第四年起改按平均年限法（直线法）计提折旧。

第四、第五年的年折旧额分别为：（21 600 － 200）÷ 2 ＝10 700（元）

（四）年数总和法

年数总和法又称作合计年限法，是将固定资产的原值减去净残值后的净额乘以一个逐年递减的分数计算每年折旧额的方法，这个分数的分子代表固定资产尚可使用的年数，分母代表使用年数的逐年数字总和。其计算公式如下：

$$年折旧率 = \frac{尚可使用年限}{预计使用年限的年数总和}$$

$$或者，年折旧率 = \frac{预计使用年限 - 已使用年限}{预计使用年限 \times (预计使用年限 + 1) \div 2}$$

$$月折旧率 = 年折旧率 \div 12$$

$$月折旧额 = (固定资产原值 - 预计净残值) \times 月折旧率$$

【例 7-14】　某项固定资产的原值为 500 000 元，预计使用年限为 5 年，预计净残值为 20 000 元。采用年数总和法计算的各年折旧额，如表 7-1 所示。

表 7-1　　固定资产折旧计划表

年　份	尚可使用年限/年	（原值－净残值）/元	变动折旧率	每年折旧额/元	累计折旧/元
1	5	480 000	5/15	160 000	160 000
2	4	480 000	4/15	128 000	288 000
3	3	480 000	3/15	96 000	384 000
4	2	480 000	2/15	64 000	448 000
5	1	480 000	1/15	32 000	480 000

需要说明的是，固定资产的各组成部分具有不同使用寿命或者以不同方式为企业提供经济利益，适用不同折旧率或折旧方法的，应当分别将各组成部分确认为各单项固定资产计提折旧。

企业至少应当于每年年度终了，对固定资产的使用寿命、预计净残值和折旧方法进行复核。使用寿命预计数与原先估计数有差异的，应当调整固定资产使用寿命；预计净残值预计数与原先估计数有差异的，应当调整预计净残值；与固定资产有关的经济利益预期实现方式有重大改变的，应当改变固定资产折旧方法。固定资产使用寿命、预计净残值和折旧方法的改变应当作为会计估计变更处理。

五、固定资产折旧的会计处理

固定资产计提折旧时，应以月初可以提取折旧的固定资产账面原值为依据。具体计算时，可以在上月计提折旧额的基础上，对上月固定资产的增减情况进行调整后计算当月应计提的折旧额。

当月固定资产应计提的折旧额＝上月固定资产计提的折旧额＋上月增加固定资产应计提的折旧额－上月减少固定资产应计提的折旧额

企业按月计提固定资产折旧时，应借记“制造费用”“销售费用”“管理费用”“其他业务成本”等账户，贷记“累计折旧”账户。

在我国的会计实务中，各月计提折旧的计算一般是通过编制“固定资产折旧计算表”来完成的。

【例 7-15】 某企业 20××年 3 月份的固定资产折旧计算表如表 7-2 所示。

表 7-2 固定资产折旧计算表 单位：元

使用部门	固定资产项目	上月折旧额	上月增加固定资产		上月减少固定资产		本月折旧额	分配费用
			原价	折旧额	原价	折旧额		
A车间	厂房	200 000					200 000	制造费用
	机器设备	1 000 000	200 000	1 500			1 001 500	
	小计	1 200 000					1 201 500	
B车间	厂房	100 000					100 000	
	机器设备	800 000			400 000	20 000	780 000	
	小计	900 000					880 000	
厂部管理部门	房屋建筑	300 000					300 000	管理费用
	运输工具	30 000					30 000	
	小计	330 000					330 000	
合计		2 430 000	200 000	1 500	400 000	20 000	2 411 500	

根据上述固定资产折旧计算表，编制会计分录如下：

借：制造费用——A 车间　　1 201 500

　　　　　——B 车间　　880 000

　　管理费用——厂部　　330 000

　贷：累计折旧　　2 411 500

专栏 7-2 我国明末清初的会计制度

明末清初之际，我国又出现了一种新的记账法——“龙门账”。这种记账方法是山西人傅山根据唐宋“四柱结算法”原理设计出的一种适合于民间商业的会计核算方法，其要点是将全部账目划分为进、交、存、该四大类。“进”指全部收入，“交”指全部支出，“存”指资产并包括债权，“该”指负债并包括业主投资，四者的关系是：该＋进＝存＋交，或：进－交＝存－该。也就是说，结账时，“进”大于“交”或“存”大于“该”即为盈利。傅山将这种双轨计算盈亏、并检查账目平衡关系的会计方法，形象地称为“合龙门”，因此“龙门账”开始形成。“龙门账”的诞生标志着中式簿记由单式记账法向复式记账法的转变。到了清代，会计核算方法又有了新的突破，在“龙门账”的基础上进一步设计发明了“四脚账”。四脚账是一种比较成熟的复式记账方法，其特点是：注重经济业务的收方（即来方）和付方（即去方）的账务处理，不论现金收付事项或非现金收付事项（转账事项）都在账簿上记录两笔，既记入“来账”，又记入“去账”，而且“来账”和“去账”所记金额必须相等，否则说明账务处理有误。这种账法的基本原理已与西式复式记账法相同。

第四节　固定资产的后续支出

一、固定资产后续支出的含义和分类

企业的固定资产投入使用后，由于磨损等原因，需要对现有固定资产进行维护、改建、扩建或者改良。固定资产的后续支出是指固定资产确认后，发生的维护、改扩建等支出。

固定资产的后续支出分为：固定资产修理费用，固定资产改、扩建或改良支出，以及固定资产装修费用。与固定资产有关的后续支出，符合固定资产的确认条件的，应当计入固定资产成本；不符合固定资产的确认条件的，应当在发生时计入当期损益。

二、固定资产后续支出的核算

（一）固定资产修理

固定资产各组成部分耐用程度不同，投入使用之后，由于磨损，可能导致固定资产的局部损坏，为了维护固定资产的正常运转和使用，充分发挥其使用效能，企业将对固定资产进行必要的修理。固定资产维护只是确保固定资产的正常工作状况，它并不导致固定资产性能的改变或固定资产未来经济利益的增加。因此，固定资产的修理支出应在发生时一次性直接计入当期损益，不必通过预提或者待摊的方式进行会计处理。

【例 7-16】　某企业管理部门车辆委托汽车修理厂进行经常性修理，支付修理费4 000元，以转账支票支付。不考虑其他相关税费。编制会计分录如下：

借：管理费用	4 000	
贷：银行存款		4 000

（二）固定资产改、扩建或改良

1. 固定资产改、扩建或改良的特点

固定资产改、扩建或改良，是在原有固定资产规模的基础上，通过追加固定资产投资而改良或增加固定资产的总体规模。在这种情形下，与固定资产有关的改、扩建及改良支出符合固定资产的确认条件，则应当将其支出计入固定资产账面价值。

2. 固定资产改、扩建或改良的核算

固定资产发生改、扩建或改良支出时，企业应将该固定资产的原价、已计提的累计折旧和

7

减值准备转销，将固定资产的账面价值转入在建工程。固定资产发生的可资本化的后续支出，通过“在建工程”账户核算。在固定资产发生的后续支出完工并达到预定可使用状态时，应从“在建工程”账户转入“固定资产”账户。

【例 7-17】 甲公司是一家生产企业，为增值税一般纳税人，有关业务资料如下：

20××年 1 月 1 日，该公司自行建成了一条生产线并投入使用，建造成本为 600 000 元；采用年限平均法计提折旧，预计净残值率为固定资产原价的 3%，预计使用年限为 6 年。

第三年 1 月 1 日，由于生产的产品适销对路，现有生产线的生产能力已难以满足公司生产发展的需要，公司决定对现有生产线进行改扩建，以提高其生产能力。

第三年 1 月 1 日至 4 月 30 日，经过 4 个月的改扩建，完成了对这条生产线的改扩建工程，共发生支出 208 000 元，增值税税额 27 040 元，经认证准予抵扣，全部以银行存款支付。

该生产线改扩建工程达到预定可使用状态后，大大提高了生产能力，预计尚可使用年限为 6 年零 8 个月。假定改扩建后的生产线的预计净残值率为改扩建后固定资产账面价值的 3%，折旧方法仍为年限平均法，为了简化计算，不考虑其他相关税费，公司按年度计提固定资产折旧。

此项后续支出应增加固定资产的账面价值。有关账务处理如下：

(1) 20××年 1 月 1 日至第二年 12 月 31 日，固定资产后续支出发生前，该条生产线的应计折旧额为：年折旧率 ＝(1 － 3%) ÷ 6 ＝ 16.167%，年折旧额 ＝ 600 000 × 16.167% ＝ 97 000(元)。各年计提固定资产折旧的会计分录为：

借：制造费用　　97 000

　　贷：累计折旧　　97 000

(2) 第三年 1 月 1 日，固定资产的账面价值＝600 000－(97 000×2)＝406 000(元)，固定资产转入改扩建时的会计分录为：

借：在建工程　　406 000

　　累计折旧　　194 000

　　贷：固定资产　　600 000

(3) 第三年 1 月 1 日至 4 月 30 日，固定资产后续支出发生时的会计分录为：

借：在建工程　　208 000

　　应交税费——应交增值税(进项税额)　　27 040

　　贷：银行存款　　235 040

(4) 第三年 4 月 30 日，生产线改扩建工程达到预定可使用状态，将后续支出全部资本化后，固定资产账面价值＝406 000＋208 000＝614 000(元)。会计分录为：

借：固定资产　　614 000

　　贷：在建工程　　614 000

(5) 第三年 4 月 30 日，生产线改扩建工程达到预定可使用状态后，固定资产应计折旧额为：月折旧率＝(1－3%)÷(12×6＋8)＝1.212 5%，在第三年 5 月 1 日至 12 月 31 日 8 个月期间计提的固定资产折旧额＝614 000×1.212 5%×8＝59 558(元)。

在第四年 1 月 1 日至固定资产报废的 6 年间，每年计提固定资产折旧额＝614 000×1.212 5%×12＝89 337(元)。

第三年计提固定资产折旧的会计分录为：

借：制造费用　　59 558

　　贷：累计折旧　　59 558

第四年至固定资产报废，这6年间每年计提折旧的会计分录为：

借：制造费用　　89 337

　　贷：累计折旧　　89 337

（三）难以分辨的固定资产修理与改良

如果不能区分是固定资产修理还是固定资产改良，或固定资产修理和固定资产改良结合在一起，则企业应当判断，与固定资产有关的后续支出，是否符合固定资产的确认条件，如果该后续支出符合固定资产的确认条件，则后续支出应当计入固定资产账面价值；否则，后续支出应当确认为当期费用。

（四）固定资产装修

固定资产装修费用如果符合固定资产的确认条件，则应当作为后续支出计入固定资产账面价值，否则，应当确认为当期费用。

"固定资产"账户下应单设"固定资产装修"明细账户，在两次装修间隔期间与固定资产尚可使用年限两者中较短的期间内，采用合理的方法单独计提折旧。如果在下次装修时，与该项固定资产相关的"固定资产装修"明细账户中仍有账面价值，应将该账面价值一次全部计入当期营业外支出。

【例7-18】　20××年1月31日，甲公司对所属一家办公楼进行装修，发生如下有关支出：领用生产用原材料49 140元；辅助生产车间为办公楼装修工程提供的劳务支出为13 100元；计提有关人员工资20 000元、福利费2 800元。20××年12月31日，办公楼装修完工，达到预定可使用状态交付使用，甲公司预计下次装修间隔期为8年。装修四年后，甲公司决定对该办公楼重新进行装修。假定该办公楼装修支出符合后续支出资本化条件；该办公楼预计尚可使用年限为6年；装修形成的固定资产预计净残值为1 100元；采用直线法计提折旧；不考虑其他因素。

甲公司编制会计分录如下：

(1) 装修领用原材料：

借：在建工程　　49 140

　　贷：原材料　　49 140

(2) 辅助生产车间为装修工程提供劳务：

借：在建工程　　13 100

　　贷：生产成本——辅助生产成本　　13 100

(3) 计提工程人员工资及福利费：

借：在建工程　　22 800

　　贷：应付职工薪酬——工资　　20 000

　　　　　　　　　——职工福利　　2 800

(4) 装修工程达到预定可使用状态，交付使用：

借：固定资产——固定资产装修　　85 040

　　贷：在建工程　　85 040

(5) 装修完工后第一年度计提折旧：

因下次装修间隔期为8年，大于固定资产预计尚可使用年限6年，因此，应按固定资产预计尚可使用年限6年计提折旧。

借:制造费用 13 990

贷:累计折旧 13 990

(6) 四年后,重新装修时:

借:营业外支出 29 080

累计折旧 55 960

贷:固定资产——固定资产装修 85 040

第五节 固定资产的减值

一、固定资产减值的确认

(一) 可能发生减值资产的认定

固定资产的减值是指固定资产的可收回金额低于其账面价值的差额。

企业的固定资产在长期使用过程中,由于存在有形损耗(如自然磨损等)和无形损耗(如技术陈旧等),或由于其他原因,导致其可收回金额低于其账面价值,也就是发生了减值。对于已经发生的减值如果不予确认,必将导致虚增资产的价值,这不符合可靠性原则。

我国会计准则规定,企业应当在期末或者至少在每年年度终了,对固定资产逐项进行检查,存在下列迹象的,表明资产可能发生了减值:

(1) 资产的市价当期大幅度下跌,其跌幅明显高于因时间的推移或者正常使用而预计的下跌。

(2) 企业经营所处的经济、技术或者法律等环境以及资产所处的市场在当期或者将在近期发生重大变化,从而对企业产生不利影响。

(3) 市场利率或者其他市场投资报酬率在当期已经提高,从而影响企业计算资产预计未来现金流量现值的折现率,导致资产可收回金额大幅度降低。

(4) 有证据表明资产已经陈旧过时或者其实体已经损坏。

(5) 资产已经或者将被闲置、终止使用或者计划提前处置。

(6) 企业内部报告的证据表明资产的经济绩效已经低于或者将低于预期,如资产所创造的净现金流量或者实现的营业利润(或者亏损)远远低于(或者高于)预计金额等。

(7) 其他表明资产可能已经发生减值的迹象。

(二) 资产可收回金额的计量

资产存在减值迹象的,应当估计其可收回金额。可收回金额应当根据资产的公允价值减去处置费用后的净额与资产预计未来现金流量的现值两者之间较高者确定。处置费用包括与资产处置有关的法律费用、相关税费、搬运费以及为使资产达到可销售状态所发生的直接费用等。

资产的公允价值减去处置费用后的净额与资产预计未来现金流量的现值,只要有一项超过了资产的账面价值,就表明资产没有发生减值,不需再估计另一项金额。

资产的公允价值减去处置费用后的净额,应当根据公平交易中销售协议价格减去可直接归属于该资产处置费用的金额确定。不存在销售协议但存在资产活跃市场的,应当按照该资产的市场价格减去处置费用后的金额确定。资产的市场价格通常应当根据资产的买方出价确定。在不存在销售协议和资产活跃市场的情况下，应当以可获取的最佳信息为基础，估计资产的公允价值减去处置费用后的净额，该净额可以参考同行业类似资产的最近交易价格或者结果进行估计。

企业按照上述规定仍然无法可靠估计资产的公允价值减去处置费用后的净额的，应当以该资产预计未来现金流量的现值作为其可收回金额。

资产预计未来现金流量的现值，应当按照资产在持续使用过程中和最终处置时所产生的预计未来现金流量，选择恰当的折现率对其进行折现后的金额加以确定。

预计资产未来现金流量的现值，应当综合考虑资产的预计未来现金流量、使用寿命和折现率等因素。

预计的资产未来现金流量应当包括下列各项：

(1) 资产持续使用过程中预计产生的现金流入。

(2) 为实现资产持续使用过程中产生的现金流入所必需的预计现金流出(包括为使资产达到预定可使用状态所发生的现金流出)。该预计现金流出应当是可直接归属于或者可通过合理和一致的基础分配到资产中的现金流出。

(3) 资产使用寿命结束时，处置资产所收到或者支付的净现金流量。该现金流量应当是在公平交易中，熟悉情况的交易双方自愿进行交易时，企业预期可从资产处置中获取或者支付的、减去预计处置费用后的金额。

预计资产未来现金流量时，企业管理层应当在合理和有依据的基础上对资产剩余使用寿命内的整个经济状况进行最佳估计。

预计资产的未来现金流量，应当以经企业管理层批准的最近财务预算或者预测数据，以及该预算或者预测期之后年份稳定的或者递减的增长率为基础。企业管理层如能证明递增的增长率是合理的，可以递增的增长率为基础。建立在预算或者预测基础上的预计现金流量最多涵盖 5 年，企业管理层如能证明更长的期间是合理的，可以涵盖更长的期间。

在对预算或者预测期之后年份的现金流量进行预计时，所使用的增长率除了企业能够证明更高的增长率是合理的之外，不应当超过企业经营的产品、市场、所处的行业或者所在国家或者地区的长期平均增长率，或者该资产所处市场的长期平均增长率。

预计资产的未来现金流量，应当以资产的当前状况为基础，不应当包括与将来可能会发生的、尚未作出承诺的重组事项或者与资产改良有关的预计未来现金流量；也不应当包括筹资活动产生的现金流入或者流出以及与所得税收付有关的现金流量。

企业已经承诺重组的，在确定资产的未来现金流量的现值时，预计的未来现金流入和流出数，应当反映重组所能节约的费用和由重组所带来的其他利益，以及因重组所导致的估计未来现金流出数。其中，重组所能节约的费用和由重组所带来的其他利益，通常应当根据企业管理层批准的最近财务预算或者预测数据进行估计。

折现率是反映当前市场货币时间价值和资产特定风险的税前利率。该折现率是企业在购置或者投资资产时所要求的必要报酬率。

在预计资产的未来现金流量时，已经对资产特定风险的影响作了调整的，估计折现率不需要考虑这些特定风险。如果用于估计折现率的基础是税后的，应当将其调整为税前的折现率。

预计资产的未来现金流量涉及外币的，应当以该资产所产生的未来现金流量的结算货币为基础，按照该货币适用的折现率计算资产的现值；然后将该外币现值按照计算资产未来现金流量现值当日的即期汇率进行折算。

(三) 固定资产减值损失的确定

可收回金额的计量结果表明，资产的可收回金额低于其账面价值的，应当将资产的账面价值减记至可收回金额，减记的金额确认为资产减值损失，计入当期损益，同时计提相应的资产减值准备。

固定资产减值损失确认后，减值资产的折旧应当在未来期间作相应调整，以使该资产在剩余使用寿命内，系统地分摊调整后的资产账面价值(扣除预计净残值)。

资产减值损失一经确认，在以后会计期间不得转回。

二、固定资产减值的核算

企业应按固定资产可收回金额低于账面价值的差额计提固定资产减值准备，并计入当期损益。企业发生固定资产减值时，借记“资产减值损失”账户，贷记“固定资产减值准备”账户。

【例 7-19】 甲公司发生下列相关业务：

(1) 20××年1月1日，甲公司购入一台管理用设备，增值税专用发票注明价款320 000元，增值税税额为41 600元，经认证准予抵扣，价税款均以银行存款支付，预计使用年限5年，预计净残值20 000元，按直线法计提折旧(假设在年末计提)，则购入及20××年计提折旧的会计分录如下：

借：固定资产——生产经营用固定资产	320 000	
应交税费——应交增值税(进项税额)	41 600	
贷：银行存款		361 600
借：管理费用	60 000	
贷：累计折旧		60 000

(2) 20××年12月31日，设备的可收回金额为180 000元，公司决定计提固定资产减值准备。会计分录如下：

借：资产减值损失	80 000	
贷：固定资产减值准备		80 000

(3) 第二年12月31日，计提折旧(假设计提折旧的条件不变)。会计分录如下：

第二年应计折旧额 $=(180\,000-20\,000)\div 4=40\,000$(元)

借：管理费用	40 000	
贷：累计折旧		40 000

第六节 固定资产的处置、报废、毁损和盘亏

7

一、固定资产的处置

固定资产处置是指固定资产因销售、债务重组、非货币性资产交换等原因退出企业生产经营过程时所做的处理活动。对企业多余、闲置、不适用或不需用的固定资产，可以对其进行处置，以防止资源浪费，减少管理成本。

固定资产处置的核算，包括：将处置固定资产划分为持有待售资产；处置固定资产的价款收入；处置固定资产清理费用；处置固定资产应交的增值税等。处置固定资产取得的各项收入

减去处置固定资产账面净值、清理费用后的差额，若为正数，为固定资产处置收益，若为负数，为固定资产处置损失。下面以固定资产出售为例进行说明。

企业将固定资产划分为持有待售资产时，应按固定资产的账面价值，借记“持有待售资产”账户，按该固定资产已计提的折旧和减值准备金额，借记“累计折旧”“固定资产减值准备”账户，按固定资产的账面余额，贷记“固定资产”账户。实际出售该固定资产时，按实际收取的出售价税款，借记“银行存款”等账户，按应缴纳的增值税税款，贷记“应交税费”账户，按持有待售固定资产的账面价值，贷记“持有待售资产”账户，按两者的差额，借记或者贷记“资产处置损益”账户。出售持有待售固定资产发生的相关费用，按支出金额，借记“资产处置损益”账户，贷记“银行存款”等账户。

【例 7-20】　甲公司 20××年 10 月 6 日将长期闲置的一台生产设备出售，出售的价款为 1 000 000 元。该设备的原始价值为 1 300 000 元，累计折旧 400 000 元。出售前，甲公司对设备进行了适当维修，并支付维修费用 1 500 元。编制有关会计分录如下：

(1) 注销固定资产原价及累计折旧：

借：持有待售资产	900 000	
累计折旧	400 000	
贷：固定资产		1 300 000

(2) 支付维修费用 1 500 元：

借：资产处置损益	1 500	
贷：银行存款		1 500

(3) 收到出售价款：

借：银行存款	1 160 000	
贷：持有待售资产		900 000
应交税费——应交增值税(销项税额)		160 000
资产处置损益——处置固定资产利得		100 000

注：未划分为持有待售资产的固定资产出售时的收益和损失，也作为资产处置损益核算。有关“持有待售资产”的核算参见本书第八章第二节的相关内容。

二、固定资产的报废、毁损和盘亏

报废、毁损与盘亏固定资产等核算，包括：报废或毁损固定资产的残料变价收入、保险及过失人赔款收入、结转预计弃置费用、发生固定资产清理费用等；上述各项收入减去固定资产账面净值、清理费用后的差额，作为营业外收支处理。

企业应设置“固定资产清理”账户核算固定资产的报废、毁损。报废、毁损固定资产账面净值、发生的清理费用及应交的税金等，记入该账户借方；取得的残料变价收入、保险及过失人赔款以及结转预计弃置费用等项收入，记入该账户的贷方；该账户贷方余额为固定资产报废、毁损净收益转入营业外收入账户，借方余额为固定资产报废、毁损净损失转入营业外支出账户。盘亏固定资产在“待处理财产损溢”账户核算。

(一) 固定资产报废

固定资产报废有到期正常报废、提前报废和超龄使用后报废三种情况。无论是何种情况，其主要核算内容是一样的，包括：注销报废固定资产原值及累计折旧、计算报废固定资产的残料变价收入、支付报废固定资产的清理费用、核算报废固定资产损益等。

【例 7-21】 甲公司一台设备使用期已满，继续使用经济上已不合算，经批准报废。该设备原价 300 000 元，累计折旧 285 000 元。该设备预计弃置费用折现值为 13 000 元，报废时支付拆卸费用 11 000 元，残料作价 1 600 元，验收入库作为材料使用。甲公司编制有关会计分录如下：

(1) 设备报废，注销原价及累计折旧：

借：固定资产清理　　15 000
　　累计折旧　　285 000
　　贷：固定资产　　300 000

(2) 支付报废拆卸费用 11 000 元：

借：固定资产清理　　11 000
　　贷：银行存款　　11 000

(3) 残料作价入库：

借：原材料　　1 600
　　贷：固定资产清理　　1 600

(4) 结转预计弃置费用：

借：预计负债——预计固定资产支出　　13 000
　　贷：固定资产清理　　13 000

(5) 结转报废固定资产净损益：

借：营业外支出　　11 400
　　贷：固定资产清理　　11 400

(二) 固定资产毁损

固定资产毁损有的是由于自然灾害等不可抗力因素造成的，也有的是由于责任事故等人为因素造成的。不论什么原因，固定资产发生毁损对企业是不利的。因此，企业应加强对固定资产的管理，减少意外损失。固定资产毁损的核算主要包括：注销毁损固定资产的原值及累计折旧、计算毁损固定资产的残料变价收入、支付毁损固定资产的清理费用、收取保险赔款或责任人赔款、核算毁损固定资产损失等。

【例 7-22】 甲公司的一幢库房遭火灾烧毁。库房原价为 400 000 元，累计折旧 160 000 元。发生清理费用 15 000 元，收到保险公司赔款 120 000 元，残料变卖收入10 000 元。甲公司编制有关会计分录如下：

(1) 注销烧毁库房原价及累计折旧：

借：固定资产清理　　240 000
　　累计折旧　　160 000
　　贷：固定资产　　400 000

(2) 支付清理费用：

借：固定资产清理　　15 000
　　贷：银行存款　　15 000

(3) 材料变卖收入 10 000 元存入银行：

借：银行存款　　10 000
　　贷：固定资产清理　　10 000

(4) 收到保险公司赔款 120 000 元：

借：银行存款　　120 000

　贷：固定资产清理　　120 000

(5) 计算并结转清理净损失：

借：营业外支出　　156 200

　贷：固定资产清理　　125 000

　　应交税费——应交增值税（进项税额转出）　　31 200

发生非正常损失的不动产，已抵扣的进项税额按其净值和适用的税率计算为 31 200 元 [(400 000－160 000)×13%]，不得从销项税额中抵扣，具体说明参见本书第九章第五节中应交增值税的相关内容。

(三) 固定资产盘亏

所有企业都应定期或不定期地对固定资产进行清查，检查企业的固定资产是否账实相符。如果通过清查发现账簿记录的固定资产实物并不存在，会计上称为固定资产盘亏。

盘亏的固定资产通过"待处理财产损溢——待处理固定资产损溢"账户进行核算。发现盘亏的固定资产，在未报经批准处理前，要先按账面原价和累计折旧及时予以注销，其净值记入"待处理财产损溢——待处理固定资产损溢"账户；待报经批准处理后，再将净值转入"营业外支出——固定资产盘亏"账户。

【例 7-23】　甲公司在固定资产的定期清查中，发现少了一套设备。其账面原价为 4 800 元，已提折旧 1 000 元。甲公司编制会计分录如下：

(1) 报经批准处理前，注销盘亏设备原价与累计折旧：

借：待处理财产损溢——待处理固定资产损溢　　3 800

　累计折旧　　1 000

　贷：固定资产　　4 800

(2) 经批准，盘亏设备净值转入营业外支出：

借：营业外支出——固定资产盘亏　　3 800

　贷：待处理财产损溢——待处理固定资产损溢　　3 800

(四) 捐赠转出的固定资产

捐赠转出的固定资产，应按固定资产净值，借记"固定资产清理"账户；按该项固定资产已提的折旧，借记"累计折旧"账户；按该项固定资产已计提的减值准备，借记"固定资产减值准备"账户；按捐出固定资产账面原值，贷记"固定资产"账户；按捐赠转出的固定资产应交的相关税费，借记"固定资产清理"账户，贷记"应交税费""银行存款"等账户；按"固定资产清理"账户的余额，借记"营业外支出——捐赠支出"账户，贷记"固定资产清理"账户。

第八章　无形资产和其他资产

【内容结构】

- 无形资产和其他资产
  - 无形资产
    - 无形资产的概念和分类
    - 无形资产的确认和计价
    - 无形资产的核算
  - 持有待售资产和租赁资产
    - 持有待售资产
    - 租赁资产
  - 其他非流动资产
    - 长期待摊费用
    - 长期应收款
    - 其他长期资产

【学习目标】

知识目标：

1. 明确无形资产的概念、特点、分类、确认和计价。
2. 熟悉无形资产摊销的相关规定和要求。
3. 明确持有待售资产概念、划分条件、初始计量和后续计量。
4. 熟悉租赁的概念、出租人和承租人对租赁的不同分类。
5. 明确承租人使用权资产的初始计量和后续计量。
6. 明确出租人应收融资租赁款的初始计量和后续计量。
7. 了解其他非流动资产的构成内容。

技能目标：

1. 能进行无形资产取得、摊销、减值和出售等业务的核算。
2. 能进行承租人短期租赁和低价值资产租赁、使用权资产的核算。
3. 能进行出租人经营租赁和融资租赁(应收融资租赁款)的核算。
4. 能进行长期待摊费用和其他长期资产的核算。

第一节 无形资产

一、无形资产的概念和分类

（一）无形资产的概念和特点

无形资产，是指企业拥有或者控制的没有实物形态的可辨认非货币性资产。

无形资产的可辨认性需按规定的条件进行判断，满足下列条件之一的，符合无形资产定义中的可辨认性标准：

(1) 能够从企业中分离或者划分出来，并能单独或者与相关合同、资产或负债一起，用于出售、转移、授予许可、租赁或者交换。

(2) 源自合同性权利或其他法定权利，无论这些权利是否可以从企业或其他权利和义务中转移或者分离。

无形资产一般具有如下特点：

(1) 没有实物形态。无形资产所体现的是一种权利或获得超额利润的能力，它没有实物形态，但却具有价值，或者能使企业获得高于同行业一般水平的盈利能力。不具有实物形态是无形资产区别于其他资产的显著标志。

(2) 能在较长的时期内使企业获得经济效益。无形资产能在多个生产经营期内使用，使企业长期受益，因而，属于一项长期资产，企业为取得无形资产所发生的支出，属于资本性支出。

(3) 持有的主要目的是使用而不是出售。企业持有无形资产的目的是用于生产商品或提供劳务、出租给他人，或为了管理目的，而不是为了对外销售。

(4) 能够给企业提供未来经济效益的大小具有较大的不确定性。无形资产的经济价值在很大程度上受企业外部因素的影响，其预期的获利能力不能准确地加以确定。无形资产的取得成本不能代表其经济价值，一项取得成本较高的无形资产可能为企业带来较少的经济效益，而取得成本较低的无形资产也可能给企业带来较大的利益。

(5) 通常是企业有偿取得的。只有花费了支出的无形资产，才能作为无形资产入账。否则，不能作为无形资产入账。

（二）无形资产的分类

为了便于对无形资产的管理与核算，需要对无形资产进行科学、合理的分类。一般可以作如下分类：

微课视频：无形资产的分类

(1) 专利权。专利权是指经国家专利管理机关审定并授予发明人在一定年限内对其成果进行制造、使用和出售的专门权利。专利权受法律保护，在某项专利权的有效期内，某项专利的非持有者如需使用该专利用于生产经营活动，应向该专利权的持有者支付专利使用费，否则被视为侵犯了专利权。

(2) 非专利技术。非专利技术是指发明人未申请专利或不够申请专利的条件、未经公开的各种具有实用价值的技术和知识，如设计图纸、材料配方、技术规范等。非专利技术不需到有关管理机关登记注册，只靠持有者以保密方式维持其独占权，只要专利技术不对外泄露，其持有者就可长期享用，非专利技术没有规定的有效期。

（3）商标权。商标权是指经国家商标局核准注册的企业拥有的在某类指定商品上使用特定名称和图案的权利。商标经国家管理机关核准后，成为注册商标，受国家法律保护。

（4）专营权。专营权又称特许权，是指政府或部门准许某一企业在一定范围内享有经营某种业务或销售某种特定商标产品的特许经营权。专营权的取得一般有两种形式：一是由政府机构授权；二是通过企业间签订合同授权。

（5）著作权。著作权又称版权，是指著作者或文艺作品的创作者以及出版商依法享有的在一定年限内发表、制作、出版和发行其作品的专有权利。著作权受国家法律保护，未经著作权所有者的许可或转让，其他任何人不得占有或使用。

（6）土地使用权。土地使用权是指企业经国家土地管理机关批准享有的在一定时期内对国有土地开发、利用和经营的权利。我国的土地归国家所有，任何单位和个人只能拥有土地使用权，没有土地所有权。

注：商誉是企业合并成本大于合并取得被购买方各项可辨认资产、负债公允价值份额的差额，其存在无法与企业自身分离，不具有可辨认性，不能确认为无形资产。

无形资产按使用期限还可分为使用寿命有限的无形资产和使用寿命无法预见的无形资产。使用寿命有限的无形资产是指法律或合同规定了使用期限的无形资产。这些无形资产在使用期限届满时，如果不能请求展期或企业未请求展期，其经济价值将随之消逝，如专利权、商标权、土地使用权等。使用寿命无法预见的无形资产是指法律或合同没有规定使用期限的无形资产。对这些无形资产，只要企业愿意，就可以无限期地使用下去，除非其经济价值因故消逝，如非专利技术等。

二、无形资产的确认和计价

（一）无形资产的确认

由于无形资产没有实物形态，因而其确认要比有形资产困难得多。一般而言，无形资产的确认应满足以下两个条件：

（1）与该无形资产有关的经济利益很可能流入企业。

（2）该无形资产的成本能够可靠地计量。

第一个条件是指企业能够控制无形资产所产生的经济利益。例如，企业拥有无形资产的法定所有权，或企业与他人签订了协议，使得企业的相关权利受到法律的保护，这样可以保证无形资产的经济利益能够流入企业。企业在判断无形资产产生的经济利益是否很可能流入企业时，应当对无形资产在预计使用寿命内可能存在的各种因素作出合理的估计，并且应当有明确的证据支持。

第二个条件实际上是对无形资产的入账价值而言的。无形资产的入账价值需要根据其取得的成本确定，如果成本无法可靠地计量，那么无形资产的计价入账也就无从谈起。

企业购入的无形资产、通过非货币性交易换入的无形资产、投资者投入的无形资产、通过债务重组取得的无形资产、接受捐赠的无形资产以及自行开发并依法申请取得的无形资产，如果满足上述两个条件的要求，都应确认作为企业的无形资产。企业自创的商誉不能加以确认，因为自创商誉的成本一般不能够可靠地计量，不满足无形资产确认的条件。

（二）无形资产的入账价值

就取得无形资产的来源渠道而言，不同来源渠道的无形资产，其计价方法有所不同。

无形资产应当按照成本进行初始计量。无形资产取得的实际成本应按以下规定确定：

（1）外购无形资产的成本，包括购买价款及直接归属于使该项资产达到预定用途所发生的其他支出。

与无形资产购入、捐赠、投资等相关的增值税进项税额，按规定从销项税额中抵扣。

购买无形资产的价款超过正常信用条件延期支付，实质上具有融资性质的，无形资产的成本以购买价款的现值为基础确定。实际支付的价款与购买价款的现值之间的差额，除应予资本化的以外，应当在信用期间内计入当期损益。

（2）投资者投入的无形资产成本，应当按投资合同或协议约定的价值确定，但是合同或协议约定的价值不公允的除外。

（3）接受捐赠的无形资产，应按以下规定确定其实际成本：

第一，捐赠方提供了有关凭据的，按凭据上标明的金额加上应支付的相关税费，作为实际成本。

第二，捐赠方没有提供有关凭据的，按如下顺序确定其实际成本：❶同类或类似无形资产存在活跃市场的，按同类或类似无形资产的市场价格估计的金额，加上应支付的相关税费，作为实际成本。❷同类或类似无形资产不存在活跃市场的，按该接受捐赠的无形资产的预计未来现金流量的现值，作为实际成本。

（4）企业自行开发无形资产成本的确定，应当区分研究阶段支出与开发阶段支出。

研究是指为获取并理解新的科学或技术知识而进行的独创性的有计划调查。开发是指在进行商业性生产或使用前，将研究成果或其他知识应用于某项计划或设计，以生产出新的或具有实质性改进的材料、装置、产品等。

❶ 研究阶段。内部研究开发项目的研究阶段，企业不能证明存在将产生未来经济利益的无形资产，因此，企业内部研究开发项目研究阶段的支出，应当于发生时计入当期损益。

❷ 开发阶段。企业内部研究开发项目开发阶段的支出，同时满足下列条件的，才能确认为无形资产：a.完成该无形资产以使其能够使用或出售在技术上具有可行性；b.具有完成该无形资产并使用或出售的意图；c.无形资产产生经济利益的方式，包括能够证明运用该无形资产生产的产品存在市场或无形资产自身存在市场，无形资产将在内部使用的，应当证明其有用性；d.有足够的技术、财务资源和其他资源支持，以完成该无形资产的开发，并有能力使用或出售该无形资产；e.归属于该无形资产开发阶段的支出能够可靠地计量。

自行开发的无形资产，其成本包括满足无形资产确认条件后至达到预定用途前所发生的支出总额，但是对于以前期间已经费用化的支出不再调整。企业取得的已作为无形资产确认的正在进行中的研究开发项目，在取得后发生的支出允许资本化。无法区分研究阶段和开发阶段支出，应当将其所发生的研发支出全部费用化，计入当期损益（管理费用）。

三、无形资产的核算

（一）无形资产的取得

（1）购入的无形资产，按实际支付的价款，借记“无形资产”“应交税费”等账户，贷记“银行存款”等账户。

【例 8-1】 某企业购入一项专利权，增值税专用发票注明买价为 360 000 元，增值税税额 21 600 元，经认证准予抵扣，款项已通过银行转账支付。编制会计分录如下：

借：无形资产　　360 000

　应交税费——应交增值税（进项税额）　　21 600

　贷：银行存款　　381 600

企业购入的土地使用权，或以支付土地出让金方式取得的土地使用权，按照实际支付的价款，借记“无形资产”“应交税费”等账户，贷记“银行存款”等账户。

【例 8-2】 某企业从当地政府购入一块土地的使用权，增值税专用发票注明买价为 3 000 000 元，增值税税额 270 000 元，经认证准予抵扣，款以银行存款支付。编制会计分录如下：

借：无形资产　　3 000 000

　应交税费——应交增值税（进项税额）　　270 000

　贷：银行存款　　3 270 000

（2）投资者投入的无形资产，按投资合同约定的价值，借记“无形资产”“应交税费”等账户；按确定的资本数额，贷记“实收资本”“股本”等账户。超出资本数额部分，贷记“资本公积”账户。

【例 8-3】 某股份有限公司接受甲投资者以其所拥有的非专利技术投资，投资合同约定的价值为 600 000 元，按规定计算的增值税税额为 36 000 元，经认证准予抵扣，确定的资本数额为 480 000 元，已办妥相关手续。编制会计分录如下：

借：无形资产　　600 000

　应交税费——应交增值税（进项税额）　　36 000

　贷：股本　　480 000

　　资本公积　　156 000

（3）接受捐赠的无形资产，按会计制度及相关准则规定确定的实际成本，借记“无形资产”“应交税费”等账户；按接受捐赠无形资产实际支付或应支付的相关税费，贷记“银行存款”账户；按借贷双方的差额贷记“营业外收入”账户。

【例 8-4】 某企业接受另一企业捐赠的特许经营权，双方确定的实际成本为 500 000 元，按规定计算的增值税税额为 30 000 元，经认证准予抵扣，支付相关费用 10 000 元。企业接受特许权，办妥相关手续。编制会计分录如下：

借：无形资产　　510 000

　应交税费——应交增值税（进项税额）　　30 000

　贷：银行存款　　10 000

　　营业外收入　　530 000

（4）企业自行研发的无形资产。企业进行研究与开发无形资产过程中发生的各项支出，在“研发支出”账户核算。该账户为成本类账户，借方登记研究与开发无形资产过程中发生的各项支出，贷方登记符合无形资产资本化条件转作无形资产的各项开支和期末转作管理费用的各项费用化开支。期末借方余额反映企业正在进行中的研究开发项目中满足资本化条件的支出。该账户应当按照研究开发项目分别按“费用化支出”与“资本化支出”进行明细核算。

企业自行研究开发无形资产发生的研发支出，不满足无形资产资本化条件的，借记“研发支出——费用化支出”账户；满足无形资产资本化条件的，借记“研发支出——资本化支出”账户，贷记“原材料”“银行存款”“应付职工薪酬”等账户。

企业以其他方式取得的正在进行中的研究开发项目，应按确定的金额，借记“研发支出——资本化支出”账户，贷记“银行存款”等账户。以后发生的研发支出，应当比照企业自行研究开发无形资产发生的研发支出进行处理。

研究开发项目达到预定用途形成无形资产的，应按“研发支出——资本化支出”账户的余额，借记“无形资产”账户，贷记“研发支出——资本化支出”账户。

期末，企业应将“研发支出——费用化支出”账户归集的费用化支出金额转入“管理费用”账户，借记“管理费用”账户，贷记“研发支出——费用化支出”账户。

【例 8-5】 某企业自行研发某项专利技术，共计发生各项开支 100 000 元，该款项以银行存款支付，其中60 000元符合资本化条件。编制会计分录如下：

借：研发支出——资本化支出	60 000	
——费用化支出	40 000	
贷：银行存款		100 000

该项研发的专利技术达到预定用途形成无形资产时，编制会计分录如下：

借：无形资产	60 000	
贷：研发支出——资本化支出		60 000

期末结转研发项目费用化支出时，编制会计分录如下：

借：管理费用	40 000	
贷：研发支出——费用化支出		40 000

专栏 8-1

中华人民共和国第一部会计理论文献

《中国会计研究文献摘编》是由中国会计学会提议，著名会计学专家主持摘编的，2002 年由东北财经大学出版社出版，是我国第一部会计理论文献，它填补了我国会计理论专著的空白。这本书从会计基础理论、财务会计、财务管理、成本与管理会计、审计、特殊业务会计与会计创新等六个领域进行了汇集摘编，囊括了会计理论的各项基本内容；各卷卷末均按时间顺序将有参考价值的文献列入索引。为了便于读者查阅，作者还将书籍和文章分开列示。作为会计研究资料，其收录材料之广泛、选材之精湛、条理之清晰、思想性之高都是前所未有的。会计理论界对这部文献的评价是：它的出版功在当代，利在千秋，必将对我国会计研究与发展产生深远影响。

（二）无形资产的摊销

无形资产属于企业的长期资产，能在较长的时间里给企业带来经济利益。但无形资产通常也有一定的有效期限，因此，企业应将入账的无形资产在一定年限内平均摊销。企业自用的无形资产，其摊销的无形资产价值应当计入当期管理费用，企业应当于取得无形资产时分析判断其使用寿命。

无形资产的使用寿命为有限的，应当估计该使用寿命的年限或者构成使用寿命的产量等类似计量单位数量；无法预见无形资产为企业带来经济利益期限的，应当视为使用寿命不确定的无形资产。使用寿命不确定的无形资产不应摊销。

使用寿命有限的无形资产，其应摊销金额应当在使用寿命内系统合理摊销。

企业摊销无形资产，应当自无形资产可供使用时起，至不再作为无形资产确认时止。即无形资产摊销的起始和停止日期为：当月增加可供使用的无形资产，当月开始摊销；当月减少的无形资产，当月不再摊销。

企业选择的无形资产摊销方法，应当反映与该项无形资产有关的经济利益的预期实现方式。无法可靠确定预期实现方式的，应当采用直线法摊销。

无形资产的摊销金额除有特殊规定的外，一般应当计入当期损益。

无形资产的应摊销金额为其成本扣除预计残值后的金额。已计提减值准备的无形资产，还应扣除已计提的无形资产减值准备累计金额。使用寿命有限的无形资产，其残值应当视为零，但下列情况除外：❶有第三方承诺在无形资产使用寿命结束时购买该无形资产。❷可以根据活跃市场得到预计残值信息，并且该市场在无形资产使用寿命结束时很可能存在。

无形资产摊销时，应按计算的摊销额，借记“管理费用——无形资产摊销”等账户，贷记“累计摊销”账户。“累计摊销”账户是“无形资产”账户的备抵账户，用来核算使用寿命有限的无形资产计提的累计摊销额。贷方登记计提的无形资产摊销额，借方登记减少无形资产相应的摊销额。本账户期末贷方余额，反映无形资产的累计摊销额。该账户应按无形资产项目分户进行明细核算。

【例 8-6】 根据【例 8-1】资料，该项专利权法律规定有效年限 30 年，合同规定受益年限 20 年。根据上述资料作会计分录如下：

专利权年摊销额＝360 000 ÷ 20＝18 000（元）

专利权月摊销额＝18 000 ÷ 12＝1 500（元）

借：管理费用	1 500	
贷：累计摊销		1 500

（三）无形资产的减值

企业应当定期或者至少在每年年度终了检查各项无形资产预计给企业带来未来经济利益的能力，对预计可收回金额低于其账面价值的，应当计提减值准备。

资产减值损失确认后，减值资产的摊销费用应当在未来期间作相应调整，以使该资产在剩余使用寿命内，系统地分摊调整后的资产账面价值（扣除预计净残值）。

资产减值损失一经确认，在以后会计期间不得转回。

【例 8-7】 根据【例 8-1】【例 8-6】的资料，专利权使用第 2 年年末，预计可收回金额为 280 000 元。作会计分录如下：

专利权账面价值＝360 000－18 000 × 2＝324 000（元）

专利权减值＝324 000－280 000＝44 000（元）

借：资产减值损失——计提的无形资产减值准备	44 000	
贷：无形资产减值准备		44 000

（四）无形资产的出售

8

企业出售无形资产即转让无形资产所有权，应将该无形资产划分为持有待售资产，出售时按持有待售资产的出售核算。

企业将无形资产划分为持有待售资产时，应按无形资产的账面价值，借记“持有待售资产”账户，按该无形资产已计提的摊销和减值准备金额，借记“累计摊销”“无形资产减值准备”账户，按无形资产的账面余额，贷记“无形资产”账户。实际出售该无形资产时，按实际收取的出售价税款，借记“银行存款”等账户，按应缴纳的增值税税款，贷记“应交税费”账户，按持有待售无形资产的账面价值，贷记“持有待售资产”账户，按两者的差额，借记或者贷记“资产处置损益”账户。

【例 8-8】　某企业将拥有的一项专利权出售，取得不含税收入 160 000 元，按规定收取的增值税9 600 元。该专利权的账面价值为 150 000 元，累计摊销 30 000 元，已计提的减值准备为 2 000 元。编制会计分录如下：

(1) 将待售的专利权划分为持有待售资产：

借：持有待售资产	118 000	
无形资产减值准备	2 000	
累计摊销	30 000	
贷：无形资产		150 000

(2) 出售专利权收到出售价税款：

借：银行存款	160 000	
贷：持有待售资产		118 000
应交税费——应交增值税(销项税额)		9 600
资产处置损益——处置无形资产利得		32 400

未划分为持有待售资产的无形资产出售时的收益和损失，也作为资产处置损益核算。

(五) 无形资产的报废

如果无形资产预期不能为企业带来经济利益时，企业应将该无形资产的账面价值予以转销。当无形资产存在下列一项或若干项情况时，应将该无形资产的账面价值全部转入当期损益：❶该无形资产已被其他新技术等所替代，且已不能为企业带来经济利益；❷该无形资产已不再受法律保护，且不能为企业带来经济利益。

企业转销某项无形资产时，应按该无形资产的账面价值全部转入当期损益，按已计提的累计摊销和减值准备，借记“累计摊销”“无形资产减值准备”等账户；按无形资产的账面价值，贷记“无形资产”账户；按其差额，借记“营业外支出——处置非流动资产损失”账户。

第二节　持有待售资产和租赁资产

一、持有待售资产

(一) 持有待售资产的确认

1. 持有待售资产的概念

企业主要通过出售而非持续使用一项非流动资产或处置组收回其账面价值的，应当将其划分为持有待售资产类别。处置组是指在一项交易中作为整体通过出售或其他方式一并处置的一组资产，以及在该交易中转让的与这些资产直接相关的负债。持有待售资产包括以下两部分：

(1) 持有待售非流动资产，是指原正常生产经营用的非流动资产因某种原因被企业改变为以销售为目的而非用于生产经营的资产。

(2) 持有待售处置组，持有待售处置组的界定标准与持有待售非流动资产基本相同，主要不同点是处置组涵盖了一项经济业务中的资产组或资产组给合，且包括与该经济业务相关的负债。

本节只介绍持有待售非流动资产的相关内容。

2. 划分持有待售非流动资产的条件

非流动资产划分为持有待售类别，须同时满足下列条件：

(1) 根据类似交易中出售此类资产的惯例，在当前状况下即可立即出售。

(2) 出售极可能发生，即企业已经就一项出售计划作出决议且获得确定的购买承诺，预计出售将在一年内完成。确定的购买承诺是指企业与其他方签订的具有法律约束力的购买协议，该协议包含交易价格、时间和足够严厉的违约惩罚等重要条款，使协议出现重大调整或者撤销的可能性极小。

企业专为转售而取得的非流动资产，在取得日满足“预计出售将在一年内完成”的规定条件，且短期(通常为 3 个月)内很可能满足持有待售类别的其他划分条件的，应当在取得日将其划分为持有待售资产。

3. 持有待售非流动资产终止的确认

持有待售的非流动资产不再满足持有待售类别划分条件的，企业不应当继续将其划分为持有待售资产。

企业不应当将拟结束使用而非出售的非流动资产划分为持有待售资产类别。

(二) 持有待售非流动资产的计量

1. 首次划分为持有待售资产类别前的计量

非流动资产首次划分为持有待售资产类别前，按照相关会计准则的规定，按非流动资产中各项资产的账面价值进行计量。

2. 初始计量持有待售非流动资产

划分为持有待售非流动资产的账面价值，高于公允价值减去出售费用后的净额的，应当将账面价值减记至公允价值减去出售费用后的净额，减记的金额确认为资产减值损失，计入当期损益，同时计提持有待售资产减值准备。

3. 重新计量持有待售非流动资产

企业通常在资产负债表日重新计量持有待售非流动资产，并按照上述初始计量持有待售非流动资产的规定进行会计处理。

后续资产负债表日持有待售的非流动资产公允价值减去出售费用后的净额增加的，以前减记的金额应当予以恢复，并在划分为持有待售类别后确认的资产减值损失金额内转回，转回金额计入当期损益。划分为持有待售类别前确认的资产减值损失不得转回。

4. 取得日划分为持有待售资产类别的非流动资产

企业应当在初始计量时比较假定其不划分为持有待售类别情况下的初始计量金额和公允价值减去出售费用后的净额，以两者孰低计量。

由非流动资产以公允价值减去出售费用后的净额作为初始计量金额而产生的差额，计入当期损益。

5. 持有待售非流动资产的折旧与费用

持有待售的非流动资产不应计提折旧或进行摊销。

6. 终止确认持有待售的非流动资产

非流动资产因不再满足持有待售资产类别的划分条件而不再继续划分为持有待售资产类别时，应当按照以下两者孰低计量：

（1）划分为持有待售资产类别前的账面价值，按照假定不划分为持有待售资产类别情况下本应确认的折旧、摊销或减值等进行调整后的金额。

（2）可收回金额。

企业终止确认持有待售的非流动资产时，应当将尚未确认的利得或损失计入当期损益。

（三）持有待售非流动资产的核算

企业将非流动资产划分为持有待售资产时，应按该资产的账面价值，借记“持有待售资产”账户，该资产已计提折旧或进行摊销的，按已计提的累计折旧、累计摊销金额，借记“累计折旧”“累计摊销”等账户，按该资产账面余额，贷记“固定资产”“无形资产”等账户。

持有待售资产按规定计提减值准备的，应按计提的减值准备金额，借记“资产减值损失”账户，贷记“持有待售资产减值准备”账户。持有待售资产减值按规定转回的，按照允许转回的金额，借记“持有待售资产减值准备”账户，贷记“资产减值损失”账户。

【例 8-9】　甲公司发生下列持有待售非流动资产业务：

（1）2019 年 12 月 23 日，购入生产经营用 A 机器，用银行存款支付机器购买价 180 万元，增值税进项税额 23.4 万元，相关运输费用 5 万元，机器验收后投入使用。作会计分录如下：

借：固定资产——A 机器	1 850 000	
应交税费——应交增值税（进项税额）	234 000	
贷：银行存款		2 084 000

（2）上述 A 机器预计使用期 10 年，预计净残值 5 万元，按直线法计提每年固定资产折旧。2020 年与 2021 年各计提折旧 18 万元。分别作会计分录如下：

借：制造费用	180 000	
贷：累计折旧		180 000

2021 年年末固定资产账面价值 149（185－36）万元。

（3）2021 年 12 月月末，与丙公司达成协议，约定 2022 年 12 月月末向丙公司转让 A 机器，合同对价 128 万元，甲公司预计发生 A 机器相关清理费用 4 万元。预计与 A 机器相关的资产减值损失为 25［149－（128－4）］万元。作会计分录如下：

借：持有待售资产——A 机器	1 490 000	
累计折旧	360 000	
贷：固定资产——A 机器		1 850 000
借：资产减值损失	250 000	
贷：持有待售资产减值准备		250 000

2022 年 1 月 1 日持有待售资产 A 机器的账面价值 124 万元。且从 2022 年始不再计提折旧。

（4）2022 年 6 月 30 日编制半年报时，预计持有待售 A 机器的公允价值 125 万元，相关的清理费用 3 万元。预计与 A 机器相关的资产减值损失为 2［124－（125－3）］万元。作会计分录如下：

借：资产减值损失	20 000	
贷：持有待售资产减值准备		20 000

8

2022 年 6 月 30 日持有待售资产 A 机器的账面价值 122 万元。

(5) 2022 年 12 月 30 日，甲公司因调整生产经营结构，拟恢复 A 机器的使用，与丙公司达成谅解协议，不再向其转让 A 机器。A 机器不转作持有待售资产，该时的账面价值应为 131(185－18×3)万元，另知此时 A 机器的可收回金额 160 万元。按两者较低者 131 万元确认转回资产价值。作会计分录如下：

借：固定资产——A 机器　　1 850 000

　贷：累计折旧　　360 000

　　持有待售资产——A 机器　　1 490 000

补提折旧 18 万元，作会计分录如下：

借：车间经费　　180 000

　贷：累计折旧　　180 000

此时固定资产 A 机器的账面价值 131 万元，而可收回金额为 160 万元，故应将以前计提减值的金额予以恢复。

借：持有待售资产减值准备　　270 000

　贷：资产减值损失　　270 000

二、租赁资产

(一) 租赁的概念和分类

1. 租赁的概念

租赁是指在一定期间内，出租人将资产的使用权让与承租人以获取对价的合同。在合同开始日，企业应当评估合同是否为租赁。如果合同中一方让渡了在一定期间内控制已识别资产使用的权利以换取对价，则该合同为租赁。

2. 租赁的分类

(1) 出租人对租赁的分类。出租人应当在租赁开始日将租赁分为融资租赁和经营租赁。

融资租赁是指实质上转移了与租赁资产所有权有关的几乎全部风险和报酬的租赁，其所有权最终可能转移，也可能不转移。

经营租赁是指除融资租赁以外的其他租赁。

(2) 承租人对租赁的分类。承租人在租赁期开始日，应当对租赁确认短期租赁、低价值资产租赁、使用权资产。

短期租赁是指在租赁期开始日，租赁期不超过 12 个月的租赁。

低价值资产租赁是指单项租赁资产为全新资产时价值较低的租赁。低价值资产租赁的判定仅与资产的绝对价值有关，不受承租人规模、性质或其他情况影响。

承租人除短期租赁和低价值资产租赁外的租赁，在租赁期开始日应对租赁确认使用权资产和租赁负债。使用权资产是指承租人可在租赁期内使用租赁资产的权利。

短期租赁和低价值资产租赁，承租人可选择不确认使用权资产和租赁负债。

(二) 承租人租赁资产的核算

1. 短期租赁和低价值资产租赁的核算

承租人应将短期租赁和低价值资产租赁的租赁付款额，在租赁期内各个期间按照直线法或其他系统合理的方法计入相关资产成本或当期损益。

8

承租人在支付租赁费用时，借记相关费用账户，贷记“银行存款”账户。支付的不足或超过本期应分摊租赁费用的数额通过“其他应付款”账户核算。

【例 8-10】 甲公司自 20××年 1 月 1 日租用丙企业商品展厅一处。合同约定租期 10 个月，自租赁开始日起每月月末向丙企业支付租金，前 5 个月每月支付租金 30 000 元，后 5 个月每月支付租金 50 000 元。甲公司采用直线法确认每月的租赁费用。作会计分录如下：

该租赁业务共计支付租赁费用 400 000(30 000×5+50 000×5)元。

每月应分摊租赁费用 40 000(400 000÷10)元。

(1) 前 5 个月每月月末作会计分录：

借：销售费用	40 000	
贷：银行存款		30 000
其他应付款		10 000

(2) 后 5 个月每月月末作会计分录：

借：销售费用	40 000	
其他应付款	10 000	
贷：银行存款		50 000

2. 使用权资产的核算

(1) 使用权资产的确认。

承租人除短期租赁和低价值资产租赁外的租赁，在租赁期开始日应对租赁确认使用权资产和租赁负债。

使用权资产是指承租人可在租赁期内使用租赁资产的权利。

租赁期开始日是指出租人提供租赁资产使其可供承租人使用的起始日期。租赁期是指承租人有权使用租赁资产且不可撤销的期间。

(2) 使用权资产的计量。

❶ 初始计量。

使用权资产应当按照成本进行初始计量。该成本包括：

A. 租赁负债的初始计量金额。租赁负债应当按照租赁期开始日尚未支付的租赁付款额的现值进行初始计量。租赁付款额，是指承租人向出租人支付的与在租赁期内使用租赁资产的权利相关的款项。具体包括以下内容：

a. 固定付款额及实质固定付款额。实质固定付款额，是指在形式上可能包含变量但实质上无法避免的付款额。

b. 取决于指数或比率的可变租赁付款额。该款项在初始计量时根据租赁期开始日的指数或比率确定，如消费者价格指数、基准利率、市场租金费率等。可变租赁付款额是指承租人为取得在租赁期内使用租赁资产的权利，向出租人支付的因租赁期开始日后的事实或情况发生变化(而非时间推移)而变动的款项。

c. 购买选择权的行权价格。

d. 行使终止租赁选择权需支付的款项。

e. 根据承租人提供的担保余值预计应支付的款项。担保余值，是指与出租人无关的一方向出租人提供担保，保证在租赁结束时租赁资产的价值至少为某指定的金额。未担保余值，是指租赁资产余值中，出租人无法保证能够实现或仅由与出租人有关的一方予以担保的部分。

租赁付款额的现值计算采用租赁内含利率或增量借款利率。租赁内含利率是指使出租人的租赁收款额的现值与未担保余值的现值之和等于租赁资产公允价值与出租人的初始直接费用之和的利率。增量借款利率是指承租人在类似经济环境下为获取与使用权资产价值相近的资产，在类似的期间以类似的抵押条件借入资金需要支付的利率。

B. 在租赁期开始日或之前支付的租赁付款额。存在租赁激励的，扣除已享受的租赁激励相关金额。租赁激励是指出租人为达成租赁向承租人提供的优惠，包括出租人向承租人支付的与租赁有关的款项、出租人为承租人偿付或承担的成本等。

C. 承租人发生的初始直接费用。初始直接费用是指为达成租赁所发生的增量成本。增量成本是指若企业不取得该租赁，则不会发生的成本。

D. 承租人发生的其他相关费用。其他相关费用指承租人为拆卸及移除租赁资产、复原租赁资产所在场地或将租赁资产恢复至租赁条款约定状态预计将发生的成本。

❷ 后续计量。

租赁期开始日后，承租人按规定采用成本模式对使用权资产进行后续计量。

A. 使用权资产折旧。参照《企业会计准则第 4 号——固定资产》的有关折旧规定，对使用权资产计提折旧。承租人能够合理确定租赁期届满时取得租赁资产所有权的，应当在租赁资产剩余使用寿命内计提折旧。无法合理确定租赁期届满时能够取得租赁资产所有权的，应当在租赁期与租赁资产剩余使用寿命两者孰短的期间内计提折旧。

B. 使用权资产减值。按照《企业会计准则第 8 号——资产减值》的规定，确定使用权资产是否发生减值，并对已识别的减值损失进行会计处理。

C. 租赁负债的利息费用。承租人应当按照固定的周期性利率计算租赁负债在租赁期内各期间的利息费用，并计入当期损益或相关的资产成本。周期性利率是指上述初始计量所采用的折现率，或按照规定修订后的折现率。

D. 未纳入租赁负债计量的可变租赁付款额。该付款额应当在实际发生时计入当期损益或相关资产成本。

（3）使用权资产的核算。

企业应设置“使用权资产”账户，用来核算使用权资产的增减变化情况。该账户属于非流动资产账户，借方登记使用权资产的增加金额，贷方登记使用权资产的减少金额，期末余额在借方，反映使用权资产的期末金额。该账户可按使用权资产的类别、种类和出租方进行明细核算。

确认使用权资产时，借记“使用权资产”账户，贷记“租赁负债”“银行存款”等账户。

按期支付租金等费用时，借记“租赁负债”账户，贷记“银行存款”账户。

计提使用权资产折旧时，借记有关费用账户，贷记“累计折旧”账户。

按期分摊应计租赁费用时，借记“财务费用”账户，贷记“租赁负债”账户。

支付未纳入租赁付款额的可变租赁费用时，借记“管理费用”账户，贷记“银行存款”账户。

租赁期满不作购买选择，退还租赁设备时，借记“租赁负债”“累计折旧”账户，贷记“使用权资产”账户。

租赁期满购入设备时，借记“固定资产”等账户，贷记“使用权资产”账户。同时，借记“租赁负债”“营业外支出”账户，贷记“银行存款”账户。

【例 8-11】 2020 年 1 月 1 日起，甲公司从 B 企业租入管理设备一套，合同主要约定如下：设备租赁期 4 年，2023 年 12 月 31 日为租赁期终止日。租赁期内甲公司每年年末向 B 企业支付固定租赁费用 1 500 万元，每年年末需要支付保险费用 10 万元，甲公司以银行存款支付初始直接费用 6 000 元。B 企业对设备提供担保余值预计支付 31 万元。假定该租赁不知道 B

企业的租赁内含利率，已知增量借款利率为7%。甲公司租赁期结束是否取得设备所有权不确定。租赁期内采用直线法计算设备折旧。因租用设备使用良好，甲公司于租赁期最后期间支付未纳入租赁付款额的可变租赁费用5万元。已知$(P/A, 7\%, 4)=3.3872$，$(P/F, 7\%, 4)=0.7629$。甲公司作相关计算和会计分录如下：

(1) 确认使用权资产价值入账：

租赁负债现值＝15 100 000×3.387 2＋310 000×0.762 9＝51 383 219(元)

使用权资产入账价值＝51 383 219＋6 000＝51 389 219(元)

借：使用权资产——管理设备　　51 389 219

　贷：租赁负债——B企业　　51 383 219

　　银行存款　　6 000

(2) 每年年末支付租金和保险费用：

借：租赁负债——B企业　　15 000 000

　贷：银行存款　　15 000 000

借：租赁负债——保险费　　100 000

　贷：银行存款　　100 000

(3) 每年计提租入设备折旧：

应计折旧额＝51 389 219－310 000＝51 079 219(元)

每年折旧额＝51 079 219÷4＝12 769 804.75(元)

借：管理费用　　12 769 804.75

　贷：累计折旧　　12 769 804.75

(4) 每年应计租赁费用及账务处理，如表8-1、表8-2所示。

表8-1　　每年应计租赁费用计算表

日　期	租赁费用	实质固定租赁付款额	固定租赁付款额	租赁负债摊余成本
	❶＝期初❹×7%	❷每年年末支付保险费	❸每年年末支付租赁费	本期❹＝期初❹＋❶－❷－❸
2020年1月1日				51 383 219
2020年12月31日	3 596 825	100 000	15 000 000	39 880 044
2021年12月31日	2 791 603	100 000	15 000 000	27 571 647
2022年12月21日	1 930 015	100 000	15 000 000	14 401 662
2023年12月31日	1 008 338	100 000	15 000 000	310 000
合　计	9 326 781	400 000	60 000 000	

表8-2　　每年计算租赁费用的账务处理

借或贷：账户名称	2020年	2021年	2022年	2023年
借：财务费用	3 596 825	2 791 603	1 930 015	1 008 338
贷：租赁负债	3 596 825	2 791 603	1 930 015	1 008 338

(5) 支付未纳入租赁付款额的可变租赁费用：

借：管理费用	50 000	
贷：银行存款		50 000

(6) 租赁期满不作购买选择，退还租赁设备：

借：租赁负债——B企业	310 000	
累计折旧	51 079 219	
贷：使用权资产——管理设备		51 389 219

(7) 假定以40万元的价格购入设备：

借：固定资产——管理设备	51 389 219	
贷：使用权资产——管理设备		51 389 219
借：租赁负债——B企业	310 000	
营业外支出	90 000	
贷：银行存款		400 000

(4) 使用权资产的减值。

按照《企业会计准则第8号——资产减值》的规定，确定使用权资产是否发生减值，发生减值的应按计算的使用权资产减值金额，借记"资产减值损失"账户，贷记"使用权资产减值准备"账户。

(5) 使用权资产的修理。

使用权资产的修理费用不能预以成本化计入使用权资产成本，因其初始计量不包括使用权资产的修理支出。

使用权资产修理支出如合同规定由承租人负担的，承租人可根据修理费用数额的大小，分别采用不同的会计处理方法。对于修理费用数额较小的支出，可直接计入修理当期损益，借记有关成本费用账户，贷记"银行存款"等账户。对于修理费用数额较大的支出，应在"长期待摊费用"账户核算，并在剩余租赁期与租赁资产尚可使用年限两者中较短的期间内，采用合理的方法进行摊销。

(三) 出租人租赁资产的核算

1. 经营租赁的核算

经营租赁是指除融资租赁以外的其他租赁。企业以经营租赁方式出租资产核算的一般要求如下：

(1) 初始直接费用。出租资产有关的初始直接费用应当资本化，在租赁期内按照与租金收入确认相同的基础进行分摊，分期计入当期损益。

(2) 租金收入。在租赁期内各个期间，应当采用直线法或其他系统合理的方法，将经营租赁的租赁收款额确认为租金收入。

(3) 出租资产折旧或摊销。出租的固定资产，应当采用类似固定资产的折旧政策计提折旧。对于其他出租资产，应当根据该资产适用的企业会计准则，采用系统合理的方法进行摊销。

(4) 出租资产减值。按照《企业会计准则第8号——资产减值》的规定，确定其是否发生减值，并进行相应会计处理。

(5) 可变租赁付款额。出租人取得的与经营租赁有关的未计入租赁收款额的可变租赁付款额，应当在实际发生时计入当期损益。

【例8-12】 甲企业将其拥有的专利权出租给另一企业使用，该专利权账面价值130 000

元。出租合同规定，承租方每年支付使用费 40 000 元，出租期限为 5 年。该项无形资产每年的摊销额为 26 000 元。

(1) 结转出租专利权时：

借：无形资产——出租专利权 130 000
  贷：无形资产——专利权 130 000

(2) 每年收取租金：

借：银行存款 42 400
  贷：其他业务收入 40 000
    应交税费——应交增值税（销项税额） 2 400

(3) 摊销出租无形资产成本：

借：其他业务成本 26 000
  贷：累计摊销——出租专利权摊销 26 000

【例 8-13】 某企业以经营租赁方式出租设备一台，租期一年。该设备原始价值 320 000 元，确定的折旧年限 10 年，已计提折旧 4 年。用银行存款支付由出租方承担的设备改良支出 48 000 元。一年的租金 52 000 元，相关的增值税税额为 6 760 元，租赁开始时一次交清。

(1) 结转出租设备时：

借：固定资产——出租设备 192 000
  累计折旧 128 000
  贷：固定资产——某设备 320 000

(2) 发生设备改良支出时：

借：固定资产——出租设备 48 000
  贷：银行存款 48 000

(3) 收到租金收入时：

借：银行存款 58 760
  贷：其他业务收入——出租设备收入 52 000
    应交税费——应交增值税（销项税额） 6 760

(4) 计算出租设备折旧时：

借：其他业务成本——出租设备成本 40 000
  贷：累计折旧——出租设备折旧 40 000

企业也可以设置“租赁收入”和“租赁成本”账户，分别对租赁业务的收入和成本进行核算。

2. 融资租赁的核算

(1) 融资租赁的概念与确认。

融资租赁，是指实质上转移了与租赁资产所有权有关的几乎全部风险和报酬的租赁。其所有权最终可能转移，也可能不转移。

一项租赁属于融资租赁还是经营租赁取决于交易的实质，而不是合同的形式。如果一项租赁实质上转移了与租赁资产所有权有关的几乎全部风险和报酬，出租人应当将该项租赁确认为融资租赁。

(2) 应收融资租赁款的计量。

❶ 初始计量。

在租赁期开始日，出租人应当对融资租赁确认应收融资租赁款，并终止确认融资租赁资产。

8

出租人对应收融资租赁款进行初始计量时，应当以租赁投资净额作为应收融资租赁款的入账价值。租赁投资净额为未担保余值和租赁期开始日尚未收到的租赁收款额按照租赁内含利率折现的现值之和。

租赁收款额是指出租人因让渡在租赁期内使用租赁资产的权利而应向承租人收取的款项，具体包括内容如下：

a. 承租人需支付的固定付款额及实质固定付款额。

b. 取决于指数或比率的可变租赁付款额，该款项在初始计量时根据租赁期开始日的指数或比率确定。

c. 合理确定承租人将行使购买选择权的行权价格。

d. 承租人将行使终止租赁选择权需支付的款项。

e. 由承租人、与承租人有关的一方以及有经济能力履行担保义务的独立第三方向出租人提供的担保余值。

❷ 后续计量。

出租人应当按照固定的周期性利率计算并确认租赁期内各个期间的利息收入。

出租人应当按照《企业会计准则第 22 号——金融工具确认和计量》和《企业会计准则第 23 号——金融资产转移》的规定，对应收融资租赁款的终止确认和减值进行会计处理。

出租人将应收融资租赁款划分为持有待售类别的，应当按照《企业会计准则第 42 号——持有待售的非流动资产、处置组和终止经营》进行会计处理。

出租人取得的未纳入租赁投资净额计量的可变租赁付款额应当在实际发生时计入当期损益。

3. 应收融资租赁款的核算

企业作为出租人以融资租赁方式出租资产业务，发生的应收而未收取的租赁款，设置“应收融资租赁款”账户进行核算。

确认应收融资租赁款并终止确认融资出租资产时，借记“应收融资租赁款”账户，贷记“固定资产”“银行存款”等账户。

按期收取融资租赁款时，借记“银行存款”账户，贷记“应收融资租赁款”账户。

按期计算融资租赁租金收入时，借记“应收融资租赁款”账户，贷记“其他业务收入”账户。

收到未纳入租赁付款额的可变租赁付款额时，借记“银行存款”账户，贷记“其他业务收入”账户。

收回融资租赁出租资产时，借记“固定资产”等账户，贷记“应收融资租赁款”账户。

以超低价向承租人转让融资租赁出租资产时，借记“银行存款”“营业外支出”账户，贷记“应收融资租赁款”账户。

【例 8-14】 甲企业出租给 A 公司一套生产设备，合同约定主要条款如下：

出租生产设备的账面价值与公允价值相同，为 5 000 万元。

租赁期自 20×1 年 1 月 1 日起 20×4 年 12 月 31 日止，共计 4 年。租赁期内每年年末收取固定租金款 1 500 万元。

该设备每年需要支付固定保险费款 10 万元，由 A 公司负担。

该生产设备的余值预计为 80 万元，A 公司提供了担保余值应收取的款项 31 万元，未担保余值 49 万元。

甲企业发生初始直接费用 6 000 元。

A 公司因租用生产设备使用情况良好，在租赁期最后一期支付未纳入租赁付款额的可变

租赁付款额5万元。甲企业的租赁内含利率R:8.235 056%。涉及增值税业务从略。甲企业做有关计算与会计分录如下:

(1) 确定应收融资租赁款的入账价值并作会计分录:

租赁投资净额=15 000 000÷$(1+R)^1$+15 000 000÷$(1+R)^2$+15 000 000÷$(1+R)^3$+15 310 000÷$(1+R)^4$+490 000÷$(1+R)^4$=50 006 000(元)

借:应收融资租赁款——A公司 50 006 000

贷:固定资产——生产设备 50 000 000

银行存款 6 000

(2) 20×1年至20×4年每年年末收取固定租赁款:

借:银行存款 15 000 000

贷:应收融资租赁款——A公司 15 000 000

(3) 20×1年至20×4年每年年末计算租赁收入,如表8-3所示。

表8-3 租赁收入计算表

日期	租赁收入	租赁收款额	应收融资租赁款的摊余成本
	❶=上期❸×R	❷	本期❸=上期❸+❶-❷
20×1年1月1日			50 006 000
20×1年12月31日	4 118 022	15 000 000	39 124 022
20×2年12月31日	3 221 885	15 000 000	27 345 907
20×3年12月31日	2 251 951	15 000 000	14 597 858
20×4年12月31日	1 202 142	15 000 000	800 000
合计	10 794 000	60 000 000	—

根据20×1年至20×4年每年租赁收入作会计分录,如表8-4所示。

表8-4 每年租赁收入账务处理

借与贷:账户名称	20×1年	20×2年	20×3年	20×4年
应收融资租赁款(借)	4 118 022	3 221 885	2 251 951	1 202 142
其他业务收入(贷)	4 118 022	3 221 885	2 251 951	1 202 142

(4) 收到未纳入租赁付款额的可变租赁付款额:

借:银行存款 50 000

贷:其他业务收入 50 000

(5) 20×4年A公司不购买生产设备,甲企业收回出租设备:

借:固定资产——生产设备 800 000

贷:应收融资租赁款——A公司 800 000

(6) 假定A公司20×4年末以20万元超低价购买生产设备,取得生产设备所有权:

借:银行存款 200 000

营业外支出 600 000

贷:应收融资租赁款——A公司 800 000

8

第三节 其他非流动资产

其他非流动资产是指不能包括在长期股权投资、固定资产、无形资产、持有待售资产、使用权资产和应收融资租赁款等以内的资产，主要包括长期待摊费用、长期应收款、其他长期资产等。

一、长期待摊费用

长期待摊费用是指企业已经支出，但摊销期限在1年以上(不含1年)的各项费用。长期待摊费用应当单独核算，在费用项目的受益期限内分期平均摊销。

除购置和建造固定资产以外，所有筹建期间发生的费用，包括筹建期间人员工资、办公费、培训费、出差费、律师费、印刷费、注册登记费及不能资本化的借款费用等，应先在长期待摊费用中归集，待企业开始生产经营起一次计入开始生产经营当期的损益。

股票发行费用是指企业与股票发行直接有关的费用，一般包括股票承销费用、评估费用、律师费用、公关及广告费用、印刷费用、注册会计师费用及其他直接费用等。股票发行费用应首先用发行股票冻结期间的利息收入和发行股票溢价收入补偿，不足补偿部分数额较大的作为长期待摊费用，在规定的期限内平均摊销，记入“管理费用”账户。不足部分数额较小的，也可直接记入当期的“管理费用”账户。

长期待摊费用虽然列入资产项目，但其与一般资产项目比较有较大区别，一是长期待摊费用不能转让，本身没有交换价值，不能用于清偿债务；二是长期待摊费用本质上是一种费用开支，只是因为支出数额较大需要分期摊销。

企业发生长期待摊费时，借记“长期待摊费用”账户，贷记“银行存款”账户。分期摊销时，借记“管理费用”“制造费用”“销售费用”等账户，贷记“长期待摊费用”账户。

如果长期待摊的费用项目不能使以后会计期间受益的，应当将尚未摊销的该项目的摊余价值全部转入当期损益。

二、长期应收款

企业采用递延方式具有融资性质的销售商品等产生的应收款项确认为长期应收款核算。

采用递延方式具有融资性质的销售商品产生的应收款项，满足收入确认条件的，按应收的合同或协议价款，借记“长期应收款”账户，按应收合同或协议价款的公允价值，贷记“主营业务收入”账户，按应收合同或协议价款与其公允价值之间的差额，贷记“未实现融资收益”账户，并在合同或协议期间采用实际利率法或直线法摊销，冲减财务费用。涉及增值税的，进行相应税费核算。按规定收回应收款项时，借记“银行存款”账户，贷记“长期应收款”账户。“长期应收款”账户期末借方余额，反映企业尚未收回的长期应收款。

长期应收款的核算举例参见本书第十二章　收入和费用【例12-21】。

三、其他长期资产

其他长期资产一般包括国家批准储备的特种储备物资、银行冻结存款以及诉讼中的财产等。

特种储备物资是指企业代国家储备的特种物资，实质上不属于企业存货，按规定作为其他资产核算。

银行冻结存款是指企业由于某种原因被银行冻结不能支取的存款。被冻结存款不再具有货币资金的支付手段职能，应作为其他资产单独核算。

诉讼中的资产是指企业因发生纠纷，进入司法程序后被法院确定为涉及诉讼而尚未判定产权归属的财产。诉讼中的财产企业不能作为正常财产使用，应作为其他资产单独核算。

其他长期资产可以根据资产的性质及特点单独设置相关账户核算。

【例 8-15】　某企业发生产权纠纷，一栋房屋被法院判定为诉讼中资产，该房屋原值 450 000 元，已计提折旧 180 000 元，经法院最终决，该房屋产权不归本企业所有。作会计分录如下：

（1）涉及诉讼：

借：诉讼中资产	270 000	
累计折旧	180 000	
贷：固定资产		450 000

（2）法院判决：

借：营业外支出	270 000	
贷：诉讼中资产		270 000

第九章 流动负债

【内容结构】

- 流动负债
  - 流动负债概述
    - 流动负债的概念和性质
    - 流动负债的分类
    - 流动负债的计价
  - 短期借款
    - 短期借款的取得
    - 短期借款的利息费用
    - 短期借款的偿还
  - 应付账款和应付票据
    - 应付账款
    - 应付票据
  - 应付职工薪酬
    - 职工薪酬的概念和构成
    - 应付职工薪酬的核算
  - 应交税费
    - 应交增值税
    - 应交消费税
    - 应交城市维护建设税
    - 应交教育费附加
    - 其他应交税费
    - 应交个人所得税
  - 预收账款和其他应付款项
    - 预收账款和合同负债
    - 其他应付款项

【学习目标】

知识目标：

1. 了解流动负债的概念和分类。
2. 了解短期借款概念与借款费用的直接摊销法和预计法。

3. 熟悉应付账款的入账时间和入账价格。
4. 熟悉职工薪酬的构成内容和各项构成内容的具体项目。
5. 明确应交增值税的课税对象、纳税人、税率和计税方法。
6. 熟悉应交消费税、应交城市维护建设税和应交个人所得说的征税对象、税率和计税方法。
7. 了解其他应付款项的构成内容。

技能目标：

1. 能进行短期借款、应付票据和应付账款的核算。
2. 能进行应付职工薪酬各构成项目的核算。
3. 能进行应交增值税进项税额和销项税额的核算。
4. 能进行应交消费税、应交城市维护建设税和应交个人所得税的核算。
5. 能进行预收账款、合同负债、交易性金融负债和其他应付款的核算。

第一节　流动负债概述

一、流动负债的概念和性质

负债是指过去的交易、事项形成的现时义务，履行该义务预期会导致经济利益流出企业。上述负债的定义包括三方面的含义：一是企业过去的交易、事项是负债产生的原因；二是企业现时应承担的义务是负债的表现形式；三是企业未来经济利益的流出是负债解除的结果。一个企业的自有资金往往是有限的，负债是企业一项重要的资金来源。适度负债经营是很多企业生产经营的一种策略和方式。企业在生产经营活动中发生的暂收和应付款项，也会形成企业的负债。负债按照流动性分为流动负债与非流动负债两大类。本章只介绍流动负债，非流动负债的有关内容见第十章。

流动负债是指将在1年或超过1年的一个营业周期内偿还的债务，包括：短期借款、应付票据、应付账款、预收账款、应付职工薪酬、应交税费、其他应付款和1年内到期的长期借款等。

流动负债除具有负债的一般特征外，还具有以下特点：

（1）从偿还期限看，期限短是流动负债的最大特点。流动负债是债权人提出要求时即期偿付，或1年内或超过1年的一个经营周期内必须偿付的义务。

（2）从负债数额看，企业流动负债构成中的各项目与非流动负债比较，数额通常较小。

（3）从负债目的看，企业举借流动负债的目的一般是为满足生产经营资金周转的需要。

（4）从负债偿还的方式看，到期负债一般用企业的资产、提供的劳务或举借新债偿还。

二、流动负债的分类

（一）按偿付手段分类

流动负债按照偿付手段，可以分为货币性流动负债和非货币性流动负债两类。

（1）货币性流动负债是指负债到期时需要以现金、银行存款或其他货币性资产偿付的债务，如短期借款、应付票据、应付账款、应付职工薪酬、应交税费、应付股利等。

（2）非货币性流动负债是指负债到期时需要用商品或劳务等非货币性资产抵偿的债务，如预收账款等。

（二）按形成方式分类

流动负债按照形成方式，可以分为以下三类：

微课视频：流动负债的分类

（1）生产经营活动中形成的流动负债。这是指企业在开展正常生产经营活动中形成的流动负债，如应付账款、应付票据、应付职工薪酬、预收账款、应交税费中的应交增值税等。

（2）融资活动中形成的流动负债。这是指企业向银行或其他金融机构筹集资金时形成的流动负债，如短期借款、预计的短期借款利息等。

（3）收益分配中形成的流动负债。这是指企业对实现的净收益进行分配时形成的流动负债，如应付股利等。

（三）按偿付金额是否确定分类

流动负债按应付金额是否确定，可以分为以下三类：

（1）应付金额确定的流动负债。这是指企业根据合同、协议或法律规定，具有确切的金额乃至有确切的债权人和付款日，并且到期必须偿还的负债，如短期借款、应付票据、应付账款、预收账款、其他应付款等。

（2）应付金额视经营情况而定的流动负债。这是指根据企业在一定期间内的经营情况，到期末才能确定金额的负债。如应交税费、应付股利等，必须到一定的会计期终了后才能确定应付、应交金额是多少。

（3）应付金额需要估计的流动负债。这是指该项负债是过去发生的现存义务，但其金额乃至债权人和偿还日期在编制资产负债表日仍难以确定，需合理估计的负债。如实行产品售后“三包”服务的企业应付的售后修理费用或损失等。

三、流动负债的计价

企业的各项流动负债，应按实际发生额计价。从理论上讲，企业的流动负债应当按未来偿付金额的现值计价，因为流动负债的偿付意味着未来的现金流出。但是企业的流动负债偿还期限短，负债数额小，其到期值与现值数额相差不大，所以，我国企业会计制度规定，流动负债应按未来应付金额计价，而不是按其现值计价。在具体确定流动负债的计价时，存在以下三种情况：一是按合同或协议规定的金额计价，如应付账款等；二是期末按企业经营情况确定的金额计价，如应交税费等；三是按会计职业判断估计的数额计价，如预计的短期借款利息等。

第二节 短期借款

短期借款是指企业向银行或其他金融机构借入的期限在1年以内（含1年）的各种借款。企业借入短期借款一般是为了满足日常生产经营活动中对资金周转的需要或为了抵偿某项债务。短期借款的期限较短，借款到期归还本金并要支付相应的利息。

为了反映和监督短期借款的取得和归还情况，应设置“短期借款”账户。该账户贷方登记取得的借款金额，借方登记归还的借款金额，期末余额在贷方，反映企业尚未归还的短期借款本金。本账户应当按照借款种类、贷款人和币种进行明细核算。

一、短期借款的取得

企业从银行或其他金融机构取得借款时，借记“银行存款”账户，贷记“短期借款”账户。

二、短期借款的利息费用

资产负债表日，企业应按照借款本金和实际利率计算确定短期借款利息。企业进行借款利息费用的核算，需设置“财务费用”账户，发生借款利息费用时，记入该账户借方；期末将本期发生的利息费用从该账户的贷方转出，转入“本年利润”的借方进行损益汇总。

（一）直接摊销法

如果企业的短期借款利息按月支付，或者利息是在借款到期归还本金时一并支付，且数额不大，可以在收到银行的计息通知实际支付时，直接计入当期损益，借记“财务费用”账户，贷记“银行存款”账户。

（二）预计法

如果短期借款利息按期支付（如按季度），或者利息是在借款到期归还本金时一并支付，且数额较大，则可以采用预计的办法按月计算已发生的利息费用，预计记入当期损益，预计利息时，借记“财务费用”账户，贷记“应付利息”账户。支付利息时，根据已预计的利息，借记“应付利息”账户；根据实际支付的利息金额与已经预计的利息金额的差额，借记“财务费用”账户；根据实际支付利息金额，贷记“银行存款”账户。

三、短期借款的偿还

短期借款到期归还本金时，借记“短期借款”账户，贷记“银行存款”账户。

【例 9-1】 某企业 20××年 1 月 1 日向银行借入短期借款 200 000 元，期限为 6 个月，年利率为 6%，利息按季支付，分月预计。编制有关会计分录如下：

（1）1 月 1 日，借入短期借款时：

借：银行存款	200 000	
贷：短期借款		200 000

（2）1 月月末，预计短期借款利息 1 000（200 000 × 6% ÷ 12）元：

借：财务费用	1 000	
贷：应付利息		1 000

2 月月末预计短期借款利息的账务处理同上。

（3）3 月月末，支付本季度短期借款利息 3 000（200 000 × 6% ÷ 12 × 3）元：

借：财务费用	1 000	
应付利息	2 000	
贷：银行存款		3 000

4、5 两月份预计短期借款利息的账务处理与 1 月月末相同。

（4）6 月月末，短期借款到期，归还本金和未付利息：

借：短期借款	200 000	
应付利息	2 000	
财务费用	1 000	
贷：银行存款		203 000

第三节 应付账款和应付票据

一、应付账款

应付账款是指企业因购买材料、商品和接受劳务供应等而应付给供应单位的款项。应付账款是由于买卖双方在购销活动中取得货物和支付货款时间不一致而产生的负债。应付账款通常以摊余成本计量。

(一) 应付账款的入账时间和入账价格

1. 应付账款的入账时间

应付款项的入账时间为取得购货发票的时间。从理论上讲,应以所购货物的所有权转移或接受劳务完成为标志,即在企业取得所购货物的所有权或已接受劳务完成时确认应付账款入账,因其与取得供货发票的时间间隔较短,所以在会计实务上以取得供货发票的时间作为应付账款的入账时间。如果这个间隔跨期,则期末为了如实反映已取得货物和已接受劳务,通常先按暂估价入账,下月初予以冲销,收到购货发票时再入账。

2. 应付账款的入账价格

应付账款一般按购货发票载明的金额入账,而不是按到期应付金额的现值入账。如果购货条件规定在限定的付款期内付款可享受一定的现金折扣,会计上应付账款的入账金额有两种处理方法:一是总价法,即按购货发票金额全额入账,实际付款时如享受现金折扣,获得的现金折扣额作为理财收益处理;二是净价法,即按购货发票金额扣除现金折扣后的净额入账,实际付款时如超过规定的付款时间失去的现金折扣作为理财费用处理。

(二) 应付账款的核算

为了总括反映和监督应付账款的发生和归还情况,企业应设置“应付账款”账户。该账户贷方登记企业购进材料、商品或接受劳务供应等业务应付给供应单位的款项;借方登记归还的应付款项;期末贷方余额反映尚未支付的应付账款。本账户应按供应单位设置明细账,进行明细核算。

1. 无现金折扣的核算

(1) 采购材料。如果是货单全到价款未付,则应该借记“原材料”“应交税费——应交增值税(进项税额)”账户,贷记“应付账款”账户;如果是货到单未到,平时可不进行账务处理,待收到发票账单时再进行账务处理,如果月末仍有未收到发票账单的物资,则需根据收料凭证,按暂估成本入账,借记“原材料”账户,贷记“应付账款——暂估应付账款”账户,下月初作相反方向会计分录冲回,待以后收到发票账单时,再按正常程序进行账务处理,借记“原材料”“应交税费——应交增值税(进项税额)”账户,贷记“应付账款”账户。

(2) 接受劳务。每月支付动力费时,借记“应付账款”账户,贷记“银行存款”账户。月末计算分配全月动力费时,借记“生产成本”“制造费用”“管理费用”等账户,贷记“应付账款”账户。

(3) 偿付应付账款。用银行存款支付时,借记“应付账款”账户,贷记“银行存款”账户;用已承兑商业汇票抵付应付账款时,借记“应付账款”账户,贷记“应付票据”账户。

(4) 注销应付账款。对确实无法支付的应付账款,报经批准后,借记“应付账款”账户,贷记“营业外收入——其他”账户。

【例9-2】 某企业20××年3月31日，有两批已入库材料货款未付，其中，甲公司发来的A材料发票账单已到，增值税专用发票上标明价款为30 000元，增值税税额为3 900元，经认证准予抵扣，尚未付款；乙公司发来的B材料单据未到，估价60 000元入账。月末应编制会计分录如下：

应付甲企业账款：

借：原材料——A材料　30 000
　应交税费——应交增值税（进项税额）　3 900
　贷：应付账款——甲公司　33 900

应付乙公司账款：

借：原材料——B材料　60 000
　贷：应付账款——暂估应付账款　60 000

4月1日，作相反方向会计分录冲回：

借：应付账款——暂估应付账款　60 000
　贷：原材料——B材料　60 000

【例9-3】 20××年4月6日，上月从乙公司购入B材料，发票账单到达，标明价款为60 000元，增值税税额为7 800元，经认证准予抵扣。款项暂未支付。4月11日，以银行存款支付乙公司B材料款。编制会计分录如下：

4月6日，支付乙公司账款时：

借：原材料——B材料　60 000
　应交税费——应交增值税（进项税额）　7 800
　贷：应付账款——乙公司　67 800

4月11日，支付乙公司账款时：

借：应付账款——乙公司　67 800
　贷：银行存款　67 800

【例9-4】 20××年年末，企业确定一笔应付丙公司的账款10 000元为无法支付的账款，应予转销。编制会计分录如下：

借：应付账款——丙公司　10 000
　贷：营业外收入——其他　10 000

2. 有现金折扣的核算

（1）总价法。采用总价法，应付账款按未扣除现金折扣的总价记账，若企业提前付款而获得现金折扣，则作为理财收益冲减财务费用。

【例9-5】 20××年2月6日，甲公司采购甲材料一批，价款为60 000元，增值税税率为13%，进项税额经认证准予抵扣，款项尚未支付，付款条件为1/20，*n*/30。编制会计分录如下：

2月6日，购货时：

借：原材料——甲材料　60 000
　应交税费——应交增值税（进项税额）　7 800
　贷：应付账款　67 800

2月20日，付款时：

借：应付账款　67 800
　贷：银行存款　67 200
　　财务费用　600

（2）净价法。采用净价法，应付账款按扣除最大现金折扣后的净价记账，若企业未能提前付款而丧失折扣，则作为理财费用计入财务费用。

【例 9-6】 20××年2月6日，甲公司采购甲材料一批，价款为60 000元，增值税税率为16%，进项税额经认证准予抵扣，款项尚未支付，付款条件为1/20，n/30。采用净价法核算。编制会计分录如下：

2月6日，购货时：

借：原材料——甲材料 59 400

应交税费——应交增值税(进项税额) 7 800

贷：应付账款 67 200

2月28日，付款时：

借：应付账款 67 200

财务费用 600

贷：银行存款 67 800

我国现行企业会计制度规定，企业对应付账款应采用总价法核算。

二、应付票据

应付票据是由出票人出票，并由承兑人承兑，约定在一定日期按票面金额向收款人或持票人付款的商业汇票。应付票据通常以摊余成本计量。

为了总括反映和监督企业商业汇票的开出、承兑及支付情况，企业应设置“应付票据”账户。该账户贷方登记企业开出并承兑的商业汇票的面值；借方登记企业到期支付或无力支付而转出的应付票据票面金额；期末贷方余额反映企业持有尚未到期的应付票据票面金额。计息商业汇票计算的应付利息也在该账户核算。企业支付银行承兑汇票的手续费，记入“财务费用”账户。

企业应当设置“应付票据备查簿”，详细登记每一商业汇票的种类、号码、出票日期、到期日、票面金额、交易合同号、收款人姓名或单位名称、付款日期和金额等资料。应付票据到期结清时，应当在备查簿中逐笔注销。

(一) 商业汇票的签付

企业签发、承兑商业汇票以购买货物或抵付应付账款时，应借记“材料采购”“应交税费——应交增值税(进项税额)”“应付账款”等账户，贷记“应付票据”账户。企业开出的商业汇票，如为不带息票据，其面值就是票据到期时的应付金额；如为带息票据，应于期末计算应付利息，借记“财务费用”账户，贷记“应付票据”账户。如果是银行承兑汇票，还应该按承兑金额的一定比例支付承兑手续费，借记“财务费用——手续费”账户，贷记“银行存款”账户。

(二) 商业汇票到期

(1) 有能力支付。票据到期，支付票款时，按面值借记“应付票据”账户，贷记“银行存款”账户。

(2) 无能力支付。到期不能偿付应付票据时，应根据不同情况进行处理：如果是商业承兑汇票，应转作应付账款，待协商后再作处理，按面值借记“应付票据”账户，贷记“应付账款”账户；如果是银行承兑汇票，银行已代为付款，并从付款方账户中扣款，对尚未扣回的部分作为逾期贷款处理，应借记“应付票据”账户，贷记“短期借款”账户。

【例 9-7】 华丰公司20××年4月1日从天源公司购买30 000元材料，增值税税额为3 900元，经认证准予抵扣，按合同规定，开出期限为2个月的无息商业承兑汇票一张。

华丰公司编制相关会计分录如下：

持票购买材料时：

借:在途物资	30 000	
应交税费——应交增值税(进项税额)	3 900	
贷:应付票据——天源公司		33 900

6 月 1 日到期付款时:

借:应付票据——天源公司	33 900	
贷:银行存款		33 900

若 20××年 6 月 1 日票据到期不能付款,则:

借:应付票据——天源公司	33 900	
贷:应付账款——天源公司		33 900

【例 9-8】 华丰公司 20××年 6 月 1 日从天源公司购买 30 000 元材料,增值税为3 900 元,经认证准予抵扣,按合同规定开出期限为 2 个月的银行承兑汇票一张。

华丰公司编制相关会计分录如下:

向银行缴纳手续费时:

借:财务费用——手续费(33 900×0.5‰)	16.95	
贷:银行存款		16.95

持票购买材料时:

借:在途物资	30 000	
应交税费——应交增值税(进项税额)	3 900	
贷:应付票据——天源公司		33 900

8 月 1 日到期付款时:

借:应付票据——天源公司	33 900	
贷:银行存款		33 900

若 20××年 8 月 1 日票据到期不能付款时:

借:应付票据——天源公司	33 900	
贷:短期借款		33 900

专栏 9-1

中华人民共和国第一家财会领域的专业报纸

《财会时报》由财务会计工作的领路人 CFO 的全国性组织——中国总会计师协会指导创办的。该报创刊于 2003 年 2 月,是国内平面媒体中第一份面向财务会计人员的专业类报纸。《财会时报》立足于财务会计专业领域,密切关注国内外业内最新动态、重大事件和热点焦点问题,及时提供新闻和相关背景的综合分析报道,发布最新政策法规,并以专刊形式刊出会计职称考试和 CPA 资格考试的常年性辅导等。《财会时报》以一种国际化的视野,探讨并寻求个性化的财务现代化解决方案。它力求倡导一种客观、真实、健康的财会文化,确立自身作为一家专业媒体的公信力。该报自发行以来,受到读者及业内的广泛好评。

第四节 应付职工薪酬

一、职工薪酬的概念和构成

（一）职工的界定

根据《中华人民共和国劳动法》《中华人民共和国劳动合同法》和《企业会计准则第9号——职工薪酬》的相关规定，企业职工通常包括如下人员：

（1）与企业订立劳动合同的所有人员，含全职、兼职和临时职工。即与企业订立固定期限、无固定期限或者以完成一定工作作为期限的劳动合同的所有人员。

（2）虽未与企业订立劳动合同但由企业正式任命的人员，如部分董事会成员、部分监事会成员等。

（3）未与企业订立劳动合同或未由其正式任命，但向企业所提供服务与职工所提供服务类似的人员，也属于职工的范畴，包括通过企业与劳务中介公司签订用工合同而向企业提供服务的人员。

（二）职工薪酬的构成内容

职工薪酬是指企业为获得职工提供的服务或解除劳动关系而给予的各种形式的报酬或补偿。企业提供给职工配偶、子女、受赡养人、已故员工遗属及其他受益人等的福利，也属于职工薪酬。职工薪酬包括如下内容：

（1）短期薪酬。

（2）离职后福利。

（3）辞退福利。

（4）其他长期职工福利。

二、应付职工薪酬的核算

为做好应付职工薪酬的核算与管理，企业应设置“应付职工薪酬”总账户，对应付职工薪酬进行总分类核算，并在总账户下分别设置“工资”“职工福利”“社会保险费”“住房公积金”“工会经费”“职工教育经费”“累计带薪缺勤”“利润分享计划”“非货币性福利”“设定提存计划”“设定受益计划”“辞退福利”“其他长期职工福利”等明细账户进行明细分类核算。也可将各明细账户设置为总分类账户。

（一）短期薪酬

9

短期薪酬，是指企业在职工提供相关服务的年度报告期间结束后12个月内需要全部予以支付的职工薪酬。短期薪酬具体包括：

（1）职工工资、奖金、津贴和补贴。

（2）职工福利费。

（3）医疗、工伤和生育等社会保险费与住房公积金。

（4）工会经费和职工教育经费。

（5）短期带薪缺勤。

（6）短期利润分享计划。

（7）非货币性福利。

（8）其他短期薪酬等。

企业应当在职工为其提供服务的会计期间，将实际发生的短期薪酬确认为负债，并计入当期损益或相关资产成本。

1. 职工工资、奖金、津贴和补贴

职工工资、奖金、津贴和补贴是指企业按照构成工资总额的计时工资、计件工资、职工超额劳动等支付给职工的劳动报酬，为了补偿职工特殊或额外劳动消耗和因其他特殊原因支付给职工的津贴，为了保证职工生活水平不受物价影响支付给职工的物价补贴等，按照短期奖金计划向职工支付的奖金等。按照长期奖金计划向职工支付的奖金属于其他长期职工福利。

企业应付给职工的工资、奖金、津贴和补贴等构成企业职工的工资总额，它是企业在一定时期内支付给职工的劳动报酬总额。工资总额通常包括以下六个方面的内容：

计时工资，是指按规定的工资标准、工资等级，根据职工的出勤时间计算的应付职工的工资。

计件工资，是指根据职工完成合格产品的数量和规定的计价单价计算的应付职工的工资。

奖金，是指支付给职工个人的超额劳动报酬和增收节支的劳动报酬。

津贴和补贴，是指为了补偿职工特殊或额外的劳动消耗和因其他特殊原因支付给职工的津贴，以及为了保证职工工资水平不受物价变动影响支付给职工的物价补贴。

加班工资，是指法定节假日、公休假日进行工作以及在规定的制度工作时间以外延长工作时间所发给职工的加班工资和加点工资。

特殊情况下支付的工资等。

（1）职工工资、奖金、津贴和补贴的结算。职工工资、奖金、津贴和补贴的结算包括计算和发放。职工工资、奖金、津贴和补贴通常按月计算和发放，并按照上月的职工出勤或产量记录计算当月应付的职工工资、奖金、津贴和补贴。企业发放职工工资、奖金、津贴和补贴时还可能为某些部门代扣一些款项，如代扣职工应缴纳的社会保险费等，扣除代扣款项后的数额即为应该实发的职工工资、奖金、津贴和补贴。企业会计部门应按月编制“工资结算单”，并据以编制“工资结算汇总表”，进行职工工资、奖金、津贴和补贴的计算与发放，“工资结算汇总表”应按职工类别和工资总额的构成项目分别反映，如表 9-1 所示。

企业应付给职工的工资、奖金、津贴和补贴等，不论是否当月支付，都应通过“应付职工薪酬——工资”账户核算。

按照实发工资数额从银行提取现金以备发工资时，借记“库存现金”账户，贷记“银行存款”账户。实际发放职工工资时，借记“应付职工薪酬——工资”账户，贷记“库存现金”账户。如企业通过转账方式直接将工资转入职工个人银行存款账户，则不需要提取现金，应按照实际发放的职工工资，借记“应付职工薪酬——工资”账户，贷记“银行存款”账户。结转代扣的各种款项时，借记“应付职工薪酬——工资”账户，贷记“其他应收款”“其他应付款”“应交税费”等账户。实际支付各种代扣款项时，借记“其他应付款”“应交税费”等账户，贷记“银行存款”账户。

【例 9-9】 某企业 20××年 5 月份编制的“工资结算汇总表”，如表 9-1 所示。

表 9-1 **工资结算汇总表** 单位：元

职工类别	应付工资					代扣款项					实发工资
	基本工资	岗位工资	奖金	津贴补贴	合计	房租	社会保险费	住房公积金	个人所得税	合计	
生产工人	45 000	22 500	13 300	9 200	90 000	1 800	9 000	7 200	200	18 200	71 800
车间管理	3 500	1 800	1 200	500	7 000	200	700	560	80	1 540	5 460
厂部管理	9 500	4 800	2 800	1 900	19 000	500	1 900	1 520	100	4 020	14 980
工程建设	7 500	3 800	2 100	1 600	15 000	170	1 500	1 200		2 870	12 130
销售人员	4 500	2 000	1 500	1 000	9 000	160	900	720	70	1 850	7 150
合计	70 000	34 900	20 900	14 200	140 000	2 830	14 000	11 200	450	28 480	111 520

根据表 9-1 计算结果，编制有关会计分录如下：

向银行提取现金备发工资：

借：库存现金 111 520

  贷：银行存款 111 520

实际发放职工工资：

借：应付职工薪酬——工资 111 520

  贷：库存现金 111 520

结转各种代扣款项时：

借：应付职工薪酬——工资 28 480

  贷：其他应收款——扣回房租 2 830

    其他应付款——应付社会保险费 14 000

         ——应付住房公积金 11 200

    应交税费——应交个人所得税 450

用银行存款支付代扣的社会保险费和住房公积金：

借：其他应付款——应付社会保险费 14 000

       ——应付住房公积金 11 200

  贷：银行存款 25 200

（2）职工工资、奖金、津贴和补贴的分配。职工工资、奖金、津贴和补贴分配是指企业月末将应付职工工资、奖金、津贴和补贴按照用途进行分配计入当期损益或相关资产成本。具体分配情况如下：产品生产工人的工资、奖金、津贴和补贴借记“生产成本”账户；车间管理部门人员的工资、奖金、津贴和补贴借记“制造费用”账户；管理部门人员的工资、奖金、津贴和补贴借记“管理费用”账户；产品销售部门人员的工资、奖金、津贴和补贴借记“销售费用”账户；工程建设部门人员的工资、奖金、津贴和补贴借记“在建工程”账户。按企业应付职工的全部工资、奖金、津贴和补贴贷记“应付职工薪酬——工资”账户。

【例 9-10】 某企业 20××年 5 月份编制“工资费用分配表”，如表 9-2 所示。

表 9-2 工资费用分配表 单位：元

人员或部门	应借账户	成本或费用项目	工资费用
生产工人	生产成本	工资及福利费	90 000
车间管理人员	制造费用	工 资	7 000
厂部管理人员	管理费用	工 资	19 000
工程建设人员	在建工程	工资及福利费	15 000
销售机构人员	销售费用	工 资	9 000
合 计			140 000

根据表 9-2 分配结果，编制有关会计分录如下：

借：生产成本 90 000
  制造费用 7 000
  管理费用 19 000
  在建工程 15 000
  销售费用 9 000
  贷：应付职工薪酬——工资 140 000

2. 职工福利费

在我国，企业除支付职工工资、奖金、津贴和补贴等劳动报酬外，还需支付一定的职工福利费，如职工生活困难补助费、丧葬补助费、抚恤费、职工异地安家费、防暑降温费等。

(1) 支付应付福利费。企业发生福利费支出时，借记“应付职工薪酬——职工福利”账户，贷记“银行存款”“库存现金”等账户。

(2) 分配应付福利费。企业支付的职工福利费，应在实际发生时根据用途和实际发生额分配计入当期损益或相关资产成本。借记“生产成本”“制造费用”“管理费用”“销售费用”“在建工程”等账户，贷记“应付职工薪酬——职工福利”账户。

企业各月之间发生的职工福利费数额相差不大的情况下，可以根据当月实际发生的职工福利费数额进行分配。如果各月之间发生的职工福利费数额相差较大，应根据按合理比例计提的金额进行分配。

【例 9-11】 某企业 20××年 5 月份用银行存款支付生产工人福利费 6 800 元，企业管理人员福利费 4 700 元。编制有关会计分录如下：

支付职工福利费时：

借：应付职工薪酬——职工福利 11 500
  贷：银行存款 11 500

分配职工福利费时：

借：生产成本 6 800
  管理费用 4 700
  贷：应付职工薪酬——职工福利 11 500

3. 医疗、工伤和生育等社会保险费及住房公积金

医疗、工伤和生育等社会保险费是按国家规定由职工和企业共同负担的费用。住房公积金是按国家规定由职工和企业共同负担的用于解决职工住房问题的资金。职工个人负担的医疗、工伤和生育等社会保险费及住房公积金通常由企业发放职工工资时代扣并缴纳。此处所指的医疗、工伤和生育等社会保险费及住房公积金,分别指企业为职工向社会保险费经办机构缴存的医疗、工伤和生育等社会保险费及向住房公积金管理机构缴存的住房公积金。职工医疗、工伤和生育等社会保险费和住房公积金的核算分为计提的核算与缴存的核算。

(1) 计提的核算。企业为职工缴存的医疗、工伤和生育等社会保险费及住房公积金,应当在职工为其提供服务的会计期间,根据职工工资总额和规定的计提比例计算确定相应的职工薪酬金额,并确认相应负债,同时按规定的用途分配计入当期损益或相关资产成本。具体情况如下:按产品生产工人工资计提的数额借记“生产成本”账户;按车间管理人员工资计提的数额借记“制造费用”账户;按管理人员工资计提的数额借记“管理费用”账户;按产品销售人员工资计提的数额借记“销售费用”账户;按工程建设人员工资计提的数额借记“在建工程”账户;按企业应付职工的全部工资计提的数额贷记“应付职工薪酬”账户,并按社会保险费、住房公积金分户进行明细核算。

【例 9-12】 某企业 20××年 5 月分别按 8%、1%、1%和 8%的比例计提职工医疗、工伤和生育等社会保险费及住房公积金,具体计提数额如表 9-3 所示。

表 9-3 社会保险费及住房公积金计提分配表 单位:元

人员部门	应借账户	成本费用项目	工资费用	社会保险费	住房公积金	合计
生产工人	生产成本	工资及福利费	90 000	9 000	7 200	16 200
车间管理人员	制造费用	工资	7 000	700	560	1 260
厂部管理人员	管理费用	工资	19 000	1 900	1 520	3 420
工程建设人员	在建工程	工资及福利费	15 000	1 500	1 200	2 700
销售机构人员	销售费用	工资	9 000	900	720	1 620
合计			140 000	14 000	11 200	25 200

根据表 9-3 分配结果,编制会计分录如下:

借:生产成本　16 200
　　制造费用　1 260
　　管理费用　3 420
　　在建工程　2 700
　　销售费用　1 620
　　贷:应付职工薪酬——社会保险费　14 000
　　　　　　　　　——住房公积金　11 200

9

(2) 缴存的核算。企业按照规定缴存职工社会保险费及住房公积金时、按实际支付的金额借记“应付职工薪酬——社会保险费”“应付职工薪酬——住房公积金”等账户,贷记“银行存款”“库存现金”等账户。

【例 9-13】 继【例 9-12】资料,某企业以银行存款缴存职工社会保险费 14 000 元,住房公积金 11 200 元。编制会计分录如下:

借：应付职工薪酬——社会保险费 14 000
——住房公积金 11 200
贷：银行存款 25 200

4. 工会经费和职工教育经费

工会经费和职工教育经费是按照国家规定由企业负担的分别用于工会活动和职工培训教育方面的经费。工会经费和职工教育经费的核算分为计提的核算与支付使用的核算。

（1）计提的核算。按规定提取的工会经费和职工教育经费，应当在职工为其提供服务的会计期间，根据规定的计提基础和计提比例计算确定相应的职工薪酬金额，并确认相应负债，计入当期损益或相关资产成本。具体情况如下：按产品生产工人工资计提的数额借记“生产成本”账户；按车间管理人员工资计提的数额借记“制造费用”账户；按厂部管理人员工资计提的部分借记“管理费用”账户；按产品销售人员工资计提的数额借记“销售费用”账户；按工程建设人员工资计提的数额借记“在建工程”账户；按企业应付职工的全部工资计提的数额贷记“应付职工薪酬”账户，并按工会经费、职工教育经费有分户进行明细核算。

【例 9-14】 某企业 20××年 5 月份编制的“工会经费与职工教育经费计提分配表”如表 9-4 所示。计提比例分别为 2%和 8%。

表 9-4　工会经费与职工教育经费计提分配表　单位：元

人员部门	应借账户	成本费用项目	工资费用	工会经费	职工教育经费	合　计
生产工人	生产成本	工资及福利费	90 000	1 800	7 200	9 000
车间管理人员	制造费用	工　资	7 000	140	560	700
厂部管理人员	管理费用	工　资	19 000	380	1 520	1 900
工程建设人员	在建工程	工资及福利费	15 000	300	1 200	1 500
销售机构人员	销售费用	工　资	9 000	180	720	900
合　计			140 000	2 800	11 200	14 000

根据表 9-4 分配结果，编制会计分录如下：

借：生产成本——基本生产成本 9 000
制造费用 700
管理费用 1 900
在建工程 1 500
销售费用 900
贷：应付职工薪酬——工会经费 2 800
——职工教育经费 11 200

（2）支付使用的核算。企业的工会组织作为法人实行独立核算的，企业向工会划拨计提的工会经费时，借记“应付职工薪酬——工会经费”账户，贷记“银行存款”账户。如企业的工会经费由企业代管，则在实际发生工会经费支出时，借记“应付职工薪酬——工会经费”账户，贷记有关账户。企业发生教育经费支出时，借记“应付职工薪酬——职工教育经费”账户，贷记“银行存款”等账户。

【例 9-15】 继【例 9-14】资料，企业以银行存款向工会划拨工会经费 2 800 元，支付职工培训学习费用 2 000 元。编制会计分录如下：

9

借：应付职工薪酬——工会经费　　2 800
　　　　　　　　——职工教育经费　　2 000
　贷：银行存款　　4 800

企业支付的职工教育经费也可以采取据实列支，再按职工工作性质进行分配计入当期损益或相关资产成本的方法。

5. 短期带薪缺勤

短期带薪缺勤是指企业支付工资或提供补偿的职工缺勤，包括年休假、病假、短期伤残、婚假、产假、丧假、探亲假等。短期带薪缺勤分为累积带薪缺勤和非累积带薪缺勤。

（1）累积带薪缺勤。累积带薪缺勤是指带薪缺勤权利可以结转下期的带薪缺勤，本期尚未用完的带薪缺勤权利可以在未来期间使用。如某企业实行累计带薪缺勤制度，职工每人每年可享受 10 个工作日的带薪年休假，如因工作需要未能按时休假的，未休假部分可以顺延至下一年度。有些累积带薪缺勤，在职工离开企业时，对于未行使的权利职工有权获得现金支付。

企业应当在职工提供服务从而增加了其未来享有的带薪缺勤权利时，确认与累积带薪缺勤相关的职工薪酬，并以累积未行使权利而增加的预期支付金额计量。借记“生产成本”“制造费用”“管理费用”“销售费用”“在建工程”等账户，贷记“应付职工薪酬——累积带薪缺勤”账户。在职工实际发生带薪缺勤时，作与上述方向相反的会计分录。

【例 9-16】 某公司 20××年度有 10 名生产工人和 3 名企业管理人员，因工作需要未能享受每人 5 天的带薪休假，根据公司规定可将未享受的带薪休假递延至下一年度。生产工人的日工资为 480 元，企业管理人员的日工资为 450 元。编制会计分录如下：

20××年确认累积带薪缺勤时：

借：生产成本　　4 800
　　管理费用　　1 350
　贷：应付职工薪酬——累积带薪缺勤　　6 150

下一年度实际享受累计带薪缺勤时：

借：应付职工薪酬——累积带薪缺勤　　6 150
　贷：生产成本　　4 800
　　　管理费用　　1 350

（2）非累积带薪缺勤。非累积带薪缺勤是指带薪缺勤权利不能结转下期的带薪缺勤，本期尚未用完的带薪缺勤权利将予以取消，并且职工离开企业时也无权获得现金支付。企业应当在职工实际发生缺勤的会计期间确认与非累积带薪缺勤相关的职工薪酬。非累积带薪缺勤属于前述职工工资的核算内容。

6. 短期利润分享计划

利润分享计划，是指因职工提供服务而与职工达成的基于利润或其他经营成果提供薪酬的协议。

利润分享计划同时满足下列两项条件的，企业应当确认相关的应付职工薪酬，并计入当期损益或相关资产成本：

（1）企业因过去事项导致现在具有支付职工薪酬的法定义务或推定义务。

（2）因利润分享计划所产生的应付职工薪酬义务金额能够可靠估计。

利润分享计划分为短期利润分享计划和长期利润分享计划。企业在职工为其提供相关服务的年度报告期间结束后 12 个月内，不需要全部支付利润分享计划产生的应付职工薪酬的，该利润分享计划属于长期利润分享计划，作为其他长期职工福利核算。

企业确认短期利润分享计划职工薪酬时，借记“生产成本”“制造费用”“管理费用”“销售费用”“在建工程”等账户，贷记“应付职工薪酬——利润分享计划”账户。实际发放短期利润分享计划薪酬时，借记“应付职工薪酬——利润分享计划”账户，贷记“银行存款”等账户。

【例 9-17】 某公司 20××年度实施一项短期利润分享计划，以对公司管理层进行激励，该计划规定公司全年净利润计划指标为 2 000 万元，超额完成部分按 10%作为管理人员薪酬，该公司年终实际完成净利润 2 500 万元。编制有关会计分录如下：

确认公司管理人员按利润分享计划的薪酬＝(2 500－2 000)×10%＝50(万元)

借：管理费用	500 000	
贷：应付职工薪酬——利润分享计划		500 000

7. 非货币性福利

非货币性福利是指企业以非货币性资产支付给职工的薪酬。

(1) 企业以自产产品发放给职工作为非货币性福利。企业以自产产品发放给职工作为福利的，根据受益对象，按照该产品公允价值确认应付职工薪酬，借记“生产成本”“制造费用”“管理费用”等账户，贷记“应付职工薪酬——非货币性福利”账户。同时确认主营业务收入，其销售成本的结转和相关税费的处理与正常商品销售相同。

【例 9-18】 某企业现有职工 100 人，其中：生产工人 80 人，管理人员 20 人。20××年 1 月企业将自产电烤箱作为福利发放给职工，每人一台。电烤箱每台生产成本 720 元，每台含税售价 1 130 元。编制相关会计分录如下：

发放非货币性福利时：

借：应付职工薪酬——非货币性福利	113 000	
贷：主营业务收入		100 000
应交税费——应交增值税(销项税额)		13 000
借：主营业务成本	72 000	
贷：库存商品——电烤箱		72 000

分配非货币性福利时：

借：生产成本	90 400	
管理费用	22 600	
贷：应付职工薪酬——非货币性福利		113 000

(2) 企业向职工无偿提供资产使用作为非货币性福利。企业将拥有的房屋等资产无偿提供给职工使用的，根据房屋各期应计提折旧确认应付职工薪酬，借记“应付职工薪酬——非货币性福利”账户，贷记“累计折旧”账户。租赁房屋等资产供职工无偿使用的，根据各期应付的租金确认应付职工薪酬，借记“应付职工薪酬——非货币性福利”账户，贷记“银行存款”等账户。

分配非货币性福利时，根据受益对象借记“生产成本”“制造费用”“管理费用”等账户，贷记“应付职工薪酬——非货币性福利”账户。

【例 9-19】 某企业为两名副总每人提供一套公司自有住房免费使用，每套住房的月折旧额 2 000 元。为车间生产工人租用了部分公寓，月租金为 30 000 元，按月以银行存款支付。编制相关会计分录如下：

借：应付职工薪酬——非货币性福利　　34 000
　贷：累计折旧　　4 000
　　　银行存款　　30 000
借：制造费用　　30 000
　　管理费用　　4 000
　贷：应付职工薪酬——非货币性福利　　34 000

（二）离职后福利

离职后福利，是指企业为获得职工提供的服务而在职工退休或与企业解除劳动关系后，提供的各种形式的报酬和福利，如离职后享受的待业、养老保险、企业年金、人寿保险、医疗保障等。离职后福利计划，是指企业与职工就离职后福利达成的协议，或者企业为向职工提供离职后福利制定的规章或办法等。离职后福利计划分为设定提存计划和设定受益计划。

1. 设定提存计划

设定提存计划是指企业向独立的基金缴存固定费用后，不再承担进一步支付义务的离职后福利计划，主要包括企业负担的职工待业和养老保险等社会保险费用。企业应当在职工为其提供服务的会计期间，将根据设定提存计划计算的应缴存金额确认为负债，并计入当期损益或相关资产成本。

企业设定提存计划的会计核算与前述医疗、工伤、生育等社会保险费的核算相同。

【例 9-20】　某企业按职工工资总额和国家规定比例计提本期职工基本养老保险和失业保险 2 400 000 元，缴存当地社会保险经办机构，其中：应计入产品生产成本的金额为 1 600 000 元，应计入制造费用的金额为 500 000 元，应计入管理费用的金额为 300 000 元。分别编制计提和缴存时的会计分录如下：

借：生产成本　　1 600 000
　　制造费用　　500 000
　　管理费用　　300 000
　贷：应付职工薪酬——设定提存计划　　2 400 000
借：应付职工薪酬——设定提存计划　　2 400 000
　贷：银行存款　　2 400 000

设定提存计划预期不会在职工提供相关服务的年度报告期结束后 12 个月内支付全部应缴存金额的，企业应当按规定的折现率，将全部应缴存金额以折现后的金额计量应付职工薪酬。

2. 设定受益计划

设定受益计划是指除设定提存计划以外的离职后福利计划。

企业应根据预期累计福利单位法，采用无偏且相互一致的精算假设对有关人口统计变量和财务变量等做出估计，计量设定受益计划所产生的义务，并确定相关义务的归属期间。预期累计福利单位法，即职工每提供一个期间的服务，就增加一个单位的福利权利，企业应对每一个单位的福利权利进行单独计量，并将所有单位的福利权利累计形成最终义务。精算假设是指企业对影响离职后福利最终义务的各种变量的最佳估计，包括人口统计假设和财务假设。人口统计假设包括死亡率、职工离职率、伤残率、提前退休率等。财务假设包括折现率、福利水平和未来薪酬等。归属期间是指从职工提供服务以获取企业在未来报告期间预计支付的设定受益计划福利开始，至职工的继续服务不会导致这一福利金额显著增加之日为止。

企业应当按照规定的折现率将设定受益计划所产生的义务予以折现，以确定设定受益计划义务的现值和当期服务成本。折现时所采用的折现率应当根据资产负债表日与设定受益计划义务期限和币种相匹配的国债或活跃市场上的高质量公司债券的市场收益率确定。

当职工后续年度的服务将导致其享有的设定受益计划福利水平显著高于以前年度时，企业应当按照直线法将累计设定受益计划义务分摊确认于相应的归属期间。

(1) 设定受益计划职工薪酬的确认。企业确认设定收益计划产生的应付职工薪酬时，借记“生产成本”等账户，贷记“应付职工薪酬——设定受益计划”账户。年末确认相关的利息费用时，借记“财务费用”等账户，贷记“应付职工薪酬——设定受益计划”账户。

【例 9-21】 某公司自20××年年初开始实施一项设定受益计划，计划内容是为企业100名在职中高层管理人员提供国家政策规定外的补充退休金，该部分人员在退休后每年可领取120 000元的额外退休金。假定该部分人员的平均年龄40岁，退休年龄60岁，即能为公司再服务20年。并设定退休前无人离职，退休后享受设定受益计划期限为15年，适用的折现率为10%。

❶ 计算设定受益计划义务及其现值，如表9-5所示。

表 9-5 设定受益计划义务及现值计算表 单位：万元

项目	退休后年份						
	第1年	第2年	第3年	第4年	……	第14年	第15年
当年支付(a)	1 200	1 200	1 200	1 200	……	1 200	1 200
折现率(b)	10%	10%	10%	10%	……	10%	10%
复利现值系数(c)	0.909 1	0.826 4	0.751 3	0.683 0	……	0.263 3	0.239 4
退休时点现值(a×c)	1 091	992	902	820	……	316	287
退休时点现值合计	9 127.00						

❷ 计算服务期间每期服务成本，如表9-6所示。

表 9-6 服务期间每期服务成本计算表 单位：万元

服务年份	服务第1年	服务第2年	……	服务第19年	服务第20年
福利归属			……		
——以前年份	0	456.35	……	8 214.30	8 670.65
——当年	456.35	456.35	……	456.35	456.35
——以前年份+当年	456.35	912.70	……	8 670.65	9 127.00
期初义务	0	74.62	……	6 788.68	7 882.41
利息	0	7.46	……	678.87	788.24
当期服务成本	74.62*	82.08*	……	414.86*	456.35
期末义务	74.62	164.16		7 882.41	9 127.00*

注：

456.35＝9 127.00÷20

$74.62=456.35\div(1+10\%)^{19}$　　$82.08=456.35\div(1+10\%)^{18}$

414.86＝456.35÷(1＋10%)　　9 127.00 含尾数调整

❸ 作出 1～20 年设定受益计划职工薪酬的会计分录如下：

服务第 1 年年末：

借：管理费用　　746 200

　　贷：应付职工薪酬——设定受益计划　　746 200

服务第 2 年年末：

借：管理费用　　820 800

　　贷：应付职工薪酬——设定受益计划　　820 800

借：财务费用　　74 600

　　贷：应付职工薪酬——设定受益计划　　74 600

服务第 3～20 年类推。（从略）

（2）设定受益计划职工薪酬的实际支付。企业实际支付设定受益计划职工薪酬时，借记“应付职工薪酬——设定受益计划”账户，贷记“银行存款”等账户。

（三）辞退福利

辞退福利是指企业在职工劳动合同到期之前解除与职工的劳动关系，或者为鼓励职工自愿接受裁减而给予职工的补偿。

辞退福利通常采取解除劳动关系时一次性补偿支付的方式，也可采取提高退休后养老金或其他离职后福利标准的方式等。

企业向职工提供辞退福利的，应当在企业不能单方面撤回因解除劳动关系计划或裁减建议所提供的辞退福利时和企业确认与涉及支付辞退福利的重组相关的成本或费用时两者孰早日，确认辞退福利产生的职工薪酬负债，并计入当期损益。因辞退职工不能再为企业带来任何经济利益，辞退福利不能计入资产成本，而应全部计入当期费用。

企业按照辞退计划条款的规定，预计并确认辞退福利产生的应付职工薪酬时，借记“管理费用”账户，贷记“应付职工薪酬——辞退福利”账户。实际支付辞退福利时，借记“应付职工薪酬——辞退福利”账户，贷记“银行存款”等账户。

【例 9-22】 某空调制造企业为实现转产制定了一项辞退计划，决定从 20××年 1 月 1 日起，以职工自愿的方式辞退空调生产车间的职工。辞退计划已与职工进行沟通达成一致意见。辞退计划准备辞退车间主任 5 人，每人补偿金额 150 000 元，辞退高级技工 20 人，每人补偿金额 120 000 元，辞退一般技工 50 人，每人补偿金额 80 000 元。辞退计划于上一年年末经董事会批准，将于 20××年年度内实施完毕。辞退计划批准时，编制相关会计分录如下：

借：管理费用　　7 150 000

　　贷：应付职工薪酬——辞退福利　　7 150 000

辞退福利预期在年度报告期结束后 12 个月内不能完全支付的，作为其他长期职工福利来进行核算。

9

（四）其他长期职工福利

其他长期职工福利，是指除短期薪酬、离职后福利、辞退福利之外所有的职工薪酬，包括长期带薪缺勤、长期残疾福利、长期利润分享计划等。

企业向职工提供的其他长期职工福利，符合设定提存计划条件的，按前述设定提存计划的有关规定进行处理。不符合设定提存计划条件的，按前述设定受益计划的有关规定确认和计量。

企业确认的应付其他长期职工福利，偿付期在1年以上的，应当按照合理的折现率进行折现，借记有关费用或成本账户，贷记“应付职工薪酬——其他长期职工福利”账户。并在年末确认相关的利息费用时，借记“财务费用”账户，贷记“应付职工薪酬——其他长期职工福利”账户。企业实际支付其他长期职工福利时，借记“应付职工薪酬——其他长期职工福利”账户，贷记“银行存款”等账户。

长期残疾福利水平取决于职工提供服务期间长短的，企业应当在职工提供服务的期间确认应付长期残疾福利义务，计量时应当考虑长期残疾福利支付的可能性和预期支付的期限；长期残疾福利与职工提供服务期间长短无关的，企业应当在导致职工长期残疾的事件发生的当期，确认应付长期残疾福利义务。

第五节　应交税费

应交税费是指企业在生产经营过程中产生的，应向国家缴纳的各种税费，主要包括应交增值税、消费税、资源税、城市维护建设税、土地增值税、房产税、车船使用税、土地使用税、印花税、所得税及教育费附加、矿产资源补偿费等。

一、应交增值税

企业缴纳增值税依据的主要法规是《中华人民共和国增值税暂行条例》（以下简称“《增值税暂行条例》”）。

《增值税暂行条例》于1993年12月13日以中华人民共和国国务院令第134号公布。于2008年11月5日，国务院第34次常务会议修订通过。于2016年2月6日，根据《国务院关于修改部分行政法规的决定》进行第一次修订。于2017年11月19日，根据《国务院关于废止〈中华人民共和国营业税暂行条例〉和修改〈中华人民共和国增值税暂行条例〉的决定》进行第二次修订。2018年4月4日，财政部和税务总局发出关于调整增值税税率的通知对增值税税率进行了调整。2019年4月1日起，又对增值税税率进行了降低调整。

（一）增值税的课税对象

课税对象又称征税对象或征税客体，即对什么征税，课税对象包括物和行为。在实际工作中课税对象统称为征税范围，具体内容为：

（1）销售货物，是指有偿转让货物的所有权。有偿是指从购买方取得货币、货物或者其他经济利益。货物是指有形动产，包括电力、热力、气体等。

（2）加工、修理修配劳务（以下简称“劳务”）。加工是指受托加工货物，即委托方提供原料及主要材料，受托方按照委托方的要求，制造货物并收取加工费的业务。修理修配是指受托对损伤和丧失功能的货物进行修复，使其恢复原状和功能的业务。加工、修理修配劳务是指有偿提供加工、修理修配劳务。

（3）销售服务，是指提供交通运输服务、邮政服务、电信服务、建筑服务、金融服务、现代服务、生活服务等。

❶ 交通运输服务。交通运输服务是指利用运输工具将货物或者旅客送达目的地，使其空间位置得到转移的业务活动，包括陆路运输服务、水路运输服务、航空运输服务和管道运输服务。

❷ 邮政服务。邮政服务是指中国邮政集团公司及其所属邮政企业提供邮件寄递、邮政汇兑和机要通信等邮政基本服务的业务活动，包括邮政普通服务、邮政特殊服务和其他邮政服务。

❸ 电信服务。电信服务是指利用有线、无线的电磁系统或者光电系统等各种通信网络资源，提供语音通话服务，传送、发射、接收或者应用图像、短信等电子数据和信息的业务活动，包括基础电信服务和增值电信服务。

❹ 建筑服务。建筑服务是指各类建筑物、构筑物及其附属设施的建造、修缮、装饰，线路、管道、设备、设施等的安装以及其他工程作业的业务活动，包括工程服务、安装服务、修缮服务、装饰服务和其他建筑服务。

❺ 金融服务。金融服务是指经营金融保险的业务活动，包括贷款服务、直接收费金融服务、保险服务和金融商品转让。

❻ 现代服务。现代服务是指围绕制造业、文化产业、现代物流产业等提供技术性、知识性服务的业务活动，包括研发和技术服务、信息技术服务、文化创意服务、物流辅助服务、租赁服务、鉴证咨询服务、广播影视服务、商务辅助服务和其他现代服务。

❼ 生活服务。生活服务是指为满足城乡居民日常生活需求提供的各类服务活动，包括文化体育服务、教育医疗服务、旅游娱乐服务、餐饮住宿服务、居民日常服务和其他生活服务。

（4）销售无形资产，是指转让无形资产所有权或者使用权的业务活动。

无形资产是指不具有实物形态，但能带来经济利益的资产，包括技术、商标、著作权、商誉、自然资源使用权和其他权益性无形资产。

技术包括专利技术和非专利技术。自然资源使用权包括土地使用权、海域使用权、探矿权、采矿权、取水权和其他自然资源使用权。其他权益性无形资产，包括基础设施资产经营权、公共事业特许权、配额、经营权、经销权、分销权、代理权、会员权、席位权、网络游戏虚拟道具、域名、名称权、肖像权、冠名权、转会费等。

（5）销售不动产，是指转让不动产所有权的业务活动。

不动产是指不能移动或者移动后会引起性质、形状改变的财产，包括建筑物、构筑物等。

建筑物包括住宅、商业营业用房、办公楼等可供居住、工作或者进行其他活动的建造物。构筑物包括道路、桥梁、隧道、水坝等建造物。

转让建筑物有限产权或者永久使用权的，转让在建的建筑物或者构筑物所有权的，以及在转让建筑物或者构筑物时一并转让其所占土地的使用权的，都视同销售不动产。

（6）进口货物，从中华人民共和国境外有偿购进货物。

（二）增值税纳税人及其分类

1. 增值税纳税人

在中华人民共和国境内销售货物或者加工、修理修配劳务（以下简称“劳务”），销售服务、无形资产、不动产以及进口货物的单位和个人，为增值税的纳税人，应按规定缴纳增值税。

9

其中，境内是指销售货物的起运地或者所在地在境内、提供的应税劳务发生在境内。单位是指企业、行政单位、事业单位、军事单位、社会团体及其他单位。个人是指个体工商户和其他个人。

增值税纳税人的其他原则规定，主要有：

（1）单位之间存在发包和承包关系的，原则上以发包人为纳税人。规定以承包人为纳税人的除外。

（2）境外单位或者个人在境内发生的应缴纳增值税，在境内未设有经营机构的，以其境内代理人为扣缴义务人；在境内没有代理人的，以购买方为增值税扣缴义务人。

(3) 两个或者两个以上的纳税人，经批准可以视为一个纳税人合并纳税。

2. 一般纳税人和小规模纳税人

(1) 一般纳税人，是指年销售额达到国家规定标准、会计核算健全、能够按规定准确提供税务资料的企业单位。

一般纳税人应按规定进行登记，允许在一定期限内转为小规模纳税人。

(2) 小规模纳税人，是指年销售额在规定标准以下，并且会计核算不健全，不能按规定报送会计资料，实行简易计税办法征收增值税的纳税人。

符合以下条件之一的，属于小规模纳税人：

❶ 纳税人的年应税销售额在500万元以下的。

❷ 以下情况可认定为小规模纳税人：

a. 年应税销售额超过规定标准的其他个人。

b. 年应税销售额超过规定标准但不经常发生应税行为的单位和个体工商户。

小规模纳税人达到一般纳税人规定条件的，可向税务机关办理登记转为一般纳税人。

(三) 增值税税率与征收率

1. 增值税税率

(1) 纳税人销售货物、劳务、有形动产租赁服务或者进口货物，除下列(2)(4)(5)另有规定外，税率为13%。

(2) 纳税人销售交通运输、邮政、基础电信、建筑、不动产租赁服务，转让土地使用权，销售或者进口下列货物，税率为9%：

❶ 粮食等农产品、食用植物油、食用盐；

❷ 自来水、暖气、冷气、热水、煤气、石油液化气、天然气、二甲醚、沼气、居民用煤炭制品；

❸ 图书、报纸、杂志、音像制品、电子出版物；

❹ 饲料、化肥、农药、农机、农膜；

❺ 国务院规定的其他货物。

(3) 纳税人销售服务、无形资产，除上述(1)(2)和下述(5)另有规定外，税率为6%。

(4) 纳税人出口货物，税率为零，国务院另有规定的除外。

(5) 境内单位和个人跨境销售国务院规定范围内的服务、无形资产，税率为零。

纳税人兼营不同税率的项目，应当分别核算不同税率项目的销售额；未分别核算销售额的从高适用税率。

2. 增值税征收率

增值税征收率为3%。财政部和国家税务总局另有规定的从其规定。

(四) 增值税的计税方法

增值税的计税方法分为一般计税方法和简易计税方法。

1. 一般计税方法

一般纳税人适用一般计税方法计算缴纳增值税。

一般计税方法的应纳税额是指当期销项税额抵扣当期进项税额后的余额。应纳税额计算公式：

$$应纳税额 = 当期销项税额 - 当期进项税额$$

当期销项税额小于当期进项税额不足抵扣时，不足抵扣部分可结转下期继续抵扣。

销项税额是指纳税人发生应税销售行为，按照销售额和增值税税率计算并收取的增值税税额。

进项税额是指纳税人购进货物、劳务、服务、无形资产、不动产，支付或者负担的增值税税额。

2. 简易计税方法

小规模纳税人适用简易计税方法计算缴纳增值税。

简易计税方法的应纳税额，是指按照销售额和增值税征收率计算的增值税税额，不得抵扣进项税额。应纳税额计算公式：

$$应纳税额 = 销售额 \times 征收率$$

简易计税方法的销售额不包括其应纳税额，纳税人采用销售额和应纳税额合并定价方法的，按照下列公式计算销售额：

$$销售额 = 含税销售额 \div (1 + 征收率)$$

（五）增值税免税项目

下列项目免征增值税：

（1）农业生产者销售的自产农产品。

（2）避孕药品和用具。

（3）古旧图书。

（4）直接用于科学研究、科学试验和教学的进口仪器、设备。

（5）外国政府、国际组织无偿援助的进口物资和设备。

（6）由残疾人的组织直接进口供残疾人专用的物品。

（7）销售的自己使用过的物品。

除上述规定免征增值税项目之外，增值税的免税、减税项目由国务院规定。任何地区、部门均不得规定免税、减税项目。

纳税人兼营免税、减税项目的，应当分别核算免税、减税项目的销售额；未分别核算销售额的，不得免税、减税。

（六）增值税的核算

1. 会计账户及专栏设置

增值税一般纳税人发生的各种增值税业务在“应交税费”账户核算，并在“应交税费”账户下设置：“应交增值税”“未交增值税”“预交增值税”“待抵扣进项税额”“待认证进项税额”“待转销项税额”“简易计税”“转让金融商品应交增值税”“代扣代交增值税”等明细账户。

（1）“应交增值税”明细账户。

增值税一般纳税人应在“应交增值税”明细账户内设置“进项税额”“销项税额抵减”“已交税金”“转出未交增值税”“减免税款”“出口抵减内销产品应纳税额”“销项税额”“出口退税”“进项税额转出”等专栏。

9

❶ “进项税额”专栏，记录一般纳税人购进货物、加工修理修配劳务、服务、无形资产或不动产而支付或负担的、准予从当期销项税额中抵扣的增值税税额。

❷ “销项税额抵减”专栏，记录一般纳税人按照现行增值税制度规定因扣减销售额而减少的销项税额。

❸ “已交税金”专栏，记录一般纳税人当月已缴纳的应交增值税税额。

❹“转出未交增值税”和“转出多交增值税”专栏，分别记录一般纳税人月度终了转出当月应交未交或多交的增值税税额。

❺“减免税款”专栏，记录一般纳税人按现行增值税制度规定准予减免的增值税税额。

❻“出口抵减内销产品应纳税额”专栏，记录实行“免、抵、退”办法的一般纳税人按规定计算的出口货物的进项税抵减内销产品的应纳税额。

❼“销项税额”专栏，记录一般纳税人销售货物、加工修理修配劳务、服务、无形资产或不动产应收取的增值税税额。

❽“出口退税”专栏，记录一般纳税人出口货物、加工修理修配劳务、服务、无形资产按规定退回的增值税税额。

❾“进项税额转出”专栏，记录一般纳税人购进货物、加工修理修配劳务、服务、无形资产或不动产等发生非正常损失以及其他原因而不应从销项税额中抵扣、按规定转出的进项税额。

应交增值税明细账户的简化格式如表 9-7 所示。

表 9-7　　应交税费——应交增值税

日期摘要	借方							贷方					借或贷	期末余额
略	合计	进项税额	销项税额抵减	已交税金	转出未交增值税	减免税款	出口抵减内销产品应纳税额	合计	销项税额	出口退税	进项税额转出	转出多交增值税		

（2）“未交增值税”明细账户。

核算一般纳税人月度终了从“应交增值税”或“预交增值税”明细账户转入当月应交未交、多交或预缴的增值税税额，以及当月缴纳以前期间未交的增值税税额。

（3）“预交增值税”明细账户。

核算一般纳税人转让不动产、提供不动产经营租赁服务、提供建筑服务、采用预收款方式销售自行开发的房地产项目等，以及其他按现行增值税制度规定应预缴的增值税税额。

（4）“待抵扣进项税额”明细账户。

核算一般纳税人已取得增值税扣税凭证并经税务机关认证，按照现行增值税制度规定准予以后期间从销项税额中抵扣的进项税额。例如，一般纳税人自 2016 年 5 月 1 日后取得并按固定资产核算的不动产或者不动产在建工程，准予以后期间从销项税额中抵扣的进项税额。2019 年 4 月 11 日起停止执行分期抵扣增值税进项税额的规定。

（5）“待认证进项税额”明细账户。

核算一般纳税人由于未经税务机关认证而不得从当期销项税额中抵扣的进项税额，包括一般纳税人已取得增值税扣税凭证、按照现行增值税制度规定准予从销项税额中抵扣，但尚未经税务机关认证的进项税额；一般纳税人已申请稽核但尚未取得稽核相符结果的海关缴款书进项税额。

(6)“待转销项税额”明细账户。

核算一般纳税人销售货物、加工修理修配劳务、服务、无形资产或不动产,已确认相关收入(或利得)但尚未发生增值税纳税义务而需于以后期间确认为销项税额的增值税税额。

(7)“简易计税”明细账户。

核算一般纳税人采用简易计税方法发生的增值税计提、扣减、预缴、缴纳等业务。

(8)“转让金融商品应交增值税”明细账户。

核算增值税纳税人转让金融商品发生的增值税税额。

(9)“代扣代交增值税”明细账户。

核算纳税人购进在境内未设经营机构的境外单位或个人在境内的应税行为代扣代缴的增值税。

小规模纳税人只需在“应交税费”账户下设置“应交增值税”明细账户,不需要设置上述专栏,也不需要设置除“转让金融商品应交增值税”“代扣代交增值税”外的明细账户。

2. 增值税业务的核算

(1) 取得资产或接受劳务等业务增值税的核算。

❶ 准予抵扣的进项税额。

下列进项税额准予从销项税额中抵扣:

a. 从销售方取得的增值税专用发票上注明的增值税税额。

b. 从海关取得的海关进口增值税专用缴款书上注明的增值税税额。

c. 购进农产品除取得增值税专用发票或者海关进口增值税专用缴款书外,按照农产品收购发票或者销售发票上注明的农产品买价和9%的扣除率计算的进项税额。进项税额计算公式:

$$进项税额 = 买价 \times 扣除率$$

买价,是指纳税人购进农产品在农产品收购发票或者销售发票上注明的价款和按照规定缴纳的烟叶税。

d. 购进或者销售货物以及在生产经营过程中支付运输费用的,按照运输企业开具的增值税专用发票上注明的增值税税额。

e. 从境外单位或者个人购进服务、无形资产或者不动产,自税务机关或者扣缴义务人取得的解缴税款的完税凭证上注明的增值税税额等。

准予抵扣的进项税额分两种情况,一是经税务机关认证准予从当期销项税额中抵扣的进项税额;二是未经税务机关认证而不得从当期销项税额中抵扣的进项税额。

一般纳税人购进货物、劳务、服务、无形资产或不动产,按应计入相关成本费用或资产的金额,借记“在途物资”“固定资产”“管理费用”等账户;按当月已认证的可抵扣增值税税额,借记“应交税费——应交增值税(进项税额)”账户;按当月未认证的可抵扣增值税税额,借记“应交税费——待认证进项税额”账户,按应付或实际支付的金额,贷记“应付账款”“银行存款”等账户。

采购等业务允许抵扣的进项税额核算举例参见本书第四章、第七章、第八章等有关内容,下面再补充举例如下。

【例 9-23】 某企业为增值税的一般纳税人,本月购入甲材料一批入库,买价 30 000 元,增值税专用发票注明的进项税额 3 900 元,经税务机关认证可以抵扣本月的销项税额。同时购入专利技术一项,买价 50 000 元,增值税专用发票注明进项税额 3 000 元,暂未经税务机关认证。全部购入款以银行存款支付。编制会计分录如下：

购入时：

借：原材料——甲材料 30 000

　无形资产——专利技术 50 000

　应交税费——应交增值税（进项税额） 3 900

　　　　——待认证进项税额 3 000

　贷：银行存款 86 900

待认证进项税额经税务机关认证可抵扣销项税额时：

借：应交税费——应交增值税（进项税额） 3 000

　贷：应交税费——待认证进项税额 3 000

一般纳税人购入货物等发生退货时，有关增值税的核算要求如下：如原增值税专用发票已作认证，应根据税务机关开具的红字增值税专用发票作相反方向的会计分录；如原增值税专用发票未做认证，应将发票退回并作相反方向的会计分录。

【例 9-24】 甲公司为增值税一般纳税人，收购免税农产品，实际支付的买价为 15 000 元，收购的农产品已经验收入库，款项已经支付。经认证按规定计算的增值税进项税额可以抵扣。编制会计分录如下：

进项税额＝15 000×9％＝1 350（元）

借：原材料 13 650

　应交税费——应交增值税（进项税额） 1 350

　贷：银行存款 15 000

❷ 不得抵扣的进项税额。

下列项目的进项税额不得从销项税额中抵扣：

a. 用简易计税方法计税的项目、免征增值税项目、集体福利或者个人消费的购进货物、劳务、服务、无形资产和不动产。

b. 非正常损失的购进货物，以及相关的劳务和交通运输服务。

c. 非正常损失的在产品、产成品所耗用的购进货物（不包括固定资产）、劳务和交通运输服务。

d. 国务院规定的其他项目。

一般纳税人购进货物、劳务、服务、无形资产或不动产，用于简易计税方法计税项目、免征增值税项目、集体福利或个人消费等，其进项税额不得从销项税额中抵扣的，取得增值税专用发票时，应借记相关成本费用或资产账户，未经认证的借记“应交税费——待认证进项税额”账户，贷记“银行存款”“应付账款”等账户，经税务机关认证后，应借记相关成本费用或资产账户，贷记“应交税费——待认证进项税额”账户。已记入应交增值税（进项税额）的，贷记“应交税费——应交增值税（进项税额转出）”账户。

【例 9-25】 某企业为增值税一般纳税人，购入一批家具用于集体福利项目，买价 100 000 元，增值税进项税额 13 000 元未经认证，全部款项以银行存款付清。编制会计分录如下：

购入时：

借：周转材料——低值易耗品 100 000

　应交税费——待认证进项税额 13 000

　贷：银行存款 113 000

经税务机关认证不得抵扣后：

借：周转材料——低值易耗品 13 000

  贷：应交税费——待认证进项税额 13 000

【例 9-26】 某企业为增值税一般纳税人，购入作为固定资产核算的不动产一项，买价 400 000 元，增值税专用发票注明进项税额 52 000 元，经认证购入当期准予抵扣。购入款以商业汇票支付。编制会计分录如下：

购入时：

借：固定资产 400 000

  应交税费——应交增值税（进项税额） 52 000

  贷：应付票据——某企业 452 000

❸ 货物验收但期末尚未取得扣税凭证的进项税额。

一般纳税人购进的货物等已到达并验收入库，但尚未收到增值税扣税凭证并未付款的，应在月末按货物清单或相关合同协议价格暂估价入账，增值税的进项税额不需要暂估入账。下月月初，用红字冲销暂估价入账金额，待取得相关增值税扣税凭证并经认证后，按应计入相关成本费用或资产的金额，借记“原材料”“固定资产”等账户，按可抵扣的增值税税额，借记“应交税费——应交增值税（进项税额）”账户，按应付或实付金额贷记“应付账款”“银行存款”等账户。

该项业务的核算举例参见本书第四章【例 4-11】【例 4-21】。

❹ 小规模纳税人采购等业务。

小规模纳税人购买物资、服务、无形资产或不动产，取得增值税专用发票上注明的增值税计入相关成本费用或资产成本，不通过“应交税费——应交增值税”账户核算。

【例 9-27】 某企业为小规模纳税人，本月购入丁材料一批验收入库，买价 20 000 元，增值税专用发票注明进项税额 2 600 元。支付某运输公司丁材料运输费用 500 元，增值税专用发票注明增值税进项税额 45 元，全部款项以银行存款付清。

借：原材料——丁材料 23 145

  贷：银行存款 23 145

❺ 购买方作为扣缴义务人。

按照现行增值税制度规定，境外单位或个人在境内发生应税行为，在境内未设有经营机构或纳税代理人的，以购买方为增值税扣缴义务人。境内一般纳税人购进服务、无形资产或不动产，按应计入相关成本费用或资产的金额，借记“生产成本”“固定资产”等账户，按可抵扣的增值税税额，借记“应交税费——应交增值税（进项税额）”账户，按应付或实际支付的金额，贷记“应付账款”“银行存款”等账户，按应代扣代缴的增值税税额，贷记“应交税费——代扣代交增值税”账户。实际缴纳代扣代缴增值税时，按代扣代缴的增值税税额，借记“应交税费——代扣代交增值税”账户，贷记“银行存款”账户。

【例 9-28】 某企业为增值税一般纳税人，本月从 A 公司购入专用设备一台，买价 120 000 元，增值税进项税额 15 600 元，经认证可抵扣。专用设备已验收使用，全部价款以银行存款支付。A 公司为一境外企业，在境内未设有经营机构，某企业为其增值税的扣缴义务人。

购入专用设备发生代扣代缴增值税款时：

借：固定资产——专用设备 120 000

  应交税费——应交增值税（进项税额） 15 600

贷:银行存款　　　　　　　　　　　　　　　　　　　　120 000

　　应交税费——代扣代交增值税　　　　　　　　　　　15 600

实际缴纳代扣代缴的增值税税额时:

借:应交税费——代扣代交增值税　　　　　　　　　15 600

　贷:银行存款　　　　　　　　　　　　　　　　　　　15 600

(2) 销售等业务增值税的核算。

销售等业务增值税的核算,首选要确定销售额和计算销项税额。

一般纳税人发生应税销售行为,应按照销售额和适用的税率计算销项税额。销项税额计算公式:

销项税额 = 销售额 × 税率

如果企业采用价税合并定价销售时,应先将价税分离后计算销售额,再计算销项税额。其销售额的计算公式为:

销售额 = 含税销售额 ÷ (1 + 增值税税率)

销售额为纳税人发生应税销售行为收取的全部价款和价外费用,但是不包括收取的销项税额。

价外费用,包括价外向购买方收取的手续费、补贴、基金、集资费、返还利润、奖励费、违约金、滞纳金、延期付款利息、赔偿金、代收款项、代垫款项、包装费、包装物租金、储备费、优质费、运输装卸费以及其他各种性质的价外收费。但国家规定不包括的项目除外,例如,代为收取的由国务院或者财政部批准设立的政府性基金或者行政事业性收费、销售货物的同时代办保险等而向购买方收取的保险费等。

组成计税价格。纳税人进口货物,按照组成计税价格和适用的税率计算应纳税额。组成计税价格和应纳税额计算公式:

组成计税价格 = 关税完税价格 + 关税 + 消费税

应纳税额 = 组成计税价格 × 税率

纳税人发生应税行为价格明显偏低或者偏高且不具有合理商业目的的,或者发生视同销售行为而无销售额的,按照下列顺序确定销售额:

a. 纳税人最近时期销售同类服务、无形资产或者不动产的平均价格。

b. 其他纳税人最近时期销售同类服务、无形资产或者不动产的平均价格。

c. 按照组成计税价格。组成计税价格的公式为:

组成计税价格 = 成本 × (1 + 成本利润率)

成本利润率由国家税务总局确定。

❶ 销售业务。

a. 一般销售业务。

企业发生应税销售业务,应当按应收或已收的金额,借记"应收账款""银行存款"等账户,按取得的收入金额,贷记"主营业务收入""其他业务收入""固定资产清理"等账户,按计算的销项税额贷记"应交税费——应交增值税(销项税额)"账户。

采用简易计税方法计算的应纳增值税税额,贷记"应交税费——简易计税"账户。小规模纳税人应贷记“应交税费——应交增值税”账户。

销售业务增值税的核算举例参见本书第三章、第十二章等有关内容。

【例9-29】 某文化创意公司本期提供设计收入为300 000元，广告服务收入200 000元，适用的增值税税率为6%，计算应交增值税30 000元，收到款项全部存入银行存款户。作会计分录如下：

借：银行存款　　530 000
　贷：主营业务收入——设计收入　　300 000
　　　　　　　　——广告服务收入　　200 000
　　应交税费——应交增值税（销项税额）　　30 000

企业销售货物等发生退回时，按税务部门开具的红字增值税专用发票作相反方向的会计分录。

【例9-30】 某生活服务企业将自建的一项不动产对外销售，收取全部价款和价外费用30 000 000元，销售款收到存入银行。该项不动产的建造成本为28 000 000元。国家规定该项销售不动产适用一般计税方法计税，按取得的全部价款和价外费用计算销售额计税，适用的增值税税率为9%。作会计分录如下：

应交增值税（销项税额）＝30 000 000×9%＝2 700 000（元）

借：银行存款　　32 700 000
　贷：固定资产　　28 000 000
　　应交税费——应交增值税（销项税额）　　2 700 000
　　资产处置损益　　2 000 000

【例9-31】 某交通运输服务公司本期客运收入168 000元，按规定采用简易计税法计算缴纳增值税，假定适用的征收率为5%，款项收到存入银行。作会计分录如下：

销售额＝168 000÷（1＋5%）＝160 000（元）

销项税额＝160 000×5%＝8 000（元）

借：银行存款　　168 000
　贷：主营业务收入——客运收入　　160 000
　　应交税费——简易计税　　8 000

【例9-32】 某现代服务企业一项不动产对外销售，收取全部价款和价外费用10 000 000元，销售款收到存入银行。该不动产购置时的成本9 500 000元。计算应交增值税并作会计分录如下：

国家规定该项销售不动产可适用简易计税方法计税，纳税人应以取得的全部价款和价外费用减去该项不动产购置原价或者取得不动产时的作价后的余额计税，假定适用的征收率为5%。

9

计算应交增值税＝（10 000 000－9 500 000）×5%＝25 000（元）

借：银行存款　　10 025 000
　贷：固定资产　　9 500 000
　　应交税费——简易计税　　25 000
　　资产处置损益　　500 000

b. 按会计制度确认收入（利得）时点早于按增值税制度确认增值税纳税义务时点。

先将相关销项税额计入“应交税费——待转销项税额”账户，待实际发生纳税义务时再转入“应交税费——应交增值税(销项税额)”账户或“应交税费——简易计税”账户。

【例 9-33】 某企业为增值税一般纳税人,本月发生一项服务业务,服务收入 16 000 元,增值税销项税额 960 元,款项收到存入银行。按规定增值税纳税义务发生时点为下月。作会计分录如下:

发生服务收入时:

借:银行存款 16 960

贷:主营业务收入 16 000

应交税费——待转销项税额 960

纳税义务发生时:

借:应交税费——待转销项税额 960

贷:应交税费——应交增值税(销项税额) 960

c. 按增值税制度确认增值税纳税义务时点早于按会计制度确认收入(利得)时点。

先将应纳增值税税额,借记“应收账款”账户,贷记“应交税费——应交增值税(销项税额)”账户或“应交税费——简易计税”账户,按会计制度确认收入(利得)时,应按扣除增值税销项税额后的金额确认收入。

【例 9-34】 某企业为增值税一般纳税人,本月出售专用设备一台,价款共计 70 000 元,增值税税额 9 100 元。按协议专用设备出售方负责安装,并于销售设备的下月安装完毕,安装完毕后支付全部价款。按税法规定该业务纳税义务发生时点为销售产品时。作会计分录如下:

发生纳税义务时:

借:应收账款——应收增值税税款 9 100

贷:应交税费——应交增值税(销项税额) 9 100

确认销售收入时:

借:银行存款 79 100

贷:主营业务收入 70 000

应收账款——应收增值税税款 9 100

❷ 视同销售业务。

销售货物的纳税人下列行为应当视同为销售货物:将货物交付其他单位或者个人代销;销售代销货物;设有两个以上机构并实行统一核算的纳税人,将货物从一个机构移送其他机构用于销售,但相关机构设在同一县(市)的除外;将自产或者委托加工的货物用于非增值税应税项目;将自产、委托加工的货物用于集体福利或者个人消费;将自产、委托加工或者购进的货物作为投资,提供给其他单位或者个体工商户;将自产、委托加工或者购进的货物分配给股东或者投资者;将自产、委托加工或者购进的货物无偿赠送其他单位或者个人。

纳税人发生下列行为视同销售服务、无形资产或者不动产:单位或者个体工商户向其他单位或者个人无偿提供服务;单位或者个人向其他单位或者个人无偿转让无形资产或者不动产;财政部和国家税务总局规定的其他情形。上述前两种行为用于公益事业或者以社会公众为对象的除外。

企业发生视同销售业务,应当按照企业会计准则相关规定进行相应的会计处理,并按照现行增值税制度规定计算销项税额,借记“应付职工薪酬”“在建工程”等账户,贷记“应交税费——应交增值税(销项税额)”账户。

采用简易计税方法计算的应纳增值税税额，贷记“应交税费——简易计税”账户。小规模纳税人应贷记“应交税费——应交增值税”账户。

【例 9-35】 甲公司自行生产一批产品，产品的成本为 6 000 元，计税价格为 10 000 元，假定该产品的增值税税率为 13%。分别情况作会计分录如下：

若企业将该批产品用于在建工程：

借：在建工程	7 300	
贷：库存商品		6 000
应交税费——应交增值税（销项税额）		1 300

若企业将该批产品用于投资：

借：长期股权投资	7 300	
贷：库存商品		6 000
应交税费——应交增值税（销项税额）		1 300

若企业将该批产品作为福利发放给职工：

借：应付职工薪酬	11 300	
贷：主营业务收入		10 000
应交税费——应交增值税（销项税额）		1 300
借：主营业务成本	6 000	
贷：库存商品		6 000

【例 9-36】 甲公司为一现代服务企业，为某单位无偿提供软件开发测试服务活动，同类纳税人最近时期销售同类服务的平均价格为 150 000 元，适用的税率为 6%。作会计分录如下：

借：营业外支出	9 000	
贷：应交税费——应交增值税（销项税额）		9 000

（3）差额征税。

❶ 企业发生相关成本费用允许扣减销售额。

按现行增值税制度规定企业发生相关成本费用允许扣减销售额的，发生成本费用时，按应付或实际支付的金额，借记“主营业务成本”“工程施工”等账户，贷记“应付账款”“银行存款”等账户。待取得合规增值税扣税凭证且纳税义务发生时，按照允许抵扣的税额，借记“应交税费——应交增值税（销项税额抵减）”账户，贷记“主营业务成本”“工程施工”等账户。

采用简易计税方法计税的借记“应交税费——简易计税”账户。小规模纳税人借记“应交税费——应交增值税”账户。

【例 9-37】 某企业用银行存款支付一项建筑工程费用 500 000 元，并计入工程成本，该建筑工程实现建筑收入 700 000 元存入银行。适用的增值税税率为 9%，按规定该建筑工程费用允许扣减销售额。作会计分录如下：

支付工程费用时：

借：工程施工——某建筑工程	500 000	
贷：银行存款		500 000

实现建筑收入时：

借：银行存款	763 000	
贷：主营业务收入		700 000
应交税费——应交增值税（销项税额）		63 000

9

抵减的销售额计税时：

借：应交税费——应交增值税（销项税额抵减） 45 000

　　贷：工程施工——某建筑工程 45 000

❷ 金融商品转让按规定以盈亏相抵后的余额作为销售额。

金融商品实际转让月末，如产生转让收益，则按应纳税额借记“投资收益”等账户，贷记“应交税费——转让金融商品应交增值税”账户；

如产生转让损失，则按可结转下月抵扣税额，借记“应交税费——转让金融商品应交增值税”账户，贷记“投资收益”等科账户。

缴纳增值税时，借记“应交税费——转让金融商品应交增值税”账户，贷记“银行存款”账户。

年末，本科目如有借方余额，借记“投资收益”等账户，贷记“应交税费——转让金融商品应交增值税”账户。

（4）出口退税。

为鼓励企业出口销售，国家对出口货物应负担的进项税额，由国家退还给企业。增值税纳税人出口货物适用零税率计税，税率为零不仅纳税人本环节课税对象不纳税，而且以前各环节转移过来的税款还应退还。

为核算纳税人出口货物应收取的出口退税款，设置“应收出口退税款”账户，该科目借方反映销售出口货物按规定向税务机关申报应退回的增值税等，贷方反映实际收到的出口货物应退回的增值税等。期末借方余额，反映尚未收到的应退税额。

❶ 未实行“免、抵、退”办法的一般纳税人出口退税。

按规定计算的应收出口退税额，借记“应收出口退税款”账户，贷记“应交税费——应交增值税（出口退税）”账户，收到出口退税时，借记“银行存款”账户，贷记“应收出口退税款”账户。

退税额低于购进时取得的增值税专用发票上的增值税税额的差额，借记“主营业务成本”账户，贷记“应交税费——应交增值税（进项税额转出）”账户。

【例 9-38】 某企业为增值税一般纳税义务人，购入 B 商品一批入库，买价共计 50 000 元，增值税进项税额 6 500 元，经认证可以抵扣，全部价款用银行存款支付。B 商品用于出口销售，收取销售价款 60 000 元，按规定办理出口退税 6 000 元，销售价款和退税款存入银行。作会计分录如下：

购入 B 商品时：

借：库存商品——B 商品 50 000

　　应交税费——应交增值税（进项税额） 6 500

　　贷：银行存款 56 500

出口销售时：

借：银行存款 60 000

　　贷：主营业务收入 60 000

计算出口退税时：

借：应收出口退税款 6 000

　　贷：应交税费——应交增值税（出口退税） 6 000

收到出口退税时：

借：银行存款 6 000

　　贷：应收出口退税款 6 000

转销退税额低于进项税额的差额时：

借：主营业务成本　　500

　贷：应交税费——应交增值税（进项税额转出）　　500

❷ 实行“免、抵、退”办法的一般纳税人出口退税。

在货物出口销售后结转产品销售成本时，按规定计算的退税额低于购进时取得的增值税专用发票上的增值税税额的差额，借记“主营业务成本”账户，贷记“应交税费——应交增值税（进项税额转出）”账户。

按规定计算的当期出口货物的进项税抵减内销产品的应纳税额，借记“应交税费——应交增值税（出口抵减内销产品应纳税额）”账户，贷记“应交税费——应交增值税（出口退税）”账户。

在规定期限内，内销产品的应纳税额不足以抵减出口货物的进项税额，不足部分按有关税法规定给予退税的，应在实际收到退税款时，借记“银行存款”账户，贷记“应交税费——应交增值税（出口退税）”账户。

【例 9-39】 以上述【例 9-38】资料，再假定企业本月内销产品的销项税额为 5 200 元。

转销退税额低于进项税额的差额时：

借：主营业务成本　　500

　贷：应交税费——应交增值税（进项税额转出）　　500

计算的当期出口货物的进项税抵减内销产品的应纳税额时：

借：应交税费——应交增值税（出口抵减内销产品应纳税额）　　5 200

　贷：应交税费——应交增值税（出口退税）　　5 200

退税的，应在实际收到退税款时：

借：银行存款　　800

　贷：应交税费——应交增值税（出口退税）　　800

（5）进项税额抵扣情况发生改变。

进项税额抵扣情况发生改变主要包括两种情况：

❶ 因资产发生非正常损失或改变用途等，原已计入的进项税额、待抵扣进项税额或待认证进项税额，按现行增值税制度规定不得从销项税额中抵扣。其中非正常损失包括：

a. 原购入资产等准予抵扣的进项税额因资产改变用途其进项税额不得抵扣。

b. 非正常损失的购进货物，以及相关的加工修理修配劳务和交通运输服务。

c. 非正常损失的在产品、产成品所耗用的购进货物（不包括固定资产）、加工修理修配劳务和交通运输服务。

d. 非正常损失的不动产，以及该不动产所耗用的购进货物、设计服务和建筑服务。

e. 非正常损失的不动产在建工程所耗用的购进货物、设计服务和建筑服务等。

❷ 原不得抵扣且未抵扣进项税额的固定资产、无形资产等，因改变用途用于允许抵扣进项税额的应税项目。

9

情况一发生的进项税额抵扣情况改变，按不得抵扣的进项税额，借记“待处理财产损溢”“应付职工薪酬”“固定资产”“无形资产”等账户，贷记“应交税费——应交增值税（进项税额转出）”“应交税费——待抵扣进项税额”或“应交税费——待认证进项税额”等账户。

情况二发生的进项税额抵扣情况改变，按允许抵扣的进项税额，借记“应交税费——应交增值税（进项税额）”账户，贷记“固定资产”“无形资产”等账户。固定资产、无形资产等经上述调整后，应按调整后的账面价值在剩余尚可使用寿命内计提折旧或摊销。

纳税人已抵扣进项税额的购进货物(不含固定资产)、劳务、服务,发生不得从销项税额中抵扣规定情形的,应当将该进项税额从当期进项税额中扣减;无法确定该进项税额的,按照当期实际成本计算应扣减的进项税额。

纳税人已抵扣进项税额的固定资产、无形资产或者不动产,发生不得从销项税额中抵扣规定情形的,按照下列公式计算不得抵扣的进项税额:

不得抵扣的进项税额＝固定资产、无形资产或者不动产净值×适用税率

【例 9-40】　甲公司原为生产产品购买原材料一批,购买成本为 50 000 元,进项税额 6 500 元,现将该批材料转作在建的集体福利工程项目使用。同时,将原生产用的部分机器设备转作在建的集体福利工程项目使用,该部分机器设备的原值 80 000 元,进项税额为 10 400 元,已计提折旧 20 000 元。甲公司编制会计分录如下:

转出原材料的进项税额:

借:在建工程——某福利工程项目	56 500	
贷:原材料		50 000
应交税费——应交增值税(进项税额转出)		6 500

转出机器设备的进项税额(80 000－20 000)×13％＝7 800(元):

借:在建工程——某福利工程项目	67 800	
累计折旧	20 000	
贷:固定资产——生产用固定资产		80 000
应交税费——应交增值税(进项税额转出)		7 800

【例 9-41】　某旅游娱乐服务企业一项不动产在建工程,已发生的建造成本 1 400 000 元,抵扣的进项税额 84 000 元,现因违规被依法拆除。作会计分录如下:

借:营业外支出	1 484 000	
贷:在建工程		1 400 000
应交税费——应交增值税(进项税额转出)		84 000

【例 9-42】　某企业原购入用于个人消费用的汽车改为经营活动使用。该汽车的原始成本 200 000 元,增值税进项税额 26 000 元。汽车已计提折旧额 40 000 元。作会计分录如下:

汽车因改变用途计算准予抵扣的进项税额＝(200 000－40 000)×13％＝20 800(元)

借:应交税费——应交增值税(进项税额)	20 800	
贷:固定资产		20 800

(6) 月末转出未交增值税和多交增值税。

月度终了,企业应当将当月应交未交或多交的增值税自“应交增值税”明细账户转入“未交增值税”明细账户。

对于当月应交未交的增值税,借记“应交税费——应交增值税(转出未交增值税)”账户,贷记“应交税费——未交增值税”账户。

对于当月多交的增值税,借记“应交税费——未交增值税”账户,贷记“应交税费——应交增值税(转出多交增值税)”账户。

【例 9-43】　某企业为增值税一般纳税人,本月记录的“应交税费——应交增值税”明细账户各专栏的数额如表 9-8 所示。

9

表 9-8 **应交增值税明细账户各专栏数额表** 单位:元

借方各专栏数额		贷方各专栏数额	
进项税额	80 000	销项税额	130 000
销项税额抵减	10 000	出口退税	5 500
已交税金	30 000	进项税额转出	4 500
减免税款	2 000	转出多交增值税	
转出未交增值税			
出口抵减内销产品应纳税额			
合　计	122 000	合　计	140 000

结转本月应交未交增值税＝140 000－122 000＝18 000(元)。

借:应交税费——应交增值税(转出未交增值税)　18 000

　贷:应交税费——未交增值税　18 000

如上述借方专栏的已交税金数额为 50 000 元,则月末应结转本月多交增值税:142 000－140 000＝2 000(元)。

借:应交税费——未交增值税　2 000

　贷:应交税费——应交增值税(转出多交增值税)　2 000

(7) 缴纳增值税。

❶ 缴纳当月应交增值税。

企业缴纳当月应交的增值税,借记"应交税费——应交增值税(已交税金)"账户(小规模纳税人应借记"应交税费——应交增值税"账户),贷记"银行存款"账户。

❷ 缴纳以前期间未交增值税。

企业缴纳以前期间未交的增值税,借记"应交税费——未交增值税"账户,贷记"银行存款"账户。

❸ 预交增值税。

企业预缴增值税时,借记"应交税费——预交增值税"账户,贷记"银行存款"账户。

月末,企业应将"预交增值税"明细账户余额转入"未交增值税"明细账户,借记"应交税费——未交增值税"账户,贷记"应交税费——预交增值税"账户。

房地产开发企业等在预缴增值税后,应直至纳税义务发生时方可从"应交税费——预交增值税"账户结转至"应交税费——未交增值税"账户。

❹ 减免增值税的账务处理。

对于当期直接减免的增值税,借记"应交税费——应交增值税(减免税款)"账户,贷记损益类相关账户。

【例 9-44】 继【例 9-43】资料,企业用银行存款缴纳当月应交增值税 30 000 元。作会计分录如下:

借:应交税费——应交增值税(已交税金)　30 000

　贷:银行存款　30 000

企业下月用银行存款缴纳未交增值税。

借:应交税费——未交增值税　18 000

　贷:银行存款　18 000

(8) 增值税税控系统专用设备费用抵减增值税税额。

按现行增值税制度规定,企业初次购买增值税税控系统专用设备支付的费用以及缴纳的技术维护费允许在增值税应纳税额中全额抵减的,按规定抵减的增值税应纳税额,借记“应交税费——应交增值税(减免税款)”账户(小规模纳税人应借记“应交税费——应交增值税”账户),贷记“管理费用”等账户。

二、应交消费税

消费税是指对在我国境内从事生产、委托加工和进口某些特定消费品(以下简称“应税消费品”)的单位和个人征收的一种税。

(一) 消费税的纳税义务人与计税方法

凡在我国境内生产、委托加工和进口按《中华人民共和国消费税暂行条例》(以下简称“《消费税暂行条例》”)规定的消费品的单位和个人,为消费税的纳税义务人,都应缴纳消费税。

消费税在计税方法上采用从价定率法、从量定额法和复合计税法三种方法。

从价定率法,是按照应税消费品的销售额和适用的税率计算应纳的消费税。其中,销售额与计征增值税的销售额口径相同,为不含增值税的销售额。

从量定额法,是按照应税消费品的数量和单位税额计算应纳的消费税。其中,应税数量的核定,属于销售自产应税消费品的,为销售数量;属于自产自用应税消费品的,为自用数量;属于委托加工应税消费品的,为收回数量;属于进口应税消费品的,为海关核定的进口应税数量。

复合计税法,是对应税消费品先征一定的从量定额税,然后再从价征税。

(二) 销售产品应交消费税

为了总括反映和监督消费税的计算与缴纳情况,企业应在“应交税费”账户下设置“应交消费税”明细账户进行核算。该账户贷方登记按规定应纳的消费税;借方登记实际缴纳的消费税和待抵扣的消费税;期末贷方余额反映尚未缴纳的消费税;期末借方余额反映多交或待抵扣的消费税。

企业将生产的应税消费品对外销售,应在销售时计算应纳的消费税。企业按规定计算应纳的消费税时,借记“税金及附加”账户,贷记“应交税费——应交消费税”账户。

【例 9-45】 某企业 20××年 10 月应纳消费税产品的销售收入为 1 000 000 元,适用消费税税率为 8%,计算结转本月应交的消费税,并作会计分录如下:

应交消费税 = 1 000 000 × 8% = 80 000(元)

借:税金及附加　　80 000

　贷:应交税费——应交消费税　　80 000

(三) 视同销售产品应交消费税

用应税消费品对外投资,或用于在建工程、非生产机构等其他方面,按规定应缴纳的消费税,应计入有关的成本,借记“长期股权投资”“固定资产”“在建工程”“营业外支出”等账户,贷记“应交税费——应交消费税”账户。

(四) 委托加工业务应交消费税

委托加工应税消费品应纳的消费税,应于委托方提货时,由受托方代收代交税款。在会计

9

处理时，如果委托加工物资收回后直接用于销售的，应将企业支付的消费税计入加工物资的成本；如果收回后用于继续加工的，应将企业支付的消费税记入“应交税费——应交消费税”账户借方，准予从以后加工完成时计算的消费税中抵扣。

（五）缴纳消费税

企业缴纳消费税时，借记“应交税费——应交消费税”账户，贷记“银行存款”账户。

三、应交城市维护建设税

城市维护建设税是企业按照《中华人民共和国城市维护建设税法》缴纳的一种税，其应纳税额，按照企业缴纳的增值税和消费税的一定比例计算。

（一）应交城市维护建设税的有关规定

城市维护建设税按照企业缴纳的增值税和消费税的一定比例计算。

税率如下：

（1）纳税人所在地在市区的，税率为7%。

（2）纳税人所在地在县城、镇的，税率为5%。

（3）纳税人所在地不在市区、县城或镇的，税率为1%。

（二）应交城市维护建设税的核算

企业按规定计算应纳的城市维护建设税，在“应交税费”账户下设置“应交城市维护建设税”明细账户进行核算。

企业计算出应交的城市维护建设税时，借记“税金及附加”“固定资产清理”等账户，贷记“应交税费——应交城市维护建设税”账户；实际缴纳时，借记“应交税费——应交城市维护建设税”账户，贷记“银行存款”账户。

【例9-46】 在市区的某公司20××年10月份应交增值税80 000元，应交消费税22 000元。按7%计算应交城市维护建设税，并作会计分录如下：

应交城市维护建设税＝(80 000＋22 000)×7%＝7 140(元)

借：税金及附加	7 140	
贷：应交税费——应交城市维护建设税		7 140

四、应交教育费附加

（一）应交教育费附加的有关规定

教育费附加是根据1986年国务院公布的《征收教育费附加的暂行规定》开征的，其目的是为了多渠道筹集教育资金，加快我国教育事业的发展。教育费附加以各单位和个人实际缴纳的增值税和消费税的税额为计征依据，附加率为3%，分别与增值税和消费税同时缴纳。

9

（二）应交教育费附加的核算

应交教育费附加的计算方法与应交城市维护建设税相同，是按照企业缴纳的增值税和消费税之和的一定比例计算缴纳的。企业按规定计算出应交的教育费附加时，借记“税金及附加”账户，贷记“应交税费——应交教育费附加”账户；实际上交时，借记“应交税费——应交教育费附加”账户，贷记“银行存款”账户。

五、其他应交税费

（一）应交资源税

资源税的应纳税额，按照应税产品的课税数量和规定的单位税额计算。

企业按规定计算出应纳的资源税，在“应交税费”账户下设置“应交资源税”明细账户进行核算。企业计算出销售应税产品应纳的资源税时，借记“税金及附加”账户，贷记“应交税费——应交资源税”账户；企业计算出自用应税产品应纳的资源税时，借记“生产成本”“制造费用”等账户，贷记“应交税费——应交资源税”账户；企业收购未税矿产品代扣代交的资源税，作为收购矿产品的成本，借记“原材料”等账户，贷记“应交税费——应交资源税”账户；企业缴纳资源税时，借记“应交税费——应交资源税”账户，贷记“银行存款”账户。

（二）应交土地增值税

土地增值税是指对转让国有土地使用权、地上建筑物及其附着物的单位和个人，就其所取得的增值额而征收的一种税。应纳土地增值税税额的具体计算步骤如下：

（1）计算增值额，计算公式为：增值额＝收入额－扣除项目金额。

（2）计算增值率，计算公式为：增值率＝增值额÷扣除项目金额。

（3）依据增值率确定适用税率。

（4）依据适用税率计算应纳税额。

$$\text{应纳税额} = \text{增值额} \times \text{适用税率} - \text{扣除项目金额} \times \text{速算扣除系数}$$

转让的国有土地使用权连同地上建筑物及其附着物一并在“固定资产”或“在建工程”等账户核算，转让时应缴纳的土地增值税，借记“固定资产清理”等账户，贷记“应交税费——应交土地增值税”账户。

兼营房地产业务的企业，应由当期营业收入负担的土地增值税，借记“税金及附加”账户，贷记“应交税费——应交土地增值税”账户。

缴纳的土地增值税，借记“应交税费——应交土地增值税”账户，贷记“银行存款”等账户。

（三）应交房产税、土地使用税、车船使用税和印花税

企业按规定计算出应交的房产税、土地使用税、车船使用税时，借记“税金及附加”账户，贷记“应交税费——应交房产税”等账户；缴纳时，借记“应交税费——应交房产税”等账户，贷记“银行存款”账户。

企业缴纳的印花税不需要通过“应交税费”账户核算。企业购买印花税票时，借记“税金及附加”账户，贷记“银行存款”账户。

六、应交个人所得税

（一）个人所得税的征税对象

个人所得税是目前我国仅次于增值税和企业所得税的第三大税种。个人所得税是以个人所得为征税对象，按照应纳税所得额和规定的税率计算征收的一种税。下列各项个人所得，应缴纳个人所得税：

（1）工资、薪金所得。

（2）劳务报酬所得。

（3）稿酬所得。

(4) 特许权使用费所得。

(5) 经营所得。

(6) 利息、股息、红利所得。

(7) 财产租赁所得。

(8) 财产转让所得。

(9) 偶然所得。

(10) 经国务院财政部门确定征税的其他所得。

上述(1)至(4)项个人所得统称综合所得。

(二) 个人所得税的纳税人

个人所得税以所得人为纳税人,以支付所得的单位或个人为扣缴义务人。

纳税人分为居民个人和非居民个人。居民个人是指在中国境内有住所,或者无住所而一个纳税年度内在中国境内居住满183天的个人。居民个人以其从中国境内和境外取得的所得,按规定计算缴纳个人所得税。非居民个人是指在中国境内无住所又不居住,或者无住所而一个纳税年度内在中国境内居住不满183天的个人。非居民个人以其从中国境内取得的所得,按规定计算缴纳个人所得税。

居民个人取得综合所得按年计算个人所得税;有扣缴义务人的,由扣缴义务人按月或者按次预扣预缴税款,居民个人年度终了后需要补税或者退税的,按照规定办理汇算清缴。非居民个人取得综合所得,有扣缴义务人的,由扣缴义务人按月或者按次扣缴税款,不办理汇算清缴。

(三) 应纳税所得额的计算

(1) 居民个人的综合所得,以每一纳税年度的收入额减去费用6万元以及专项扣除、专项附加扣除和依法确定的其他扣除后的余额为应纳税所得额。居民个人的综合所得按月预缴预扣个人所得税的,以每月收入额减除费用5 000元后的余额为应纳税所得额。专项扣除包括居民个人按照国家规定的范围和标准缴纳的基本养老保险、基本医疗保险、失业保险等社会保险费和住房公积金等。专项附加扣除包括子女教育、继续教育、大病医疗、住房贷款利息、住房租金和赡养老人等支出。依法确定的其他扣除,如个人将其所得对教育事业和其他公益慈善事业捐赠的部分,按照国务院有关规定从应纳税所得中扣除。

(2) 非居民个人的工资、薪金所得,以每月收入额减除费用5 000元后的余额为应纳税所得额。劳务报酬所得、稿酬所得、特许权使用费所得,以每次收入额为应纳税所得额。

在计算应纳税所得额时,纳税人的劳务报酬所得、稿酬所得、特许权使用费所得三类收入按扣除20%的费用后计算应纳税所得额。

(3) 经营所得,以每一纳税年度的收入总额减去成本、费用以及损失后的余额为应纳税所得额。

9

(4) 财产租赁所得,每次收入不超过4 000元的,减去费用800元;4 000元以上的,减除20%的费用,其余额为应纳税所得额。

(5) 财产转让所得,以转让财产的收入额减去财产原值和合理费用后的余额为应纳税所得额。

(6) 利息、股息、红利所得,偶然所得和其他所得,以每次收入额为应纳税所得额。

(四) 个人所得税税率

税率是对征税对象的征收比例或征收额度。税率是计算税额的尺度,也是衡量税负轻重的重要标志。我国对个人所得税的征收实行超额累进税率和比例税率。超额累进税率,即把征税对象按数额的大小分成若干等级（级距），每等级规定一个税率，税率依次提高，对每一纳税人的征税对象依所属等级同时适用几个税率分别计算，将计算结果相加后得出应纳税款。比例税率，即对同一征税对象，不分数额大小，规定相同的征收比例。具体的个人所得税税率为：综合所得实行七级超额累进税率（表 9-9）、经营所得实行五级超额累进税率、其他所得实行 20% 的比例税率。

表 9-9　　　　个人所得税税率表（综合所得适用）

级　数	全月应纳税所得额	税率/%	速算扣除数
1	不超过 3 000 元的部分	3	0
2	超过 3 000 元至 12 000 元的部分	10	210
3	超过 12 000 元至 25 000 元的部分	20	1 410
4	超过 25 000 元至 35 000 元的部分	25	2 660
5	超过 35 000 元至 55 000 元的部分	30	4 410
6	超过 55 000 元至 80 000 元的部分	35	7 160
7	超过 80 000 元的部分	40	11 160

注：表 9-9 是按月应纳税所得额的个人所得税税率表。

（五）个人所得税的核算

下面我们以居民综合所得个人所得税为例对个人所得税的核算进行说明。

1. 计算应纳税所得额

应纳税所得额 = 税前收入 − （专项扣除、专项附加扣除、其他扣除）− 5 000

2. 应交个人所得税税额

（1）逐级累进计算法：

$$个人应交所得税税额 = \sum（相应级数的应纳税所得额 \times 适用的累进税率）$$

（2）速算扣除计算法：

$$个人应交所得税税额 = 应纳税所得额 \times 适用的税率 - 速算扣除数$$

【例 9-47】 企业专业技术人员李某本月工资、薪金等收入共计 26 000 元，各种社会保险费和住房公积金等专项扣除比例为 22%，核定的专项附加扣除为 1 200 元，计算本月应交个人所得税，并作会计分录如下：

应纳税所得额 = 26 000 − 26 000 × 22% − 1 200 − 5 000 = 14 080（元）

个人应交所得税税额 = 3 000 × 3% + 9 000 × 10% + 2 080 × 20% = 1 406（元）

或者：

个人应交所得税税额 = 14 080 × 20% − 1 410 = 1 406（元）

借：应付职工薪酬——工资　　　　1 406

　贷：应交税费——应交个人所得税　　　　1 406

9

第六节 预收账款和其他应付款项

一、预收账款和合同负债

（一）预收账款

预收账款是指企业按合同规定，向购货单位或接受劳务单位预收的货款或订金。

为了总括反映和监督预收账款的收取和结算情况，企业应设置“预收账款”账户进行核算。本账户应按购货单位设置明细账户。企业预收款项时，借记“银行存款”账户，贷记“预收款项”账户；向购货单位发货时，借记“预收账款”账户，贷记“主营业务收入”“应交税费——应交增值税（销项税额）”等账户；退还多收的预收账款时，借记“预收账款”账户，贷记“银行存款”账户；收到购货单位补付的款项时，借记“银行存款”账户，贷记“预收账款”账户。

如果企业的预收账款业务不多，也可以不设置“预收账款”账户，而是将预收的款项通过“应收账款”账户核算。

【例 9-48】 某企业采用预收货款方式向B公司销售产品。20××年3月30日预收B公司货款100 000元，存入银行。4月25日向B公司交付商品，开出增值税专用发票，内列价款300 000元，税额为39 000元。差额尚未补收。5月31日收到B公司补付的差额并存入银行。

根据以上经济业务编制会计分录如下：

（1）3月30日，收到预收货款时：

借：银行存款　　100 000

　　贷：预收账款——B公司　　100 000

（2）4月25日，向B公司交付商品时，登记应收金额：

借：预收账款——B公司　　339 000

　　贷：主营业务收入　　300 000

　　　　应交税费——应交增值税（销项税额）　　39 000

（3）5月31日，收到B公司补付的差额时：

借：银行存款　　239 000

　　贷：预收账款——B公司　　239 000

（二）合同负债

合同负债是指企业已收或应收向客户销售商品或提供服务价款后，而应向客户转让商品或提供服务的义务。

企业按合同约定向客户预收销售商品或提供服务款项的，应当首先将该款项确认为负债，
9 按照实际预收的全部款项，借记“银行存款”账户，按照其中预收的商品价款，贷记“合同负债”账户，按照应交的增值税税款，贷记“应交税费”账户；待向客户销售商品或提供服务时再转为收入，借记“合同负债”账户，贷记“主营业务收入”账户。

【例 9-49】 某公司经营连锁酒店业务，为增值税一般纳税人。20××年共向客户销售了1 272张储值卡，每张面值5 000元。客户可在公司的任何一家酒店使用储值卡消费。截至20××年12月31日，客户使用储值卡消费的金额为3 000 000元。假定企业在实际收到款项时发生增值税纳税义务，增值税税率为6%。作会计分录如下：

（1）销售储值卡时：

储值卡总金额＝1 272×5 000＝6 360 000（元）

不含税销售金额＝6 360 000÷1.06＝6 000 000（元）

应缴纳增值税税额＝6 000 000×6%＝360 000（元）

借：银行存款　　6 360 000

　贷：合同负债　　6 000 000

　　应交税费——应交增值税（销项税额）　　360 000

（2）储值卡消费时：

实际消费的储值卡金额＝3 000 000（元）

确认收入＝3 000 000÷1.06＝2 830 189（元）

借：合同负债　　2 830 189

　贷：主营业务收入　　2 830 189

注：已执行新收入准则的企业，使用“合同负债”账户核算后，不再使用“预收账款”账户。

二、其他应付款项

（一）交易性金融负债

金融负债包括交易性金融负债和直接指定为以公允价值计量且其变动计入当期损益的金融负债。交易性金融负债，主要是指企业为了近期内出售或回购的金融负债。直接指定为以公允价值计量且其变动计入当期损益的金融负债，主要是企业基于风险管理、战略投资需要等所作的指定。

企业交易性金融负债按公允价值进行计量。

企业交易性金融负债设置“交易性金融负债”账户核算。并按照交易性金融负债类别，分别按“本金”“公允价值变动”进行明细核算。

企业承担交易性金融负债时，应按实际收到的金额，借记“银行存款”等账户，按发生的交易费用，借记“投资收益”账户，按交易性金融负债的公允价值，贷记“交易性金融负债——本金”账户。资产负债表日，交易性金融负债的公允价值高于其账面余额的差额，借记“公允价值变动损益”账户，贷记“交易性金融负债——公允价值变动”账户；公允价值低于其账面余额的差额，作相反的会计分录。处置交易性金融负债时，应按其账面余额，借记“交易性金融负债——本金、公允价值变动”账户；按实际支付的金额，贷记“银行存款”等账户；按其差额，贷记或借记“投资收益”账户。同时，按该金融负债的公允价值变动，借记或贷记“公允价值变动损益”账户，贷记或借记“投资收益”账户。

【例 9-50】　20××年 10 月 1 日，甲公司经批准在债券市场按面值公开发行 1 亿元人民币短期融资券，期限为 1 年，票面年利率为 6%，每张面值 100 元，到期一次性还本付息。所募集资金主要用于公司生产经营所需资金。公司将该短期融资券指定为以公允价值计量且其变动计入当期损益的金融负债。假定发行短期融资券相关的交易费用 100 万元。20××年 12 月 31 日，该短期融资券市场价格每张 108 元（不含利息）。第二年 9 月 30 日，该短期融资券到期兑付完成。编制会计分录如下：

（1）20××年 10 月 1 日，发行短期融资券。

借：银行存款　　99 000 000

　投资收益　　1 000 000

贷：交易性金融负债——成本 100 000 000

(2) 20××年 12 月 31 日，年末确认公允价值变动。

借：公允价值变动损益 8 000 000

贷：交易性金融负债——公允价值变动 8 000 000

(3) 第二年 9 月 30 日，短期融资券到期兑付本息。

借：交易性金融负债——成本 100 000 000

——公允价值变动 8 000 000

投资收益 6 000 000

贷：银行存款 106 000 000

投资收益 8 000 000

借：投资收益 8 000 000

贷：公允价值变动损益 8 000 000

(二) 应付股利

应付股利是指企业经董事会或股东大会决议进行利润分配时，确定以现金形式向股东派发的股利或利润。

企业确定并宣告分派现金股利或利润时，借记“利润分配”账户，贷记“应付股利”账户；实际支付时，借记“应付股利”账户，贷记“银行存款”等账户。

具体业务举例参照第十四章相关内容。

(三) 应付利息

应付利息是指企业按照合同约定应支付的利息，包括分期付息到期还本的长期借款、企业债券等应支付的利息。

企业按合同约定计算确定利息费用时，应按计算确定的应付利息的金额，借记“在建工程”“财务费用”“研发支出”等账户，贷记“应付利息”账户。实际支付利息时，借记“应付利息”账户，贷记“银行存款”等账户。

具体业务举例参照本章第二节及第十章有关内容。

(四) 其他应付款

其他应付款是指企业除应付票据、应付账款、预收账款、应付职工薪酬、应付利息、应付股利、应交税费、长期应付款等经营活动以外的其他各项应付、暂收的款项。

企业的其他应付款设置“其他应付款”账户核算，并应当按照其他应付款的项目和对方单位(或个人)进行明细核算。

企业发生其他各种应付、暂收款项时，借记“银行存款”“管理费用”等账户，贷记“其他应付款”账户；支付的其他各种应付、暂收款项，借记“其他应付款”账户，贷记“银行存款”等账户。

9

【例 9-51】 宏大公司 20××年 8 月 1 日租入 ABC 公司一座仓库，租期 2 个月，每月租金 20 000 元，相关的增值税经认证准予抵扣，租金于租赁期满时一次支付。宏大公司编制会计分录如下：

(1) 8 月份预提租金时：

借：管理费用——租赁费 20 000

应交税费——应交增值税(进项税额) 1 800

贷：其他应付款 21 800

（2）租赁期满时，支付 2 个月租金：

借：其他应付款　　　　　　　　　　　　21 800

　　管理费用——租赁费　　　　　　　　20 000

　　应交税费——应交增值税（进项税额）　1 800

　　贷：银行存款　　　　　　　　　　　　　　43 600

第十章　非流动负债

【内容结构】

- 非流动负债
  - 非流动负债概述
    - 非流动负债的意义和特点
    - 非流动负债的分类
    - 非流动负债的借款费用
  - 长期借款
    - 长期借款的性质和核算内容
    - 长期借款的核算
  - 应付债券
    - 应付债券的性质和分类
    - 应付债券发行价格的确定
    - 应付债券发行的账务处理
    - 应付债券票面利息、折价或溢价摊销及利息费用计付的账务处理
    - 应付债券的偿还
    - 可转换公司债券
  - 长期应付款项
    - 购入有关资产超过正常信用条件延期支付价款
    - 租赁负债
  - 专项应付款和预计负债
    - 专项应付款
    - 预计负债

【学习目标】

知识目标：

1. 了解非流动负债的概念、特点、分类和借款费用资本化的相关规定。
2. 熟悉长期借款的特点和利息计算。
3. 熟悉应付债券的性质、分类及发行价格的确认。
4. 明确购入有关资产超过正常信用条件延期支付价款的性质和核算账户。

5. 明确租赁负债初始计量规定和折现率的选用。
6. 了解专项应付款和预计负债的概念。

技能目标：

1. 能进行长期借款业务的核算。
2. 能进行应付债券发行、债券利息计提和债券偿还业务的核算。
3. 能进行长期应付款和租赁负债业务的核算。
4. 能进行专项应付款和预计负债业务的核算。

第一节 非流动负债概述

一、非流动负债的意义和特点

非流动负债是指偿还期在1年以上或者超过1年的一个营业周期以上的负债。非流动负债的形成是企业筹资决策的结果。企业为了扩大生产经营规模、增加固定资产、对外进行长期投资，往往需要大量长期资金。这些资金仅靠企业拥有的经营资金是无法满足的，如果靠企业留存收益积累又会丧失许多良机。目前企业筹措长期资金主要有两种方式：一是增发股票吸收投资者投入新的资本；二是通过各种形式举借非流动负债。举借非流动负债是企业向债权人筹集可供长期使用的资金，包括长期借款、应付债券、长期应付款等形式。

非流动负债除具有负债的共同特点外，与流动负债相比，还有债务金额大、偿还时间长、可分期偿还等特点。

举借非流动负债筹措资金与增发股票吸收投资者投入新的资本相比较有以下优点：

(1) 可以保持企业原有的股权结构不变和股票价格稳定。因为增发股票会改变原有股东的持股比例，从而影响原有的股权结构。增发股票会使每股收益下降，从而导致股票价格下跌。

(2) 不影响原有股东对企业的控制权。债权人对企业的经营决策没有表决权，只享有到期收回债权本金和利息的权利，而增发新股票会有新股东介入，影响到原股东对企业的控制权。

(3) 举债不影响企业剩余利润的分配。债权人仅按固定利率获取利息，不参与企业剩余利润的分配，当企业获得的投资报酬率高于非流动负债的利息率时，剩余利润将全部归股东所有。

(4) 非流动负债支付的利息具有抵税功能。非流动负债的利息支出除了可以资本化的部分以外，均计入当期损益，在计算所得税时，抵减利润总额。而对股东支付的股利，只能从税后利润中支付。

举借非流动负债对企业也有不利影响，主要表现在：

(1) 举借非流动负债可能带来股东收益的减少。非流动负债利息是指企业必须定期支付的费用，如果举债经营的投资报酬率低于非流动负债的利息率，则会直接减少投资者的收益；而股利可以根据企业的经营情况来决定是否支付，效益好则分配，不好则可以少分配或不分配。

(2) 举借非流动负债必须按规定到期日偿还。非流动负债一般都有确定的到期日，企业必须为债务偿还作好资金准备，会影响企业资金周转的灵活性；而所有者投资没有到期日，一般不需要按期偿还。

(3) 举借非流动负债可能会给企业带来较大的财务风险。债权人对企业的财产享有优先求偿权，如果企业因资金周转困难而无法定期支付利息或按期偿还本金，债权人的求偿权可能迫使企业破产清算。

因此，企业在举借非流动负债决策时，应充分考虑以下两个因素并适度举债：一是要保证举债经营的投资报酬率高于非流动负债的利息率；二是举债的程度应与企业的资本结构和偿债能力相适应。

二、非流动负债的分类

（一）按筹措方式分类

非流动负债按筹措方式的不同，可以分为长期借款、应付债券、长期应付款和专项应付款等。具体内容详见本章以下各节介绍。

（二）按偿还和付息方式分类

非流动负债按偿还方式的不同，可以分为定期偿还的非流动负债和分期偿还的非流动负债。前者在到期日一次偿还本金，企业发行债券通常采用这种方式；后者在到期日之前分期偿还本金，租赁负债支付用通常采用这种方式。

非流动负债的付息方式也分为一次付息和分期付息两种。企业债券利息大多采用到期一次付息的方式，若债券发行期限较长时，也常采用分期付息方式；长期借款利息通常采用分期付息的方式。分期偿还本金的非流动负债，其利息也相应采用分期支付的方式。

另外，非流动负债还可按币种分为人民币非流动负债和外币非流动负债两种。

三、非流动负债的借款费用

（一）借款费用的意义

借款费用，是指企业因借款而发生的利息及其他相关成本，具体包括借款利息、折价或者溢价的摊销、辅助费用以及因外币借款而发生的汇兑差额等。

非流动负债的借款费用，在会计上有两种处理方法：一是在发生时予以费用化，即直接计入当期费用；二是在发生时予以资本化，即直接计入所购建资产的价值，作为购建资产历史成本的一部分。

（二）借款费用资本化的范围和原则

我国《企业会计准则第 17 号——借款费用》中的借款是个广义的概念，包括企业向银行或其他金融机构等借入的资金、发行的债券和承担的带息债务。该准则把借款分为专门借款和一般借款两部分。专门借款是指为购建或者生产符合资本化条件的资产而专门借入的款项。这种借款应当有明确的用途，即为购建或生产某项固定资产、投资性房地产或者存货而专门借入，并应当具有标明该用途的借款合同。一般借款是指专项借款以外的各种借款。对借款进行这种分类的目的是为了正确划分借款费用资本化的范围以及确定资本化的金额。

微课视频：借款费用资本化

企业发生的借款费用，可直接归属于购建或者生产的符合资本化条件的资产的，应当予以资本化，计入相关资产成本；其他借款费用，应当在发生时根据其发生额确认为费用，计入当期损益。也就是说，只有发生在符合资本化条件的固定资产、投资性房地产和存货的购建或者生产过程中的借款费用，才能在符合资本化条件的情况下予以资本化；发生在其他资产上的借款费用，不能予以资本化。

会计准则规定，借款费用应予资本化的资产是指需要经过相当长时间的购建或者生产活动才能达到预定可使用或者可销售状态的固定资产、投资性房地产和存货等资产。

（三）借款费用资本化的条件和期间

会计准则对借款费用资本化的条件、借款费用资本化的期间，即借款费用从开始资本化到停止资本化的期间作了规定。借款费用资本化的条件是：

（1）资产支出已经发生。资产支出包括为购建或者生产符合资本化条件的资产而以支付现金、转移非现金资产或者承担带息债务形式发生的支出。

（2）借款费用已经发生。

（3）为使资产达到预定可使用或者可销售状态所必要的购建或者生产活动已经开始。

准则还规定，以上三个条件同时具备时，因借款而发生的利息、折价或溢价摊销和汇兑差额应当开始资本化。否则，借款费用不能资本化。例如，企业用专门借款购入设备等待安装，借款已经开始使用，借款费用已经发生，但设备尚未开始安装，只满足了(1)(2)两个条件，条件(3)未满足，所发生的借款费用不能资本化。又如，企业赊购的设备投入安装，这项业务借款资金尚未使用，借款费用已经发生，安装活动已经开始，只满足(2)(3)两个条件，条件(1)未满足，所发生的借款费用也不能资本化。

当出现下列情况时，借款费用应当停止资本化：购建或者生产符合资本化条件的资产达到预定可使用或者可销售状态时，借款费用应当停止资本化，以后发生的借款费用应当于发生当期确认为费用。

资本化期间是指从借款费用开始资本化时点到停止资本化时点的期间，借款费用暂停资本化的期间不包括在内。

当出现下列情况之一时，可认为所购建的固定资产已达到预定可使用状态或者可销售状态：❶符合资本化条件的资产的实体建造（包括安装）或者生产工作已经全部完成或者实质上已经完成。❷所购建或者生产的符合资本化条件的资产与设计要求、合同规定或者生产要求相符或者基本相符，即使有极个别与设计、合同或者生产要求不相符的地方，也不影响其正常使用或者销售。❸继续发生在所购建或生产的符合资本化条件的资产上的支出金额很少或者几乎不再发生。❹购建或者生产符合资本化条件的资产需要试生产或者试运行的，在试生产结果表明资产能够正常生产出合格产品，或者试运行结果表明资产能够正常运转或者营业时，应当认为该资产已经达到预定可使用或者可销售状态。

符合资本化条件的资产在购建或者生产过程中发生非正常中断，且中断时间连续超过3个月的，应当暂停借款费用的资本化。在中断期间发生的借款费用应当确认为费用，计入当期损益，直至资产的购建或者生产活动重新开始。如果中断是所购建或者生产的符合资本化条件的资产达到预定可使用或者可销售状态的必要程序，借款费用的资本化应当继续进行。

（四）借款费用资本化金额的确定

（1）专门借款费用的资本化金额。

为购建或者生产符合资本化条件的资产而借入专门借款的，应当以专门借款当期实际发生的利息费用，减去将尚未动用的专门借款资金存入银行取得的利息收入或进行暂时性投资取得的投资收益后的金额确定。

专门借款发生的利息费用，在资本化期间内，应当全部计入符合资本化条件的资产成本，不计算借款资本化率。

专门借款应当有明确的专门用途，即为购建或者生产某种符合资本化条件的资产而专门借入的款项，通常签订有标明该借款用途的合同。

【例 10-1】 甲公司于20××年1月1日动工兴建一幢办公楼，工期为1年，工程采用出包方式，分别于20××年1月1日、7月1日和10月1日支付工程款3 000万元、6 000万元和2 000万元。办公楼于当年12月31日完工，达到预期定可使用状态。公司为建造办公楼发生了两笔专门借款，分别为：❶20××年1月1日专门借款4 000万元，借款期限为3年，年利率8%，按年支付利息。❷20××年7月1日专门借款4 000万元，借款期限为5年，年利率10%，按年支付利息。闲置专门借款资金均用于固定收益债券短期投资，假定该短期投资月收益率0.5%。

计算20××年甲公司专门借款利息费用资本化金额，为简化计算，假定全年按360天计算。

专门借款利息费用资本化金额＝专门借款当期实际发生的利息费用－将闲置借款金额短期投资取得的投资收益 $= 4\,000 \times 8\% + 4\,000 \times 10\% \times \frac{180}{360} - 1\,000 \times 0.5\% \times 6 = 490$（万元）

（2）一般借款利息费用的资本化金额。

为购建或者生产符合资本化条件的资产而占用了一般借款的，企业应当根据累计资本支出超过专门借款部分的资本支出加权平均数乘以所占用一般借款的资本化率，计算确定一般借款应予资本化的利息金额。

一般借款利息费用资本化金额的计算公式如下：

一般借款利息费用资本化金额＝累计资本支出超过专门借款部分的资本支出加权平均数×所占用一般借款的资本化率

其中：

❶ 累计资本支出超过专门借款部分的资本支出的计算公式如下：

累计资本支出超过专门借款部分的资本支出加权平均数＝$\sum$（累计资本支出超过专门借款部分的资本支出金额×该笔资本支出实际占用天数÷会计期间涵盖的天数）

❷ 所占用一般借款资本化率（即借款利率）。如果企业只借入一笔借款，该资本化率就是该项借款的利率；如果企业借入两笔以上的借款，该资本化率就是这些借款的加权平均利率。加权平均利率的计算公式如下：

所占用一般借款资本化率（即所占用一般借款加权平均利率）＝所占用一般借款当期实际发生的利息之和÷所占用一般借款本金加权平均数×100%

10

上述公式中“所占用一般借款当期实际发生的利息之和”是指企业当期应负担的一般借款利息，根据当期每一笔借款本金、借款利率和借款占用时间计算。

所占用一般借款本金加权平均数＝$\sum$（每一笔借款的本金×每一笔借款实际占用的天数÷会计期间涵盖的天数）

【例 10-2】 根据【例10-1】的资料，甲公司为建造办公楼支出总额11 000万元（3 000＋6 000＋2 000）超过了专门借款总额8 000万元（4 000＋4 000），占用了一般借款3 000万元。假定所占用一般借款为两笔，分别为：❶向A银行长期借款4 000万元，20××年1月1日借入，期限为3年，年利率6%，按年支付利息。❷发行公司债券20 000万元，于20××年1月1日发行，期限为5年，年利率8%，按年支付利息。

计算一般借款利息费用资本化金额如下：

一般借款利息费用资本化金额＝当期累计资产支出超过专门借款部分的资产支出加权平均数×所占用一般借款的资本化率

其中：

当期累计资产支出超过专门借款部分的资产支出加权平均数 $=(9\,000-8\,000)\times\frac{180}{360}+2\,000\times\frac{90}{360}=1\,000$（万元）

所占用一般借款的资本化率 $=(4\,000\times6\%+20\,000\times8\%)\div(4\,000+20\,000)=7.67\%$

一般借款利息费用资本化金额 $=1\,000\times7.67\%=76.70$（万元）

综合上述【例 10-1】和【例 10-2】计算结果：

甲公司建造办公楼应予资本化的利息费用金额＝专门借款利息费用资本化金额＋一般借款利息费用资本化金额 $=490+76.70=566.70$（万元）

(3) 借款存在折价或溢价的，应当按照实际利率法确定每一会计期间应摊销的折价或者溢价金额，调整每期利息金额。

(4) 在资本化期间内，每一会计期间的利息资本化金额不应当超过当期相关借款实际发生的利息金额。

按照借款费用准则的规定，允许借款费用资本化的借款范围不仅限于专门借款，而且包括一般借款。企业在计算每期利息（包括折价或溢价的摊销）的资本化金额时，可能会出现所计算的利息的资本化金额超过当期相关借款实际发生的利息金额。在这种情况下，每期允许资本化的利息金额应当以当期实际发生的利息为限，即不得超过当期相关借款实际发生的利息金额。

（五）借款费用资本化的其他规定

在资本化期间内，外币专门借款本金及利息的汇兑差额，应当予以资本化，计入符合资本化条件的资产的成本；在所购建或者生产的符合资本化条件的资产达到预定可使用或者可销售状态之后发生的，应当在发生时根据其发生额确认为费用，计入当期损益。

因专门借款发生的辅助费用，在所购建或者生产的符合资本化条件的资产达到预定可使用或者可销售状态之前发生的，应当在发生时根据其发生额予以资本化，计入符合资本化条件的资产的成本；在所购建或者生产的符合资本化条件的资产达到预定可使用或者可销售状态之后发生的，应当在发生时根据其发生额确认为费用，计入当期损益。

一般借款发生的辅助费用，应当在发生时根据其发生额确认为费用，计入当期损益。

购建或者生产的符合资本化条件的资产的各部分分别完工，且每部分在其他部分继续建造过程中可供使用或者可对外销售，且为使该部分资产达到预定可使用或可销售状态所必要的购建或者生产活动实质上已经完成的，应当停止与该部分资产相关的借款费用的资本化。

购建或者生产的资产的各部分分别完工，但必须等到整体完工后才可使用或者可对外销售的，应当在该资产整体完工时停止借款费用的资本化。

第二节 长期借款

一、长期借款的性质和核算内容

（一）长期借款的特点

长期借款是指企业向银行等金融机构借入的期限在 1 年以上（不含 1 年）的各项借款。长期借款一般用于固定资产的购建、改扩建工程、大修理工程以及流动资产的正常需要等方面。它是企业非流动负债的重要组成部分。长期借款具有借款数额大、借款期限长等特点。

（二）长期借款的分类

企业的长期借款可以按不同的标准进行分类，其主要分类标志和种类如下：

按偿还方式，长期借款可分为定期偿还借款和分期偿还借款。

按付息方式，长期借款可分为偿还本金时一次付息的长期借款和在借款期限内分期付息的长期借款。

按借款条件，长期借款可分为抵押借款、担保借款和信用借款。抵押借款是指用企业的资产作为抵押，以保证按期还款而取得的借款。担保借款是指企业以其他具有法人资格的单位作担保而取得的借款。信用借款是指凭企业的良好信誉而取得的借款。

按借款用途，长期借款可分为基本建设借款、技术改造借款和生产经营借款。基本建设借款是指企业用于固定资产购置、新建、改建和扩建等支出而取得的借款。技术改造借款是指企业用于固定资产更新和技术改造等支出而取得的借款。生产经营借款是指企业用于正常生产经营活动支出而取得的借款。

按币种，长期借款可分为人民币借款和外币借款等。

（三）长期借款利息的计算

长期借款利息的计算有单利和复利两种方法。单利是指仅按借款本金计算利息，其发生的利息不再加入本金重复计算利息。复利是指根据本金和前期利息之和计算本期利息，即不仅要计算本金的利息，还要计算利息的利息。

长期借款利息可按借款合同的约定，于到期还本时一次支付，或者在借款期内分期支付。不论何种支付方式，都应当按照权责发生制原则，将应由本期负担的长期借款利息计提入账。

二、长期借款的核算

企业举借长期借款的借入与偿还设置“长期借款”账户核算，并按照贷款单位和贷款种类，分别按“本金”“利息调整”“应计利息”等进行明细核算。

企业借入长期借款，应按实际收到的金额，借记“银行存款”账户，按长期借款本金，贷记“长期借款——本金”账户，如存在差额，借记“长期借款——利息调整”账户。

10

企业采用合同约定的名义利率计算确定利息费用时，应按合同约定的名义利率计算确定的应付利息的金额，借记“在建工程”“财务费用”等账户，贷记“应付利息”账户。

企业按摊余成本和实际利率计算确定的长期借款的利息费用时，借记“在建工程”“财务费用”等账户；按合同约定的名义利率计算确定的应付利息金额，贷记“应付利息”账户；按其差额，贷记或借记“长期借款——利息调整”账户。

归还长期借款本金时，借记“长期借款——本金”账户，贷记“银行存款”账户。存在利息调整余额的，借记或贷记“在建工程”“财务费用”等账户，贷记或借记“长期借款——利息调整”账户。

【例 10-3】 甲企业 20××年 1 月 1 日向银行借入 3 年期长期借款 200 万元，合同约定名义年利率为 6%，按单利计算，每年付息一次，到期还本。该企业用借款购建生产流水线，20××年 12 月 31 日前共发生料、工、费 120 万元，第二年 6 月月底以前，又发生建设费用 60 万元。该生产流水线于第二年 6 月月底达到预定使用状态，交付使用。借款利息按合同约定的名义利率计算。

甲企业应编制会计分录如下：

(1) 取得长期借款时：

借：银行存款	2 000 000	
贷：长期借款——本金		2 000 000

(2) 20××年，发生建设生产线支出：

借：在建工程——建筑工程(生产流水线)	1 200 000	
贷：银行存款		1 200 000

(3) 20××年年末，计算应付利息：

应付利息＝2 000 000×6%＝120 000(元)，假定利息符合资本化条件。

借：在建工程——建筑工程(生产流水线)	120 000	
贷：应付利息		120 000

20××年年末实际支付利息：

借：应付利息	120 000	
贷：银行存款		120 000

(4) 第二年发生建设费用：

借：在建工程——建筑工程(生产流水线)	600 000	
贷：银行存款		600 000

(5) 第二年6月月底，计算应付利息：

假定利息均符合资本化条件。

借：在建工程——建筑工程(生产流水线)	60 000	
贷：应付利息		60 000

(6) 设备交付使用：

借：固定资产——生产流水线	1 980 000	
贷：在建工程——建筑工程(生产流水线)		1 980 000

(7) 办理竣工决算后，第二年每月计算应付利息：

应付利息＝2 000 000×6%÷12＝10 000(元)

借：财务费用——利息支出	10 000	
贷：应付利息		10 000

第二年年末实际支付利息：

借：应付利息	120 000	
贷：银行存款		120 000

(8) 第三年每月计算应付利息：

应付利息＝2 000 000×6%÷12＝10 000(元)

借：财务费用——利息支出	10 000	
贷：应付利息		10 000

(9) 到期偿还本金与最后一年利息：

借：长期借款——本金	2 000 000	
应付利息	120 000	
贷：银行存款		2 120 000

【例10-4】 20××年1月1日，某企业由银行借入3年期长期借款500 000元，合同规定

10

名义利率6%，实际利率为12%，按年计息。银行扣除各种相关费用72 046元，其余款项转入本企业银行存款户。该企业编制有关会计分录如下：

(1) 20××年1月1日，取得借款时：

借：银行存款　427 954

　长期借款——利息调整　72 046

　贷：长期借款——本金　500 000

(2) 20××年12月31日，计算有关利息时：

按实际利率计算的利息费用＝427 954×12%＝51 354(元)

按名义利率计算的应付利息＝500 000×6%＝30 000(元)

借：财务费用　51 354

　贷：应付利息　30 000

　　长期借款——利息调整　21 354

实际支付利息时：

借：应付利息　30 000

　贷：银行存款　30 000

(3) 第二年12月31日，计算有关利息时：

按实际利率计算的利息费用＝(427 954＋21 354)×12%

＝449 308×12%＝53 917(元)

借：财务费用　53 917

　贷：应付利息　30 000

　　长期借款——利息调整　23 917

实际支付利息时：

借：应付利息　30 000

　贷：银行存款　30 000

(4) 第三年12月31日，计算有关利息时：

按实际利率计算的利息费用＝(449 308＋23 917)×12%

＝473 225×12%＝56 787(元)

借：财务费用　56 787

　贷：应付利息　30 000

　　长期借款——利息调整　26 787

(5) 到期归还长期借款本金及第3年利息时：

借：长期借款——本金　500 000

　应付利息　30 000

　贷：银行存款　530 000

同时，转销“长期借款——利息调整”账户余额：

账户余额＝72 046－21 354－23 917－26 787＝－12(元)，是各月按实际利率计算利息费用时，对小数进行四舍五入调整。

借：长期借款——利息调整　12

　贷：财务费用　12

第三节 应付债券

一、应付债券的性质和分类

（一）应付债券的性质

债券是企业按照法定程序发行，约定在一定期限内还本付息的一种有价证券。应付债券是指企业为了筹措长期资金发行债券形成的一项非流动负债。企业发行债券通常须经董事会及股东会正式批准，向社会公众公开发行的债券须经有关证券管理机构批准。

企业发行的债券，其票面一般须载明企业名称、债券面值、票面利率、还本期限和方式、付息方式、债券发行日期等内容。

（二）应付债券的分类

应付债券可按不同标准进行分类，不同种类的债券，其管理要求和会计处理方式也不相同。

（1）债券按是否记名，可分为记名债券和无记名债券两类。记名债券是指发行人登记债券持有人的地址和姓名，并据以支付债券本金和利息的一种债券。无记名债券是指发行人未对债券持有人的地址和姓名进行登记的一种债券。记名债券对债券持有人来讲比较安全，发行人须按登记的债券持有人支付本金和利息，而无记名债券则是向债券的直接持有人支付本金和利息，债券在谁手里，谁就可持债券领取本金和利息。因此，记名债券转让时，必须到发行人处办理过户手续，否则持券人将无权领取本金和利息。

（2）债券按有无担保，可分为抵押债券和信用债券两类。抵押债券是指发行企业以特定资产作为抵押而发行的债券，又称有担保债券。信用债券是指企业没有特定资产作抵押，仅凭借企业的良好信誉而发行的债券，又称无担保债券。对债券持有人来讲，抵押债券承担的风险较小。债券的发行人如无能力支付债券本息，抵押债券的持有人有权利要求拍卖发行人的抵押资产，用拍卖收入偿债。信用债券的持有人则只能等到发行人破产时从其破产财产中得以补偿。

（3）债券按还本方式，可分为一次还本债券和分期还本债券两类。一次还本债券是指在一个固定的到期日偿还全部本金的债券。分期还本债券是指按不同的到期日分期偿还本金的债券。两种债券的不同点在于企业对偿债资金的安排不同。

（4）债券按付息方式可分为一次付息债券和分期付息债券两类。一次付息债券是指在债券到期日支付全部利息的债券。分期付息债券是指每隔一段时间支付一次利息的债券。两种债券的区别主要是利息的支付时间不同。

（5）债券按是否可转换为股票，分为可转换债券和不可转换债券两类。可转换债券是指可按一定条件转换为发行企业普通股股票的债券。不可转换债券是指不能转换为发行企业普通股股票的债券。

（6）债券按付息资金的来源，可分为收益债券和收入债券两类。收益债券是指发行企业有盈利才支付利息的债券。收入债券是指发行企业用某种特定收入支付利息的债券。

本书主要介绍到期还本、分期付息、一次付息等应付债券的核算。

专栏 10-1

我国第一个会计学会和国家级会计研究基地

上海会计学会是被国内外会计界誉为中国“会计之父”的潘序伦先生于改革开放后一手创建的。1924 年潘序伦从海外学成归国后，任上海商科大学教务主任兼会计系主任、上海国立暨南大学商学院院长和教授等职，并于 1927 年创办了“潘序伦会计师事务所”。改革开放后，潘序伦积极推动会计工作，成立了我国第一个会计学会——上海会计学会。上海会计学会现为上海会计界的重要组织，很多会计名家都是上海会计学会的理事。

2000 年 9 月，上海财经大学会计学院“会计与财务研究院”入选第二批全国普通高等学校人文社会科学重点研究基地。这是我国第一个国家级会计研究基地，也是全国仅有的两个国家级会计研究基地之一（另一个是厦门大学会计发展研究中心）。教育部专家组在实地考察后认为，该研究院具有以下主要优势：一是会计学研究处于全国领先地位，研究成果显著；二是研究队伍实力较强，知识结构和年龄结构合理；三是与实务部门关系密切，有利于研究工作的顺利开展；四是图书资料和硬件设施好。

二、应付债券发行价格的确定

债券的发行价格是指债券发行企业在发行债券时，向债券投资者收取的全部现金或现金等价物。债券发行价格的确定受多种因素的影响：债券面值、票面利率、债券到期日与付息日、本金偿还方式、发行企业信用与资本结构、实际利率或市场利率、资本市场供求状况等。其中，债券面值、票面利率和实际利率是影响债券发行价格的主要因素。债券面值又称债券的到期值，即债券到期时应偿还的本金。实际利率即债券发行时的市场利率，是债券发行人和投资人双方都能接受的利率。票面利率一般用年利率表示，是在债券发行前根据当时的市场利率确定的。

若债券发行时的实际利率已知，则债券的发行价格为：到期偿还债券面值按债券发行时的实际利率计算的现值加上债券票面利息按债券发行时的实际利率计算的现值。用公式表示如下：

债券发行价格＝债券面值的现值＋债券利息的现值

债券面值的现值＝债券面值×每期实际利率和总期数的复利现值系数

债券利息的现值＝每期利息×每期实际利率和总期数的年金现值系数

由于债券的准备发行和实际发行有较长的时间间隔，两个时点的市场利率不一定相同，即按债券准备发行时的市场利率确定的票面利率与债券实际发行时的市场利率可能有差异。如果债券的票面利率等于实际发行时的市场利率，则债券应按平价发行（发行价格等于债券面值）；如果票面利率高于实际发行时的市场利率，则债券应按溢价发行（发行价格高于债券面值），溢价部分作为对发行人将来按票面利率计算比按市场利率计算多付利息的一种补偿；如果票面利率低于实际发行时的市场利率，则债券应按折价发行（发行价格低于债券面值），折价部分作为发行人将来按票面利率计算比按市场利率计算少付利息而预先付出的代价。

【例 10-5】　甲公司 20××年 1 月 1 日发行 3 年期债券，面值为 20 万元，票面利率为 6%，每半年计息一次，到期一次还本付息。若发行时市场利率分别为 6%、4%、8%，计算债券的发行价格。

（1）若债券发行时市场利率为 6%：

债券面值的现值＝200 000×（P/F，3%，6）

＝200 000×0.837 5

＝167 500（元）

债券利息的现值＝200 000×6%÷2×（P/A，3%，6）

＝6 000×5.417 2

＝32 500（元）

债券发行价格＝167 500＋32 500＝200 000（元）

（2）若债券发行时市场利率为 4%：

债券面值的现值＝200 000×（P/F，2%，6）

＝200 000×0.888 0

＝177 600（元）

债券利息的现值＝200 000×6%÷2×（P/A，2%，6）

＝6 000×5.601 4

＝33 608（元）

债券发行价格＝177 600＋33 608＝211 208（元）

即该债券溢价 11 208（211 208－200 000）元发行。

（3）若债券发行时市场利率为 8%：

债券面值的现值＝200 000×（P/F，4%，6）

＝200 000×0.790 3

＝158 060（元）

债券利息的现值＝200 000×6%÷2×（P/A，4%，6）

＝6 000×5.242 1

＝31 452（元）

债券发行价格＝158 060＋31 452＝189 512（元）

即该债券折价 10 488（200 000－189 512）元发行。

10

三、应付债券发行的账务处理

为了总括反映和监督债券的发行、计息、归还情况，企业应设置“应付债券”账户。该账户的贷方登记应付债券的本息、债券的溢价以及摊销的债券折价；借方登记归还的债券本息、债券折价以及摊销的债券溢价。期末余额在贷方，表示尚未归还的应付债券本息。在“应付债券”账户下，应设置“面值”“利息调整”“应计利息”等明细账户，并按债券类别进行明细分类核算。若为分期付息到期还本的债券应设置“应付利息”账户，反映已到付息期尚未支付的债券利息。

企业在发行债券时，应当设置“企业债券备查簿”，详细登记每一企业债券的票面金额，债券票面利率、还本付息期限与方式、发行总额、发行日期和编号、委托代售单位、转换股份等资料。企业债券到期结清时，应当在备查簿内逐笔注销。

（一）应付债券的面值发行

企业按面值发行债券时，应按票面金额，借记“银行存款”账户，贷记“应付债券——面值”账户。

【例 10-6】 甲企业于20××年1月1日发行票面总值为100万元的公司债券，该债券票面利率为12%，期限为3年，面值发行，每年年末付息一次，到期一次偿还本金。假定发行债券筹措的资金全部用于补充企业流动资金。作会计分录如下：

借：银行存款	1 000 000	
贷：应付债券——面值		1 000 000

（二）应付债券的折价发行

企业按折价发行债券时，应按实际收到的款项，借记“银行存款”账户；按实际收到的款项与债券面值之间的差额，借记“应付债券——利息调整”账户；按债券票面金额，贷记“应付债券——面值”账户。

【例 10-7】 甲企业于20××年7月1日发行总面值为100万元的公司债券，共收到发行债券价款95万元。该债券票面利率为10%，期限为5年。每半年付息一次，到期偿还本金和最后一期利息。假定发行该债券筹措的资金全部用于补充企业流动资金。作会计分录如下：

借：银行存款	950 000	
应付债券——利息调整	50 000	
贷：应付债券——面值		1 000 000

（三）应付债券的溢价发行

企业按溢价发行债券时，应按实际收到的款项，借记“银行存款”账户；按票面金额，贷记“应付债券——面值”账户；按实际收到的款项与债券面值之间的差额，贷记“应付债券——利息调整”账户。

10

【例 10-8】 甲企业20××年7月1日发行票面价值为100万元的公司债券，共收到发行债券款120万元。该债券票面利率为10%，期限为5年。企业每半年计息一次，到期一次偿还本金和利息。假定发行该债券筹措的资金全部用于补充企业流动资金。作会计分录如下：

借：银行存款	1 200 000	
贷：应付债券——面值		1 000 000
——利息调整		200 000

企业发行债券时，如果发行费用大于发行期间冻结资金所产生的利息收入，按发行费用减去发行期间冻结资金所产生的利息收入后的差额，根据发行债券筹集资金的用途进行不同的会计处理：属于用于固定资产项目的，按照借款费用资本化的原则处理；属于其他用途的，计入当期财务费用。如果发行费用小于发行期间冻结资金所产生的利息收入，按发行期间冻结资金所产生的利息收入减去发行费用后的差额，视同发行债券的溢价收入，在债券存续期间于每期计提利息时摊销。

四、应付债券票面利息、折价或溢价摊销及利息费用计付的账务处理

（一）债券票面利息的计算

债券票面利息即债券发行人定期支付给债券持有人的利息，等于债券面值与票面利率的乘积，一般按年度或半年度计算。票面利息一方面是债券利息费用的组成部分，另一方面在未支付给债券持有人前形成企业的一项负债。按企业会计准则的规定，在分期支付债券利息的情况下，它是一种流动负债，记入“应付利息”账户；在债券到期一次支付债券利息的情况下，它是一种非流动负债，记入“应付债券——应计利息”账户。

（二）债券利息费用的计算

债券的利息费用由债券票面利息和利息调整（债券溢价摊销或折价摊销）两部分组成，利息调整是债券发行时面值与实际收到款项之间的差额，需要在债券存续期内分期摊销，以确定该期的利息费用。其计算公式为：

债券平价发行时：利息费用＝票面利息

债券折价发行时：利息费用＝票面利息＋利息调整（折价摊销额）

债券溢价发行时：利息费用＝票面利息－利息调整（溢价摊销额）

债券利息费用符合资本化规定的，计入相关资产的成本，如为建造固定资产发行债券的利息费用，在固定资产达到预定可使用状态前计入在建固定资产的建造成本。不符合资本化条件的债券利息费用作为期间费用计入当期损益。

（三）利息调整（债券折价或溢价）的摊销

利息调整摊销分为直线法和实际利率法两种，现行企业会计准则规定采用实际利率法。

1. 直线法

直线法是指将利息调整平均分摊于债券存续期的一种摊销方法。该方法操作比较简便。在这种方法下：

每期利息调整的摊销额＝利息调整总额÷期数

【例 10-9】 根据【例 10-7】的资料，甲企业每期利息调整摊销额为：

50 000÷5÷2＝5 000（元）

【例 10-10】 根据【例 10-8】的资料，甲企业每期利息调整摊销额为：

200 000÷5÷2＝20 000（元）

2. 实际利率法

实际利率法是指利用实际利率和应付债券的摊余成本计算各期的利息费用的方法。由于债券的摊余成本逐期不同，因此计算出来的利息费用也就逐期不同。

在债券溢价发行的情况下，债券账面价值逐期减少，利息费用也随之逐期减少；反之，在债券折价发行的情况下，债券的账面价值逐期增加，利息费用也逐期增加。

当期确认的利息费用与按票面利率计算的应付利息之间的差额，即为该期应摊销的利息调整。

10

（1）折价发行债券按以下公式计算：

票面利息(应付利息)＝面值×票面利率

当期利息费用＝债券该期期初账面价值(摊余成本)×实际利率(市场利率)

利息调整摊销额＝当期利息费用－票面利息

【例10-11】 假定甲企业20××年1月1日发行5年期债券1 000 000元，票面利率为10%，实际利率为12%，每年付息一次，实际发行价格为927 910元。折价采用实际利率法摊销。每年的利息调整摊销额，如表10-1所示。

表10-1　利息调整摊销额计算表　单位：元

会计期间	票面利息	债券期初账面价值	当期利息费用	利息调整摊销额
20××年12月31日	100 000	927 910	111 349	11 349
第二年12月31日	100 000	939 259	112 711	12 711
第三年12月31日	100 000	951 970	114 236	14 236
第四年12月31日	100 000	966 206	115 945	15 945
第五年12月31日	100 000	982 151	117 849*	17 849
合　计	500 000	1 000 000	572 090	72 090

注：117 849* ＝100 000＋17 849，该数由于调整前期误差采用倒挤方法计算求得。

（2）溢价发行债券按以下公式计算：

票面利息(应付利息)＝面值×票面利率

当期利息费用＝债券该期期初账面价值×实际利率(市场利率)

利息调整摊销额＝票面利息－当期利息费用

【例10-12】 假定甲企业20××年1月1日发行5年期债券1 000 000元，票面利率为10%，实际利率为8%，每年付息一次，实际发行价格为1 079 850元。溢价采用实际利率法摊销。每年的利息调整摊销额如表10-2所示。

10

表10-2　利息调整摊销额计算表　单位：元

会计期间	票面利息	债券期初账面价值	当期利息费用	利息调整摊销额
20××年12月31日	100 000	1 079 850	86 388	13 612
第二年12月31日	100 000	1 066 238	85 299	14 701
第三年12月31日	100 000	1 051 537	84 123	15 877
第四年12月31日	100 000	1 035 660	82 853	17 147
第五年12月31日	100 000	1 018 513	81 487*	18 513
合　计	500 000	1 000 000	420 150	79 850

注：81 487* ＝100 000－18 513，该数由于调整前期误差采用倒挤方法计算所得。

（四）债券票面利息、利息费用、利息调整摊销的账务处理

企业应按计算的利息费用，借记“在建工程”“财务费用”等账户；按计算的利息调整摊销额，贷记或借记“应付债券——利息调整”账户；按计算的票面利息，贷记“应付利息”（分期支付利息）或“应付债券——应计利息”账户（到期一次还本付息）。

【例 10-13】　根据【例 10-6】的资料，20××年 12 月 31 日，甲企业计提债券利息，其票面利息和利息费用均为 120 000 元，无利息调整摊销。作会计分录如下：

借：财务费用　　120 000

　贷：应付利息　　120 000

以后各期作相同的会计分录。

【例 10-14】　根据【例 10-7】的资料，甲企业计算如下（假定利息调整摊销采用直线法）：

每期利息调整摊销额＝50 000÷5÷2＝5 000（元）

每期票面利息＝1 000 000×10％÷2＝50 000（元）

每期利息费用＝50 000＋5 000＝55 000（元）

根据计算结果，作会计分录如下：

借：财务费用　　55 000

　贷：应付利息　　50 000

　　应付债券——利息调整　　5 000

以后各期作相同的会计分录。

【例 10-15】　根据【例 10-8】的资料，甲企业计算如下（假定利息调整摊销采用直线法）：

每期利息调整摊销额＝200 000÷5÷2＝20 000（元）

每期票面利息＝1 000 000×10％÷2＝50 000（元）

每期利息费用＝50 000－20 000＝30 000（元）

根据计算结果作会计分录如下：

借：财务费用　　30 000

　应付债券——利息调整　　20 000

　贷：应付债券——应付利息　　50 000

以后各期作相同的会计分录。

【例 10-16】　根据【例 10-11】的资料，假设发行债券款用于一项固定资产建设，该建设项目于第三年 12 月 31 日竣工。甲企业作如下会计分录：

（1）20××年 12 月 31 日：

借：在建工程　　111 349

　贷：应付债券——利息调整　　11 349

　　应付利息　　100 000

（2）第二年 12 月 31 日：

借：在建工程　　112 711

　贷：应付债券——利息调整　　12 711

　　应付利息　　100 000

（3）第三年 12 月 31 日：

借：在建工程　　114 236

　贷：应付债券——利息调整　　14 236

　　应付利息　　100 000

(4) 第四年12月31日：

借：财务费用　　115 945

　贷：应付债券——利息调整　　15 945

　　应付利息　　100 000

(5) 第五年12月31日：

借：财务费用　　117 849

　贷：应付债券——利息调整　　17 849

　　应付利息　　100 000

【例10-17】 根据【例10-12】的资料，假设发行债券款用于一项固定资产建设，该建设项目于第二年12月31日竣工。甲企业作如下会计分录：

(1) 20××年12月31日：

借：在建工程　　86 388

　应付债券——利息调整　　13 612

　贷：应付利息　　100 000

(2) 第二年12月31日：

借：在建工程　　85 299

　应付债券——利息调整　　14 701

　贷：应付利息　　100 000

(3) 第三年12月31日：

借：财务费用　　84 123

　应付债券——利息调整　　15 877

　贷：应付利息　　100 000

(4) 第四年12月31日：

借：财务费用　　82 853

　应付债券——利息调整　　17 147

　贷：应付利息　　100 000

(5) 第五年12月31日：

借：财务费用　　81 487

　应付债券——利息调整　　18 513

　贷：应付利息　　100 000

五、应付债券的偿还

债券的偿还期限及付款方式一般已在发行债券的募集说明书中或债券的票面注明，债券到期，发行债券的企业应履行偿付责任。应付债券可在到期日偿还，亦可在到期日之前或之后偿还。偿还方式不同，其账务处理也不相同。

(一) 到期偿还

债券到期时，其溢价或折价金额均已分摊完毕，债券到期的账面价值等于面值，企业只需按面值偿付本金或根据发行协议偿付本金和最后一期的利息，借记“应付债券——面值”“应付利息”等账户，贷记“银行存款”账户。

【例 10-18】　根据【例 10-11】的资料，假设甲企业发行协议规定，债券到期后 10 日内支付债券的本金和最后一年的利息。假设第六年 1 月 5 日甲企业支付了债券的本金和最后一年的利息。作会计分录如下：

借：应付债券——面值　　1 000 000
　　应付利息　　100 000
　　贷：银行存款　　1 100 000

（二）提前偿还

债券的提前偿还主要有两种情况：一是企业在债券发行协议中已规定企业有权提前收回债券；二是对上市交易的债券，当企业资金充裕时，可选择在市价有利时在证券市场上陆续购回发行在外的债券。

企业提前偿付债券时，应首先计提应付债券的利息，借记“财务费用”等账户，贷记“应付利息”等账户；按提前偿还部分债券的面值借记“应付债券——面值”账户；按尚未摊销的利息调整借记或贷记“应付债券——利息调整”账户；按实际支付的款项贷记“银行存款”账户。若提前偿付或回购时，实际支付的款项若高于债券的账面价值和应付利息，应将多支付的款项记入“财务费用”等账户。

六、可转换公司债券

企业发行可转换公司债券时，应按实际收到的金额，借记“银行存款”等账户；按该项可转换公司债券包含的负债成分的面值，贷记“应付债券——可转换公司债券（面值）”账户；按权益成分的公允价值，贷记“其他权益工具”账户。按其差额，借记或贷记“应付债券——可转换公司债券（利息调整）”账户。

可转换公司债券持有人行使转换权利，将其持有的债券转换为股票，按“应付债券——可转换公司债券（面值、利息调整）”账户的余额，借记“应付债券——可转换公司债券（面值、利息调整）”账户；按该项可转换公司债券的权益成分的金额，借记“其他权益工具”账户；按股票面值和转换的股数计算的股票面值总额，贷记“股本”账户；按实际用现金支付的不可转换股票的部分，贷记“库存现金”等账户；按其差额，贷记“资本公积——股本溢价”账户。

第四节　长期应付款项

长期应付款项是指除长期借款和应付债券以外的其他各种长期应付款项，包括购入有关资产超过正常信用条件延期支付价款、租赁资产应付的租赁负债等。长期应付款项是企业筹集长期资金的理想方式。

长期应付款项除具有非流动负债的一般特点外，还表现为在规定的期限内分期付清欠款，如租赁资产应付的租赁负债是在整个租赁期内分期偿还的。

一、购入有关资产超过正常信用条件延期支付价款

企业应设置“长期应付款”账户，用来核算公司购入有关资产超过正常信用条件延期支付价款的增加和偿还情况。该账户是负债类账户，发生长期应付款时记贷方，偿还长期应付款时

记借方，期末余额在贷方，反映尚未偿还的长期应付款的数额。该账户应按长期应付款的种类和债权人设置明细账，进行明细核算。

企业购入有关资产超过正常信用条件延期支付价款、实质上具有融资性质的，应按购买价款的现值，借记“固定资产”“在建工程”“无形资产”“研发支出”等账户；按应支付的金额，贷记“长期应付款”账户；按其差额，借记“未确认融资费用”账户。

实际支付价款时，借记“长期应付款”账户，贷记“银行存款”账户。

采用实际利率法计算确定的当期利息费用，借记“财务费用”或“在建工程”账户，贷记“未确认融资费用”账户。

“未确认融资费用”属于负债类账户，用来核算企业应当分期计入利息费用的未确认融资费用。也就是把企业由于融资而应承担的利息支出在融资期内分摊。该账户可按债权人和长期应付款项目进行明细核算。

【例 10-19】 甲公司 20××年 1 月 1 日购入一台生产设备，合同约定该设备价款合计 9 000 000 元。设备价款分 3 年于每年年末平均支付 3 000 000 元。20××年 1 月 1 日设备交付给甲公司并投入安装，以银行存款支付安装费用 50 000 元，设备于 20××年 12 月 31 日安装完毕交付使用。假定甲公司以同期银行贷款利率 6%为折现率，不考虑增值税。甲公司有关账务处理如下：

(1) 计算购入设备现值及未确认融资费用：

购入设备现值 $=3\,000\,000\times(P/A,\ 6\%,\ 3)$

$=3\,000\,000\times2.673\,0=8\,019\,000$（元）

未确认融资费用 $=9\,000\,000-8\,019\,000=981\,000$（元）

借：在建工程　　8 019 000

　　未确认融资费用　　981 000

　　贷：长期应付款　　9 000 000

借：在建工程　　50 000

　　贷：银行存款　　50 000

(2) 计算信用期间未确认融资费用的分摊额，如表 10-3 所示。

表 10-3　　未确认融资费用分摊表　　单位：元

日　期 ❶	分期付款额 ❷	确认融资费用 ❸＝期初❺×6%	应付本金减少额 ❹＝❷－❸	应付本金余额 期末❺＝期初❺－❹
20××年 1 月 1 日				8 019 000
20××年 12 月 31 日	3 000 000	481 140	2 518 860	5 500 140
第二年 12 月 31 日	3 000 000	330 008	2 669 992	2 830 148
第三年 12 月 31 日	3 000 000	169 852*	2 830 148	0
合　计	9 000 000	981 000	8 019 900	

注：尾数调整 169 852* ＝3 000 000－2 830 148。

(3) 20××年 1 月 1 日至 20××年 12 月 31 日，为设备安装期间，未确认融资费用的分摊额符合资本化条件，计入固定资产成本。

10

20××年12月31日，甲公司账务处理如下：

借：在建工程　　481 140

　贷：未确认融资费用　　481 140

固定资产成本＝8 019 000＋50 000＋481 140＝8 550 140(元)

借：固定资产　　8 550 140

　贷：在建工程　　8 550 140

支付第一次设备价款：

借：长期应付款　　3 000 000

　贷：银行存款　　3 000 000

(4) 第二年1月1日至第三年12月31日，设备已经投入使用，未确认融资费用的分摊额不符合资本化条件，计入财务费用。

第二年12月31日，账务处理如下：

借：财务费用　　330 008

　贷：未确认融资费用　　330 008

借：长期应付款　　3 000 000

　贷：银行存款　　3 000 000

第三年12月31日，账务处理如下：

借：财务费用　　169 852

　贷：未确认融资费用　　169 852

借：长期应付款　　3 000 000

　贷：银行存款　　3 000 000

二、租赁负债

(一) 租赁负债的初始计量

租赁负债是指承租人租赁期开始日尚未支付给出租人的租赁付款额。

租赁负债应当按照租赁期开始日尚未支付的租赁付款额的现值进行初始计量。

1. 租赁付款额

租赁付款额是指承租人向出租人支付的与在租赁期内使用租赁资产的权利相关的款项，具体包括以下内容：

(1) 固定付款额及实质固定付款额，存在租赁激励的，扣除租赁激励相关金额。实质固定付款额是指在形式上可能包含变量但实质上无法避免的付款额。

(2) 取决于指数或比率的可变租赁付款额，该款项在初始计量时，根据租赁期开始日的指数或比率确定。可变租赁付款额，是指承租人为取得在租赁期内使用租赁资产的权利，向出租人支付的因租赁期开始日后的事实或情况发生变化(而非时间推移)而变动的款项，取决于指数或比率的可变租赁付款额包括与消费者价格指数挂钩的款项、与基准利率挂钩的款项和为反映市场租金费率变化而变动的款项等。

(3) 购买选择权的行权价格，前提是承租人合理确定将行使该选择权。

(4) 行使终止租赁选择权需支付的款项，前提是租赁期反映出承租人将行使终止租赁选择权。

(5) 根据承租人提供的担保余值预计应支付的款项。

担保余值,是指与出租人无关的一方向出租人提供担保,保证在租赁结束时租赁资产的价值至少为某指定的金额。未担保余值,是指租赁资产余值中,出租人无法保证能够实现或仅由与出租人有关的一方予以担保的部分。

2. 折现率

(1) 租赁内含利率。在计算租赁付款额的现值时,承租人应当采用租赁内含利率作为折现率。租赁内含利率是指使出租人租赁收款额的现值与未担保余值的现值之和,等于租赁资产公允价值与出租人的初始直接费用之和的利率。

(2) 增量借款利率。无法确定租赁内含利率的,承租人应当采用承租人增量借款利率作为折现率。增量借款利率是指承租人在类似经济环境下为获得与使用权资产价值接近的资产,在类似期间以类似抵押条件借入资金须支付的利率。

【例 10-20】 甲公司为扩大生产规模,通过 A 中介公司租用丙企业一条生产线,租用生产线期限为 5 年,每年租金 10 000 元,每年年初用货币资金支付。甲公司用银行存款向中介公司支付中介费用 600 元,丙企业为激励甲公司,同意为其报销中介费用 400 元,款项收到存入银行。甲公司预计将发生拆卸与恢复费用 2 341 元。租赁生产线的增量借款利率为 5%。

注:租赁付款额只包括固定付款额 40 000 元,即租赁第二年至第五年年初各应支付租金 10 000 元。

租赁付款额的现值即租赁负债现值计算如表 10-4 所示。

表 10-4　　租赁负债现值计算表

年　份	第零年	第一年	第二年	第三年	第四年
租赁付款额	10 000	10 000	10 000	10 000	10 000
折现率(5%)	—	0.952 4	0.907 0	0.863 8	0.822 7
租金现值	—	9 524	9 070	8 638	8 227
租赁负债	35 459				

10

根据计算结果作会计分录如下:

借:使用权资产——租入生产线	48 000	
贷:租赁负债——丙企业(未付租赁费)		35 459
预计负债		2 341
银行存款		10 200

(二) 租赁负债的后续计量

承租人应当按照固定的周期性利率计算租赁负债在租赁期内各期间的利息费用,并计入当期损益。该周期性利率是指计算租赁负债时采用的折现率或按规定修订后的折现率。

【例 10-21】 继上述【例 10-20】提供的资料,租赁负债的后续计量如表 10-5 所示。

表 10-5 租赁负债后续计量计算表

年份	期初余额 ❶=上期❹	租赁付款额 ❷	利息费用 ❸=[❶−❷]×5%	期末余额 ❹=❶−❷+❸
第一年	35 459	—	1 773	37 232
第二年	37 232	10 000	1 362	28 594
第三年	28 594	10 000	930	19 524
第四年	19 524	10 000	476	10 000
第五年	10 000	10 000	0	0

根据表 10-5 计算结果，作相关会计分录如下：

(1) 根据第一年年末计算的利息费用：

借：制造费用　　1 773

　　贷：租赁负债——丙企业(未付租赁费)　　1 773

(2) 第二年年初支付租赁费用：

借：租赁负债——丙企业(未付租赁费)　　10 000

　　贷：银行存款　　10 000

根据第二年年末计算的利息费用：

借：制造费用　　1 362

　　贷：租赁负债——丙企业(未付租赁费)　　1 362

(3) 第三年年初支付租赁费用：

借：租赁负债——丙企业(未付租赁费)　　10 000

　　贷：银行存款　　10 000

根据第三年年末计算的利息费用：

借：制造费用　　930

　　贷：租赁负债——丙企业(未付租赁费)　　930

(4) 第四年年初支付租赁费用：

借：租赁负债——丙企业(未付租赁费)　　10 000

　　贷：银行存款　　10 000

根据第四年年末计算的利息费用：

借：制造费用　　476

　　贷：租赁负债——丙企业(未付租赁费)　　476

(5) 第五年年初支付租赁费用：

借：租赁负债——丙企业(未付租赁费)　　10 000

　　贷：银行存款　　10 000

至此，租赁负债全部付清，租赁负债账户无余额。

第五节 专项应付款和预计负债

一、专项应付款

(一) 专项应付款的概念

专项应付款是指企业取得的尚待以后核销或交回的,国家指定为资本性投入的具有专项或特定用途的款项,如属于工程项目的资本性拨款等。

(二) 专项应付款的核算

企业专项应付款的取得、核销与交回,应设置“专项应付款”账户核算,并按照拨入资本性投资项目的种类进行明细核算。

企业收到资本性拨款时,借记“银行存款”账户,贷记“专项应付款”账户。将专项或特定用途的拨款用于工程项目,借记“在建工程”等账户,贷记“银行存款”“应付职工薪酬”等账户。工程项目完工,形成固定资产的部分,借记“专项应付款”账户,贷记“资本公积——资本溢价”账户;对未形成固定资产需要核销的部分,借记“专项应付款”账户,贷记“在建工程”等账户;拨款结余需要返还的,借记“专项应付款”账户,贷记“银行存款”账户。

“专项应付款”账户期末如有贷方余额,反映企业尚未转销的专项应付款。

【例 10-22】 某企业收到国家拨入专门用于新产品开发设备购置款 200 000 元,存入银行。按计划用该项拨款购入需安装设备 160 000 元,应付安装人员工资 20 000 元,支付其他安装费用 10 000 元。安装设备投入使用后,将剩余专项拨款交回。作有关会计分录如下:

(1) 收到拨入专项应付款时:

借:银行存款	200 000	
贷:专项应付款——新产品开发设备购置款		200 000

(2) 购入需安装设备、交付安装并计算安装人员工资时:

借:在建工程	180 000	
贷:银行存款		160 000
应付职工薪酬		20 000

(3) 支付其他安装费用时:

借:在建工程	10 000	
贷:银行存款		10 000

(4) 工程完工设备交付使用时:

借:固定资产——生产用固定资产	190 000	
贷:在建工程		190 000
借:专项应付款——新产品开发设备购置款	190 000	
贷:资本公积——资本溢价		190 000

(5) 交回剩余专项应付款时:

借:专项应付款——新产品开发设备购置款	10 000	
贷:银行存款		10 000

二、预计负债

（一）预计负债的概念

预计负债是指企业按照或有事项的相关义务确认的负债。或有事项是指过去的交易或者事项形成的，其结果须由某些未来事项的发生或不发生才能决定的不确定事项。

由过去交易或事项形成，是指或有事项的现存状况是过去交易或事项引起的客观存在。比如，未决诉讼虽然是正在进行中的诉讼，但该诉讼是企业因过去的经济行为导致起诉其他单位或被其他单位起诉。这是现存的一种状况而不是未来将要发生的事项。未来可能发生的自然灾害、交通事故、经营亏损等，不属于或有事项。结果具有不确定性，是指或有事项的结果是否发生具有不确定性，或者或有事项的结果预计将会发生，但发生的具体时间或金额具有不确定性。比如，债务担保事项的担保方到期是否承担和履行连带责任，需要根据债务到期时被担保方能否按时还款加以确定。这一事项的结果在担保协议达成时具有不确定性。由未来事项决定，是指或有事项的结果只能由未来不确定事项的发生或不发生才能决定。比如，债务担保事项只有在被担保方到期无力还款时企业（担保方）才履行连带责任。常见的或有事项主要包括：未决诉讼或仲裁、债务担保、产品质量保证、承诺、亏损合同、重组义务、环境污染整治等。

或有事项相关义务确认为预计负债应当同时具备的条件如下：❶该义务是企业承担的现时义务，企业没有其他现实的选择，只能履行该义务，如法律要求企业必须履行、有关各方合理预期企业应当履行等；❷履行该义务很可能导致经济利益流出企业，通常是指履行与或有事项相关的现时义务时，导致经济利益流出企业的可能性超过50%；❸该义务的金额能够可靠地计量。

（二）预计负债核算

企业发生的预计负债应设置“预计负债”账户核算，该账户可按照预计负债项目进行明细核算。

企业由对外提供担保、未决诉讼、重组义务产生的预计负债，应按确定的金额，借记“营业外支出”账户，贷记“预计负债”账户。

企业由产品质量保证产生的预计负债，应按确定的金额，借记“销售费用”账户，贷记“预计负债”账户。

由固定资产弃置义务产生的预计负债，应按确定的金额，借记“固定资产”账户，贷记“预计负债”账户。在固定资产的使用寿命内，按弃置费用计算确定各期应负担的利息费用，借记“财务费用”账户，贷记“预计负债”账户。

投资合同或协议中约定在被投资单位出现超额亏损，投资企业需要承担额外损失的，企业应在“长期股权投资”账户以及其他实质上构成对被投资单位净投资的长期权益账面价值均减记至零的情况下，对于按照投资合同或协议规定仍然需要承担的损失金额，借记“投资收益”账户，贷记“预计负债”账户。

企业实际清偿或冲减预计负债时，借记“预计负债”账户，贷记“银行存款”等账户。企业根据确凿证据需要对已确认的预计负债进行调整的，调整增加的预计负债，借记有关账户，贷记“预计负债”账户；调整减少的预计负债，做相反的会计分录。

“预计负债”账户期末贷方余额，反映企业已预计尚未清偿的债务。

【例10-23】 某企业因以前商品购进业务被对方起诉，预计相关的诉讼赔款100 000元，诉讼费用为23 000元。作会计分录如下：

10

借：营业外支出 100 000

管理费用 23 000

贷：预计负债——未决诉讼费用 123 000

【例 10-24】 某企业对销出商品提供质量担保，预计相关的担保费用为 50 000 元。编制会计分录如下：

借：销售费用 50 000

贷：预计负债——商品质量担保费 50 000

【例 10-25】 上述被诉讼事项败诉，用银行存款支付诉讼赔款 110 000 元，支付诉讼费用 23 000 元。作会计分录如下：

借：营业外支出 10 000

预计负债——未决诉讼费用 123 000

贷：银行存款 133 000

第十一章 所有者权益

【内容结构】

- 所有者权益
  - 所有者权益概述
    - 所有者权益的性质
    - 企业类型和所有者权益的分类
  - 实收资本（或股本）和其他权益工具
    - 实收资本（或股本）
    - 其他权益工具
  - 资本公积和其他综合收益
    - 资本公积
    - 其他综合收益
  - 盈余公积和专项储备
    - 盈余公积
    - 专项储备
  - 未分配利润
    - 未分配利润
    - 未弥补亏损

【学习目标】

知识目标：

1. 理解所有者权益的性质、特征、分类，了解所有者权益和负债的区别。
2. 熟悉企业的类型和所有者权益的分类。
3. 明确实收资本增加和减少的主要渠道和方式。
4. 了解其他权益工具的构成和核算原则。
5. 熟悉资本公积、其他综合收益、盈余公积的概念和构成。

技能目标：

1. 能进行实收资本（或股本）和其他权益工具增减各种业务的核算。
2. 能进行资本公积和盈余公积增减各种业务的核算。

3. 能进行其他综合收益的专项储备业务的核算。

4. 能进行未分配利润和未弥补亏损的核算。

第一节 所有者权益概述

一、所有者权益的性质

（一）所有者权益的概念

我国《企业会计准则——基本准则》对所有者权益作了较完整的表述：所有者权益是指企业资产扣除负债后由所有者享有的剩余权益。公司的所有者权益又称为股东权益。所有者权益的来源包括所有者投入的资本、直接计入所有者权益的利得和损失、留存收益等。直接计入所有者权益的利得和损失，是指不应计入当期损益、但会导致所有者权益发生增减变动的、与所有者投入资本或者向所有者分配利润无关的利得或者损失。该定义说明了所有者权益是企业投资者对企业净资产的要求权这一经济性质，也说明了所有者权益的构成内容，同时还指出了所有者权益的数量金额。所有者权益是会计核算的重要内容，其会计核算主要包括所有者对企业的初始投资和其后投入资本变动、直接计入所有者权益的利得和损失及经营积累等。

微课视频：所有者权益的内容

（二）所有者权益的特征

所有者权益是企业的"永久性"权益，在企业的存续期间没有归还的义务；所有者权益在数额上等于资产减去负债的差额，不存在专门的计量问题；所有者权益是企业清偿的物质基础，是企业亏损的承担者；所有者权益可以依法参与企业税后利润的分配；所有者权益与企业的具体资产项目没有直接的对应关系，投资者无论以何种形式投资，一旦投资进入企业就成为企业这个特定会计主体的资产，不再是投资人的资产。

（三）所有者权益与负债的区别

企业的所有者和债权人均是企业资金的提供者，因此所有者权益和负债（债权人权益）均是对企业资产的要求权，但两者之间又存在着明显的区别。主要的区别有五点：

（1）性质不同。负债是企业对债权人承担的经济责任，债权人有优先获取企业用以清偿债务的资产的要求权；所有者权益则是所有者对剩余资产的要求权，这种要求权在顺序上置于债权人的要求权之后。

（2）权利不同。债权人只有获取企业用以清偿债务的资产的要求权，而没有经营决策的参与权和收益分配权；所有者则可以参与企业的经营决策及收益分配。

（3）偿还期限不同。企业的负债通常都有约定的偿还日期，企业必须定期偿还；所有者权益在企业的存续期内一般不存在偿还问题，即不存在约定的偿还日期，是企业的一项可以长期使用的资金，只有在企业清算时才予以偿还。

（4）风险不同。债权人获取的利息一般是按一定利率计算、预先可以确定的固定数额，企业不论盈利与否均应按期付息，债权人的风险较小；所有者获得多少收益，则视企业的盈利水平及经营政策而定，投资者的风险较大。风险不同，所要求的投资报酬率也不同，风险越大，所要求的投资报酬率越高。

(5) 计量方法不同。负债必须在发生时按照规定的方法单独计量;而所有者权益则是对资产和负债计量以后形成的结果。

二、企业类型和所有者权益的分类

(一) 企业类型

1. 有限责任公司(含国有独资公司)

(1) 有限责任公司是指根据《中华人民共和国公司登记管理条例》规定登记注册,由50个以下股东共同出资建立、每个股东以其所认缴的出资额对公司承担有限责任、公司以其全部资产对其债务承担有限责任的企业形式。有限责任公司具有以下特点:

❶ 具有法律主体地位。股东人数限制在50人以下,有限责任公司在法律上具有独立的主体地位,与自然人享受同样的权利和承担同样的义务。公司可以用自己的名义而不是以股东的名义对外开展业务。公司的财产和债务在法律上不再视为股东个人的财产和债务,股东只具有对公司净资产的要求权。

❷ 对债务承担有限责任。有限责任公司在清算时,以其全部资产对债务承担有限责任,如果公司的全部资产不足以清偿债务,股东不必以个人财产承担清偿责任,只需以认购的股份对公司承担有限责任。

❸ 股东认购的股份不能抽回但可转让。公司的全部资本不分为等额股份,公司向股东签发出资证明而不发行股票。所有股东在公司注册登记后,不得将出资抽回,股东之间可相互转让全部出资或部分出资。公司股东向股东以外的人转让出资,须经半数以上的股东同意,不同意的股东应购买该转让的出资,如不购买则视为同意转让。

❹ 公司与股东分别交税。公司作为法人,取得的收益按照企业所得税税法计算缴纳企业所得税,股东个人按照分得的股利则需计算缴纳个人所得税。

(2) 国有独资公司是指国家授权投资的机构或者国家授权的部门单独投资设立的有限责任公司。它是有限责任公司的一种特殊形式,即企业的股东只有国家一方。国有独资公司不设股东会,由国家授权投资的机构或部门授权董事会行使股东会的部分职权,对公司的重大事项作出决定。国有独资公司在发生企业合并、分立、解散、增资减资、发行公司债券等情况时,须经国家授权的机构或部门审批。国有独资公司具有法人资格,以公司的资产对负债承担有限责任,企业经营所得按企业所得税税法计算缴纳所得税。

2. 股份有限公司

股份有限公司是指其全部资本分为等额股份,股东以其所持有的股份为限对公司承担有限责任,公司以其全部资产对其债务承担有限责任的企业法人。

股份有限公司是指全部资本由等额股份组成并通过发行股票筹集资本的企业。股份有限公司与有限责任公司有很多相似之处,如两者都是法律主体和纳税主体;股东都对公司承担有限责任,公司则以其全部资产对公司债务承担有限责任;资产、负债、收入、费用、利润形成、大部分利润分配业务基本相同。但股份有限公司在其设立、资本筹集、股票管理、股利分配等方面有其特殊规定,本节就这些内容作重点介绍。

(1) 股份有限公司的设立。

根据《公司法》的规定,设立股份有限公司应当具备下列条件:发起人符合法定人数;发起人认交和社会公开募集的股本达到法定资本最低限额;股份发行、筹办事项符合法律规定;发起人制订公司章程，采用募集方式设立的经创立大会通过；有公司名称，建立符合股份有限公司要求的组织机构；有固定的生产经营场所和必要的生产经营条件。

设立股份有限公司，发起人应当在 5 人以上，其中必须有半数以上的发起人在中国境内有住所。国有企业改建为股份有限公司的，发起人可以少于 5 人，但应当采取募集设立方式。股份有限公司发起人承担公司筹办事务，发起人应当签订发起人协议，明确各自在公司设立过程中的权利和义务。

股份有限公司设立有发起设立和募集设立两种方式。

发起设立，是指由发起人认购公司应发行的全部股份而设立公司。股份有限公司采取发起设立方式设立的，注册资本为在公司登记机关登记的全体发起人认购的股本总额。

以发起设立方式设立股份有限公司的，发起人应当书面认足公司章程规定其认购的股份：一次缴纳的，应立即缴纳全部出资；分期缴纳的，应立即缴纳首期出资。以非货币资产出资的，应当依法办理其财产所有权的转移手续。发起人不依照前款规定缴纳出资的，应当按照发起人协议承担违约责任。发起人首次缴纳出资后，应当选举董事会和监事会，由董事会向公司登记机关报送公司章程、由依法设定的验资机构出具的验资证明以及法律、行政法规规定的其他文件，申请设立登记。

募集设立，是指由发起人认购公司应发行股份的一部分，其余股份向社会公开募集或者向特定对象募集而设立公司。股份有限公司采取募集方式设立的，注册资本为在公司登记机关登记的实收股本总额。

以募集设立方式设立股份有限公司的，发起人认购的股份不得少于公司股份总数的 35%。发起人向社会公开募集股份，必须公告招股说明书，并制作认股书。认股书由认股人填写认购股数、金额、住所，并签名、盖章，认股人按照所认购股数缴纳股款。

股份有限公司股东权益最显著的特点是公司的法定资本由等额股份构成，并通过发行股票（或股权证）方式筹集资本。股票的面值与股份总数之积被称为股本，股本应当等于公司的法定资本。

（2）股份有限公司股票的分类。股份有限公司的股票分为普通股和优先股。

普通股是公司资本构成的基本股份，其特点是公司经营良好时，其股东所得收益最大；反之，经营失败时，股东承担风险也最高。它可以是有面值的，也可以是无面值的。面值具有以下两个作用：一是根据法律规定，普通股的发行价格一般不低于其面值；其二，当股东权益低于普通股面值时，法律上一般禁止公司分派股利。普通股票是股份公司依法发行的具有管理权等某些特定权利，股利不固定的股票。股票是按发行价格发行的。发行价格的高低主要取决于企业的经营状况、盈利水平、派息政策、市场利率水平及宏观经济政策和政治经济等因素；而股票的面值则取决于企业的股本总额及股份数额等因素。普通股具有股息不固定、后于公司债权人和优先股参加公司清算分配、承担风险大等缺点，但普通股股东却享有较大的股东权利。

普通股股东享有以下基本权利：

❶ 收益分配权。普通股股东有权按其所持股份的比例分享企业的收益，并承担企业亏损。

❷ 剩余财产分配权。在企业停业清算时，其全部财产在偿还债务以及优先股股东的投资之后，剩余财产在普通股股东之间进行分配。

❸ 表决权。普通股股东有权参与企业的重大经营和财务决策。在股份有限公司中，股东主要是通过股东大会来行使选举董事与监事以及对重大经营事项进行表决的权利。

❹ 优先认股权。股份有限公司为增加资本而增发新的普通股股票时,现有的普通股股东有权优先认购。

❺ 账簿查阅权。普通股股东的这种权力在理论上是可行的,但在实务中不便操作,受到了限制。

优先股是公司为了筹集资金而发行的给予投资者某些优先权的股票。这种优先权主要表现在两个方面:一是优先股有固定的股息,不随公司业绩好坏而波动,并且可以先于普通股股东领取股息;二是当公司破产进行财产清算时,优先股股东对公司剩余财产具有优先于普通股股东的要求权。但优先股一般不参加公司的红利分配,持股人亦无表决权,不能借助表决权参加公司的经营管理。优先股与普通股相比较,虽然收益和决策参与权有限,但风险较小。

(二) 所有者权益的分类

企业的所有者权益可按来源和法定要求进行分类,这些分类构成所有者权益会计核算的基础。所有者权益通常分为投入资本和留存收益两大类,投入资本是指所有者投资形成的权益,包括实收资本(或股本)和资本公积;留存收益是企业通过经营活动增加的所有者权益,包括盈余公积和未分配利润。

具体到不同类型的企业,所有者权益便以不同的形式出现。在有限责任公司中,所有者权益表现为实收资本、资本公积和留存收益;在股份有限公司中,所有者权益表现为股本、资本公积和留存收益。

在我国现行的财务会计报告中,要求所有者权益按实收资本(或股本)、其他权益工具、资本公积、其他综合收益、盈余公积和未分配利润等项目报告。

专栏 11-1

我国第一所会计学校

著名会计师潘序伦于20世纪20年代在上海创办的“立信会计学校”是我国第一所会计学校。1928年,潘序伦从实践中深深感到开展会计师业务,首先要取信于社会。因之取《论语》中“民无信不立”之句,创立“立信会计专科学校”“立信会计补习学校”和“立信高级会计职业学校”。潘序伦先生同时提出了“信以立志、信以守身、信以处事、信以待人、毋忘立信、当必有成”的“立信”准则。该学校的建立对我国会计教育事业的发展产生了很大的推动作用。1987年,上海立信会计专科学校为潘序伦先生塑造了我国第一尊会计学者的铜像。

第二节　实收资本(或股本)和其他权益工具

一、实收资本(或股本)

(一) 实收资本(或股本)的确认和计量

实收资本(或股本)是指投资者按照企业章程或合同、协议的约定,实际投入企业的资本。

《中华人民共和国民法通则》(以下简称《民法通则》)规定,设立企业法人必须要有必要的财产。我国《企业法人登记管理条例》规定,企业申请开业,必须具备符合国家规定并与其生产经营和服务规模相适应的资金数额。对于有限责任公司来说,所有者投资形成实收资本;对于股份有限公司而言,股东购买公司股票,形成股本。

对实收资本进行核算需要区别三个不同的概念:一是注册资本,二是投入资本,三是实收资本(或股本)。注册资本是指企业在市场监督管理部门登记的投资者缴纳的出资额。我国设立企业实行注册资本制,投资者出资达到法定注册资本要求是企业设立的先决条件。注册资本是企业的法定资本,是企业承担民事责任的财力保证。投入资本是指投资者作为资本实际投入到企业的资本数额。投入资本按照投入资产形式的不同,可以分为货币投资、实物投资和无形资产投资等。企业对资本的筹集,应该按照法律、法规、合同和章程的规定及时进行,如果是一次筹集的,投入资本应等于注册资本;如果是分期筹集的,在投资者最后一次投入资本以后,投入资本应等于注册资本。根据注册资本制的要求,企业会计核算中的实收资本即为法定资本应当与注册资本相一致,企业不得擅自改变注册资本数额或抽逃资金。

在某些特定情况下,投资者也会因某种原因超额投入,从而使其投入资本超过企业注册资本,在这种情况下,企业进行会计核算时应将投入资本超过注册资本的部分作为资本公积进行单独核算。

企业法人登记管理条例规定,除国家另有规定外,企业的注册资本应当与实收资本相一致。该条例还规定,企业法人实收资本比原注册资本数额增加或减少超过20%时,应持资金证明或者验资证明,向原登记机关申请变更登记。

(二) 实收资本(或股本)的增加

1. 账户设置

企业如为有限责任公司,则应当设置"实收资本"账户,核算企业接受投资者投入的实收资本,股份有限公司应将该账户改为"股本"账户,核算股东投入股份有限公司的股本,企业应将核定的股本总额、股份总数、每股面值在"股本"账户中作备查记录。

2. 实收资本(或股本)增加的核算

(1) 接受投资者投入资本。

❶ 接受货币资金投资。企业在接受国家或股东以货币资金投入的资本时,以实际收到的货币资金,借记"库存现金""银行存款"等账户,贷记"实收资本(或股本)"账户。实际投资数额超出其在该企业注册资本中所占份额的部分,应计入资本公积。

【例 11-1】 甲有限责任公司,20××年5月25日收到A股东投入货币资金600 000元,款项收妥存入银行。作会计分录如下:

借:银行存款	600 000	
贷:实收资本——A股东		600 000

企业收到投资者以外币现金投入的资本时,应采用交易日即期汇率折算,把实际收到的外币金额按交易日即期汇率折合为记账本位币金额,借记"银行存款"账户,贷记"实收资本(或股本)"账户。

【例 11-2】 甲公司接受外商投入的外币资本100 000美元,当时的市场即期汇率为1美元=6.17元人民币。该企业以人民币作为记账本位币。作会计分录如下:

借:银行存款	617 000	
贷:实收资本——某外商		617 000

❷ 接受非货币性资产投资。企业收到投资者投入的材料物资，按投资各方确认的材料物资价值，借记“原材料”等账户，按增值税专用发票上注明的增值税税额，借记“应交税费——应交增值税（进项税额）”账户；按投资者占企业股权总额的比例，贷记“实收资本（或股本）”账户；按借贷双方的差额，贷记“资本公积”账户。

【例 11-3】 甲有限责任公司收到投资者投入原材料一批，投资各方确认该批材料不含税价值为 500 000 元，增值税专用发票注明增值税税额为 65 000 元，经认证准予抵扣，办妥所有投资手续，原材料已验收入库。作会计分录如下：

借：原材料	500 000	
应交税费——应交增值税（进项税额）	65 000	
贷：实收资本——某股东		565 000

企业对投资者投资转入的机器设备等固定资产，在办理了固定资产移交手续之后，按投资合同或协议约定的价值作为固定资产的入账价值，借记“固定资产”账户；按投资各方确认的价值在其注册资本中所占的份额，贷记“实收资本（或股本）”账户；按投资各方确认的价值与确认为实收资本的差额，确认为资本公积，贷记“资本公积”账户；按应支付的相关税费，确认为银行存款或应交税费，贷记“银行存款”“应交税费”等账户。

【例 11-4】 甲有限责任公司注册资本为 100 000 元。20××年 8 月 15 日，接受 B 公司以一台设备进行投资。该设备的原价为 56 000 元，已提折旧 16 620 元，双方经协商确认的价值为 45 000 元，占企业注册资本的 30%。与该投资固定资产相关的增值税税额 5 850 元，经认证准予抵扣。甲公司的账务处理如下：

借：固定资产	45 000	
应交税费——应交增值税（进项税额）	5 850	
贷：实收资本——B 公司		30 000
资本公积——资本溢价		20 850

投资者投入无形资产，应当按照投资合同或协议约定的价值确定，但合同或协议约定价值不公允的除外。投资者投入的无形资产，按投资各方确认的价值，借记“无形资产”账户，贷记“实收资本（或股本）”账户。如果无形资产价值大于投资者在企业注册资本中占有的份额，则其差额记入“资本公积”账户。

【例 11-5】 甲有限责任公司接受 C 投资者投入专利技术一项，投资各方确认价值为 60 000 元。与该投资专利技术相关的增值税税额 3 600 元，经认证准予抵扣。作会计分录如下：

借：无形资产——专利技术	60 000	
应交税费——应交增值税（进项税额）	3 600	
贷：实收资本——C 投资者		63 600

❸ 发行股票筹集资金。发行股票是指股份有限公司为设立公司或者筹集资金，依照法律规定发售股票的行为。企业应在核定的股本总额范围内发行股票。企业发行股票取得的收入与股本总额往往不一致，公司发行股票取得的收入大于股本总额的，称为溢价发行；小于股本总额的，称为折价发行；等于股本总额的，为平价发行。我国不允许企业折价发行股票。

企业按面值发行股票并收到股东的出资时，借记“银行存款”账户，以股票面值贷记“股本”账户。股票发行费用减去发行股票冻结期间所产生的利息收入后的差额，借记“资本公积——其他资本公积”账户，并直接从发行收入中扣除支付。在采用溢价发行股票的情况下，企业应将相当于股票面值的部分记入“股本”账户，其余部分在扣除发行手续费、佣金等发行费用后记入"资本公积——股本溢价"账户。

【例 11-6】 某公司 20××年委托甲证券公司代理发行普通股股票 1 000 000 股,每股面值为 2 元,按面值出售。公司与受托单位约定,按发行收入的 3%收取手续费,从发行收入中抵扣。收到股款存入银行时,作会计分录如下:

借:银行存款　　1 940 000
　资本公积——其他资本公积　　60 000
　贷:股本——普通股　　2 000 000

【例 11-7】 沿用【例 11-6】,假设股票为溢价发行,发行价格为每股 3 元,其他条件不变,则发行手续费为 90 000(1 000 000 × 3 × 3%) 元,收到的股款为 2 910 000 (1 000 000 × 3 − 90 000) 元。作会计分录如下:

借:银行存款　　2 910 000
　贷:股本——普通股　　2 000 000
　　资本公积——股本溢价　　910 000

❹ 配股或增发新股。如果股份有限公司的股东以其所拥有的其他企业的全部或部分股权作为配股资金,或作为认购新股的股款的,则公司所接受的股权应按照配股或增发新股所确定的价格,确认为初始股权投资成本;按照该股东配股或增发新股所享有的股份面值总额作为股本;按其差额,作为资本公积(股本溢价)。

如股份有限公司的股东以实物资产和可辨认无形资产作为配股资金,或作为认购新股的股款的,公司所接受的实物资产和可辨认的无形资产,应当按照配股或增发新股所确定的价格作为其接受资产的成本,按照该股东配股或增发新股所享有的股份面值总额,作为股本,按其差额,作为资本公积(股本溢价)。

(2) 资本公积转增实收资本(或股本)。

11

资本公积转增资本,不改变所有者权益总额,只是内部项目之间的结转。借记"资本公积"等账户,贷记"实收资本(或股本)"账户。增加后的实收资本,按照股东的持股比例增加各股东的股权。我国《公司法》规定,法定公积金转为资本时,所留存的该项公积金不得少于转增前公司注册资本的 25%。

【例 11-8】 A 有限责任公司经公司高层管理机构批准,决定用 5 000 万元资本公积转增资本,已经办理了登记变更手续。作会计分录如下:

借:资本公积——资本溢价　　50 000 000
　贷:实收资本　　50 000 000

(3) 盈余公积转增实收资本(或股本)。

盈余公积转增资本的核算与资本公积转增资本相类似,亦不改变所有者权益总额,只是内部项目之间的结转。借记"盈余公积"等账户,贷记"实收资本(或股本)"账户。增加后的实收资本,按照股东的持股比例增加各股东的股权。

【例 11-9】 A 有限责任公司经公司高层管理机构批准,决定用 3 000 万元盈余公积转增资本,已经办理了登记变更手续。作会计分录如下:

借:盈余公积——法定盈余公积　　30 000 000
　贷:实收资本　　30 000 000

(4) 其他方式增加实收资本(或股本)。

❶ 股份有限公司发放股票股利。股票股利是公司以增发股票的形式向股东支付的股利。

股票股利,既不影响公司的资产和负债,也不影响股东权益总额。只是将公司股东共有的留存收益(盈余公积和未分配利润)划归每一股东名下,即将留存收益转增股本。但分配股票股利后,在净收益不变的情况下,每股的收益率会有所下降,每股的市场价格也会有所下降。股票股利与现金股利相比有如下优点:股票股利的分派既不减少公司的货币资金,又可使股东分享利润,股东可通过出售派送的股票取得其股利收入,而且,股票股利在多数国家中都不作为股东所得,股东可因此而免交所得税。

根据现行企业会计制度规定,公司分派股票股利时,应在批准后进行账务处理。并按分派股票股利的资金来源作不同处理。如果公司用净利润分派股票股利,则应借记"利润分配——转作股本的股利"账户,贷记"股本——普通股"账户;如公司用盈余公积分派股票股利,应借记"盈余公积"账户,贷记"股本——普通股"账户。

【例 11-10】 某股份有限公司经批准向公司股东分派股票股利,其中用任意盈余公积分派100 000股,每股面值为1元;用未分配利润分派200 000股,每股面值为1元。办妥所有增资分派手续,作会计分录如下:

借:利润分配——转作股本的股利	200 000	
盈余公积——任意盈余公积	100 000	
贷:股本——普通股		300 000

股东持有公司股票可以转让,公司的股东在不断变化。为了确定哪些股东可以领到股利,何时领取股利,必须在发放股利前确定一些日期界限。有四个重要日期需要注意:

a. 宣布股利日,即董事会宣布决定在某日发放股利的日期。

b. 除息日,即除去股息的日期,在除息日当天或其后购买股票者将无权领取最近一次股利。

c. 股权登记日,凡此日在公司股东名册上有名字的人都可分享到最近一次股利。由于股票交易与股东是不断变化的,公司很难确定某期股利派发给哪些股东。因此,董事会必须决定某一天为股权登记日,让股东进行股权登记,以便公司确认股东并派发股息。

d. 股利发放日,指将股利正式发放给股东的日期。

❷ 可转换公司债券持有人行使转换权利。公司发行的可转换公司债券按规定转为股本时,应按"应付债券——可转换公司债券(面值)"账户余额,借记"应付债券——可转换公司债券(面值)"账户,按发行债券的溢价金额,借记"应付债券——利息调整"或"其他权益工具"账户,按股票面值和转换的股数计算股票面值总额,贷记"实收资本(或股本)"账户,按实际用现金支付的不可转换为股票的部分,贷记"银行存款"等账户,按其差额,贷记"资本公积——资本(股本)溢价"账户。

【例 11-11】 C股份有限公司发行3年期可转换公司债券10 000份,每份面值为1 000元,票面利率为6%。假定债券公允价格为1 000元,发行价格为1 200元,按期付息。3年到期,每份债券转为100股股票,每股面值为1元。

发行债券时:

借:银行存款	12 000 000	
贷:应付债券——可转换公司债券(面值)		10 000 000
应付债券——利息调整		2 000 000

转换为股本时:

借:应付债券——可转换公司债券(面值)	10 000 000	
应付债券——利息调整	2 000 000	

11

贷：股本 1 000 000

资本公积——股本溢价 11 000 000

（三）实收资本（或股本）的减少

1. 企业资本过剩减资

我国《公司法》规定，公司成立后，股东不得抽逃出资。但符合公司法规定的，可以减少注册资本，如企业发生重大亏损、资本过剩、回购股份用于奖励职工、中外合作企业按照协议归还股东投资等。公司减少（或增资）注册资本，须由董事会制订减资（或增资）方案，经过股东大会决议通过。公司减资后的注册资本不得低于法定的最低限额。

公司减少注册资本，须依法向公司登记机关办理变更登记。

有限责任公司减资的会计处理较简单，即借记“实收资本”账户，贷记“银行存款”账户。

股份有限公司发行的是股票，在减资时需要回购股票，并设置“库存股”账户核算企业收购或注销的本公司的股份数额。库存股票是指公司收回发行在外，但尚未注销的本公司股票。公司所持有的其他公司的股票、本公司尚未发行的股票等均不属于库存股。

股份有限公司采用收购本企业股票方式减资的，应按实际支付的金额，借记“库存股”账户，贷记“银行存款”账户。注销的库存股，应按股票面值和注销股数计算的股票面值总额，借记“股本”账户；按注销库存股的账面余额，贷记“库存股”账户；按其差额，借记“资本公积——股本溢价”账户；“资本公积”账户不足冲减的，依次减少“盈余公积”“利润分配——未分配利润”账户。

【例 11-12】 G股份有限公司20××年12月31日股本为100 000 000股，每股面值1元，“资本公积——股本溢价”账户贷方余额50 000 000元，“资本公积——其他资本公积”账户贷方余额200 000元，“盈余公积”账户贷方余额10 000 000元，“利润分配——未分配利润”账户贷方余额6 000 000元。经股东大会批准采用回购本公司股票的方式减资，回购股票20 000 000股，每股回购价3元，并发生回购佣金及印花税等1 000 000元。作会计分录如下：

11

（1）收购本公司股票时：

借：库存股 61 000 000

贷：银行存款 61 000 000

（2）注销本公司股票时：

借：股本 20 000 000

资本公积——股本溢价 41 000 000

贷：库存股 61 000 000

假设股票回购价每股4元，其他条件不变，作会计分录如下：

（1）收购本公司股票时：

借：库存股 81 000 000

贷：银行存款 81 000 000

（2）注销本公司股票时：

借：股本 20 000 000

资本公积——股本溢价 50 000 000

盈余公积 10 000 000

利润分配——未分配利润 1 000 000

贷：库存股 81 000 000

假设股票回购价每股0.8元，其他条件不变，作会计分录如下：

(1) 收购本公司股票时：

借：库存股	17 000 000	
贷：银行存款		17 000 000

(2) 注销本公司股票时：

借：股本	20 000 000	
贷：资本公积——股本溢价		3 000 000
库存股		17 000 000

2. 企业发生重大亏损减资

企业发生重大亏损减资是指企业为弥补亏损而减少企业资本的行为。企业减资须获股东大会的特别批准。企业减资主要原因之一是一次性偿付累积债务。由于多年经营亏损累积，即使以后若干年企业的利润也无法弥补，在这种情况下就需要减资，用以弥补累积的亏损。

企业因严重亏损而减资的会计处理为：借记“实收资本”或“股本”账户，贷记“利润分配——未分配利润”账户，金额为因严重亏损而减少的资本数额。

二、其他权益工具

(一) 优先股与永续债

优先股与“普通股”对称，是股份公司为了筹集资金而发行的给予投资者某些优先权的股票。优先股是一种没有期限的股权凭证，具有相应的特点。有关优先股的说明参见本章第一节的相关内容。

永续债是指非金融企业(发行人)在银行间债券市场注册发行的“无固定期限、内含发行人赎回权”的债券。永续债是一种没有期限的债权凭证，具有以下特点：没有规定到期时限；持有人不能要求清偿本金；可按期取得利息。

11

企业发行的普通股通常确认为实收资本(或股本)。企业发行的除普通股以外的股票(如优先股)或债券(如永续债)等金融工具，按照债务工具(金融负债)和权益工具的区分原则，分类为权益工具的，称作“其他权益工具”。

(二) 其他权益工具的核算原则

(1) 分类为权益工具的金融工具，无论其名称中是否含有“债”字，其利息支付或股利分配原则上作为利润分配核算，其回购或注销视作所有者权益变动进行会计处理。

(2) 分类为金融负债的金融工具，无论其名称中是否含有“股”字，其利息支出或股利分配原则上作为借款费用核算，其回购或赎回的利得与损失计入当期损益。

(3) 企业发行金融工具发生的手续费、佣金等交易费用，如发行的金融工具分类为权益工具的，应当从权益(其他权益工具)中扣除。分类为债务工具(金融负债)且以摊余成本计量的计入初始成本，以公允价值计量的计入当期损益。

(三) 其他权益工具核算账户的设置

(1) 企业(发行方)发行的金融工具分类为权益工具的，设置“其他权益工具”账户核算，并可按优先股或永续债分户进行明细核算。

(2) 企业(发行方)发行的金融工具分类为债务工具的，分别两种具体情况进行处理：一是以交易为目的的设置“交易性金融负债”账户核算；二是以筹集长期资金为目的并以摊余成本计量的设置“应付债券”账户核算，并可设置优先股或永续债等明细账户。

有关“应付债券”和“交易性金融负债”的核算参见本书第九章流动负债和第十章非流动负债的相关内容，不再重述。

（四）其他权益工具的核算

其他权益工具的核算，包括：发行其他权益工具的核算、持有期间支付利息或股利的核算、其他权益工具重分类的核算、回购与赎回的核算等。

1. 发行其他权益工具

企业发行其他权益工具时，按发行实际收取的价款金额，借记“银行存款”账户，按不同其他权益工具的发行金额（扣除发行费用），贷记“其他权益工具——优先股（或永续债）”账户。

【例 11-13】 某公司经批准发行优先股股票 500 000 股，每股 100 元，共支付发行费用 1 500 000 元；另发行永续债券 200 000 份，每份 50 元，共支付发行费用 300 000 元，收取发行价款存入银行。作会计分录如下：

借：银行存款	58 200 000	
贷：其他权益工具——优先股		48 500 000
——永续债		9 700 000

2. 持有其他权益工具

企业持有其他权益工具期间，计算确认应付优先股股利和永续债利息时，借记“利润分配——分配优先股股利（应付永续债利息）”账户，贷记“应付股利——应付优先股股利（应付永续债利息）”账户。

【例 11-14】 继【例 11-13】资料，按规定公司计算应付优先股股利每股 0.6 元，应付永续债的利息 400 000 元。作会计分录如下：

11

借：利润分配——分配优先股股利	300 000	
——分配永续债利息	400 000	
贷：应付股利——应付优先股股利		300 000
——应付永续债利息		400 000

3. 其他权益工具重分类

其他权益工具重分类包括两种情况，一是将权益工具（其他权益工具）重分类为债务工具（应付债券）；二是将债券工具（应付债券）重分类为权益工具（其他权益工具）。本书重点说明第一种情况。

企业按规定将权益工具重分类为债务工具时，按权益工具的账面价值，借记“其他权益工具”账户，按转作债务工具的公允价值贷记“应付债券”账户，按两者的差额，借记或贷记“资本公积”等账户。

【例 11-15】 继【例 11-13】资料，企业按规定将发行的永续债重分类为固定期限的债券，公允价值 12 000 000 元。作会计分录如下：

借：其他权益工具——永续债	9 700 000	
资本公积	2 300 000	
贷：应付债券——面值		10 000 000
——利息调整		2 000 000

4. 其他权益工具回购

企业按规定回购其他权益工具时，按支付的回购价款，借记“库存股”账户，贷记“银行存款”账户；注销回购的其他权益工具时，按其他权益工具账面价值，借记“其他权益工具”账户，按注销的库存股账面价值，贷记“库存股”账户，按两者的差额，借记或贷记“资本公积”账户。

【例 11-16】 继【例 11-13】资料，假定公司以每股 120 元的价格将全部优先回购，回购款全部从银行存款中支付。作会计分录如下：

(1) 回购时：

借：库存股	60 000 000	
贷：银行存款		60 000 000

(2) 注销时：

借：其他权益工具——优先股	48 500 000	
资本公积	11 500 000	
贷：库存股		60 000 000

第三节 资本公积和其他综合收益

一、资本公积

(一) 资本公积的含义

资本公积是指企业收到投资者出资额超出其在注册资本（或股本）中所占份额的部分，以及直接计入所有者权益的利得和损失等。

资本公积从本质上讲应属于投入资本，但与实收资本有所不同。实收资本一般是投资者投入的为谋求价值增值的原始投资，而且属于法定资本，与企业的注册资本相一致。因此，实收资本在其来源和金额上都有比较严格的限制。但是，资本公积在金额上没有严格的限制，在来源上也比较多样，它可以来自投资者的额外投入，也可以来自股票发行溢价等。资本公积与留存收益有根本区别，留存收益是由企业实现的利润转化而来的，而资本公积的形成有其特定的来源，与企业的净利润无关。

11

(二) 资本公积的核算

1. 资本公积增加

企业资本公积的主要来源是资本溢价（或股本溢价），即企业收到投资者的超出其在企业注册资本（或股本）中所占份额的投资。形成资本溢价（或股本溢价）的原因有溢价发行股票、投资者超面额缴入资本等。

股份有限公司以发行股票的方式筹集股本的，股票可以按面值发行，也可以溢价发行，我国目前不准折价发行。股份有限公司在溢价发行股票时，就会产生股本溢价。股票溢价的数额等于股份有限公司发行股票时实际收到的款额超出股票面值总额的部分。

股份有限公司以外的其他企业在创立时，投资者认缴的出资额与注册资本一致，一般不会产生资本溢价。但在企业重组或有新的投资者加入时，常常会出现资本溢价。因为企业进行正常的生产经营后，其资本利润率通常高于企业初创时期，另外，企业有内部积累，新投资者加入企业后会分享这些积累，所以新加入的投资者往往要付出大于原投资者的出资额，才能取得与原投资者相同的出资比例。投资者多缴的部分就形成资本积累。

企业应设置“资本公积”账户，核算资本公积的增减变化，并按照核算内容分别设置“资本溢价”“股本溢价”和“其他资本公积”等账户进行明细分类核算。

企业收到投资者投入的资本，借记“银行存款”“固定资产”“无形资产”等账户，按其在注册资本或股本中所占份额，贷记“实收资本”或“股本”账户，按其差额，贷记“资本公积——资本溢价(或股本溢价)”账户。与发行权益性证券直接相关的手续费、佣金等交易费用，借记“资本公积——股本溢价”账户，贷记“银行存款”等账户。

【例 11-17】 H股份有限公司委托某证券公司代理发行普通股票1 000 000股，每股面值为1元，按照每股3元价格发行。支付给证券公司的手续费按照发行收入总额的3%计算，从发行收入中扣除。假定发行收入已存入银行。作会计分录如下：

(1) 收到发行股票款时：

借：银行存款　　3 000 000

　贷：股本　　1 000 000

　　资本公积——股本溢价　　2 000 000

(2) 支付发行手续费时：

借：资本公积——股本溢价　　90 000

　贷：银行存款　　90 000

【例 11-18】 某有限责任公司由甲、乙、丙三位股东各自出资100万元设立。设立时的实收资本为300万元。经过3年的经营，该企业留存收益为150万元。这时又有丁投资者有意加入该公司，并表示愿意出资180万元，占该公司股份的25%。在会计核算时，将丁股东投入资金中的100万元记入“实收资本”账户，其余80万元记入“资本公积”账户。作会计分录如下：

借：银行存款　　1 800 000

　贷：实收资本——丁投资者　　1 000 000

　　资本公积——资本溢价　　800 000

11

企业以权益结算的股份支付换取职工或其他方提供服务的，应按权益工具授予日的公允价值，借记“管理费用”等相关成本费用账户，贷记“资本公积——其他资本公积”账户。

在行权日，应按实际行权的权益工具数量计算确定的金额，借记“资本公积——其他资本公积”账户，按计入实收资本或股本的金额，贷记“实收资本”或“股本”账户，按其差额，贷记“资本公积——资本溢价(或股本溢价)”账户。

2. 资本公积减少

资本公积的减少主要是转增资本金。用资本公积转增资本金时，应冲减资本公积，同时按照转增前的实收资本(或股本)的结构或比例，将转增的金额记入“实收资本”(或“股本”)账户下各所有者的明细分类账户。

【例 11-19】 某有限责任公司有甲、乙、丙、丁四位股东，分别占公司股份的30%、30%、20%、20%。经公司董事会研究批准，现将资本溢价产生的资本公积1 000万元转增资本金。作会计分录如下：

借：资本公积——资本溢价　　10 000 000

　贷：实收资本——甲股东　　3 000 000

　　　　——乙股东　　3 000 000

　　　　——丙股东　　2 000 000

　　　　——丁股东　　2 000 000

二、其他综合收益

（一）其他综合收益的分类

其他综合收益是指企业根据会计准则规定未在当期损益中确认的各项利得和损失。其他综合收益为下列两类：

1. 不能重新分类进损益的其他综合收益

（1）重新计量设定受益计划变动额。

（2）权益法下不能转损益的其他综合收益。

（3）其他权益工具投资公允价值变动。

（4）企业自身信用风险公允价值变动等。

2. 能重分类进损益的其他综合收益

（1）权益法下可转损益的其他综合收益。

（2）其他债权投资公允价值变动。

（3）金融资产重分类计入其他综合收益的金额。

（4）其他债权投资减值信用减值准备。

（5）现金流量套期储备。

（6）外向财务报表折算差额。

（二）其他综合收益的核算

1. 不能重分类进损益的其他综合收益

不能重分类进损益的其他综合收益是指对相关业务产生的其他综合收益，最终不得结转到有关会计期间收益的其他综合收益。按规定应将该项其他综合收益结转到所有者权益的有关项目。下面以其他权益工具投资公允价值变动为例进行说明。

11

【例 11-20】 20××年 10 月 1 日，丙企业购入丁公司发行的某股票 10 000 股，每股 50 元，款项从银行存款中支付，丙企业将购入的该股票确认为其他权益工具投资。20××年 12 月 31 日该股票的市价（公允价值）为每股 56 元。第二年 3 月 10 日丙企将该股票出售，每股售价 60 元，款项收到存入银行。假定丙企业法定盈余公积的提取比例为 10%。丙公司作有关会计分录如下：

（1）20××年 10 月 1 日内购入股票时：

借：其他权益工具投资——丁公司股票（成本）　500 000
　贷：银行存款　500 000

（2）20××年 12 月 31 日股票公允价值变动时：

借：其他权益工具投资——丁公司股票（公允价值变动）　60 000
　贷：其他综合收益——其他权益工具投资公允价值变动　60 000

（3）第二年 3 月 10 日出售股票时：

借：银行存款　600 000
　贷：其他权益工具投资——丁公司股票（成本）　500 000
　　　　——丁公司股票（公允价值变动）　60 000
　　盈余公积　4 000
　　利润分配——未分配利润　36 000

同时，结转相关的其他综合收益：

借：其他综合收益——其他权益工具投资公允价值变动　　60 000

　贷：盈余公积　　6 000

　　利润分配——未分配利润　　54 000

有关核算举例可再参考本书第五章【例 5-11】【例 5-13】【例 5-14】。

2. 能重分类进损益的其他综合收益

能重分类进损益的其他综合收益是指对相关业务产生的其他综合收益，最终结转到有关会计期间收益（投资收益）的其他综合收益。下面以权益法下可转损益的公允价值变动和其他债权投资公允价值变动为例进行说明。

【例 11-21】 20××年 3 月 1 日，甲企业从股票市场购入 A 公司发行的普通股票 200 000 股，每股 8 元，购入股票款从银行存款中付清。按相关规定甲企业将购入该股票确认为长期股权投资并按权益法核算，占 A 公司全部股权的 20%。20××年 12 月 31 日获悉 A 公司本年度发生其他综合收益为 50 000 元。第二年 6 月 10 日甲企业将该股票转让，每股 10 元，款项收到存入银行。甲企业作有关会计分录如下：

(1) 20××年 3 月 1 日购入股票时：

借：长期股权投资——A 公司（成本）　　1 600 000

　贷：银行存款　　1 600 000

(2) 20××年 12 月 31 日计算其他综合收益时：

借：长期股权投资——A 公司（其他权益变动）　　10 000

　贷：其他综合收益——权益法下可转损益的公允价值变动　　10 000

(3) 第二年 6 月 10 日转让股票时：

借：银行存款　　2 000 000

　贷：长期股权投资——A 公司（成本）　　1 600 000

　　　　——A 公司（其他权益变动）　　10 000

　　投资收益　　390 000

同时，结转相关的其他综合收益：

借：其他综合收益——权益法下可转损益的公允价值变动　　10 000

　贷：投资收益　　10 000

有关核算举例可再参考本书第六章【例 6-14】【例 6-17】【例 6-20】。

【例 11-22】 20××年 1 月 1 日，A 公司用银行存款购入 B 公司发行的公司债券 1 200 份，每份 500 元，期限 5 年，到期一次还本付息，票面年利息率 5%，按规定确认为其他债权投资。20××年 12 月 31 日，该债券的市场价格每份 540 元。第二年 3 月 10 日，A 公司将该债券转让，每份 550 元，价款收到存入银行。A 公司作有关会计分录如下：

(1) 20××年 1 月 1 日购入债券时：

借：其他债权投资——B 公司债券（成本）　　600 000

　贷：银行存款　　600 000

(2) 20××年 12 月 31 日计算利息时（假定按票面利息率计息）：

借：其他债权投资——B 公司债券（应计利息）　　30 000

　贷：投资收益　　30 000

(3) 20××年12月31日公允价值变动时：

借：其他债权投资——B公司债券(公允价值变动)　　48 000

　贷：其他综合收益——其他债权投资公允价值变动　　48 000

(4) 第二年3月10日转让该债券时：

借：银行存款　　660 000

　投资收益　　18 000

　贷：其他债权投资——B公司债券(成本)　　600 000

　　　——B公司债券(应计利息)　　30 000

　　　——B公司债券(公允价值变动)　　48 000

同时，结转相关的其他综合收益：

借：其他综合收益——其他债权投资公允价值变动　　48 000

　贷：投资收益　　48 000

有关核算举例可再参考本书第五章【例5-8】【例5-9】【例5-10】。

第四节　盈余公积和专项储备

一、盈余公积

(一) 盈余公积的构成

盈余公积是指企业按照有关规定从净利润中提取的各种积累资金。根据我国《公司法》的规定，企业应从当年实现的净利润中，提取以下盈余公积：

(1) 提取法定盈余公积。法定盈余公积按照企业净利润10%的比例提取，企业法定盈余公积累计金额达到企业注册资本的50%以上时，可以不再提取。

(2) 提取任意盈余公积。企业在提取法定盈余公积后，经股东大会决议，可以提取任意盈余公积。

(二) 盈余公积的主要用途

企业提取法定盈余公积和任意盈余公积主要用于以下几个方面：

(1) 弥补亏损。当企业发生亏损时，应由企业自行弥补。弥补亏损的渠道主要有三条：一是用以后年度税前利润弥补。按照现行制度规定，企业发生亏损时，可以用以后五年内实现的税前利润弥补，即税前利润弥补亏损的期间为五年。二是用以后年度税后利润弥补。企业发生的亏损经过五年期间未足额弥补的，未弥补亏损应用所得税税后的利润弥补。三是以盈余公积弥补。企业以提取的盈余公积弥补亏损时，应当由公司董事会提议，并经股东大会批准。

(2) 转增资本。企业将盈余公积转增资本时，必须经股东大会决议批准。在实际将盈余公积转增资本时，要按股东原有持股比例结转。盈余公积转增资本时，转增后留存的盈余公积的数额不得少于转增前注册资本的25%。

(3) 分配股利。企业本年度无利润，原则上不得分配股利。但公司为了维护股票的信誉，经股东会特别决议，也可用以前年度积累的盈余公积分配股利，但这部分盈余公积必须是补足亏损后的结余部分，并且分配股利后的法定盈余公积不得低于企业注册资本的25%。

盈余公积的提取实际上是企业当期实现的净利润向投资者分配利润的一种限制。提取盈余公积本身就属于利润分配的一部分，盈余公积一经形成，在一般的情况下不得用于向投资者分配利润或股利。盈余公积的用途，并不是指其实际占用形态，提取盈余公积也并不是单独将这部分资金从企业资金周转过程中抽出。企业提取的盈余公积，无论是用于弥补亏损、转增资本，还是用于分配股利，只不过是在企业所有者权益内部的转换，如企业以盈余公积弥补亏损时，实际是减少盈余公积结存的数额，以此抵补未弥补亏损的数额，并不引起企业所有者权益总额的变动；企业以盈余公积转增资本时，也只是减少盈余公积结存的数额，同时增加企业实收资本的数额，并不引起所有者权益总额的变动。至于企业盈余公积的结存数，实际上只表现企业所有者权益的组成部分，表明企业生产经营资金的一个来源而已，其形成的资金可能表现为一定的货币资金，也可能表现为一定的实物资产，如存货和固定资产等，随同企业的其他来源所形成的资金进行循环周转。

（三）盈余公积的增加

为了核算反映盈余公积形成及使用情况，企业应设置“盈余公积”账户，并按盈余公积的构成内容进行明细核算。企业提取盈余公积时，借记“利润分配”账户，贷记“盈余公积——法定盈余公积（任意盈余公积）”账户。

【例 11-23】 某企业本年税后利润为 700 000 元，分别按 10%、5%的比例提取法定盈余公积和任意盈余公积。作会计分录如下：

借：利润分配——提取法定盈余公积	70 000	
——提取任意盈余公积	35 000	
贷：盈余公积——法定盈余公积		70 000
——任意盈余公积		35 000

（四）盈余公积的减少

11

企业经股东大会或类似机构决议，用盈余公积弥补亏损或转增资本，借记“盈余公积”账户，贷记“利润分配——盈余公积补亏”“实收资本”等账户。

【例 11-24】 某企业经研究决定用以前年度提取的任意盈余公积弥补当年亏损20 000 元。作会计分录如下：

借：盈余公积——任意盈余公积	20 000	
贷：利润分配——盈余公积补亏		20 000

【例 11-25】 某企业将提取的法定盈余公积 300 000 元转增资本金，在原注册资本中 A、B、C 三位投资者的投资比例分别为 40%、35%、25%，现办妥转增资本金手续。作会计分录如下：

借：盈余公积——法定盈余公积	300 000	
贷：实收资本——A 投资者		120 000
——B 投资者		105 000
——C 投资者		75 000

经股东大会决议，用盈余公积发放股利，按发放新股计算的金额借记“盈余公积——法定（任意）盈余公积”账户，按股票面值和发放新股总数计算的股票面值总额，贷记“股本”账户。举例参见本章【例 11-10】。

二、专项储备

专项储备是指高危行业企业按照国家规定提取的安全生产费。

企业提取的安全生产费，应当计入相关产品的成本或当期损益，同时形成“专项储备”；借记“生产成本”“制造费用”等账户，贷记“专项储备”账户。企业按规定使用专项储备时，借记“专项储备”账户，贷记“银行存款”等账户。

企业使用提取的安全生产费形成固定资产的，应当通过“在建工程”账户归集所发生的支出，待安全项目完工达到预定可使用状态时确认为固定资产；同时，按照形成固定资产的成本冲减专项储备，并确认相同金额的累计折旧，即借记“专项储备”账户，贷记“累计折旧”账户。该固定资产在以后期间不再计提折旧。

【例 11-26】　甲公司属高瓦斯大型煤矿企业，按照国家规定可按原煤实际产量每吨 15 元从成本中提取安全生产费。20××年 5 月 31 日，甲公司“专项储备——安全生产费”账户贷方余额为 18 000 万元。甲公司 6 月份发生下列专项储备变动事项，并作会计分录如下：

(1) 按照原煤实际产量计提安全生产费 2 000 万元。

借：生产成本（制造费用）　　2 000

　贷：专项储备——安全生产费　　2 000

(2) 用银行存款支付安全生产检查费 100 万元。

借：专项储备——安全生产费　　100

　贷：银行存款　　100

(3) 购入一批需要安装的、用于改造矿井瓦斯抽采的安全防护设备，取得增值税专用发票注明价款为 10 000 万元，增值税为 1 300 万元，价税款用银行存款支付。设备立即投入安装，应付安装人员薪酬 20 万元。

借：在建工程　　10 020

　应交税费——应交增值税（进项税额）　　1 300

　贷：银行存款　　11 300

　　应付职工薪酬　　20

(4) 月末，设备安装完毕达到预定可使用状态。

借：固定资产　　10 020

　贷：在建工程　　10 020

借：专项储备——安全生产费　　10 020

　贷：累计折旧　　10 020

11

第五节　未分配利润

一、未分配利润

未分配利润是企业留待以后年度进行分配的结存利润，也是企业所有者权益的组成部分。相对于所有者权益的其他部分来说，企业对于未分配利润的使用分配具有较大的自主权。从数量上来说，未分配利润是期初未分配利润，加上本期实现的税后利润，减去提取的各种盈余公积和分派利润后的余额。未分配利润有两层含义：一是留待以后年度分配；二是未指定用途。

在会计核算上，未分配利润是通过“利润分配”账户进行核算的，具体来说是通过“利润分配”账户下设的“未分配利润”明细账户进行核算的。企业在生产经营过程中取得的收入和发生的成本费用，最终通过“本年利润”账户进行归集，计算出当年盈余，然后转入“利润分配——未分配利润”账户进行分配。“利润分配——未分配利润”账户期初如为贷方余额，则为未分配利润；如为借方余额，则为未弥补亏损。年度终了，再将“利润分配”账户下的其他明细账户（提取法定盈余公积、提取任意盈余公积、应付股利等）的余额，转入“未分配利润”明细账户。结转后，“未分配利润”明细账户的贷方余额，就是未分配利润的数额。如出现借方余额，则表示未弥补亏损的数额。

业务举例参见第十四章相关内容。

二、未弥补亏损

企业在生产经营过程中既可能发生盈利，也有可能出现亏损。企业在当年发生亏损的情况下，与实现利润的情况相同，应当将本年发生的亏损自“本年利润”账户转入“利润分配——未分配利润”账户，借记“利润分配——未分配利润”账户，贷记“本年利润”账户，结转后“利润分配”账户的借方余额，即为未弥补亏损的数额，然后通过“利润分配”账户核算有关亏损的弥补情况。

企业发生的亏损可以以次年实现的税前利润弥补。在以次年实现的税前利润弥补以前年度亏损的情况下，企业当年实现的利润自“本年利润”账户，转入“利润分配——未分配利润”账户，将本年实现的利润结转到“利润分配——未分配利润”账户的贷方，其贷方发生额与“利润分配——未分配利润”账户的期初借方余额自然抵补。因此，以当年实现利润弥补以前年度的未弥补亏损时，不需要进行专门的账务处理。

由于未弥补亏损形成的时间长短不同等原因，以前年度未弥补亏损有的可以以当年实现的税前利润弥补，有的则需用税后利润弥补。我国现行的所得税法规定，纳税人发生年度亏损，可以用下一纳税年度的税前利润弥补；下一纳税年度的税前利润不足弥补的，可以逐年延续弥补，但最长不得超过五年。无论是以税前利润还是以税后利润弥补亏损，其会计处理方法相同，所不同的只是两者计算缴纳所得税时的处理不同而已。在以税前利润弥补亏损的情况下，其弥补的数额可以抵减当期企业应纳税所得额；而以税后利润弥补的数额，则不能作为纳税所得扣除处理。

【例 11-27】　某企业 20××年发生亏损 1 200 000 元。在年度终了时，企业应当结转本年发生的亏损，作会计分录如下：

借：利润分配——未分配利润　　1 200 000
　　贷：本年利润　　1 200 000

假设第二年至第六年，该企业每年均实现利润 200 000 元。按照现行制度规定，企业在发生亏损以后的五年内可以以税前利润弥补亏损。该企业在第二年至第六年均可在税前弥补亏损。每年作会计分录如下：

借：本年利润　　200 000
　　贷：利润分配——未分配利润　　200 000

按照上述会计分录的结果，第六年“利润分配——未分配利润”账户年末余额为借方余额 200 000 元，即第七年年初未弥补亏损 200 000 元。假设该企业第七年实现税前利润 400 000 元，按现行制度规定，该企业只能用税后利润弥补以前年度亏损。在第七年终了时，该企业首先应当按照当年实现的税前利润计算缴纳当年应缴纳的所得税，然后再将当期扣除计算缴纳的所得税后的净利润，转入利润分配账户。在本例中，假设该企业适用的所得税税率为

25%，该企业在第七年计算缴纳所得税时，其纳税所得额为 400 000 元，当年应缴纳的所得税为 100 000 元(400 000 × 25%)。作会计分录如下：

(1) 计算缴纳所得税：

借：所得税费用　　100 000

　　贷：应交税费——应交所得税　　100 000

借：本年利润　　100 000

　　贷：所得税费用　　100 000

(2) 结转本年利润，弥补以前年度未弥补亏损：

借：本年利润　　300 000

　　贷：利润分配——未分配利润　　300 000

经过上述核算，该企业第七年“利润分配——未分配利润”账户弥补亏损后的贷方余额为 100 000元(−200 000 + 300 000)。然后，再按有关规定进行分配。

第十二章　收入和费用

【内容结构】

- 收入和费用
  - 收入概述
    - 收入的概念和特点
    - 收入的确认
    - 收入的计量
  - 按时点确认的收入
    - 按时点确认收入的规定
    - 收入核算账户的设置
    - 一般销售业务的核算
  - 按时段确认的收入
    - 按时段确认收入的规定
    - 按时段确认收入金额的计算方法
    - 按时段确认收入的核算
  - 特定交易的收入
    - 附有销售退回条款
    - 附有质量保证条款
    - 附有客户额外购买选择权
    - 售后回购
    - 客户未行使的权利
    - 无须退回的初始费用
    - 授予客户知识产权许可
    - 主要责任人和代理人
  - 合同成本
    - 合同成本的内容和分类
    - 合同成本的分摊和减值
    - 合同成本的核算
  - 费用
    - 费用的分类、确认和计量
    - 期间费用的核算

【学习目标】

知识目标：

1. 熟悉收入的概念、特点，确认原则、条件和时间。
2. 熟悉收入计量的原则和方法。
3. 熟悉按时点确认收入规定的具体内容。
4. 熟悉按时段确认收入规定的具体内容。
5. 熟悉各种特定交易活动的具体内容。
6. 熟悉合同成本的内容和分类。
7. 熟悉费用的分类、确认和计量要求。

技能目标：

1. 能进行按时点确认收入的计算和核算。
2. 能进行按时段确认收入的计算和核算。
3. 能进行各种特定交易业务收入的计算和核算。
4. 能进行合同成本的计算和核算。
5. 能进行期间费用的计算和核算。

第一节 收入概述

一、收入的概念和特点

（一）收入的概念

收入是指企业在日常活动中形成的、会导致所有者权益增加的与所有者投入资本无关的经济利益的总流入。

收入有广义和狭义之分，广义的收入是指企业的一切所得，包括经营活动所得和非经营活动所得。狭义的收入仅指企业的日常经营活动所得，即企业的日常经营活动所得的收入。本章所讲收入是指狭义的收入，通常又称为营业收入。

长期股权投资、金融工具确认和计量、金融资产转移、套期会计、合并财务报表、合营安排、租赁、保险合同等活动形成的收入按相关规定处理，不属于本章所讲收入的内容。

（二）收入的特点

（1）收入从企业的日常经营活动中产生，而不是从偶发的交易或事项中产生。日常经营活动是指列入企业经营范围的主营和兼营活动，如工业企业制造并销售产品、商品流通企业销售商品、咨询公司提供咨询服务、软件公司为客户开发软件、物流公司提供物流服务、建筑公司提供建造服务、安装公司提供安装服务、金融机构提供金融服务等，均属于企业主营的日常经营活动。工业企业出售不需用的原材料、出租企业固定资产或无形资产等，均属于企业兼营的日常经营活动。区分企业主营和兼营活动的主要依据是企业营业执照上标明的主营业务和兼营业务。

企业从非日常经营活动或者说从偶发的交易或事项中产生的收入，如接受捐赠取得的收入、因其他企业违约收取的罚款收入等属于偶发性的收入，作为利得处理，不属于收入的内容。

（2）收入可能表现为企业资产的增加、或负债的减少、或二者兼有。如收入会使企业的银行存款或应收账款增加，收入会抵偿债务使企业的预收账款减少，收入也会同时部分抵偿债务部分增加银行存款等。

（3）收入能导致企业所有者权益的增加。因收入能增加资产或减少负债，根据“资产－负债＝所有者权益”的公式，企业取得收入一定能增加所有者权益。但收入扣除相关成本费用后的净额，则可能增加所有者权益，也可能减少所有者权益。此处仅指收入本身导致的所有者权益的增加，而不是指收入扣除相关成本费用后的净利对所有者权益的影响。

（4）收入只包括本企业经济利益的流入，不包括为第三方或客户代收的款项，如代收增值税、代收利息等。代收的款项不属于本企业的经济利益流入，应作为负债处理，不能确认为本企业的收入。

二、收入的确认

（一）收入的确认原则

企业应当在履行了合同中的履约义务，即在客户取得相关商品控制权时确认收入。

（1）合同。合同是指双方或多方之间订立的有法律约束力的权利义务的协议，合同有书面形式、口头形式以及其他形式。

（2）履约义务。履约义务是指合同中企业向客户转让可明确区分商品的承诺。履约义务既包括合同中明确的承诺，也包括由于企业已公开宣布的政策、特定声明或以往的习惯做法等导致合同订立时客户合理预期企业将履行的承诺。企业为履行合同而应开展的初始活动，通常不构成履约义务，除非该活动向客户转让了承诺的商品。

12

（3）客户。客户是指与企业订立合同以向该企业购买其日常活动产出的商品或服务（以下简称“商品”），并支付对价的一方。

（4）取得相关商品控制权。取得相关商品控制权是指能够主导该商品的使用并从中获得几乎全部的经济利益。取得商品控制权的三要素：

❶ 能力。即客户必须拥有现时权利，能够主导该商品的使用并从中获得几乎全部的经济利益。如果客户只能在未来的某一期间主导该商品的使用权并从中获得经济利益，则表明客户没有取得该商品的控制权。

❷ 主导该商品的使用。即客户有权使用该商品，或者能够阻止或允许其他方使用该商品。

❸ 能够获得几乎全部的经济利益。商品的经济利益是指该商品的潜在现金流量，包括现金流入量的增加和现金流出量的减少。客户可以通过多种方式直接或间接地获得商品的经济利益，如使用、消耗、持有或销售该商品，使用该商品提升其他资产的价值，用该商品清偿债务、抵押或支付费用等。

【例 12-1】 20××年 3 月 1 日，甲公司与 B 企业签订一份销售合同，销售 500 台机器给 B 企业，总价 100 000 元。3 月 5 日甲公司将全部机器交给了负责承运的物流公司。

分析：甲公司虽然在 3 月 5 日发运了机器，但这 500 台机器并没有实际为 B 企业所控制，B 企业并不能主导机器的使用，更不能从中获得经济利益，此时，甲公司不能确认收入。

（二）收入的确认条件

1. 收入确认条件的具体内容

企业与客户之间订立的合同同时满足下列条件时，企业应当在客户取得相关商品控制权时确认收入：

（1）合同各方已批准该合同并承诺将履行各自义务。

（2）该合同明确了合同各方与所转让商品或提供劳务（以下简称“转让商品”）相关的权利和义务。

（3）该合同有明确的与所转让商品相关的支付条款。

（4）该合同具有商业实质，即履行该合同将改变企业未来现金流量的风险、时间分布或金额。

（5）企业因向客户转让商品而有权取得的对价很可能收回。

对上述条件进行判断时需要注意以下三点：

❶ 合同约定的权利和义务是否具有法律约束力。该点需要企业根据所处的法律环境和实务操作进行判断，包括合同订立方式、程序、具有法律约束力的权利和义务的时间等。对于合同任何一方均有权单方面终止完全未执行的合同，并无须对合同其他方给予补偿的，企业应视为该合同不存在。

❷ 合同具有商业实质。履行该合同将改变企业未来现金流量的风险、时间分布和金额。没有商业实质的非货币性资产交换，无论何时均不得确认收入。商品用于交换具有类似性质和相等价值的商品，供应商为满足特定地区对某种商品的即时需要，在不同地区交换各自的商品，例如，A、B两公司各有部分客户在对方的所在地，为满足两地客户对同一商品的即时需要，A公司将部分某商品供应给B公司在其所在地的客户，B公司同时将相同数量的同一商品供应给A公司在其所在地的客户。A、B两公司间该类非货币性资产交换不具有商业实质，不能确认收入。

❸ 能否收回转让商品对价仅考虑客户的信用风险。企业在评估其因向客户转让商品而有权取得的对价是否能够收回时，仅考虑客户到期支付对价的能力和意图（客户的信用风险）。企业在进行判断时，应考虑是否存在价格折让。存在价格折让的，估计交易价格时进行考虑。企业预期可能无法收回全部合同对价时，应分析其原因是客户的信用风险还是企业提供了价格折让。

2. 收入确认条件的具体运用

企业在运用收入的确认条件时，应区别下列不同情况进行处理：

（1）在合同开始日（通常指合同生效日）即满足上述条件的合同，即可按规定确认收入，在后续期间无需对其进行重新评估，除非有迹象表明相关事实和情况发生重大变化。

（2）在合同开始日不符合上述条件的合同，企业应当对其进行持续评估，直到满足收入确认条件时再按规定确认收入。

（3）对于不符合上述条件的合同，企业只有在不再负有向客户转让商品的剩余义务（如合同已完成或取消），且已向客户收取的对价（全部或部分）无需退回时，才能将已收取的对价确认为收入；否则，应当将已收取的对价作为负债。

【例 12-2】 某供电公司与丙企业签订一份合同，协议为自20××年1月1日起向丙企业供电，并在每月月末按用电量收取电费。合同签订时向丙企业收取一次性入网费用1 200元，并预期能够取得两年的电费收入，合同期限为两年。丙企业从20××年7月起未支付电费。按照当地有关法规规定，供电公司不能立即停电，需先履行催收程序。丙企业如被催收后仍不缴费，供电公司可以从首次欠费后的第五个月（即当年12月）起停止供电。该供电公司应如何确认收入？

12

分析：❶ 对于按月供电收入。7月份客户停止缴费，但公司经评估认为仍很有可能取得供电对价，此时仍满足合同成立的条件，应继续确认供电收入，但同时应考虑计提应收账款的坏账准备。至9月份，客户已持续两个月未缴电费，公司经评估认为很可能收不回供电对价，此时已不再满足合同成立的条件，不能继续确认供电收入。

❷ 对于一次性入网费收入。9月份合同已不再满足成立条件，公司收取的一次性入网费（在24个月内摊销）无须退回，但公司仍负有继续向客户转让商品（供电服务）的剩余履约义务（继续供电到12月），此时不能将入网费确认为收入，而应作为负债。12月份，公司不再负有向客户转让商品（供电服务）的剩余履约义务，收取的一次性入网费无须退回，此时，可将尚未分摊的入网费确认为收入。

（4）企业存在一组类似的合同，企业在对该组合同中的每一份合同进行评估时，均认为其合同对价很可能收回。但根据历史经验，企业预计可能无法收回该组合同的全部对价。在这种情况下，企业应当认为该组合同满足“因向客户转让商品或提供劳务而有权取得的对价很可能收回”，并以此为基础确认收入，但同时应考虑这些合同下确认的应收账款或者合同资产是否存在减值。

（5）企业与同一客户（或该客户的关联方）同时订立或在相近时间内先后订立的两份或多份合同，在满足下列条件之一时，应当合并为一份合同：

12

❶ 该两份或多份合同基于同一商业目的而订立并构成一揽子交易，如一份合同在不考虑另一份合同对价的情况下将会发生经营亏损。

❷ 该两份或多份合同中的一份合同的对价金额取决于其他合同的定价或履行情况，如一份合同的违约会影响到另一份合同的对价金额。

❸ 该两份或多份合同中所承诺的商品（或每份合同中所承诺的部分商品）构成单项履约义务。两份或多份合同合并为一份合同进行会计处理时，仍需要区分每一份合同。

（6）合同变更。合同变更是指经合同各方批准对原合同范围或价格做出的变更。合同变更应区分以下三种情况：

❶ 合同变更部分作为单独合同。合同变更增加了可明确区分的商品及合同价款，且新增合同价款反映了新增商品单独售价的，应当将该合同变更部分作为一份单独的合同（即一项新签订的合同）。

企业在判断新增合同价款是否反映了新增商品的单独售价时，应考虑为反映该特定合同的具体情况而对新增商品的价格做适当调整。如企业变更合同时通常不会发生发展新客户等相关的销售费用，可向客户提供一定的价格折扣，从而使新增合同价款在新增商品单独售价的基础上予以适当调整。

【例12-3】 甲乙两公司签订销售合同，甲公司向乙公司出售A产品1 000件，每件销售价格50元，共计50 000元，A产品在3个月内移交。甲公司向乙公司移交完A产品后，双方对合同进行了变更，要求甲公司继续向乙公司增加销售A产品80件，每件销售价格45元，共计3 600元。

分析：变更合同增加销售A产品实际上构成了一份单独合同，并变更合同不会影响对原签订合同的收入确认和会计处理，甲公司应对原合同的1 000件A产品按50 000元确认收入，对变更合同新增销售的80件A产品按3 600元确认收入。

❷ 合同变更作为原合同终止新合同订立。合同变更不属于上述❶的情形，且在合同变更日已转让的商品与未转让的商品之间可明确区分的，应当视为原合同终止，同时，将原合同未

履约部分与合同变更部分合并为新合同。

【例 12-4】　20××年 1 月 1 日丁汽车公司与客户签订合同，每天为客户提供员工通勤班车服务，客户每年支付服务费用 30 万元（为合同开始日该服务的单独售价）。服务至第二年年末双方对合同进行了变更，将第三年的服务费用调整为 25 万元（为合同变更日该服务的单独售价），同时又以 95 万元的服务费用将合同期延长 5 年（不代表合同变更日该服务的单独售价），即未来 6 年总服务费用为 120 万元，平均每年的服务费用 20 万元。

分析：在合同开始，丁汽车公司每天为客户提供的班车服务是可明确区分的，在合同变更的前两年，每年应确认收入 30 万元。在合同变更日，新增加的 5 年班车服务费用不能反映该项服务在合同变更日的单独服务费用，该合同变更不能作为单独合同进行会计处理。因在剩余合同期内需提供的服务与已提供的服务是可明确区分的，丁汽车公司应将该合同变更作为原合同终止，将原合同中未履约的部分与合同变更部分作为一份新合同进行会计处理。该新合同的合同期为 6 年，总服务费用为 120 万元，每年应确认收入 20 万元。

❸ 合同变更部分作为原合同的组成部分。合同变更不属于❶的情形，且在合同变更日已转让的商品与未转让的商品之间不可明确区分的，应当将该合同变更部分作为原合同的组成部分，由此产生对已确认收入的影响，并在合同变更日调整当期收入。

【例 12-5】　20××年 7 月 1 日丙建筑公司与客户签订一份合同，内容为在客户自有土地上建造一幢办公大楼，合同固定总造价 5 000 万元，预计合同总成本为 4 000 万元。该办公大楼的建造周期预计 12 个月（下一年 6 月 30 日完工），按规定根据累计发生合同成本占合同预计成本的比例确定履约进度。截至 20××年年末，丙建筑公司发生建造成本 2 200 元。下一年年初，合同双方同意更改办公楼部分设计，合同固定总造价增加 300 万元，预计合同总成本增加 200 万元。

分析：20××年年末丙建筑公司累计发生建造成本 2 200 万元，履约进度为 55%（2 200÷4 000×100%），20××年年末丙建筑公司应确认的收入 2 750 万元（5 000×55%）。

下一年年初，因合同变更后需要提供的建造服务与在合同变更日或之前已提供的建造服务不可明确区分（即该合同仍为单项履约合同），丙建筑公司应将合同变更作为原合同的组成部分进行会计处理，合同变更后的合同固定总造价 5 300 万元（5 000＋300），重新计算履约进度 52.38%［2 200 ÷ 4 200（4 000 ＋ 200）］，丙建筑公司在合同变更日应确认调整收入 26.14 万元（5 300 × 52.38% － 2 750）。

（三）收入的确认时间

1. 确认时间的原则要求

企业在合同开始日，应对合同进行评估分析，识别该合同所包含的各单项履约义务，并确定各单项履约义务是在某一时段内履行，还是在某一时点履行，然后，在履行了各单项履约义务时分别确认收入。

一项合同涉及两项或两项以上履约义务，如各项履约义务可单独履行并分别确认客户取得相关商品控制权的，该项履约义务构成单项履约义务。如企业向客户转让某商品的同时，又向客户提供法定质保以外的延保服务，并分别收取转让某商品和延保服务的对价，则认为转让某商品为一项单项履约义务，延保服务为另一项单项履约义务。

企业向客户转让一系列实质相同且转让模式相同的、可明确区分商品的承诺，也应当作为单项履约义务。转让模式相同，是指每一项可明确区分商品均满足在某一时段内履行履约义务的条件，且采用相同方法确定其履约进度。

12

（1）可明确区分商品。企业向客户承诺的商品同时满足下列条件的，应作为可明确区分商品：

❶ 客户能够从该商品本身或从该商品与其他易于获得资源一起使用中受益。

❷ 企业向客户转让该商品的承诺与合同中其他承诺可单独区分。

（2）不可单独区分商品。下列情形通常表明企业向客户转让该商品的承诺与合同中其他承诺不可单独区分：

❶ 企业需提供重大的服务以将该商品与合同中承诺的其他商品整合成合同约定的组合产出转让给客户。

❷ 该商品将对合同中承诺的其他商品予以重大修改或定制。

❸ 该商品与合同中承诺的其他商品具有高度关联性。

2. 时段履约与时点履约

企业应当根据履约义务履行的实际情况，将其分为在某一时段内履行的履约义务和在某一时点履行的履约义务。前者是指企业在一定的时间期限内逐步向客户转移商品的控制权（以下简称"时段履约"）；后者是指企业在一定的时点向客户转移商品的控制权（以下简称"时点履约"）。

3. 收入确认的具体时间

对于在某一时段履行的履约义务，企业应当在该履约义务履行的期间内确认相关的收入。对于在某一时点履行的履约义务，企业应当在客户取得相关商品控制权的时点确认收入。

12

注：时点履约与时段履约收入的具体确认参见本章第二节和第三节的相关内容。

三、收入的计量

（一）收入计量的原则

企业应当按照分摊至各单项履约义务的交易价格计量收入。

交易价格是指企业因向客户转让商品而预期有权收取的对价金额。合同标价不一定代表交易价格，企业应当根据合同条款，并结合其以往的习惯做法确定交易价格。企业在确定交易价格时，应当假定将按照现有合同的约定向客户转让商品，且该合同不会取消和变更。

企业代第三方收取的款项（如增值税）以及企业预期将退还给客户的款项，应当作为负债进行会计处理，不计入交易价格。

（二）收入的主要影响因素

企业在确定交易价格时，应当充分考虑可变对价、合同中存在重大融资成分、非现金对价和应付客户对价等因素的影响。

1. 可变对价

可变对价的表现形式主要包括：折扣与折让、返利、奖励积分、业绩奖励等，或者根据一项或多项或有事项的发生而引起不同金额的对价。合同中存在可变对价的，企业应对计入交易价格的可变对价进行估计。

（1）可变对价的最佳估计数的确定。企业应当按照期望值或最可能发生金额确定可变对价的最佳估计数。期望值是按照各种可能发生的对价金额及相关概率计算确定的金额。当企业存在多个可变对价的合同，并估计可能产生多个结果时，通常采用期望值估计可变对价金额。

【例 12-6】 20××年1月1日C公司与客户签订一份合同，为客户建造一项大型生产设备，合同约定的工期为6个月，即当年6月30日完工。合同另约定如按期完工，客户支付建造费用60万元，每提前一天客户奖励1万元，每延后1天客户处罚1万元。1月31日，C公司测算的履约进度为20%，提前1天完工的概率为50%、提前2天完工的概率为30%、提前3天完工的概率为20%。1月份确认的收入金额是多少？

分析：因为完工时间不确定导致收入金额也不确定，此收入为可变对价。同时完工时间有多个可能，可变对价的最佳估计数，即收入金额按期望值确定，应按各种可能发生的对价金额及相关概率计算确定，C公司1月份应确定的收入金额为：$(610\,000\times 50\%+620\,000\times 30\%+630\,000\times 20\%)\times 20\%=123\,400$(元)。

(2) 包含可变对价的交易价格限制。包含可变对价的交易价格，应当不超过在相关不确定性消除时累计已确认收入极可能不会发生重大转回的金额。企业在评估累计已确认收入是否极可能不会发生重大转回时，应当同时考虑收入转回的可能性及其比重。通常情况下，"极可能"发生的概率应高于"很可能(可能性超过50%)"，但不要求达到"基本确定(可能性超过95%)"。

每一资产负债表日，企业应当重新估计应计入交易价格的可变对价金额。可变对价金额发生变动的，按照相应的规定进行会计处理。

2. 合同中存在重大融资成分

当企业与客户签订的合同中约定的付款时间为客户就该交易提供了重大融资利益时，即合同中存在重大融资成分，如企业以延期付款或分期付款等方式向客户赊销商品等。

合同中存在重大融资成分的，企业应当按照假定客户在取得商品控制权时即以现金支付的应付金额(现销价格)确定交易价格。企业在判断合同中是否存在重大融资成分时，应充分考虑以下情况与事实：一是承诺销售商品的合同对价与现销价格之间的差额；二是销售商品与客户支付价款的时间间隔；三是相关市场的现行利率。

确定的交易价格与合同对价之间的差额，应当在合同期间内采用实际利率法摊销。实际利率即是销售商品的合同对价折现为商品现销价格的折现率，该折现率一经确定，后续一般不得进行调整。

【例 12-7】 20××年1月1日甲公司与丙企业签订合同，向丙企业销售生产设备一套，双方约定采用分期付款方式结算价款，设备的不含税销售价款800万元，增值税税款为104万元，成本450万元。增值税税款于销售商品时结算，商品价款于每年年末等额支付，分5年付清。在现销方式下，该套生产设备的销售价格为600万元，丙企业已取得生产设备的控制权。

分析：合同中存在重大融资成分，甲公司应确认的收入金额为600万元。

注：有关具体业务的会计处理参见本章第二节的相关内容。

合同开始日，企业预计客户取得商品控制权与客户支付价款间隔不超过一年的，可以不考虑合同中存在的重大融资成分。

3. 客户支付非现金对价

客户支付非现金对价是指企业销售商品时客户按照合同约定以非现金资产结算商品销售价款。非现金对价包括实物资产、无形资产、股权、客户提供的服务等。

客户支付非现金对价的，企业应当按照非现金对价在合同开始日的公允价值确定交易价格。非现金对价的公允价值不能合理估计的，企业应当参照其承诺向客户转让商品的单独售价，间接确定交易价格。单独售价是指企业向客户单独销售商品的价格。

4. 企业应付客户对价

企业存在应付客户对价的，应当将该应付客户对价冲减交易价格。

应付客户对价冲减交易价格，应在确认相关收入与支付(或承诺支付)客户对价二者孰晚的时点冲减当期收入，但应付客户对价是为了向客户取得其他可明确区分商品的除外。

企业应付客户对价是为了向客户取得其他可明确区分商品的，应当采用与本企业其他采购相一致的方式确认所购买的商品。企业应付客户对价超过向客户取得可明确区分商品公允价值的，超过金额应当冲减交易价格。向客户取得的可明确区分商品公允价值不能合理估计的，企业应当将应付客户对价全额冲减交易价格。

【例 12-8】 A 公司为日用生活品制造企业，20××年 1 月 1 日与某超市签订合同。合同约定以下事项：期限一年；超市一年内须从 A 公司至少购入商品 3 000 万元；A 公司须按照超市要求的时间和商品品种保证及时供货；A 公司在合同开始日向超市支付不可返还款 150 万元，用以补偿超市货架更新支出。1 月份 A 公司向超市转让商品 300 万元，应确认收入金额是多少？

分析：A 公司支付 150 万元不可返还款，目的不是为了超市向公司转让可明确区分的商品或服务，也没有取得对超市货架任何相关权利的控制。该支付款项为应付客户对价应冲减交易价格，并在确认相关商品收入时冲减当期收入。抵减收入的金额为当期收入的 5%(150÷3 000)。1 月份 A 公司向超市销售商品 300 万元，应抵减应付客户对价 15(300×5%)万元，应确认的收入金额为 285 万元。

12

(三) 交易价格的分摊

1. 交易价格分摊的一般原则和方法

合同中包含两项或多项履约义务的，企业应当在合同开始日，按照各单项履约义务所承诺商品的单独售价的相对比例，将交易价格分摊至各单项履约义务。企业不得因合同开始日之后单独售价的变动而重新分摊交易价格。

企业在类似环境下向类似客户单独销售商品的价格，应作为确定该商品单独售价的最佳证据。单独售价无法直接观察的，企业应当综合考虑其能够合理取得的全部相关信息，采用市场调整法、成本加成法、余值法等方法合理估计单独售价。市场调整法指企业根据某商品或类似商品的市场售价考虑本企业的成本和毛利等进行适当调整后，确定其单独售价的方法。成本加成法指企业根据某商品的预计成本加上其合理毛利后的价格，确定其单独售价的方法。余值法指企业根据合同交易价格减去合同中其他商品可观察的单独售价后的余值，确定某商品单独售价的方法。

【例 12-9】 某公司向客户签订合同，向客户一并销售 A、B 两种产品，合同约定的交易价格(合同价款)250 万元，A 产品于合同开始执行日交付，B 产品于合同执行日后 1 个月交付。A、B 两产品分别构成单项履约义务，客户于产品交付日取得产品的控制权。A、B 两产品分别销售时的售价为 60 万元和 240 万元。

A 产品应分摊的交易价格 $=250\times[60\div(60+240)]=250\times0.2=50$(万元)

在向客户交付 A 产品客户取得产品控制权时确认收入 50 万元。

B 产品应分摊的交易价格 $=250\times[240\div(60+240)]=250\times0.8=200$(万元)

在向客户交付 B 产品客户取得产品控制权时确认收入 200 万元。

2. 交易价格分摊实务说明

交易价格的分摊包括：合同折扣的分摊、可变对价的分摊、可变对价后续变动的分摊等具体情况。

(1) 合同折扣的分摊。

合同折扣，是指合同中各单项履约义务所承诺商品的单独售价之和高于合同交易价格的金额。对于合同折扣，企业应当在各单项履约义务之间按比例分摊。

有确凿证据表明合同折扣仅与合同中一项或多项(而非全部)履约义务相关的，企业应当将该合同折扣分摊至相关一项或多项履约义务。

合同折扣仅与合同中一项或多项(而非全部)履约义务相关，且企业采用余值法估计单独售价的，应当首先按照前款规定在该一项或多项(而非全部)履约义务之间分摊合同折扣，然后采用余值法估计单独售价。

【例 12-10】　丁公司与客户签订合同，向客户销售 A、B、C 三种产品合同总价款(交易价格)为 480 万元，三种产品分别构成单项履约义务。三种产品的单独售价如下：A 产品 150 万元(按向同类客户单独销售 A 产品时的价款确定)、B 产品 250 万元(按市场调整法计算确定)、C 产品 100 万元(按成本加成法计算确定)。

三种产品的单独售价合计为 500(150 + 250 + 100) 万元。

三种产品合同折扣后的金额(交易价格)为 480 万元。

三种产品的合同折扣金额为 20 万元。

A 产品应分摊的交易价格 = 480 × 150 ÷ 500 = 144(万元)

或 = 150 − 20 × 150 ÷ 500 = 144(万元)

B 产品应分摊的交易价格 = 480 × 250 ÷ 500 = 240(万元)

或 = 250 − 20 × 250 ÷ 500 = 240(万元)

C 产品应分摊的交易价格 = 480 × 100 ÷ 500 = 96(万元)

或 = 100 − 20 × 100 ÷ 500 = 96(万元)

交易价格合计 = 144 + 240 + 96 = 480(万元)

(2) 可变对价的分摊。

合同中包含有可变对价的，该可变对价可能与整个合同相关，也可能是仅与合同中的某一特定部分相关，后者又分为两种具体情况：一是可变对价与合同中的一项或多项(非全部)履约义务有关；二是可变对价与企业向客户转让的构成单项履约义务的一系列可明确区分商品中的一项或多项(非全部)商品有关。

可变对价满足下列条件的，应将其可变对价(含后续变动额)全部分摊至与之相关的某单项履约义务，或者构成单项履约义务的一系列可明确区分商品中的某项商品。

❶ 可变对价的合同条款专门针对该单项履约义务或可明确区分的商品。

❷ 企业考虑了合同中全部履约义务和支付条款后，将合同对价中的可变金额全部分摊至该单项履约义务或该种可明确区分商品符合分摊交易价格的目标。

对于不满足上述条件的，应将其可变对价(含后续变动额)按照分摊交易价格的一般原则和方法将其分摊至与之相关的一项或多项履约义务，或者分摊至构成单项履约义务的一系列可明确区分商品中的一项或多项商品。

对于已履行的履约义务，其分摊的可变对价后续变动额应当调整变动当期的收入(不需要进行追溯调整)。

【例 12-11】　丙公司与客户签订合同，约定将公司拥有的 A、B 两项专利技术授权客户使用。授权的 A、B 两项专利技术均构成单项履约义务，并都属于时点履约义务。授权 A 专利技术的价款60万元(固定对价),授权使用B专利技术的价款为客户使用B专利技术所生产产品第一年度销售额的5%(可变对价)。A、B两项专利技术单独售价为60万元和90万元。公司估计B专利技术能收取的可变对价接近其单独售价90万元。

分析:双方签订的合同中包含固定对价与可变对价,其中,授权使用A专利技术的固定对价与其单独售价一致,公司于向客户授权使用A专利技术时确认收入60万元。

B专利技术收取的可变对价按向客户授权B专利技术使用权后客户生产销售相关产品的销售额的5%收取,随销售额的变动而变动。因估计收取的可变对价接近B专利技术的单独售价,则收取的可变对价全部分摊给B专利技术符合交易价格的分摊目标。公司对于授权客户B专利技术时不能确认收入,应在授权客户B专利技术的第一年度按相关产品销售收入的5%计算专利技术收费时,按计算的收费金额确认收入。

(3) 交易价格后续变动的分摊。

❶ 交易价格发生后续变动的,企业应当按照在合同开始日所采用的基础(交易价格分摊的一般原则和方法)将后续变动金额分摊至合同中的各单项履约义务,企业不得因合同开始日后单独售价的变动重新分摊交易价格。

❷ 对于合同变更而导致的交易价格的后续变化,按照前述收入确认中有关合同变更的要求进行处理。

12

❸ 合同变更之后发生可变对价后续变动的,企业应当区分下列三种情形分别进行会计处理:

a. 合同变更属于前述合同变更情况❶规定情形的,企业应当判断可变对价后续变动与哪一项合同相关,并按照相关规定进行会计处理。

b. 合同变更属于前述合同变更情况❷规定情形的,且可变对价后续变动与合同变更前已承诺可变对价相关的,企业应当首先将该可变对价后续变动额以原合同开始日确定的基础进行分摊,然后再将分摊至合同变更日尚未履行履约义务的该可变对价后续变动额,以新合同开始日确定的基础进行二次分摊。

c. 合同变更之后发生除上述a、b规定情形以外的可变对价后续变动的,企业应当将该可变对价后续变动额分摊至合同变更日尚未履行的履约义务。

第二节 按时点确认的收入

一、按时点确认收入的规定

(1) 时点履约的认定。

对一项履约义务,应首先分析判断是否为某一时段内履行的履约义务(参见本章第三节相关内容),当不属于在某一时段内履行的履约义务时,应当归属于在某一时点履行的履约义务。

(2) 收入的确认要求。

企业在某一时点履行的履约义务,应当在客户取得相关商品控制权的时点确认收入。

(3) 客户取得商品控制权的影响因素。

对于在某一时点履行的履约义务,企业应当综合分析控制权转移的迹象,合理判断其转移时点。在判断客户是否已取得商品控制权时，企业应当考虑下列迹象：

❶ 企业就该商品享有现时收款权利，即客户就该商品负有现时付款义务。企业如果对该商品享有现实收款的权利，一般表明客户已经有能力主导该商品的使用并从中获得几乎全部的经济利益。

❷ 企业已将该商品的法定所有权转移给客户，即客户已拥有该商品的法定所有权。客户如果已经取得该商品的法定所有权，一般表明客户已经有能力主导该商品的使用并从中获得几乎全部的经济利益，或者能够阻止其他企业获得这些经济利益。如果企业仅仅为了按时收回转移商品的对价而保留了商品的法定所有权，则保留的这项权利通常不会对客户取得该商品的控制权构成障碍。

❸ 企业已将该商品实物转移给客户，即客户已实际占有该商品。客户如果已实际占有该商品，一般表明客户已经有能力主导该商品的使用并从中获得几乎全部的经济利益，或者使其他企业无法获得这些利益。需要注意的是，客户实际占有了某项商品的实物并不能说明一定取得了该商品的控制权，反之亦然。如采用支付手续费方式的委托代销商品，委托企业将商品发送给受托企业时，受托企业并未取得商品的控制权，委托企业不能在向受托企业发送商品时确认收入，仍需根据商品控制权是否转移来判断何时确认收入，通常应在受托企业售出商品时确认收入。受托企业应在商品售出后按合同规定计算确定的手续费确认收入。判断一项转移商品是否是委托代销安排应综合分析以下迹象：一是企业能够要求将商品退回或者将其销售给其他方（如其他经销商）；二是在特定事件发生之前（如向最终客户出售商品或者指定期间到期之前），企业拥有对商品的控权制；三是经销商有时需要向企业支付一定数额的押金，但并没有承担对商品无条件付款的义务。

在实务中，有时企业按照合同规定向客户收取了销售商品的价款或取得了收款的权利，但因客户原因（如其仓储条件有限）并没有向客户实际交付商品，企业仍继续持有该商品，这种情况习惯上称作“售后代管商品”。此时，企业除应考虑客户是否取得商品控制权的迹象外，还应同时满足如下条件的，才能表明客户取得了该商品的控制权：一是该安排必须具有商业实质，如该安排是应客户的要求而订立的。二是客户的商品必须能够单独识别，如将客户的商品单独存放在指定地点。三是可以随时向客户交付该商品。四是企业不能单独使用该商品或将该商品提供给其他客户。

❹ 企业已将该商品所有权上的主要风险和报酬转移给客户，即客户已取得该商品所有权上的主要风险和报酬。企业在判断时不需要考虑除转移商品之外产生的其他履约义务的风险与报酬，如企业向客户提供产品售后维修服务，销售产品和维修服务分别为单项履约义务，企业保留的因维修服务而产生的风险和报酬不影响销售产品主要风险和报酬的转移的判断。

❺ 客户已接受该商品。企业在判断是否将商品控制权转移给客户时，应当考虑客户是否已接受该商品。如果企业能够客观地确定其已经按照合同约定的标准和条件将商品的控制权转移给客户的，客户是否验收商品仅仅是一种形式，并不会影响企业判断客户取得商品控制权的时点。

❻ 其他表明客户已取得商品控制权的迹象。

需要进一步说明的是，上述各种迹象并没有哪一个或哪几个是决定性的，企业应当根据合同条款和交易实质进行分析，综合判断其是否以及何时将商品的控制权转移给客户，从而确定收入的确认时点。另外，企业在进行判断时应从客户的角度进行分析评估，而不应仅考虑本企业的情况。

二、收入核算账户的设置

企业向客户转让商品(含提供服务)时,需要对相关业务要进行核算,具体包括:销售商品收入的核算、应交增值税(销项税额)的核算、销售商品成本的核算、缴纳税费(税金及附加)的核算、销售费用的核算等。为此,企业应设置“主营业务收入”“主营业务成本”“其他业务收入”“其他业务支出”“税金及附加”“销售费用”等账户。应交增值税和税金及附加的核算已在第九章中作了介绍,不再重述。销售费用的核算见本章第六节的相关说明。

在会计核算中企业对主营业务确认的收入使用“主营业务收入”账户核算,对兼营业务确认的收入使用“其他业务收入”账户核算。

为了更加清晰、明确地核算企业主营业务的收入,使账户名称与主营业务的内容更加贴近,企业可根据其行业特点设置相应名称的收入账户,或按每一重大类型的主营业务分别设置收入账户进行核算。例如,工业企业可设置“产品销售收入”、商品流通企业可设置“商品销售收入”、金融企业可按主营业务收入的种类分设“利息收入”“租赁收入”“手续费及佣金收入”等账户。企业在设置有关收入账户的同时,其相应的成本、税金核算账户也作相应变化。

本书采用设置“主营业务收入”“主营业务成本”账户的方法。

三、一般销售业务的核算

(一) 满足收入确认条件的销售商品

微课视频:一般销售业务的核算

企业向客户转让商品时,对于满足按时点确认收入条件的,应在客户取得商品控制权时确认收入,按收取和应收的全部商品价税款,借记“银行存款”“应收账款”等账户,按转让商品的价款,贷记“主营业务收入”“其他业务收入”账户,按应缴纳的增值税销项税额,贷记“应交税费”账户。同时,结转转让商品的销售成本,实务中通常集中在月末进行。按转让商品的账面价值,借记“主营业务成本”“其他业务成本”等账户,贷记“库存商品”等账户。

“主营业务收入”“其他业务收入”账户一般按转让商品的类别或品种进行明细核算,“主营业务成本”“其他业务成本”的明细核算应与其相应收入的明细核算相一致。

【例 12-12】 某公司为增值税一般纳税人,销售给 A 单位一批化妆品,增值税专用发票上注明的不含税售价 200 000 元,增值税税额 26 000 元,化妆品的采购成本 120 000 元。价税款收到存入银行。化妆品已交付给 A 单位,A 单位已取得化妆品的控制权。作如下会计分录:

(1) 确认销售收入时:

借:银行存款	226 000	
贷:主营业务收入		200 000
应交税费——应交增值税(销项税额)		26 000

(2) 结转销售成本时:

借:主营业务成本	120 000	
贷:库存商品		120 000

【例 12-13】 某公司为增值税一般纳税人,销售给丁企业 B 商品一批,增值税专用发票上注明的售价 400 000 元,增值税税额 52 000 元,B 商品的采购成本为 330 000 元。合同约定销

售商品款采用托收承付结方式结算。B 商品已交付给丁企业，假定丁企业已取得 B 商品的控制权。作如下会计分录：

(1) 确认销售收入时：

借：应收账款 452 000

贷：主营业务收入 400 000

应交税费——应交增值税(销项税额) 52 000

(2) 结转销售成本时：

借：主营业务成本 330 000

贷：库存商品 330 000

【例 12-14】 某公司将自用闲置的包装物一批出售，取得销售收入 3 000 元，收取增值税税额 390 元，收到价税款存入银行，包装物已交付给客户，客户取得包装物的控制权。该批包装物的采购成本 2 400 元。作有关会计分录如下：

(1) 确认销售收入时：

借：银行存款 3 390

贷：其他业务收入 3 000

应交税费——应交增值税(销项税额) 390

(2) 结转包装物销售成本时：

借：其他业务成本 2 400

贷：包装物 2 400

12

【例 12-15】 某公司将一台闲置机器设备对外出租，收取租金 10 000 元，收取增值税 1 300 元，款项已收到存入银行。该项机器设备出租期间折旧为 6 000 元。出租期间客户取得机器设备的控制权。作有关会计分录如下：

(1) 确认出租收入时：

借：银行存款 11 300

贷：其他业务收入 10 000

应交税费——应交增值税(销项税额) 1 300

(2) 结转出租机器设备折旧时：

借：其他业务成本 6 000

贷：累计折旧 6 000

(二) 不满足收入确认条件的销售商品

企业向客户转让商品时，如果不能满足收入的确认条件，客户取得了商品的控制权也不能确认收入，应将销售商品按成本转为发出商品，借记“发出商品”账户，贷记“库存商品”账户；如销售商品时发生纳税义务的，还应按应缴纳的增税销项税额，借记“应收账款”账户，贷记“应交税费”账户；待到满足收入确认条件时，再按收取和应收的全部商品价税款，借记“银行存款”“应收票据”“应收账款”等账户，按转让商品的价款，贷记“主营业务收入”账户，同时，将“发出商品”账户记入的商品成本结转为销售成本，借记“主营业务成本”账户，贷记“发出商品”账户。

【例 12-16】 甲公司为增值税一般纳税人，20××年 5 月 10 日向丙企业销售 C 产品一批，增值税专用发票注明的 C 商品销售价款 100 000 元，增值税税额 13 000 元，该批 C 商品的生产成本为 70 000 元。甲公司在销售 C 商品时获悉丙企业近期发生资金周转困难，暂时难以收回货款，考虑与丙企业的长期业务关系和减少本公司产品库存积压，仍将 C 商品发送给了丙企业并开出了销售发票账单。6 月 10 日丙企业向甲公司开出一张期限为 6 个月，面值 113 000 元的不带息银行承兑汇票；12 月 10 日甲公司收到汇票款。甲公司作有关会计分录如下：

(1) 20××年 5 月 10 日发出商品（不满足收入确认条件）：

借：发出商品——C 商品　　70 000

　贷：库存商品　　70 000

同时，将增值税发票上注明的增值税税额转入应收账款（如果销售该商品的纳税义务尚未发生，则不作该笔分录，待纳税义务发生时再作应交增值税的分录）：

借：应收账款——丙企业（应收销项税额）　　13 000

　贷：应交税费——应交增值税（销项税额）　　13 000

(2) 6 月 10 日收到银行承兑汇汇票确认收入：

借：应收票据——丙企业　　113 000

　贷：主营业务收入　　100 000

　　应收账款——丙企业（应收销项税额）　　13 000

同时结转销售成本：

借：主营业务成本　　70 000

　贷：发出商品——C 商品　　70 000

(3) 12 月 10 日收到汇票款：

12

借：银行存款　　113 000

　贷：应收票据——丙企业　　113 000

（三）销售折扣和折让

销售折扣是指企业在销售商品时，为鼓励客户多购商品或尽早付款而给予客户的商品售价折扣，包括商业折扣和现金折扣。销售折让是指企业因售出商品的质量不合格等原因而在售价上给予客户的减让。

1. 商业折扣

商业折扣是指企业为促进商品销售而在商品标价上给予的价格扣除。作为销货方的企业为鼓动购货方多购买商品，根据其购货数量的多少，在商品价目单价格的基础上按规定的百分比给予购货方一定的价格折扣。商品价目单价格扣除商业折扣后的余额为双方的实际交易价格，即发票价格。由于会计记录是以实际交易价格为基础的，而商业折扣是在收入确认之前予以扣除的折扣，它只是购销双方确定商品交易价格的一种方式，因此，并不影响销售的会计处理。

【例 12-17】 甲企业 A 产品销售价目单价格为每件 200 元。丙企业一次购买 A 产品 1 000 件，根据规定的折扣条件，可得到 10%的折扣，增值税税率为 13%。A 产品的生产成本为每件 130 元。作会计分录如下：

发票价格 = 1 000 × 200 × (1 − 10%) = 180 000（元）

销项税额 = 180 000 × 13% = 23 400（元）

借：应收账款　　203 400

　贷：主营业务收入　　180 000

　　应交税金——应交增值税（销项税款）　　23 400

借：主营业务成本　　130 000

　贷：库存商品　　130 000

2. 现金折扣

现金折扣是指债权人为鼓励债务人在规定的期限内付款而向债务人提供的债务扣除。现金折扣通常发生在以赊销方式销售商品及提供劳务的交易中。企业为了鼓励客户提前偿付货款，通常与购货方达成协议，购货方在不同的期限内付款可享受不同比例的折扣。现金折扣是在收入确认之后予以扣除的折扣，现金折扣应在实际发生时计入当期财务费用。

【例 12-18】 某企业为增值税一般纳税人，20××年 5 月 1 日销售 D 产品一批，增值税专用发票上注明的售价为 50 000 元，增值税税额 6 500 元。企业为了早日收回货款而在合同中规定现金折扣的条件为：2/10，1/20，n/30（假定计算折扣时不考虑增值税）。D 产品的生产成本为 34 000 元。作会计分录如下：

(1) 5 月 1 日销售产品时，按总售价确认收入：

借：应收账款	56 500	
贷：主营业务收入		50 000
应交税费——应交增值税（销项税额）		6 500
借：主营业务成本	34 000	
贷：库存商品		34 000

(2) 若 5 月 9 日买方付清货款，则按售价 50 000 元的 2% 享 1 000 元的现金折扣：

借：银行存款	55 500	
财务费用	1 000	
贷：应收账款		56 500

(3) 若 5 月 18 日买方付清货款，则应享受的现金折扣为 500 元：

借：银行存款	56 000	
财务费用	500	
贷：应收账款		56 500

(4) 若买方 5 月月底才付款，应全额付款：

借：银行存款	56 500	
贷：应收账款		56 500

3. 销售折让

企业将商品销售给买方后，如买方发现商品在质量、品种、规格等方面不符合要求，可能要求卖方在价格上给予一定折让。销售折让可能发生在企业确认收入之前，也可能发生在企业确认收入之后，发生在收入确认之前的销售折让，其处理相当于商业折扣。发生在确认收入之后的销售折让，应在其实际发生时冲减当期的销售收入。

【例 12-19】 某企业销售 B 商品一批，增值税专用发票上注明的售价为 200 000 元，增值税税额为 26 000 元，货到后买方发现商品质量不合格，要求在价格上给予 5% 的折让。该批商品的采购成本为 136 000 元。作会计分录如下：

(1) 销售商品确认收入时：

借：应收账款	226 000	
贷：主营业务收入		200 000
应交税费——应交增值税（销项税额）		26 000
借：主营业务成本	136 000	
贷：库存商品		136 000

12

(2) 发生销售折让时：

借：主营业务收入 10 000

应交税费——应交增值税(销项税额) 1 300

贷：应收账款 11 300

(3) 实际收到销售商品价款时：

借：银行存款 214 700

贷：应收账款 214 700

(四) 销货退回

销售退回是指企业售出的商品，由于质量、品种不符合要求等原因而发生的退货。销售退回可能发生在企业确认收入之前，这时处理比较简单，只需将已记入“发出商品”等账户的商品成本转回“库存商品”；如企业确认收入后，又发生销售退回，不论是当年销售的，还是以前年度销售的，除特殊情况外，一般冲减退回当月的销售收入，同时冲减退回当月的销售成本；如该项销售已经发生现金折扣的，应在退回当月一并调整；企业发生销售退回时，按规定允许扣减当期销项税额的，应同时用红字冲减“应交税费——应交增值税(销项税额)”账户。

【例 12-20】 某企业 20××年 12 月 18 日销售甲商品一批，不含税售价 50 000 元，增值税税额为6 500 元，成本 26 000 元。合同规定的现金折扣条件为 2/10、1/20、n/30。买方于 12 月 27 日付款，享受现金折扣 1 000 元。第二年 5 月 20 日该批商品因质量问题被退回。作会计分录如下：

12

(1) 销售商品确认收入时：

借：应收账款 56 500

贷：主营业务收入 50 000

应交税费——应交增值税(销项税额) 6 500

借：主营业务成本 26 000

贷：库存商品 26 000

(2) 收回货款时：

借：银行存款 55 500

财务费用 1 000

贷：应收账款 56 500

(3) 销售退回时：

借：主营业务收入 50 000

应交税费——应交增值税(销项税额) 6 500

贷：银行存款 55 500

财务费用 1 000

借：库存商品 26 000

贷：主营业务成本 26 000

上述销售退回业务是指在商品销售时不附有销售退货条件，售出商品后发现商品质量、品种不符合要求发生的经协商同意的销售退回。除此之外，还有附有销售退货条件的销售退回业务，即购买方依照有关协议有权退货的销售方式。其具体会计处理见本章第四节相关内容。

（五）具有融资性质的销售商品

企业发生的具有融资性质的销售商品业务，多采用在销售商品后较长的一定时期内（通常为一年以上）分期收款的形式。其特点是：销售商品的价值较高，如房产、汽车、大型设备等；收款期较长，收取货款的风险较大。在分期收款销售方式下，合同或协议价款的收取采用递延方式，实质上具有融资的性质，应按照应收的合同或协议价款的公允价值（现销价格）确定收入。应收的合同或协议价款与商品现销价格之间的差额，应在合同或协议期内采用实际利率法进行摊销，计入当期损益。

【例 12-21】 某公司 20××年 1 月 1 日采用分期收款方式向 B 企业销售大型设备一套，合同约定价款 20 000 000 元。分 5 次于每年 12 月 31 日等额收取，每次收取 4 000 000 元。该设备销售发票注明增值税 2 600 000 元，并于交付设备时收取存入银行。该设备现销方式下销售价格 16 000 000 元。该设备的成本为 12 000 000 元。作会计分录如下：

(1) 20××年 1 月 1 日销售商品确认收入：

借：长期应收款——B 企业	20 000 000	
银行存款	2 600 000	
贷：主营业务收入		16 000 000
应交税费——应交增值税（销项税额）		2 600 000
未实现融资收益		4 000 000

同时，结转该批商品的成本：

借：主营业务成本	12 000 000	
贷：库存商品		12 000 000

“未实现融资收益”属于资产类账户，用来核算企业分期计入收入或费用的未实现融资收益。该账户可按未实现融资收益的项目进行明细核算。

(2) 计算未实现融资收益每期分摊额：

根据本例提供数据资料，设实际利率为 R，可列出下面计算公式：

未来 5 年收款数额的现值＝现销方式下销售价格金额，代入相关数据得，

$4\,000\,000 \times (P/A, R, 5) = 16\,000\,000$

在多次测试的基础上，用插值法计算折现率。

当 $R=7\%$ 时，$4\,000\,000 \times 4.100\,2 = 16\,400\,800 > 16\,000\,000$

当 $R=8\%$ 时，$4\,000\,000 \times 3.992\,7 = 15\,970\,800 < 16\,000\,000$

因此，$7\% < R < 8\%$，用插值法计算如下，

现值	利率
16 400 800	7%
16 000 000	R
15 970 800	8%

$(16\,400\,800 - 16\,000\,000) \div (16\,400\,800 - 15\,970\,800) = (7\% - R) \div (7\% - 8\%)$

因此，$R = 7.93\%$

未实现融资收益每期分摊额如表 12-1 所示。

12

表 12-1　　　　未实现融资收益每期分摊额计算表

金额单位：元

日　　期	未收本金	财务费用	收现总额	已收本金
20××年 1 月 1 日	16 000 000			
20××年 12 月 31 日	16 000 000	1 268 800	4 000 000	2 731 200
第二年 12 月 31 日	13 268 800	1 052 216	4 000 000	2 947 784
第三年 12 月 31 日	10 321 016	818 457	4 000 000	3 181 543
第四年 12 月 31 日	7 139 473	566 160	4 000 000	3 433 840
第五年 12 月 31 日	3 705 633	294 367	4 000 000	3 705 633
合　　计		4 000 000	20 000 000	16 000 000

20××年 12 月 31 日第一次收取价款时：

借：银行存款　　4 000 000

　　贷：长期应收款　　4 000 000

借：未实现融资收益　　1 268 800

　　贷：财务费用　　1 268 800

第二年 12 月 31 日第二次收取价款时：

借：银行存款　　4 000 000

　　贷：长期应收款　　4 000 000

借：未实现融资收益　　1 052 216

　　贷：财务费用　　1 052 216

第三年年末至第五年年末分摊的未实现融资收益每期分摊额如表 12-1 所示，收取价款时会计分录同上。

（六）委托代销

委托代销商品分为视同买断和收取手续费两种情况，确认收入要求不同，分别介绍如下：

（1）视同买断。即由委托方和受托方签订协议，委托方按协议价收取委托代销的货款，实际售价可由受托方自定，实际售价与协议价之间的差额归受托方所有。视同买断的委托代销商品，在委托方向受托方交付商品并开具发票账单后，即可满足收入的确认条件，受托方也取得了商品的控制权。委托方应按应收的协议价款确认收入。受托方将代销的商品作购进处理，待受托代销商品售出后，按实际售价确认收入，并向委托方开具代销清单，支付协议价款。

【例 12-22】　A 企业委托 B 企业销售甲商品一批，协议价为 40 000 元，该商品成本 24 000 元，增值税税额 5 200 元。B 企业将该批商品按不含税售价 44 000 元出售，收取增值税税额 5 720 元。

（1）A 企业作会计分录如下：

❶ 将甲商品交付 B 企业确认收入时：

借：应收账款——B 企业　　45 200

　　贷：主营业务收入　　40 000

　　　　应交税费——应交增值税（销项税额）　　5 200

借：主营业务成本 24 000
　贷：库存商品 24 000

❷ 收到B企业汇来的代销商品货款时：

借：银行存款 45 200
　贷：应收账款——B企业 45 200

(2) B企业作会计分录如下：

❶ 收到委托代销商品时：

借：库存商品 40 000
　应交税费——应交增值税（进项税额） 5 200
　贷：应付账款——A企业 45 200

❷ 实际销售受托代销商品时：

借：银行存款 49 720
　贷：主营业务收入 44 000
　　应交税费——应交增值税（销项税额） 5 720

借：主营业务成本 40 000
　贷：库存商品 40 000

❸ 按合同协议价将款项付给A企业时：

借：应付账款——A企业 45 200
　贷：银行存款 45 200

(2) 收取手续费。即受托方根据所代销商品的数量向委托方收取手续费的一种代销方式。这种代销方式与视同买断方式相比，主要特点是：受托方通常应按照委托方规定价格销售，不得自行改变售价。在这种代销方式下，委托方向受托方交付委托代销商品时，受托方并没有取得商品的控制权。委托方不能确认收入，将委托代销商品作为发出商品核算。待受托方将商品销售并收到开来的代销清单时，确认收入；受托方收到委托代销商品时作为受托代销商品核算，并同时核算应支付的受托代销商品款。待代销商品销售后，按应收取的手续费确认收入。

【例12-23】 假设【例12-23】中，B企业按40 000元价格出售给顾客，A企业按售价的10%支付B企业手续费。B企业实际销售时，即向买方开出一张增值税专用发票，发票上注明甲商品不含税售价40 000元，增值税税额5 200元。A企业在收到B企业交来的代销清单时，向B企业开具一张相同金额的增值税发票。

(1) A企业作会计分录如下：

❶ 将商品交付B企业时：

借：发出商品 24 000
　贷：库存商品 24 000

❷ 收到代销清单时：

借：应收账款——B企业 45 200
　贷：主营业务收入 40 000
　　应交税费——应交增值税（销项税额） 5 200

借：主营业务成本 24 000
　贷：发出商品 24 000

❸ 收到B企业汇来的货款净额41 200元时：

借：银行存款	41 200	
销售费用	4 000	
贷：应收账款——B企业		45 200

(2) B企业作会计分录如下：

❶ 收到代销商品时：

借：受托代销商品	40 000	
贷：受托代销商品款		40 000

❷ 实际销售商品时：

借：银行存款	45 200	
贷：应付账款——A企业		40 000
应交税费——应交增值税（销项税额）		5 200

❸ 收到增值税专用发票时：

借：应交税费——应交增值税（进项税额）	5 200	
贷：应付账款——A企业		5 200
借：受托代销商品款	40 000	
贷：受托代销商品		40 000

❹ 支付代销商品款，并计算代销手续费时：

借：应付账款——A企业	45 200	
贷：银行存款		41 200
其他业务收入		4 000

（七）合同资产销售

当企业与客户签订的合同包含两项或多项履约义务时，如果企业履行了其中一项履约义务，向客户转让商品获得一项收取对价的权利，但该权利的履行取决于时间流逝之外的其他因素，企业应将该权利确认为合同资产而不是确认为应收账款。如企业向客户销售两项可明确区分的商品，企业因已交付其中一项商品而有权收取价款，但收取该价款还取决于企业交付另一项商品，企业应当将该收款权利作为合同资产。

存在合同资产的销售商品，按先后交付商品的时点分别确认收入，发生增值税纳税义务的同时，进行增值税销项税额的会计处理。企业发生合同资产的销售商品时，应按销售商品的全部价税款，借记“合同资产”账户，按销售商品价款，贷记“主营业务收入”账户，按应缴纳的增值税销项税额，贷记“应交税费——应交增值税（销项税额）”账户。当与合同资产相关的商品销售确认收入时，将合同资产转为应收账款。

【例12-24】 某公司20××年10月5日与客户签订合同，向客户销售A、B两种产品。A产品的售价为8 000元，成本为5 000元，B产品售价为7 000元，成本为4 000元。合同约定A产品在合同开始日交付，B产品在1个月后交付，当A、B两产品全部交付后，公司才有收取两种产品价款的权利。假定A、B两产品分别构成单项履约义务，客户在交付产品时取得产品控制权，公司的增值税税率为13%，在确认收入时发生纳税义务。作相关会计分录如下：

(1) 20××年10月5日向客户交付A产品时：

借：合同资产	9 040	

贷：主营业务收入		8 000
应交税费——应交增值税（销项税额）		1 040
借：主营业务成本	5 000	
贷：库存商品		5 000

（2）1 个月后向客户交付 B 产品时：

借：应收账款	16 950	
贷：合同资产		9 040
主营业务收入		7 000
应交税费——应交增值税（销项税额）		910
借：主营业务成本	4 000	
贷：库存商品		4 000

产生合同资产的销售商品核算举例可再参考本书第三章中【例 3-10】。

专栏 12-1

中华人民共和国第一次全国财务管理和会计会议

1951 年 11 月 1 日至 24 日，财政部召开了第一次全国财务管理及会计会议。会议针对当时中国会计制度不完善，会计从业人员职责不清的现状，在会计方面讨论了三个问题：❶修订了各种国营企业统一会计制度，使其在现有的基础上提高一步，以适应贯彻经济核算制的要求。其中包括：国营企业编送决算报告暂行办法草案、国营企业统一报表格式及说明草案、国营企业统一会计科目及说明草案、国营企业提交利润会计处理暂行办法草案、国营企业提交折旧基金会计处理暂行办法草案。❷会计主管人员职务权利责任暂行条例草案。❸会计、统计、计划的联系和分工问题。这次会议对当时的情况作了详细的分析并提供了可供操作的办法。

第三节　按时段确认的收入

一、按时段确认收入的规定

（一）时段履约的认定

企业应当根据履约义务履行的实际情况，先判断履约义务是否满足在某一时段履约的条件，如满足条件则属于在某一时段履行的履约义务。如不满足条件则属于在某一时点履行的履约义务。对于在某一时段履行的履约义务，企业应当选择适当的方法计算确定履约进度。

满足下列条件之一的属于在某一时段内履行的履约义务：

（1）客户在企业履约的同时，即取得并消耗企业履约所带来的经济利益，如企业向客户提供劳务、建造合同、保洁、保安服务等。企业在履约过程中是持续向客户转移商品或服务控制权的，该履约义务属于在某一时段内履行的履约义务，企业应当在提供商品或服务的期间内确认收入。

(2) 客户能够控制企业履约过程中在建的商品。企业在履约过程中在建的商品，包括：在产品、尚未完成的科研项目、正在进行的服务、建造过程中的工程等。如果客户在企业在建该商品的过程中就能控制这些商品，应当认为企业提供该商品的履约义务属于某一时段履行的履约义务。

【例 12-25】 如D公司与客户签订合同，在客户自有的土地上按客户的要求为其建造一幢生产用房，合同约定客户在建造过程中有权修改房屋设计，并与D公司重新商定变更设计后的合同价款，客户每月按工程进度向D公司支付工程款。如客户终止建造合同，已完成房屋的建造部分归客户所有。

分析：该房屋在客户的土地上建造，如终止合同已建造完成的部分归客户所有，均表明客户在建造过程中能控制该在建工程，应认为D公司为客户提供的建造服务属于在某一时段内履行的履约义务，应在提供建造服务的期间确认收入。

(3) 企业履约过程中所产出的商品具有不可替代用途，且该企业在整个合同期间内有权就累计至今已完成的履约部分收取款项。“具有不可替代用途”是指因合同限制或实际可行性限制，企业不能轻易地将商品用于其他用途。如建造只有客户能够使用的专项资产或按照客户的要求指标建造的资产，就具有不可替代的用途。“有权就累计至今已完成的履约部分收取款项”是指在由于客户或其他方原因终止合同的情况下，企业有权就累计至今已完成的履约部分收取能够补偿其已发生成本和合理利润的款项，并且该权利具有法律约束力。

(二) 收入的确认要求

对于在某一时段履行的履约义务，相关的收入应当在该履约义务履行的期间内确认，并在该段时间内按照履约进度确认收入金额，但履约进度不能合理确定的除外。

(三) 履约进度的计算方法

企业计算履约进度时，应当考虑商品的性质，采用产出法或投入法。

产出法是根据已转移给客户的商品对于客户的价值确定履约进度，可按实际测量的完工程度、评估已实现的结果、已达到的里程碑、已完工或交付的产品、时间进度等计算履约进度。例如，某企业与客户签订的合同约定，为客户生产A产品1 000件，现已完工交付450件，则履约进度为45%(450÷1 000)。

投入法是根据企业为履行履约义务的投入确定履约进度，可按投入材料的数量、花费的人工工时或机器工时、发生的成本等计算履约进度。例如，企业为客户建造的某工程项目，总建造成本为2 000万元，现已投入建造成本500万元，则履约进度为25%(500÷2 000)。

对于每一项履约义务企业只能采用一种方法计算确定其履约进度，并持续运用。对于类似情况下的类似履约义务，企业应当采用相同的方法确定履约进度。

二、按时段确认收入金额的计算方法

企业对于按时段确认收入的单项履约义务，一般情况下应按照向客户提供商品或劳务的履约进度计算确定收入金额，相关的成本按同样的方法计算确认其金额。

资产负债表日，企业应当按照提供商品或劳务的合同交易价格总额乘以累计的履约进度扣除以前期间累计已确认收入后的金额，确认当期收入。同时按照提供商品或劳务的合同预计总成本乘以累计履约进度扣除以前期间累计已确认成本后的金额，结转当期成本。其计算公式如下：

本期确认的收入金额＝合同交易价格总额×累计履约进度－以前期间累计已确认的收入金额

本期确认的成本金额＝合同预计的总成本×累计履约进度－以前期间累计已确认的成本金额

履约进度的计算举例参见下面【例 12-26】。

三、按时段确认收入的核算

(一) 履约进度能合理确定

企业对于按时段确认收入的单项履约义务在发生的各项支出时，按实际支出的成本金额，借记“合同履约成本”账户，按应支付的增值税进项税额，借记“应交税费——应交增值税(进项税额)”账户，按两者的合计金额，贷记“银行存款”等账户。按预收和实收的单项履约义务对价款金额，借记“银行存款”账户，发生增值税纳税义务的，按应交的增值税销项税额，贷记“应交税费——应交增值税(销项税额)”账户，按两者的差额贷记“预收账款”账户。资产负债表日依据按履约进度计算确认的收入金额，借记“预收账款”账户，贷记“主营业务收入”账户，依据按履约进度计算确认的成本金额，借记“主营业务成本”账户，贷记“合同履约成本”账户。

注：有关合同履约成本的问题参见本章第五节的相关内容。

12

【例 12-26】 某公司为增值税一般纳税人，适用的增值税税率为 9%。20××年 12 月 1 日与客户签订了一项设备安装任务，安装期为 14 个月，合同总收入 420 000 元，客户分三次支付，第一次在项目开始执行时支付，金额为 220 000 元，第二次在项目执行中期支付，金额为 150 000 元，剩余的在项目完成时支付。估计总成本 300 000 元，20××年实际发生安装料工费成本 150 000 元，相关的增值税税额为 18 000 元，第二年全年发生安装料工费成本 100 000 元，相关的增值税税额为 13 000 元，第三年 1 月发生安装料工费成本 50 000 元，相关的增值税税额为 3 200 元。纳税人提供建筑服务采取预收款方式的，其纳税义务发生时间为收到预收款的时间。进项税额经认证准予抵扣。假定按投入成本计算履约进度。作相关会计分录如下：

(1) 20××年度有关业务的会计分录：

❶ 实际发生成本时：

借：合同履约成本	150 000	
应交税费——应交增值税(进项税额)	18 000	
贷：银行存款		168 000

(注：上述支出如为消耗存货支出，贷记“原材料”账户，如为人员薪酬支出，贷记“应付职工薪酬”账户，如为固定资产折旧，贷记“累计折旧”账户。)

❷ 预收劳务费时：

借：银行存款	239 800	
贷：预收账款		220 000
应交税费——应交增值税(销项税额)		19 800

❸ 确认收入和成本时：

按实际发生的成本占估计总成本的比例确定履约进度。

履约进度 $=150\,000\div300\,000\times100\%=50\%$

确认收入 $=420\,000\times50\%-0=210\,000$(元)

确认成本 $=300\,000\times50\%-0=150\,000$(元)

借:预收账款	210 000	
贷:主营业务收入		210 000
借:主营业务成本	150 000	
贷:合同履约成本		150 000

(2) 第二年度有关业务的会计分录:

❶ 实际发生成本时:

借:合同履约成本	100 000	
应交税费——应交增值税(进项税额)	13 000	
贷:银行存款		113 000

❷ 预收劳务费时:

借:银行存款	163 500	
贷:预收账款		150 000
应交税费——应交增值税(销项税额)		13 500

❸ 确认收入和成本时:

12

履约进度 $=(150\,000+100\,000)\div300\,000\times100\%=83.33\%$

确认收入 $=420\,000\times83.33\%-210\,000=139\,986$(元)

确认成本 $=300\,000\times83.33\%-150\,000=99\,990$(元)

借:预收账款	139 986	
贷:主营业务收入		139 986
借:主营业务成本	99 990	
贷:合同履约成本		99 990

(3) 第三年度有关业务的会计分录:

❶ 实际发生成本时:

借:合同履约成本	50 000	
应交税费——应交增值税(进项税额)	3 200	
贷:银行存款		53 200

❷ 收取劳务费时:

借:银行存款	54 500	
贷:预收账款		50 000
应交税费——应交增值税(销项税额)		4 500

❸ 劳务完成时确认剩余收入:

借:预收账款	70 014	
贷:主营业务收入		70 014

❹ 结转成本:

借:主营业务成本	50 010	
贷:合同履约成本		50 010

（二）履约进度不能合理确定

企业在履约进度不能合理确定时，企业已经发生的成本预计能够得到补偿的，应当按照已经发生的成本金额确认收入，直到履约进度能够合理确定为止。

【例 12-27】 某咨询公司为小规模纳税人，接受某商贸公司一项咨询服务工作，双方签订的合同注明，咨询期为 3 个月，从 20××年 12 月 1 日开始至第二年 3 月 1 日止，不含税咨询费总额 8 000 元，在咨询开始和结束时分两次平均支付，每次支付 4 000 元。20××年 12 月 18 日商贸公司在支付过第一期预付款后，发生自然灾害，资金周转发生困难，第二期咨询费能否得到没有把握。咨询公司进行前期准备已发生调查成本 1 000 元。

当资产负债表日不能可靠地估计所提供的劳务交易结果时，企业应按已发生并预计能得到补偿的劳务成本的金额确认收入，并将已发生的成本确定为当期费用。

作会计分录如下：

(1) 20××年 12 月 1 日收到客户预付的咨询费时：

借：银行存款	4 120	
贷：预收账款		4 000
应交税费——应交增值税		120

发生调查成本时：

借：合同履约成本	1 000	
贷：银行存款		1 000

(2) 20××年 12 月 31 日确认收入：

借：预收账款	1 000	
贷：主营业务收入		1 000

同时结转成本

借：主营业务成本	1 000	
贷：合同履约成本		1 000

(3) 退还相关的预收款项：

借：预收账款	3 000	
应交税费——应交增值税	90	
贷：银行存款		3 090

第四节 特定交易的收入

特定交易是指企业在向客户转让商品交易活动中附有特定约束条件的交易活动，如附有销售退回条款、附有质量保证条款、附有客户额外购买选择权、售后回购、客户未行使的权利、无须退回的初始费、授予客户知识产权许可、主要责任人和代理人等。

一、附有销售退回条款

附有销售退回条款的销售，企业应当在客户取得相关商品控制权时，按销售商品的全部价税款，借记“应收账款”“银行存款”等账户，按照因向客户转让商品而预期有权收取的对价金额

（不包含预期因销售退回将退还的金额）确认收入，贷记“主营业务收入”账户，按照预期因销售退回将退还的金额确认负债，贷记“预计负债”账户。

同时，按照预期将退回商品转让时的账面价值，扣除收回该商品预计发生的成本（包括退回商品的价值减损）后的余额，确认为一项资产，借记“应收退货成本”账户，按照所转让商品转让时的账面价值，扣除上述资产成本的净额结转成本，借记“主营业务成本”账户，按照转让商品的账面价值，贷记“库存商品”账户。

每一资产负债表日，企业应当重新估计未来销售退回情况，如有变化，作为会计估计变更进行会计处理。

【例 12-28】 丙公司为增值税一般纳税人，20××年 12 月 1 日销售给丁单位 B 商品 1 000 件，单位售价 50 元，单位成本 40 元，开出增值税专用发票注明的不含锐销售价款 50 000 元，增值税税额 6 500 元。商品已交付，丁单位已取得 B 商品控制权。合同规定，丁单位在 12 月 10 日前付款，在商品交付后 3 个月内商品如出现质量问题丁单位有权退货。丙公司根据以往的经验，估计丁单位的退货率为 10%。丁单位在 12 月 10 日支付全部价税款。12 月 31 日丙公司重新评估丁单位的退货率为 8%。在实际发生退货时，税务机关开具红字增值税发票。

(1) 20××年 12 月 1 日发出商品，丁单位取得商品控制权，丙公司确认收入。丙公司作相关会计分录如下：

12

可能退货的数量＝1 000×10%＝100（件）

确认的主营业务收入＝（1 000－100）×50＝45 000（元）

确认的预计负债＝100×50＝5 000（元）

确认结转的主营业务成本＝（1 000－100）×40＝36 000（元）

确认的应收退货成本＝100×40＝4 000（元）

借：应收账款——丁单位　　56 500
　贷：主营业务收入——B 商品　　45 000
　　预计负债——应付退货款（丁单位）　　5 000
　　应交税费——应交增值税（销项税额）　　6 500

借：主营业务成本——B 商品　　36 000
　应收退货成本——B 商品　　4 000
　贷：库存商品——B 商品　　40 000

(2) 12 月 10 日收到商品价税款：

借：银行存款　　56 500
　贷：应收账款——丁单位　　56 500

(3) 12 月 31 日重新评估丁单位的退货率：

因退货率降低调增主营业务收入＝[1 000×（10%－8%）]×50＝1 000（元）

因退货率降低调增主营业务成本＝[1 000×（10%－8%）]×40＝800（元）

借：预计负债——应付退货款（丁单位）　　1 000
　贷：主营业务收入——B 商品　　1 000

借：主营业务成本——B 商品　　800
　贷：应收退货成本——B 商品　　800

(4) 假定第二年 2 月 10 日丁单位实际退货 80 件(与评估的退货率一致)：

借：预计负债——应付退货款(丁单位)	4 000	
应交税费——应交增值税(销项税额)	520	
贷：银行存款		4 520
借：库存商品——B 商品	3 200	
贷：应收退货成本——B 商品		3 200

(5) 假定实际退货 70 件(低于评估的退货率)：

借：预计负债——应付退货款(丁单位)	4 000	
应交税费——应交增值税(销项税额)	455	
贷：主营业务收入——B 商品		500
银行存款		3 955
借：库存商品——B 商品	2 800	
主营业务成本——B 商品	400	
贷：应收退货成本——B 商品		3 200

(6) 假定实际退货 90 件(高于评估的退货率)：

借：预计负债——应付退货款(丁单位)	4 000	
应交税费——应交增值税(销项税额)	585	
主营业务收入——B 商品	500	
贷：银行存款		5 085
借：库存商品——B 商品	3 600	
贷：主营业务成本——B 商品		400
应收退货成本——B 商品		3200

二、附有质量保证条款

对于附有质量保证条款的销售，企业应当评估该质量保证是否在向客户保证所销售商品符合既定标准之外提供了一项单独的服务。

(1) 保证向客户销售商品符合既定标准的质量保证条款。该部分条款通常称为保证性质保，如企业向客户提供的产品“三包”服务等。此类质量保证责任应当按照《企业会计准则第 13 号——或有事项》的规定进行会计处理。

(2) 在既定标准之外提供了一项单独的服务(额外服务)的质量保证条款。该部分条款通常称为服务性质保，如企业向客户提供的延保服务等。此类质量保证责任应当作为单项履约义务进行会计处理。

在评估质量保证是否在向客户保证所销售商品符合既定标准之外提供了一项单独的服务时，企业应当考虑该质量保证是否为法定要求、质量保证期限以及企业承诺履行任务的性质等因素。

❶ 客户能够选择单独购买质量保证的，该质量保证构成单项履约义务。

❷ 质量保证期限越长越有可能是单项履约义务。

❸ 法定要求的质保通常不构成为客户提供的单项履约义务。

❹ 企业必须履行的某些特定任务通常不构成为客户提供的单项履约义务，如企业负债运输被客户退回的缺陷商品。

对于附有单项履约义务质保条款的销售，企业应当在客户取得相关商品控制权时，按销售商品的全部价税款和质保款，借记“银行存款”等账户，按销售商品的价款，贷记“主营业务收入”账户，按收取的质保款，贷记“合同负债”账户，按应交的增值税税款，贷记“应交税费”账户。同时，按照销售商品成本，借记“主营业务成本”账户，贷记“库存商品”等账户；企业发生的该质保收费属于时段确认收入，应当在质保期限内按照质保履约进度分期确认收入。

对于法定质保预计发生的相关费用，借记“销售费用”账户，贷记“预计负债”账户。

【例 12-29】 甲公司为增值税一般纳税人，20××年 10 月 10 日销售给 A 公司生产设备一批，合同约定价款共计 520 万元。合同另约定甲公司提供 1 年的法定免费质保服务和 2 年的延保服务。该批生产设备和延保服务的单独标价分别为 500 万元、20 万元。甲公司根据以往经验估计法定质保服务的费用为 8 万元。该批生产设备的成本为 360 万元。合同签订当日双方完成生产设备交付，A 公司取得生产设备的控制权，甲公司收到全部价税款 586.20 万元（生产设备价款 500 万元、增值税税款 65 万元；延保收费 20 万元、增值税税款 1.20 万元）。甲公司作有关会计分录如下：

（1）收到销售商品和延保服务价税款时：

借：银行存款	5 862 000	
贷：主营业务收入——生产设备		5 000 000
合同负债——应付延保款		200 000
应交税费——应交增值税（销项税额）		662 000
借：主营业务成本——生产设备	3 600 000	
贷：库存商品——生产设备		3 600 000

（2）预计 1 年法定质保费用时：

借：销售费用	80 000	
贷：预计负债		80 000

（3）假定第 1 年发生法定质保费用 90 000 元：

借：预计负债	80 000	
销售费用	10 000	
贷：银行存款		90 000

（4）延保第 1 年确认收入（假定按直线法分摊），并发生延保费用支出 85 000 元：

借：合同负债——应付延保费	100 000	
贷：主营业务收入		100 000
借：主营业务成本	85 000	
贷：银行存款		85 000

三、附有客户额外购买选择权

对于附有客户额外购买选择权的销售，企业应当评估该选择权是否向客户提供了一项重大权利（实质性权利）。

客户额外购买选择权通常包括销售激励、未来购买商品折扣券、合同续约选择权、奖励积分等。

评估该选择权是否向客户提供了一项重大权利。如果客户必须在订立一项合同的前提下才能取得额外购买选择权，并且客户在行使该额外选择权购买商品时能够享受到超过该地区(该市场)中其他同类客户所能享受的折扣,一般认为该选择权向客户提供了一项重大权利。

企业提供重大权利的,应当作为单项履约义务,将交易价格分摊至该履约义务,并确认为一项负债。在客户未来行使购买选择权取得相关商品控制权时,或者该选择权失效时,确认相应的收入。

客户额外购买选择权的单独售价无法直接获取的,企业应当综合考虑客户行使和不行使该选择权所能获得的折扣的差异、客户行使该选择权的可能性(概率)等全部相关信息后,予以合理估计。

客户虽然有额外购买商品选择权,但客户行使该选择权购买商品时的价格反映了这些商品单独售价的,不应被视为企业向该客户提供了一项重大权利。

附有客户额外购买选择权条款的销售,企业应当按销售商品的全部价税款,借记"银行存款"等账户,按销售商品分摊的价款,贷记"主营业务收入"账户,按客户额外购买选择权分摊的价款贷记"合同负债"账户,按应交的增值税税款,贷记"应交税费"账户。以后期间客户额外购买选择权兑现确认收入时,借记"合同负债"账户,贷记"主营业务收入"账户。

【例 12-30】 某综合商场为增值税一般纳税人,20××年1月1日开展奖励积分店庆酬宾活动。规定在活动期间,客户每在商场内消费10元可兑换1个积分,每个积分可在未来购买该商场商品时按1元的折扣兑现,积分有效期3年。

活动期间共销售商品500 000元,客户应得奖励积分50 000个,公司预计积分兑现率99%,基于兑换的可能性估计每个积分的单独售价为1元;20××年12月21日累计有22 000个积分被兑换,积分兑现率预计变为95%;第二年12月31日累计有48 000个积分兑换,积分兑现率预计变为98%;第三年12月31日剩余未兑换的积分全部失效(假定不考虑税费因素)。

分析:商场授予客户的积分提供了一项实质性权利,应作为单项履约义务,客户购买商品的单独售价500 000元,考虑积分的兑现率,估计积分的单独售价为49 500元(1元×50 000×99%)。作相关会计分录如下:

(1) 20××年1月1日始酬宾活动期间,按照商品和积分单独售价比例对交易价格进行分摊:

分摊给商品的交易价格=500 000×500 000÷(500 000+49 500)=454 959(元)

分摊给积分的交易价格=500 000×49 500÷(500 000+49 500)=45 041(元)

借:银行存款	500 000	
贷:主营业务收入		454 959
合同负债		45 041

(2) 20××年12月31日确认积分收入:

预计客户总共兑换的积分47 500个(50 000×95%)。

积分应确认的收入=45 041×22 000÷47 500=20 861(元)

未兑换的积分仍作为合同负债:

借:合同负债	20 861	
贷:主营业务收入		20 861

(3) 第二年12月31日确认积分收入:

预计客户总共兑换的积分49 000个(50 000×98%)。

12

积分应确认的收入＝45 041×48 000÷49 000－20 861＝23 261(元)

未兑换的积分仍作为合同负债：

借：合同负债　　23 261

　贷：主营业务收入　　23 261

(4) 第三年 12 月 31 日确认积分收入：

因未兑换的积分全部失效，当年兑换部分和未兑换部分全部确认为收入。

积分应确认的收入＝45 041－20 861－23 261＝919(元)

借：合同负债　　919

　贷：主营业务收入　　919

四、售后回购

售后回购是指企业销售商品的同时承诺或有权选择日后再将该商品(包括相同或几乎相同的商品，或以该商品作为组成部分的商品)购回的销售方式。

售后回购交易按其产生原因可区分为下列两种类型：

(1) 企业因存在与客户的远期安排而负有回购义务或享有回购权利。

该类售后回购表明客户在销售时点并未取得相关商品控制权，进一步细分为租赁交易或融资交易。

12

❶ 回购价格低于原售价的为租赁交易，按照《企业会计准则第 21 号——租赁》的相关规定进行会计处理。

❷ 回购价格不低于原售价的为融资交易，在收到客户款项时确认金融负债，并将该款项和回购价格的差额在回购期间内确认为利息费用等。企业到期未行使回购权利的，应当在该回购权利到期时终止确认金融负债，同时确认收入。

(2) 企业应客户要求负有回购商品的义务。

该类售后回购应当在合同开始日评估客户是否具有行使该要求权的重大经济动因。

❶ 客户具有行使该要求权重大经济动因的，企业应当将售后回购作为租赁交易或融资交易，按照上述(1)进行会计处理。

❷ 客户没有行使该要求权重大经济动因的，企业应当将其作为附有销售退回条款的销售交易进行会计处理(见本章第一节的说明)。

下面重点介绍属于融资交易类型的售后回购业务。

企业发生售后回购业务时，按实际收取的售后回购商品销售价税款，借记“银行存款”账户，按收取的售后回购商品销售价款，贷记“其他应付款”账户，按应缴纳的增值税税款，贷记“应交税费”账户；回购期内分摊回购商品价款与原售价款的差额时，借记“财务费用”账户，贷记“其他应付款”账户；实际回购商品时，按支付的回购商品价款，借记“其他应付款”账户，按支付的增值税税款，借记“应交税费”账户，按支付的全部回购商品价税款，贷记“银行存款”账户。

【例 12-31】 乙公司为增值税一般纳税人，20××年 3 月 1 日向 D 企业销售商品一批，增值税专用发票标明的不含税销售价款 300 万元，增值税税款 39 万元，该批商品的成本 230 万元。商品并未发出，款项已经收到。根据双方协议，乙公司于 8 月 31 日(售后 6 个月)将所售商品以 318 万元(不含增值税款)的价格购回。乙公司作相关会计分录如下：

分析：D 企业没有取得商品控制权，回购价不低于原售价，属于融资交易。

(1) 20××年3月1日销售商品并开出增值税发票时：

借：银行存款　　3 390 000

　贷：其他应付款——售后回购(D企业)　　3 000 000

　　应交税费——应交增值税(销项税额)　　390 000

(2) 回购期内分摊回购商品价款与原售价差额时(采用直线法)：

每月应分摊的金额＝(3 180 000－3 000 000)÷6＝30 000(元)

借：财务费用　　30 000

　贷：其他应付款——售后回购(D企业)　　30 000

(3) 8月31日回购商品时(按增值税专用发票开具的商品价款318万元和增值税税款41.34万元)：

借：其他应付款——回购商品(D企业)　　3 180 000

　应交税费——应交增值税(进项税额)　　413 400

　贷：银行存款　　3 593 400

五、客户未行使的权利

客户未行使的权利是指企业向客户预收销售商品的款项后，客户有权要求企业履行转让商品义务的权利。

企业向客户预收销售商品款项的，应当首先将该款项确认为负债，按照实际预收的全部款项，借记“银行存款”账户，按照其中预收的商品价款，贷记“合同负债”账户，按照应交的增值税税款，贷记“应交税费”账户；待履行了相关履约义务时再转为收入。按照履约转让商品的价款，借记“合同负债”账户，贷记“主营业务收入”账户。

当企业预收款项无需退回，且客户可能会放弃其全部或部分合同权利时，企业预期将有权获得与客户所放弃的合同权利相关金额的，应当按照客户行使合同权利的模式按比例将上述金额确认为收入；否则，企业只有在客户要求其履行剩余履约义务的可能性极低时，才能将上述负债的相关余额转为收入。

【例12-32】　A公司为增值税一般纳税人，主要经营连锁酒店业务，20××年共向客户销售了2 000张储值卡，每张面值1万元，总额2 000万元。客户可在公司的任何一家酒店使用储值卡消费。根据历史资料估计，约有10%的储值卡不会被消费。截至20××年12月31日，客户使用储值卡消费的金额1 200万元。假定企业在实际收到款项时发生增值税纳税义务，增值税税率为6%。A公司作相关会计分录如下：

(1) 销售储值卡时：

储值卡总金额＝10 000×2 000＝20 000 000(元)

不含税销售金额＝20 000 000÷1.06＝18 867 924.53(元)

应缴纳的增值税税额＝18 868 924.53×6%＝1 132 075.47(元)

借：银行存款　　20 000 000

　贷：合同负债　　18 867 924.53

　　应交税费——应交增值税(销项税额)　　1 132 075.47

(2) 储值卡消费时：

预计不消费的储值卡金额＝20 000 000×10%＝2 000 000(元)

预计实际消费的储值卡金额＝20 000 000－2 000 000＝18 000 000(元)

确认收入＝[12 000 000＋2 000 000×(12 000 000÷18 000 000)]÷1.06
　　＝13 333 333.33÷1.06＝12 578 616.35(元)

借:合同负债	12 578 616.35	
贷:主营业务收入		12 578 616.35

六、无须退回的初始费用

企业在合同开始(或接近合同开始)日向客户收取的无需退回的初始费用(如俱乐部的入会费等)应当计入交易价格。

企业应当评估该初始费用是否与向客户转让已承诺的商品相关。

(1) 该初始费用与向客户转让已承诺的商品相关。

❶ 该初始费用与向客户转让已承诺的商品相关,并且该商品构成单项履约义务的,企业应当在转让该商品时,按照分摊至该商品的交易价格确认收入。

❷ 该初始费用与向客户转让已承诺的商品相关,但该商品不构成单项履约义务的,企业应当在包含该商品的单项履约义务履行时,按照分摊至该单项履约义务的交易价格确认收入。

(2) 该初始费用与向客户转让已承诺的商品不相关。

该初始费用与向客户转让已承诺的商品不相关的,该初始费用应当作为未来将转让商品的预收款,在未来转让该商品时确认为收入。

12

企业收取了无需退回的初始费用且为履行合同应开展初始活动,但这些活动本身并没有向客户转让已承诺商品的(如企业为履行会员健身合同开展的准备工作),该初始费用与未来将转让的已承诺商品相关,应当在未来转让该商品时确认为收入,企业在确定履约进度时不应考虑这些初始活动;企业为该初始活动发生的支出应当确认为一项资产或计入当期损益。

【例 12-33】 某公司为一家会员制健身会所,20××年 1 月与 100 名客户分别签订了为期 3 年的健身合同,客户每人需一次性支付 3 年年费 3 000 元,另每人额外收取 50 元的会员费,作为定制客户健身卡工本费及注册登记等初始活动的补偿。合同约定客户自签订合同日起有权在该会所开展健身活动,无论客户未来期间是否来会所开展健身活动,收取的年费和会员费均不退还。假定公司在实际收到款项发生增值税纳税义务,增值税税率 6%。根据以往经验估计,会员办卡第一年来会所消费的次数占总消费次数 50%,第二年和第三年各为 30%和 20%。

分析:公司承诺向客户提供健身服务,收取的初始年费与提供健身服务相关,应当在提供健身服务时,按照分摊至健身服务的交易价格确认收入;收取的初始会员费为初始活动收费,没有向客户转让已承诺的商品,但与未来将提供的已承诺健身服务相关,应当在未来提供健身服务时与收取的年费同时分摊,确认为收入。作相关会计分录如下:

收取初始费:

收取的年费总额＝3 000×100＝300 000(元)

收取的会员费总额＝50×100＝5 000(元)

应缴纳的增值税税额＝[(300 000÷1.06)＋(5 000÷1.06)]×6%
　　＝[283 018.87＋4 716.98]×6%＝17 264.15(元)

借:银行存款	305 000.00	
贷:合同负债——会员年费		283 018.87
——会员费		4 716.98
应交税费——应交增值税		17 264.15

20××年各月提供健身服务确认收入(简化为按年一次计算):

年费确认收入金额＝283 018.87×50%＝141 509.44

会员费确认收入金额＝4 716.98×50%＝2 358.49

借:合同负债——会员年费 141 509.44

——会员费 2 358.49

贷:主营业务收入 143 867.93

七、授予客户知识产权许可

企业向客户授予的知识产权,通常包括商标权、版权、专利权、特许经营权、软件和技术等。企业向客户授予知识产权许可的,应当按照规定评估该知识产权许可是否构成单项履约义务,构成单项履约义务的,还应进一步确定其是在某一时段内履行还是在某一时点履行。

(1) 不构成单项履约义务的。

授予知识产权许可不构成单项履约义务,包括如下两种情况:

❶ 该知识产权许可构成有形商品的组成部分,并且对该商品的正常使用是不可或缺的。

❷ 客户只有将该知识产权许可与相关服务一起使用才能够从中获益。

向客户授予不构成单项履约义务的知识产权许可,企业应当将知识产权许可与其他商品一起作为一项单项履约义务进行会计处理。

(2) 构成单项履约义务的。

企业向客户授予知识产权许可,同时满足下列条件时,应当作为在某一时段内履行的履约义务确认相关收入;否则,应当作为在某一时点履行的履约义务确认相关收入:

❶ 合同要求或客户能够合理预期企业将从事对该项知识产权有重大影响的活动。如显著改变知识产权形式或功能(设计、内容)的活动、改变知识产权价值的活动等。

❷ 该活动对客户将产生有利或不利影响。

❸ 该活动不会导致向客户转让某项商品。

(3) 企业向客户授予知识产权许可,并约定按客户实际销售或使用情况收取特许权使用费的,应当在下列两项孰晚的时点确认收入:

❶ 客户后续销售或使用行为实际发生。

❷ 企业履行相关履约义务。

八、主要责任人和代理人

(一) 区分主要责任人与代理人的原则

企业应当根据其在向客户转让商品前是否拥有对该商品的控制权,来判断其从事交易时的身份是主要责任人还是代理人。

(1) 企业在向客户转让商品前能够控制该商品的,该企业为主要责任人,应当按照已收或应收对价总额确认收入。

(2) 企业在向客户转让商品前不能够控制该商品的,该企业为代理人,应当按照预期有权收取的佣金或手续费的金额确认收入,该金额应当按照已收或应收对价总额扣除应支付给其他相关方的价款后的净额,或者按照既定的佣金金额或比例等确定。

(二) 存在第三方的情况下,企业向客户转让商品前能否控制该商品的判断

(1) 下列情形认为企业向客户转让商品前能够控制该商品:

❶ 企业自第三方取得商品或其他资产控制权后，再转让给客户。例如，商业零售企业在取得商品的控制权后，再向顾客销售商品转让商品的控制权，商业零售企业为主要责任人。例如，淘宝是一个销售平台，并没有取得商品的控制权，因此，淘宝是代理人。

❷ 企业能够主导第三方代表本企业向客户提供服务。例如，某建设公司从国外取得工程总承包合同，分包商（甲公司）取得分包工程去国外进行工程建设。

❸ 企业自第三方取得商品控制权后，通过提供重大的服务将该商品与其他商品整合成某组合产出转让给客户。

（2）判断向客户转让商品前是否能控制该商品须考虑的相关事实情况。

企业在判断向客户转让商品前是否能控制该商品时，不应仅局限于合同的法律形式，而应当综合考虑所有相关事实和情况，这些事实和情况包括：

❶ 企业承担向客户转让商品的主要责任，即验收风险。该情况应从客户的角度出发进行判断，如客户认为谁对商品的质量负债、谁提供商品的售后服务、谁负债解决客户的投诉等。

❷ 企业在转让商品之前或之后承担了该商品的存货风险。存货风险主要是指存货可能发生的减值、毁损及丢失等，企业如承担了商品的存货风险，则可认为企业为主要责任人。

❸ 企业有权自主决定所交易商品的价格。即表明企业有能力主导有关商品的使用并从中获得几乎全部的经济利益，则可认为企业为主要责任人。

❹ 其他相关事实和情况。

判断一个企业是主要责任人还是代理人时，应当以该企业在特定商品转让给客户之前是否能控制这些商品为原则，上述相关事实和情况只是帮助企业在难以评估特定商品转让给客户之前是否能控制这些商品时进行相关判断。另这些事实和情况没有先后顺序和权重之分，也不能独立地用于支持某一结论。企业应当根据合同条款的约定、相关商品的性质和有关具体情况综合进行判断。

【例 12-34】 丙企业委托家乐福超市代为销售其生产的空调，每台空调的售价为 6 000 元，每售出一台空调家乐福超市可提取 5%的佣金。20××年第一季度共售出空调 80 台。

分析：丙企业为主要责任人，因为在向客户转让空调之前丙企业对空调拥有控制权，因此，空调售出后，丙企业应确认销售空调的收入。家乐福超市只是代为销售空调，是代理人，只对佣金确认收入。

专栏 12-2

1929—1933 年世界经济危机

20 世纪 30 年代，从美国开始，大多数发达国家爆发了经济危机，公司股票和债券大量在证券市场上抛售，许多公司陷入无力偿付债务的窘迫局面，纷纷破产倒闭。政府和社会公众认为，松散的会计实务是导致美国资本市场崩溃和萧条的主要原因，强烈要求公司会计报表能够真实反映企业的财务状况和经营成果。为此，美国政府于 1933 年发布了《证券法》，1934 年又发布了《证券交易法》，要求股份公司在向公众出售股票之前，必须向证券交易委员会(SEC)登记，并通过 SEC 公布会计报表；股份公司的会计报表必须按照公认会计原则编制，并经独立会计师审定；授权 SEC 负责制订统一会计规则。但是 SEC 从未行使制订权，而是授权美国会计师协会(AIA，1957 年改名为美国注册会计师协会，AICPA)制订。公认会计原则的确立，标志着传统会计发展成为财务会计，并表现出以下典型特征：会计信息的加工、处理和报告，是为了满足各个利益关系人的需要；在加工过程中，必须遵守公认会计原则；财务报表完成后，必须由注册会计师审计。

此外，20 世纪初，随着“泰勒制”和科学管理理论的产生，50—60 年代，管理会计从财务会计中逐渐分离出来。1952 年，世界会计师联合会正式通过了“管理会计”这个专门术语。从此，企业会计就正式分解为财务会计和管理会计两大领域。

第五节 合同成本

一、合同成本的内容和分类

企业为了履行合同可能发生各项支出，这些支出构成合同成本。按合同成本的性质可将其分为以下三类（本节所讲合同成本主要指后两类）：

（一）属于存货、固定资产等准则规范的合同成本

如按合同约定为客户生产产品发生一定的料工费支出，为生产该产品发生的固定资产折旧等，这些产品生产完工入库形成库存商品。这些合同成本属于《企业会计准则第 1 号——存货》《企业会计准则第 4 号——固定资产》的规范范围。

（二）合同履约成本

企业为履行合同发生的成本，不属于其他企业会计准则规范范围且同时满足规定条件的构成合同履约成本。这些规定条件是：

（1）该成本与一份当前或预期取得的合同直接相关。与合同直接相关的成本包括直接人工，直接材料，制造费用或类似费用（如组织和管理生产、施工、服务等活动发生的费用，包括管理人员的职工薪酬、劳动保护费、固定资产折旧及修理费、物料消耗、取暖费、水电费、办公费、差旅费、财产保险费、工程保修费、排污费、临时设施摊销费等），明确由客户承担的成本以及仅因该合同而发生的其他成本（如支付给分包商的成本、设计和技术援助费用、机械使用费用、生产工具和用具使用费、检验试验费、施工现场二次搬运费、工程点交费、场地清理费等）。

（2）该成本增加了企业未来用于履行履约义务的资源。

（3）该成本预期能够收回。

在确认合同履约成本时需要注意，企业下列支出在发生时计入当期损益：

❶ 管理费用。除非这些费用明确由客户承担。

❷ 非正常消耗的直接材料、直接人工和制造费用（或类似费用）。这些支出为履行合同发生，但未反映在合同价格中。

❸ 与履约义务中已履行部分相关的支出（包括全部履行和部分履行）。该部分支出与企业过去的履约活动相关。

❹ 无法在尚未履行的与已履行的履约义务之间区分的相关支出。

合同履约成本应当在发生时确认为一项资产，通常称为“合同履约成本”。

（三）合同取得成本

企业与客户签订合同会发生相关的增量成本。增量成本是指企业不取得合同就不会发生的成本(如销售佣金等)。企业为取得合同发生的增量成本预期能够收回的,应当作为合同取得成本,合同取得成本在发生时确认为一项资产。但合同取得成本摊销期限不超过一年的,可以在发生时计入当期损益。

企业为取得合同发生的、除预期能够收回的增量成本之外的其他支出(如无论是否取得合同均会发生的差旅费等),应当在发生时计入当期损益,但明确由客户承担的除外。

二、合同成本的分摊和减值

（一）合同成本分摊

合同履约成本和合同取得成本,均属于与合同成本有关的资产。其合同成本应当采用与该资产相关的商品收入确认相同的基础进行摊销,计入当期损益。即:与该资产相关的商品收入按时点确认的,其合同成本也相应按收入的确认时点分摊计入当期损益;与该资产相关的商品收入按履约进度确认的,其合同成本也相应按履约进度分摊计入当期损益。

（二）合同成本减值

12

合同履约成本或合同取得成本的账面价值高于下列两项的差额的,超出部分应当计提减值准备,并确认为资产减值损失:

(1) 企业因转让与该资产相关的商品预期能够取得的剩余对价。

(2) 为转让该相关商品估计将要发生的成本。

合同成本减值＝合同成本的账面价值－(预期能够取得的剩余对价－估计将要发生的成本)

以前期间减值的因素之后发生变化,使得(1)减去(2)的差额高于该资产账面价值的,应当转回原已计提的资产减值准备,并计入当期损益,但转回后的资产账面价值不应超过假定不计提减值准备情况下该资产在转回日的账面价值。

在确定与合同成本有关的资产的减值损失时,企业应当首先按照其他相关企业会计准则确认与合同有关的其他资产的减值损失;然后,按照规定确定与合同成本有关的资产的减值损失。

三、合同成本的核算

（一）存货、固定资产等准则规范的合同成本

企业为履行合同约定的生产产品消耗的原材料、发生的固定资产折旧等,构成该生产产品的成本,与这些成本发生时,借记“生产成本”“制造费用”等账户,贷记“原材料”“累计折旧”等账户;该产品生产完工入库时按其成本,借记“库存商品”账户,贷记“生产成本”账户;待该产品销售确认收入并结转成本时,借记“主营业务成本”账户,贷记“库存商品”账户。

注:有关产品生产成本的归集与核算参见相关成本会计的内容(本书略)。

（二）合同履约成本

企业可设置“合同履约成本”账户,用来核算合同履约成本的增减变化及结存情况,并可分设“服务成本”和“工程施工”等明细账户进行明细核算。

企业发生各项合同履约成本支出时，按实际支出金额，借记“合同履约成本”账户，贷记“银行存款”“应付职工薪酬”“原材料”等账户；按时点或履约进度分摊合同履约成本时，按照计算分摊的金额，借记“主营业务成本”或“其他业务成本”账户，贷记“合同履约成本”账户。具体业务核算举例参见本章第三节【例 12-26】。

（三）合同取得成本

企业可设置“合同取得成本”账户，用来核算合同取得成本的增减变化及结存情况。企业发生各项合同取得成本支出时，按实际支出金额，借记“合同取得成本”账户，贷记“银行存款”“其他应付款”等账户；按时点或履约进度分摊合同取得成本时，按照计算分摊的金额，借记“销售费用”等账户，贷记“合同取得成本”账户。为简化实务操作，合同取得成本摊销期限不超过一年的，可在发生时直接计入本期损益。

【例 12-35】 20××年 1 月 1 日，某公司与客户签订一项工程建设合同，合同履约期限 3 年，发生销售佣金等合同增量成本 84 000 元，相关的增值税进项税额 5 040 元。20××年 12 月 31 日，按规定的方法计算工程履约进度为 40%。作相关会计分录如下：

（1）20××年度发生合同取得成本时：

借：合同取得成本	84 000	
应交税费——应交增值税（进项税额）	5 040	
贷：银行存款		89 040

（2）20××年 12 月 31 日按履约进度分摊成本时：

本年度分摊成本金额 = 84 000 × 40% = 33 600（元）

借：销售费用	33 600	
贷：合同取得成本		33 600

（四）合同成本减值

企业对合同成本减值的核算应分别设置“合同履约成本减值准备”“合同取得成本减值准备”账户，两个账户可分别按照合同分户进行明细核算。

按规定的方法计算确认的合同履约成本减值金额，借记“资产减值损失”账户，贷记“合同履约成本减值准备”账户，转回已计提的资产减值准备时，按转回的金额，借记“合同履约成本减值准备”账户，贷记“资产减值损失”账户。

按规定的方法计算确认的合同取得成本减值金额，借记“资产减值损失”账户，贷记“合同取得成本减值准备”账户，转回已计提的资产减值准备时，按转回的金额，借记“合同取得成本减值准备”账户，贷记“资产减值损失”账户。

12

第六节 费 用

一、费用的分类、确认和计量

（一）费用的概念和特征

1. 费用的概念

按照配比原则，要正确计算企业利润，不仅要合理确认、计量企业在一定会计期间取得的各项收入，而且要合理确认、计量为取得收入而支出的各种费用。费用的概念有广义、狭义之分，广义的费用是指企业在经营活动过程中发生的各种耗费；狭义的费用是指企业在销售商品、提供劳务等日常活动中所发生的经济利益的流出。本章所述费用主要是指狭义的费用。

2. 费用的特征

（1）费用会减少企业的所有者权益。费用通常是为取得某项营业收入而发生的耗费，这些耗费可以表现为资产的减少或负债的增加，最终会减少企业的所有者权益。

（2）费用会导致企业资源的减少。费用本质上是一种资源的流出，最终会耗费企业资源。例如，支付工资、消耗材料和机器设备磨损等将导致企业资源的减少。

（二）费用的分类

1. 费用按经济内容的分类

费用按经济内容可以分为劳动对象方面的费用、劳动手段方面的费用、活劳动方面的费用三部分，具体包括以下八类：

（1）外购材料，是指企业为进行生产而耗用的一切从外部购入的原料及主要材料、半成品、辅助材料、包装物、修理用备件、低值易耗品等。

（2）外购燃料，是指企业为进行生产而耗用的一切从外部购入的各种燃料。

（3）外购动力，是指企业为进行生产而耗用的一切从外部购入部的各种动力。

12

（4）职工薪酬，是指企业应计入成本费用的支付给职工的全部货币性薪酬和非货币性福利。

（5）折旧费，是指企业按照核定的固定资产折旧率计算的固定资产折旧费用。

（6）利息支出，是指企业应计入成本费用的利息支出减去利息收入后的净额。

（7）税金，是指企业应计入成本费用的各种税金。

（8）其他支出，是指不属于上述各要素的费用支出。

2. 费用按与产品产量的关系分类

按与产品产量的关系，费用可以分为固定费用和变动费用。

固定费用是指在一定的产品数量范围内，费用总额不随产品产量的变动而变动的费用，如企业固定资产折旧费用、管理人员的工资费用、企业的行政办公费用等。

变动费用是指费用总额随产品产量的变动而变动的费用，如生产产品的原材料费用、生产工人的计件工资费用等。

3. 费用按经济用途的分类

费用按经济用途可分为产品生产费用和期间费用。

（1）产品生产费用。产品生产费用是指构成产品制造成本的各项费用，由以下项目组成：

❶ 直接材料，是指直接用于产品生产、构成产品实体的原料、主要材料、外购半成品及有助于产品形成的辅助材料和其他直接材料。

❷ 直接人工，是指直接参加产品生产的工人的工资以及按生产工人工资总额和规定的比例计算提取的职工福利费。

❸ 燃料和动力，是指直接用于产品生产的外购和自制的燃料及动力费。

❹ 制造费用，是指企业各生产单位为组织和管理生产而发生的各项间接费用。

（2）期间费用。期间费用是指本期发生的、不能直接或间接归属于某种产品成本、直接计入损益的各项费用，包括销售费用、管理费用和财务费用。

期间费用在发生的当期就全部计入当期损益，而不计入产品成本，这样有助于简化成本核算工作，提高成本计算的准确性。

注：关于产品生产费用的核算，在成本会计中有详细介绍，本书略。

（三）费用的确认与计量

1. 费用的确认

费用应按照权责发生制和配比原则确认，凡应属于本期发生的费用，不论其款项是否在本期支付，均应确认为本期费用；反之，不属于本期发生的费用，即使其款项已在本期支付，也不应确认为本期费用。

2. 费用的计量

企业在生产经营过程中所发生的各项费用，应当以实际发生数计入成本、费用。凡应当由本期负担而尚未支出的费用，应预计其数额计入本期成本、费用；凡已支出、应当由本期和以后各期负担的费用，应按合理方法分期摊入成本、费用。

二、期间费用的核算

期间费用是企业当期费用中的重要组成部分，是指本期发生的，不能直接或间接归入某种产品成本的、直接计入损益的各项费用，包括销售费用、管理费用和财务费用。

（一）销售费用

12

1. 销售费用的内容

销售费用是指企业在销售产品、提供劳务等日常经营活动中发生的各项费用以及专设销售机构的各项经费，具体包括下列费用支出：企业销售商品和材料、提供劳务的过程中发生的各种费用，包括保险费、包装费、展览费和广告费、商品维修费、预计产品质量保证损失、运输费、装卸费等。

为销售本企业商品而专设的销售机构（含销售网点、售后服务网点等）的职工薪酬、业务费、折旧费等经营费用。企业发生的与销售商品和材料、提供劳务以及专设销售机构相关的不满足固定资产会计准则规定的固定资产确认条件的日常修理费用和大修理费用等固定资产后续支出。

2. 销售费用的核算

企业发生的各项销售费用设置“销售费用”账户核算，并按照费用项目进行明细核算。

企业在销售商品过程中发生的包装费、保险费、展览费和广告费、运输费、装卸费等费用，借记“销售费用”账户，贷记“库存现金”“银行存款”等账户。

企业发生的为销售本企业商品而专设的销售机构的职工薪酬、业务费等经营费用，借记“销售费用”账户，贷记“应付职工薪酬”“银行存款”“累计折旧”等账户。

会计期末，应将本账户汇集的销售费用全额转入“本年利润”账户，结转后本账户应无余额。

【例 12-36】 某企业 12 月份发生下列销售费用开支，有关会计分录如下：

（1）应付销售人员工资 20 000 元，计提职工福利费用 2 800 元。

借：销售费用	22 800	
贷：应付职工薪酬——工资		20 000
——职工福利		2 800

（2）用银行存款支付产品广告费 5 000 元。

借：销售费用	5 000	
贷：银行存款		5 000

(3) 用银行存款支付销售机构办公费用 3 000 元。

借:销售费用　　3 000

　贷:银行存款　　3 000

(二) 待摊进货费用

1. 待摊进货费用的内容

待摊进货费用是指企业在采购商品的过程中发生的运输费、装卸费、保险费、包装费、运输途中的合理损耗和入库前的挑选整理费以及其他可归属于商品采购成本的费用。

2. 待摊进货费用的核算

企业发生的各项待摊进货费用可通过设置“待摊进货费用”账户核算,并按照所购商品的种类、品种和规格进行明细核算。

企业在采购商品的过程中发生的运输费、装卸费、保险费、包装费、运输途中的合理损耗和入库前的挑选整理费以及其他可归属于商品采购成本的费用,借记“待摊进货费用”账户,贷记“银行存款”“应付账款”等账户。会计期末,应按所购商品的销售比例计算确定的与该商品相关的进货费用的金额,借记“主营业务成本”账户,贷记“待摊进货费用”账户。“待摊进货费用”账户期末借方余额,反映企业尚未销售商品在采购过程中发生的进货费用的余额,计入期末存货成本。

企业发生的待摊进货费用数额较小的,可以在发生时直接计入当期损益,借记“销售费用”账户,贷记“银行存款”等账户。

12

【例 12-37】 某企业购入商品一批,共计发生各种进货费用 10 000 元,款用银行存款支付。本月该商品销售 70%。编制有关会计分录如下:

(1) 支付进货费用时:

借:待摊进货费用　　10 000

　贷:银行存款　　10 000

(2) 月末计算销售商品分摊的进货费用时:

借:主营业务成本　　7 000

　贷:待摊进货费用　　7 000

【例 12-38】 某企业购入商品一批,支付各种进货费用 300 元,款用银行存款支付。因费用数额较小,可作以下会计分录:

借:销售费用　　300

　贷:银行存款　　300

(三) 管理费用

1. 管理费用的内容

管理费用是指企业为组织和管理企业生产经营活动所发生的费用。

具体包括以下内容:

(1) 企业在筹建期间发生的开办费。

(2) 董事会和行政管理部门在企业的经营管理中发生的或者应由企业统一负担的公司经费(包括行政管理部门职工薪酬、物料消耗、低值易耗品摊销、办公费和差旅费等)、工会经费、董事会费(包括董事会成员津贴、会议费和差旅费等)、聘请中介机构费、咨询费(含顾问费)、诉讼费、业务招待费、技术转让费、矿产资源补偿费、研究费用等。

(3) 企业行政管理部门等发生的不满足固定资产准则规定的固定资产确认条件的日常修

理费用和大修理费用等固定资产后续支出。

(4) 同一控制下企业合并发生的直接相关费用。

商品流通企业管理费用不多的,可将管理费用并入销售费用。

2. 管理费用的核算

企业发生的各项管理费用开支应设置“管理费用”账户进行核算,并按照费用项目进行明细核算。

企业在筹建期间内发生的开办费,包括人员工资、办公费、培训费、差旅费、印刷费、注册登记费以及不计入固定资产价值的借款费用等在实际发生时,借记“管理费用”(开办费)账户,贷记“银行存款”等账户。

行政管理部门人员的职工薪酬,借记“管理费用”账户,贷记“应付职工薪酬”账户。

行政管理部门计提的固定资产折旧,借记“管理费用”账户,贷记“累计折旧”账户。发生的办公费、水电费、业务招待费、聘请中介机构费、咨询费、诉讼费、技术转让费、研究费用,借记“管理费用”账户,贷记“银行存款”“研发支出”等账户。

按规定计算确定的应交矿产资源补偿费的金额,借记“管理费用”账户,贷记“应交税费”账户。

【例 12-39】 某企业 12 月份发生下列管理费用开支。有关会计分录如下:

(1) 用银行存款支付业务招待费 600 元。

借:管理费用	600	
贷:银行存款		600

(2) 应付行政管理部门人员工资 40 000 元,计提职工福利费 5 600 元。

借:管理费用	45 600	
贷:应付职工薪酬——工资		40 000
——职工福利		5 600

(3) 计提管理部门用固定资产折旧 3 600 元。

借:管理费用	3 600	
贷:累计折旧		3 600

(4) 计算无形资产摊销 800 元。

借:管理费用	800	
贷:累计摊销		800

(5) 计算本月应交矿产资源补偿费 400 元。

借:管理费用	400	
贷:应交税费		400

(6) 摊销长期待摊费用 280 元。

借:管理费用	280	
贷:长期待摊费用		280

(7) 计提工会经费 700 元。

借:管理费用	700	
贷:其他应付款		700

(四) 财务费用

1. 财务费用的内容

财务费用是指企业筹集生产经营所需资金而发生的费用。

12

具体内容包括：利息净支出、汇兑净损失、金融机构手续费、企业发生的现金折扣以及筹集生产经营资金发生的其他费用等。

（1）利息净支出是指企业短期借款利息、不能资本化的长期借款利息、应付票据利息、票据贴现利息、应付债券利息等利息支出扣除银行存款利息收入后的净额。

（2）汇兑净损失是指企业向银行销售或购入外汇而产生的银行买入价、卖出价与记账所采用的汇率之间的差额，以及期末各种外币账户的余额按照期末汇率折合的记账本位币金额与账面记账本位币金额之间的差额等。

（3）金融机构手续费是指企业开出汇票的银行手续费、调剂外汇的手续费、发行债券的手续费等。

（4）其他财务费用是指企业除上述费用项目以外的财务费用开支。

2. 财务费用的核算

企业发生的财务费用，应通过“财务费用”账户核算，并在“财务费用”账户中按费用项目设置明细账，进行明细核算。企业发生的各项财务费用，借记“财务费用”账户，贷记“银行存款”“库存现金”等账户。企业发生利息收入或汇兑收益时，借记“银行存款”等账户，贷记“财务费用”账户。期末将“财务费用”账户归集的财务费用全部转入本期损益，借记“本年利润”账户，贷记“财务费用”账户。结转后，期末“财务费用”账户无余额。

12

【例 12-40】 某企业 12 月份发生下列财务费用开支。有关会计分录如下：

（1）支付短期借款利息 300 元，数额较小，计入当期损益。

借：财务费用	300	
贷：银行存款		300

（2）收到银行存款利息 500 元。

借：银行存款	500	
贷：财务费用		500

第十三章 所 得 税

【内容结构】

- 所得税
  - 所得税会计概述
    - 所得税会计的概念
    - 所得税会计的方法
    - 所得税会计核算的一般程序
  - 计税基础和暂时性差异
    - 资产、负债的账面价值
    - 资产、负债的计税基础
    - 暂时性差异
  - 递延所得税负债和递延所得税资产
    - 递延所得税负债
    - 递延所得税资产
  - 所得税费用
    - 会计利润和应纳税所得额
    - 所得税费用

【学习目标】

知识目标：

1. 了解所得税会计的概念、方法和会计核算的一般程序。
2. 熟悉资产、负债的计税基础及确定。
3. 熟悉应纳税暂时性差异和可抵扣暂时性差异。
4. 熟悉递延所得税资产和递延所得税负债的确认和计量。
5. 熟悉当期所得税费用和递延所得税费用的确认和计量。

技能目标：

1. 能进行资产计税基础和负债计税基础的计算。
2. 能进行应纳税暂时性差异和可抵扣暂时性差异的计算。
3. 能进行递延所得税资产和递延所得税负债的核算。
4. 能进行当期所得税费用和递延所得税费用的核算。

第一节 所得税会计概述

一、所得税会计的概念

所得税会计是针对企业会计准则规定与国家税收规定之间的差异，在所得税会计核算业务中的具体体现。例如，企业期末对应收账款按规定的方法计提坏账损失，计入当期损益，形成坏账准备减少应收账款的账面价值，这样处理的结果是减少了企业本期的经营所得，并减少了企业应交所得税和当期所得税费用的数额；而税法规定企业计提的坏账准备在计算应交所得税时不允许扣减经营所得，少计应交的所得税数额，应收账款的坏账损失只有在实际发生时才可扣减企业的经营所得，形成应交所得税的减少因素。再如，企业购买国家发行债券的利息收入计入利润总额，但税法规定企业的这部分收入免征所得税，在计算应交所得税时应当扣除。这些因会计准则规定与国家税收规定之间的差异对企业应交所得税和所得税费用核算的影响应按所得税会计的方法进行调整。所得税会计的形成和发展是会计准则规定与所得税法规定相分离的必然结果。

二、所得税会计的方法

所得税会计的方法有应付税款法和纳税影响会计法两大类。其中，纳税影响会计法又可分为递延法和债务法两种，而债务法下还可进一步细分为收益表债务法和资产负债表债务法。我国《企业会计准则第 18 号——所得税》规定，企业所得税的核算采用资产负债表债务法，与现行国际会计准则要求趋同。

资产负债表债务法是从资产负债表出发，对资产负债表上列示的资产、负债项目，分别按照企业会计准则的规定确定其账面价值，并分别按照税法规定确定其计税基础，对两者的计算结果进行比较计算出暂时性差异，这种暂时性差异，按其性质分别为应纳税暂时性差异和可抵扣暂时性差异，再进一步确认相关的递延所得税负债和递延所得税资产，最后在此基础上确定每一会计期间的所得税费用。

微课视频：所得税会计核算的一般程序

三、所得税会计核算的一般程序

企业在采用资产负债表债务法核算所得税的情况下，一般应于资产负债表日进行所得税的核算。

企业在进行所得税会计核算时一般应遵循以下程序：

（1）确定资产、负债的账面价值。

确定资产、负债的账面价值即按照相关会计准则的规定，确定资产负债表中除递延所得税资产和递延所得税负债以外的其他资产和负债项目的账面价值。其中资产、负债项目的账面价值是指按照相关会计准则的规定进行核算后在资产负债表中列示的金额。

（2）确定资产、负债的计税基础。

按照《企业会计准则第 18 号——所得税》规定的资产、负债计税基础的计算方法，以适用的税收法规为基础，确定资产负债表中有关资产、负债项目的计税基础。

(3) 确定暂时性差异。

将有关资产、负债项目的账面价值与其计税基础进行比较计算出暂时性差异，并将暂时性差异按其性质分别确定为应纳税暂时性差异和可抵扣暂时性差异(准则中规定的特殊情况除外)。

(4) 确定递延所得税负债、递延所得税资产和递延所得税。

分别按照确定的应纳税暂时性差异和可抵扣暂时性差异与适用的所得税税率，确定资产负债表日递延所得税负债与递延所得税资产的应有金额，并与期初递延所得税负债与递延所得税资产的余额相比较，确定当期应当确认的递延所得税负债与递延所得税资产的金额或应予转销的金额，作为当期利润表中所得税费用的一个组成部分——递延所得税。

(5) 确定当期所得税费用。

按照税法规定计算确定当期应纳税所得额，并按照适用的所得税税率计算确定当期应交所得税税额，作为当期利润表中所得税费用的另一个组成部分——当期所得税。

(6) 确定所得税费用。

所得税费用包括当期所得税和递延所得税两个组成部分，企业在计算确定了当期所得税和递延所得税后，两者之和(或之差)就是利润表中的所得税费用。

第二节　计税基础和暂时性差异

一、资产、负债的账面价值

账面价值是指一项资产或负债账户的账面余额减去其备抵调整账户余额后的差额。例如，一项固定资产的账面价值就是该“固定资产”账户的借方余额，减去“累计折旧”“固定资产减值准备”账户的贷方余额后的数额。

【例 13-1】 某企业20××年1月1日取得一项固定资产，原值120 000元，预计折旧年限6年，净残值为0，按直线法计提折旧。20××年度计提折旧20 000元，另计提减值准备10 000元，则该项固定资产取得时的账面价值为120 000元，20××年年末的账面价值为90 000元。

【例 13-2】 某企业20××年因销售产品提供三年的保修服务，在当年利润表中确认了300 000元的销售费用，同时确认为预计负债。则该企业在本年度末的资产负债表中预计负债的账面价值为300 000元。

二、资产、负债的计税基础

计税基础是按照税法规定确定的一项资产或负债当前应该具有的金额，即计税时应归属于某项资产或负债的金额。确定资产、负债的计税基础是所得税会计核算的关键。企业在取得资产、负债时应当确定其计税基础，并应严格遵循税法对纳税处理及可税前扣除费用等规定。

(一) 资产的计税基础

1. 资产计税基础的概念

资产的计税基础是指企业收回资产账面价值过程中，计算应纳税所得额时按照税法规定可以自应税利益中抵扣的金额。资产的计税基础可用下面公式表示：

资产的计税基础＝资产成本－以前期间按税法规定已税前扣除的金额
＝未来期间按税法规定允许税前扣除的金额

一项资产在取得确认初始成本时，其入账价值与其计税基础是相同的。但在后续计量过程中由于会计准则规定与税法规定的不同，如固定资产的折旧年限、折旧方法的不同等，会使企业资产的账面价值与计税基础之间产生暂时性差异。企业按会计准则规定计算的利润总额与按税法规定计算的应纳税所得额也会产生差异。

2. 资产项目计税基础的确定

（1）固定资产。企业取得固定资产，按照会计准则规定初始确认的入账价值基本上是被税法认可的，一般情况下固定资产的账面价值等于计税基础。

固定资产在持有期间进行后续计量时，按会计准则规定计算的账面价值与按税法规定计算的计税基础分别为：

13

账面价值＝实际成本－累计折旧－固定资产减值准备
计税基础＝实际成本－累计折旧（以前期间按税法规定已税前扣除的金额）

由于会计准则与税法规定的不同，固定资产的账面价值与其计税基础之间产生了差异，这种差异产生的主要原因是折旧方法、折旧年限以及固定资产减值准备提取的不同等。

【例 13-3】 根据【例 13-1】的资料，如税法规定该项固定资产的折旧年限为 12 年，净残值为 0，按直线法计提折旧，每年度折旧额为 10 000 元，另税法规定企业按照会计准则规定计提的减值准备在资产发生实质性损失前不允许税前扣除。则该项固定资产取得时的计税基础为 120 000 元，20××年年末的计税基础为 110 000 元。

（2）无形资产。无形资产的计税基础的确定主要是针对企业内部开发形成的无形资产以及使用寿命不确定的无形资产而言的。其他方式取得的无形资产以及使用寿命有限的无形资产，初始确认与后续计量时按照会计准则规定确定的入账价值与按照税法规定确定的计税基础之间一般不存在差异。

企业内部研究开发形成的无形资产，会计准则把其研究开发活动分为研究和开发两个阶段，研究阶段的支出按规定费用化计入当期损益，开发阶段符合资本化条件以后至达到预定用途前发生的支出按规定资本化作为无形资产成本。税法规定企业发生的无形资产研究开发支出在发生当期可税前扣除，并规定可加计 50%（或 75%）扣除，其形成的无形资产在以后期间可税前扣除的金额为 0，故其计税基础一般为 0。

【例 13-4】 某企业 20××年发生无形资产研究开发支出 1 000 万元，其中费用化支出 400 万元，资本化支出 600 万元，无形资产年末达到预定使用状态。税法规定企业研究开发支出可加计 50%税前扣除。20××年年末企业无形资产的账面价值为 600 万元。税法规定企业研究开发支出可税前扣除的金额为 1 500 万元。研究开发形成无形资产未来期间可税前扣除的金额为 0，即该项无形资产的计税基础为 0。

会计准则对使用寿命不确定的无形资产不要求摊销，但每年要进行减值测算。税法规定可计算摊销并税前扣除，对按会计准则规定计提的无形资产减值准备在形成实质性损失前不允许税前扣除。从而造成该类无形资产账面价值与计税基础的不同。

【例 13-5】 20××年年初某企业取得一项使用寿命不确定的无形资产，成本 180 000 元，年末计提减值准备 20 000 元。税法规定该项无形资产的摊销年限为 6 年。则该项无形资产企业年末账面价值 160 000 元，计税基础 150 000 元。

(3) 以公允价值计量且其变动计入当期损益的金融资产。该项资产会计期末的账面价值为该时点的公允价值。但税法规定资产持有期间公允价值变动损益在计税时不予考虑,即有关金融资产在某一会计期末的计税基础为其取得成本。在公允价值变动的情况下,金融资产的账面价值与计税基础不同。

【例 13-6】 20××年年初某企业购入一项权益性投资作为交易性金融资产核算,支付全部价款 1 600 万元。年末该项权益性投资的市价为 1 800 万元。则按会计准则规定该项金融资产年末账面价值为 1 800 万元。税法规定该项金融资产持有期间公允价值变动不计入应纳税所得额,等出售时一并计算应纳税所得额。则该项金融资产年末计税基础为1 600 万元。

(4) 其他资产。企业持有的其他资产,因会计准则与税法规定的不同,可能造成其账面价值与计税基础的不同,如计提资产减值准备的应收账款和存货等。

【例 13-7】 某企业 20××年年末应收账款余额 6 000 万元,企业计提了 600 万元的坏账准备。税法规定企业按期末应收账款余额的 5‰计提的坏账准备允许税前扣除。假定企业年初应收账款和坏账准备的余额均为 0。则该企业 20××年年末应收账款账面价值为 5 400 万元,计税基础为 5 970 万元。

13

(二) 负债的计税基础

1. 负债计税基础的概念

负债的计税基础是指负债的账面价值减去未来期间计算应税所得额时按照税法规定可以抵扣的金额。用公式表示:

负债的计税基础＝账面价值－未来期间按照税法规定可以税前扣除的金额

负债的确认和偿还一般不会影响企业的损益,也不会影响其应纳税所得额,未来期间计算应纳税所得额时按照税法规定可予以抵扣的金额为 0,计税基础即为账面价值,如企业的短期借款、应付账款等。但是在某些情况下,负债的确认可能会影响企业损益,进而影响不同期间的应纳税所得额,使其计税基础与账面价值之间产生差异,如按会计准则规定确认的预计负债。

2. 负债项目计税基础的确定

(1) 预计负债。会计准则规定企业提供产品售后服务预计发生的支出在满足有关确认条件时,销售当期即确认为费用,并同时确认为预计负债。税法规定与销售产品相关的支出应于实际发生时税前扣除。因此,该类事项产生的预计负债在期末的计税基础为其账面价值与未来期间可税前扣除的金额之间的差额。因有关的支出实际发生时可税前全部扣除,其计税基础为 0。

【例 13-8】 根据【例 13-2】的资料,因税法规定与产品保修相关的支出在未来期间实际发生时允许税前扣除,则:

该项负债的计税基础＝账面价值－未来期间按照税法规定可以税前扣除的金额
＝300 000－300 000＝0。

如 20××年企业实际发生产品保修支出 100 000 元,则:

该项负债的计税基础＝账面价值－未来期间按照税法规定可以税前扣除的金额
＝200 000－200 000＝0。

(2) 预收账款。企业预收的账款因不符合收入的确认条件,会计准则规定确认为负债。税法对于收入的确认原则与会计规定基本相同,会计未确认收入的预收账款计税时一般不计入应纳税所得额,该部分经济利益在未来期间计税时可予以税前抵扣的金额为 0,计税基础等于账面价值。如会计上未确认收入的预收账款，按照税法规定应计入当期应纳税所得额的，有关预收账款的计税基础为0，因其产生时已经计算缴纳所得税，未来期间可全额税前扣除。

【例 13-9】 某企业20××年10月预收一笔货款2 000万元，因不符合收入确认条件，作为预收账款核算。税法规定该款项应作为收入计入当期应纳税所得额计算缴纳所得税。则该项预收账款年末的账面价值为2 000万元。计税基础＝账面价值－未来期间按照税法规定可以税前扣除的金额＝2 000－2 000＝0。

如税法规定收入的确认与企业相同，则该项预收账款的年末账面价值与计税基础相等。

（3）应付职工薪酬。企业按规定计算应付给职工的各种薪酬，一方面计入相应的成本费用，未支付前确认为负债。税法中对于职工薪酬基本上允许税前扣除，如税法中明确规定了税前扣除标准的，企业按会计准则规定计算的应付职工薪酬金额超过税法规定标准部分，应进行纳税调整。超过部分在发生当期不允许税前扣除，在以后期间也不允许税前扣除。故应付职工薪酬的账面价值等于计税基础。

13

【例 13-10】 某企业20××年12月计入成本费用的工资支出为500 000元，按照税法规定允许税前扣除的金额为420 000元，两者之间的差额80 000元在发生当期即应进行纳税调整，并且在以后期间不能再税前扣除。

该项应付职工薪酬的计税基础＝账面价值－未来期间按照税法规定可以税前扣除的金额
＝500 000－0＝500 000（元）。

（4）其他负债。企业的其他负债项目，如应交的罚款和滞纳金等，在尚未支付前按照会计规定确认为费用，同时作为负债。税法规定罚款和滞纳金不论发生在本期或以后各期均不能税前扣除，其计税基础等于账面价值。

【例 13-11】 某企业20××年12月接环保罚款通知，要求其支付罚款80万元，该项罚款计入当年损益，并确认为负债。税法规定该项罚款不得税前扣除。则企业年末该项负债的账面价值为80万元。

计税基础＝账面价值－未来期间按照税法规定可以税前扣除的金额＝80－0＝80（万元）。

三、暂时性差异

暂时性差异是指资产或负债的账面价值与其计税基础之间的差额。

根据暂时性差异对未来期间应纳税所得额的影响，分为应纳税暂时性差异和可抵扣暂时性差异。

（一）应纳税暂时性差异

应纳税暂时性差异，是指在确定未来收回资产或清偿负债期间的应纳税所得额时，将导致产生应税金额的暂时性差异。该差异在未来期间转回时，会增加转回期间的应纳税所得额，即在未来期间不考虑该事项影响的应纳税所得额的基础上，由于该暂时性差异的转回，会进一步增加转回期间的应纳税所得额和应交所得税金额。在应纳税暂时性差异发生当期，应当确认相应的递延所得税负债。

应纳税暂时性差异通常产生于以下两种情况：

1. 资产的账面价值大于其计税基础

一项资产的账面价值代表的是企业在持续使用或最终出售该项资产时将取得的经济利益总额，而计税基础代表的是一项资产在未来期间可以税前扣除的金额。资产的账面价值大于其计税基础，即该项资产未来期间产生的经济利益不能全部税前扣除，两者之间的差额需要交税，产生应纳税暂时性差异。如某企业一项资产账面价值为 300 万元，计税基础为 200 万元，两者之间的差额 100 万元，会使未来期间应纳税所得额和应交所得税的增加。在其产生当期，符合确认条件的，应确认相应的递延所得税负债。

2. 负债的账面价值小于其计税基础

一项负债的账面价值为企业预计在未来期间清偿该项负债时的经济利益流出，而其计税基础代表的是账面价值在扣除税法规定未来期间允许税前扣除的金额之后的差额。因负债的账面价值与其计税基础不同产生的暂时性差异，本质上是税法规定就该项负债在未来期间可以税前扣除的金额(即与该项负债相关的费用支出在未来期间可予税前扣除的金额)。负债的账面价值小于其计税基础，则意味着就该项负债在未来期间可以税前扣除的金额为负数，即应在未来期间应纳税所得额的基础上调增，增加应纳税所得额和应交所得税，产生应纳税暂时性差异，应确认相关的递延所得税负债。

13

(二) 可抵扣暂时性差异

可抵扣暂时性差异，是指在确定未来收回资产或清偿负债期间的应纳税所得额时，将导致产生可抵扣金额的暂时性差异。该差异在未来期间转回时会减少转回期的应纳税所得额，减少未来期间的应交所得税。在可抵扣暂时性差异产生当期，应当确认相关的递延所得税资产。

可抵扣暂时性差异一般产生于以下两种情况：

1. 资产的账面价值小于其计税基础

资产的账面价值小于其计税基础，从经济含义来看，资产在未来期间产生的经济利益少，按照税法规定允许税前扣除的金额多，其账面价值与计税基础之间的差额，表明企业在未来期间可以减少应纳税所得额并减少应交所得税，符合有关条件的，应当确认为相关的递延所得税资产。如某企业一项资产账面价值为 400 万元，计税基础为 600 万元，则企业在未来期间就该项资产可以在其自身取得经济利益的基础上多扣除 200 万元。从整体上看，未来期间应纳税所得额会减少，应交所得税也会减少，形成可抵扣暂时性差异，符合确认条件的，应确认相关的递延所得税资产。

2. 负债的账面价值大于其计税基础

负债的账面价值大于其计税基础，负债产生的暂时性差异实质上是税法规定就该项负债可以在未来期间税前扣除的金额。即：

负债产生的暂时性差异＝账面价值－计税基础
＝账面价值－(账面价值－未来期间计税时按照税法规定可予税前扣除的金额)
＝未来期间计税时按照税法规定可予税前扣除的金额

一项负债的账面价值大于其计税基础，意味着未来期间按照税法规定与该项负债相关的全部或部分支出可以从未来应税经济利益中扣除，减少未来期间的应纳税所得额和应交所得税。如某企业将发生的产品保修费用在销售当期确认为预计负债 100 万元，但税法规定有关费用支出只有在实际发生时才能税前扣除，其计税基础为 0。企业确认预计负债的当期相关费用不允许税前扣除，但在以后期间有关费用实际发生时允许税前扣除，使得未来期间的应纳税所得额和应交所得税减少，产生可抵扣暂时性差异，符合有关确认条件时，应确认相关的递延所得税资产。

【例 13-12】 根据【例 13-3】至【例 13-11】提供的资料及计算结果，20××年年末企业的暂时性差异计算如表 13-1 所示。

表 13-1 **暂时性差异计算表** 单位：万元

序号	项目	账面价值	计税基础	暂时性差异	
				应纳税	可抵扣
例 13-3	固定资产	9	11		2
例 13-4	无形资产	600	0	600	
例 13-5	无形资产	16	15	1	
例 13-6	交易性金融资产	1 800	1 600	200	
例 13-7	应收账款	5 400	5 970		570
例 13-8	预计负债	30	0		30
例 13-9	预收账款	2 000	0		2 000
例 13-10	应付职工薪酬	50	50		
例 13-11	其他应付款	80	80		
合计				801	2 602

专栏 13-1

中华人民共和国第一次会计学术理论界的盛会

1979 年 12 月 26 日至 1980 年 1 月 6 日，中国会计学会成立大会在广东省佛山市举行，这是中华人民共和国成立以来会计学术理论界的第一次盛会。在这次会议上，我国学术界第一次提出了“会计管理”的概念，与会代表对会计理论的几个主要问题分别进行了讨论。这些问题包括：❶会计学的科学属性和会计职能问题。❷会计管理和经济效果、经济核算制的关系。❸成本核算和利润分配问题。❹关于建立我国会计体系的问题。会议通过了《中国会计学会章程》，选举产生了第一届理事会和学会领导成员，王丙乾任会长。大会同时决定创办我国第一本会计理论研究刊物——《会计研究》(1980 年 3 月 31 日创刊)。

第三节 递延所得税负债和递延所得税资产

一、递延所得税负债

(一) 递延所得税负债的确认

企业在计算确定了应纳税暂时性差异后，应当按照所得税准则规定确认相关的递延所得税负债。因应纳税暂时性差异在转回期内会增加企业的应纳税所得额和应交所得税，导致企业经济利益的流出，在其发生当期形成企业应支付税金的义务，故应作为负债确认。

企业会计准则规定，企业应当确认所有应纳税暂时性差异产生的递延所得税负债，准则规定的企业不确认递延所得税负债的情况除外，主要有：

（1）商誉的初始确认。

（2）同时具有下列特征的交易中产生的资产或负债的初始确认：该项交易不是企业合并；交易发生时，既不影响会计利润也不影响应纳税所得额（或可抵扣亏损）。

（3）企业对与子公司、联营企业及合营企业投资相关的应纳税暂时性差异，同时满足下列条件的：投资企业能够控制暂时性差异转回的时间；该暂时性差异在可预见的未来很可能不会转回。

（二）递延所得税负债的计量

资产负债表日，对于递延所得税负债应当根据税法的规定，按照预期清偿该负债期间的适用税率计量，当适用税率发生变化时，应对已确认的递延所得税负债进行重新计量。

递延所得税负债不进行折现计算。

本期应确认的递延所得税负债金额＝应纳税暂时性差异×适用的税率
－递延所得税负债期初余额

（三）递延所得税负债的核算

企业应设置“递延所得税负债”账户，用来核算企业因应纳税暂时性差异确认的递延所得税负债。该账户贷方反映确认的各类递延所得税负债，借方反映企业确认递延所得税负债的应纳税暂时性差异情况发生回转时转回的所得税影响额以及税率变动或开征新税调整的递延所得税负债，期末余额反映尚未转回的递延所得税负债。该账户按照应纳税暂时性差异项目进行明细核算。

按应纳税暂时性差异计算确认递延所得税负债时，交易或事项发生时如果影响到会计利润或应纳税所得额的，相关的所得税影响应作为利润表中所得税费用的组成部分；与直接计入所有者权益的交易或事项有关的，其所得税影响应减少所有者权益；与企业合并中取得资产、负债相关的，相关的递延所得税影响应调整购买日应确认的商誉或是计入合并当期损益的金额。

企业本期应确认的递延所得税负债大于其账面余额的，借记“所得税费用——递延所得税”“资本公积——其他资本公积”等账户，贷记“递延所得税负债”账户；应确认的递延所得税负债小于其账面余额的，作相反的会计分录。

非同一控制下企业合并中取得资产、负债的入账价值与其计税基础不同而形成应纳税暂时性差异的，应于购买日根据所得税准则确认递延所得税负债，同时调整商誉，借记“商誉”账户，贷记“递延所得税负债”账户。

【例 13-13】　根据【例 13-12】提供的资料及计算结果，企业的应纳税暂时性差异为 8 010 000 元，假定适用的所得税税率为 20%，期初递延所得税负债余额为402 000 元。

本期应确认的递延所得税负债＝8 010 000×20%－402 000＝1 200 000（元）

借：所得税费用——递延所得税　　1 200 000

　贷：递延所得税负债　　1 200 000

【例 13-14】　20××年 1 月 1 日购入价值 5 000 万元的设备，预计使用期为 5 年，无残值。会计规定采用直线法计提折旧，每年折旧额为 1 000 万元，税法规定采用双倍余额递减法计提折旧，第一至第五年每年的折旧额分别为 2 000 万元、1 200 万元、720 万元、540 万元、540 万元。20××年适用的所得税税率为15%,从第三年调整为20%。各年度递延所得税负债计算,如表13-2所示。

表13-2　　各年度递延所得税负债计算表　　单位:万元

年　限	账面价值	计税基础	应纳税暂时性差异	税率	递延所得税负债余额	本期确认递延所得税负债
20××年年初	5 000	5 000				
20××年年末	4 000	3 000	1 000	15%	150	150
第二年年末	3 000	1 800	1 200	15%	180	30
第三年年末	2 000	1 080	920	20%	184	4
第四年年末	1 000	540	460	20%	92	−92
第五年年末	0	0		20%	0	−92

13

各年的会计分录如下:

(1) 20××年年末按确认的递延所得税负债:

借:所得税费用——递延所得税　　1 500 000

　贷:递延所得税负债　　1 500 000

(2) 第二年年末按确认的递延所得税负债:

借:所得税费用——递延所得税　　300 000

　贷:递延所得税负债　　300 000

(3) 第三年年末按确认的递延所得税负债:

借:所得税费用——递延所得税　　40 000

　贷:递延所得税负债　　40 000

(4) 第四年年末按确认的递延所得税负债:

借:递延所得税负债　　920 000

　贷:所得税费用——递延所得税　　920 000

(5) 第五年年末按确认的递延所得税负债:

借:递延所得税负债　　920 000

　贷:所得税费用——递延所得税　　920 000

二、递延所得税资产

(一) 递延所得税资产的确认

企业在计算确定了可抵扣暂时性差异以后,应当按照所得税准则规定确认相关的递延所得税资产。因可抵扣暂时性差异在转回期内会减少企业的应纳税所得额和应交所得税,导致企业经济利益流出的减少,故在其发生当期应作为资产确认。

(1) 企业应当以很可能取得用来抵扣可抵扣暂时性差异的应纳税所得额为限,确认由可抵扣暂时性差异产生的递延所得税资产。但同时具有下列特征的交易中因资产或负债的初始确认所产生的递延所得税资产不予确认:一是该项交易不是企业合并;二是交易发生时既不影响会计利润也会影响应纳税所得额(或可抵扣亏损)。

(2) 资产负债表日,有确凿证据表明未来期间很可能获得足够的应纳税所得额用来抵扣可抵扣暂时性差异时，应当确认以前期间未确认的递延所得税资产。

(3) 企业对与子公司、联营企业及合营企业投资相关的可抵扣暂时性差异，同时满足暂时性差异在可预见的未来很可能转回和未来很可能获得用来抵扣可抵扣暂时性差异的应纳税所得额两个条件的，应当确认相应的递延所得税资产。

(4) 企业对于能够结转以后年度的可抵扣亏损和税款抵减，应当以很可能获得用来抵扣可抵扣亏损和税款抵减的未来应纳税所得额为限，确认相应的递延所得税资产。

(二) 递延所得税资产的计量

确认递延所得税资产时，应估计相关可抵扣暂时性差异的转回期间，以转回期间适用的所得税税率为基础计算确定。

递延所得税资产不进行折现计算。

本期应确认的递延所得税资产金额＝可抵扣暂时性差异×适用的税率
－递延所得税资产期初余额

(三) 递延所得税资产的核算

企业应设置“递延所得税资产”账户，用来核算企业因可抵扣暂时性差异确认的递延所得税资产，根据税法规定可用以后年度的可抵扣亏损及税款抵减产生的递延所得税资产，也在本账户核算。该账户借方反映确认的各类递延所得税资产，贷方反映企业确认递延所得税资产的可抵扣暂时性差异情况发生回转时转回的所得税影响额以及税率变动或开征新税调整的递延所得税资产，期末余额反映尚未转回的递延所得税资产。该账户按照可抵扣暂时性差异等项目进行明细核算。

按可抵扣暂时性差异计算确认递延所得税资产时，交易或事项发生时影响到会计利润或应纳税所得额的，相关的所得税影响应作为利润表中所得税费用的组成部分；与直接计入所有者权益的交易或事项有关的，其所得税影响应减少所有者权益；与企业合并中取得资产、负债相关的，相关的递延所得税影响应调整购买日应确认的商誉或是计入合并当期损益的金额。

资产负债表日，企业根据所得税准则应予确认的递延所得税资产，借记“递延所得税资产”账户，贷记“所得税费用——递延所得税”账户。本期应确认的递延所得税资产大于其账面余额的，应按其差额确认；本期应确认的递延所得税资产小于其账面余额的，作相反的会计分录。

非同一控制下企业合并中取得资产、负债的入账价值与其计税基础不同形成可抵扣暂时性差异的，应于购买日根据所得税准则确认递延所得税资产，同时调整商誉，借记“递延所得税资产”账户，贷记“商誉”账户。

【例 13-15】　根据【例 13-12】提供的资料及计算结果，企业的可抵扣暂时性差异为 26 020 000元，假定适用的所得税税率为 20%，期初递延所得税资产余额为 1 400 000 元。作会计分录如下：

本期应确认的递延所得税资产＝26 020 000×20%－1 400 000＝3 804 000(元)

借：递延所得税资产　　3 804 000

　贷：所得税费用——递延所得税　　3 804 000

【例 13-16】　某企业 20××年 1 月 1 日购入一项固定资产，原值为 60 000 元(不考虑净残值)，会计折旧年限为 3 年，采用平均年限法计提折旧。税法规定折旧年限为 4 年，采用平均年限法计算折旧。各年的所得税税率均为 20%。该企业预计在未来期间能够产生足够的应纳税所得额用来抵扣可抵扣暂时性差异。有关递延所得税资产计算如表 13-3 所示。

表 13-3 递延所得税资产计算表 单位：元

年 限	账面价值	计税基础	可抵扣暂时性差异	税率	递延所得税资产余额	本期确认递延所得税资产
20××年年初	60 000	60 000				
20××年年末	40 000	45 000	5 000	20%	1 000	1 000
第二年年末	20 000	30 000	10 000	20%	2 000	1 000
第三年年末	0	15 000	15 000	20%	3 000	1 000
第四年年末	0	0		20%	0	−3 000

各年按确定的递延所得税资产作会计分录如下：

(1) 20××年至第三年各年末：

借：递延所得税资产 1 000

　　贷：所得税费用——递延所得税 1 000

(2) 第四年年末：

借：所得税费用——递延所得税 3 000

　　贷：递延所得税资产 3 000

第四节 所得税费用

一、会计利润和应纳税所得额

会计利润，又称税前会计利润或会计收益，是指一定时期内，按照符合会计准则的方法确认、计量的总收益或总亏损。一般地说，会计利润就是利润表中的税前利润总额。

应纳税所得额，又称应税利润或应税收益，是指按照税收法规的规定确认、计量的一定时期的收益，是计算应交所得税税额的基本依据。

会计利润和应纳税所得额的联系，在于两者都是会计学上的收益概念，两者都可以按照理论上的推导公式，即总收入减总费用等于总收益求得。由于会计准则规定和税法规定的差异，企业某一会计期间的会计利润与应纳税所得额往往是有差异的，形成差异的原因可分为两类：

一类是收入和费用计算口径上的差异。这种差异产生于当期，以后各期不得转回。该类差异按照产生的原因和性质可分为四种情况：一是免税收入项目，如企业购买国债的利息收入，会计上按照会计准则确认为收入，而依据税法却不能确认为收入；二是不可扣除的费用和损失项目，如各种罚款和超标准的业务招待费，会计上按照会计准则确认为费用，而依据税法却不能作为费用予以扣减；三是非收入性课税项目，如企业与其关联企业间因不合理定价而减少的会计收益，税法规定税收机关有权调整应税所得；四是非费用性扣减项目，如企业研究开发支出按税法规定可加计 50%扣除等。

另一类是收入、费用确认时间上的差异。这种差异产生于某一时期，可以在下期或以后若干期内转回，从各会计期间的总和看，会计收益和应纳税所得额是相等的。该类差异按收入或费用项目计入会计收益和应纳税所得额的时间先后可分为四种情况：一是先会计确认后列入应纳税所得额的收入和利得，如权益法下的投资收益；二是先会计确认后列入应纳税所得额的费用和损失，如预提的产品售后保修费用；三是先列入应纳税所得额后会计确认的收入和利得，如提前预收的租金收入；四是先列入应纳税所得额后会计确认的费用和损失，如税法规定用加速折旧法而会计用直线法计算的固定资产折旧等。

二、所得税费用

按照资产负债表债务法核算企业所得税的情况下，企业的所得税费用包括两部分，一是当期所得税，二是递延所得税。即：

所得税费用＝当期所得税＋递延所得税

（一）当期所得税

当期所得税是指企业按照税法规定计算确定的针对当期发生的交易和事项，应缴纳给税务部门的所得税金额，即应交所得税。

当期所得税＝应交所得税＝应纳税所得额×适用的所得税税率

13

企业在确定当期所得税时，对于当期发生的交易和事项，会计处理与税收处理不同的，应在会计利润的基础上按照适用税收法规的规定进行调整，计算出当期应纳税所得额，再乘以适用的所得税税率，计算确定当期应交所得税。一般情况下应纳税所得额的计算公式如下：

应纳税所得额＝会计利润＋按会计准则计入利润表但税法规定计税时不允许税前扣除的费用±按会计准则计入利润表的费用与按税法规定可税前扣除的费用之间的差额±按会计准则计入利润表的收入与按税法规定应计入应纳税所得额的收入之间的差额－税法规定不征税的收入±其他需要调整的事项

上述应纳税所得额调整事项的具体内容主要包括：

1. 调减事项

（1）国债利息收入。国债利息收入仅指国务院财政部门发行的债券利息收入，是税法上的免税收入。不包括持有外国政府债券、企业发行的债券和国债持有者在二级市场转让国债获得的收入。

（2）返还的所得税。返还的所得税按照企业会计准则属于政府补助，计入营业外收入，但不属于税法中的收入范围。

（3）研究开发支出加计扣除的部分（现规定为50％）。

（4）残疾人的工资加计扣除的部分（现规定为100％）。

2. 调增事项

（1）应付债券和交易性金融负债的利息费用中按实际利率超过银行利息的部分。

（2）在费用中列支的职工福利费、职工工会经费和职工教育经费分别超过工资薪金规定比例的部分（现规定比例分别为14％、2％、8％）。

（3）业务招待费支出的40％和超过当年营业收入5‰的部分。

（4）企业列支的广告费和业务宣传费支出超过当年营业收入15％的部分。

（5）销售费用中佣金支出不符合规定条件的部分。规定条件分别为：有合法真实凭证；支付的对象必须是独立的有权从事中介业务服务的纳税人或个人（支付对象不含本企业雇员）；

支付给个人的佣金，除另有规定的外，不得超过服务金额的8%。

(6) 不符合税法规定税前扣除的行政性罚款和被没收财物损失。

(7) 企业支付的人寿保险、个人财产保险、权益结算的股份支付等，税法规定不允许税前扣除。

(8) 不符合税法税前扣除规定的公益性捐赠支出、公益性捐赠以外的支出、赞助支出。

(9) 与其收入无关的支出等。

(10) 按确认的暂时性差异调整的事项。

资产负债表日，企业按照税法规定计算确定的当期所得税，借记"所得税费用"账户（当期所得税），贷记"应交税费——应交所得税"账户。

【例 13-17】 某企业年度会计利润总额为1 400万元，"投资收益"账户贷方记入国债利息收入180万元，"营业外支出"账户借方记入罚款支出200万元，企业某项固定资产账面原值30万元，本期计提减值损失12万元，预计相关的诉讼费用8万元，无其他调整事项。适用的所得税税率为20%。

企业有关计算如下：

会计利润＝1 400（万元）

应纳税所得额＝1 400＋200－180＋12＋8＝1 440（万元）

应缴所得税税额＝1 440×20%＝288（万元）

借：所得税费用——当期所得税费用	2 880 000	
贷：应交税费——应交所得税		2 880 000

固定资产项目：账面价值18－计税基础30＝12（万元）

预计负债项目：账面价值8－计税基础0＝8（万元）

可抵扣暂时性差异＝20（万元）

递延所得税资产＝20×20%＝4（万元）

借：递延所得税资产	40 000	
贷：所得税费用——递延所得税费用		40 000

企业利润表中的利润总额	14 000 000
所得税费用	2 840 000
利润净额	11 160 000

（二）递延所得税

递延所得税是指按照企业会计准则规定应予确认的递延所得税资产和递延所得税负债在期末应有金额相对于原已确认金额之间的差额，即递延所得税资产和递延所得税负债的当期发生额，但不包括直接计入所有者权益的交易和事项及企业合并的所得税影响。递延所得税用公式表示如下：

$$\text{递延所得税}=\text{当期递延所得税负债增加额}+\text{当期递延所得税资产减少额}-\text{当期递延所得税负债减少额}-\text{当期递延所得税资产增加额}$$

资产负债表日，根据所得税准则应予确认的递延所得税资产大于"递延所得税资产"账户余额的差额，借记"递延所得税资产"账户，贷记"所得税费用"账户（递延所得税）、"资本公积——其他资本公积"等账户；应予确认的递延所得税资产小于"递延所得税资产"账户余额的差额，作相反的会计分录。企业应予确认的递延所得税负债的变动，应当比照上述原则调整"所得税费用"账户（递延所得税）、"递延所得税负债"账户。

【例 13-18】　某企业 20××年年初递延所得税负债余额为 90 万元，递延所得税资产余额为 60 万元。20××年年末确认的应纳税暂时性差异为 400 万元，可抵扣暂时性差异为 1 000 万元。适用的所得税税率为 20%。

20××年年末递延所得税负债应有金额＝400×20%＝80(万元)

20××年年末递延所得税负债的发生额＝80－90＝－10(万元)

20××年年末递延所得税资产应有金额＝1 000×20%＝200(万元)

20××年年末递延所得税资产发生额＝200－60＝140(万元)

递延所得税＝0＋0－10－140＝－150(万元)

借：递延所得税资产　　1 400 000

　　递延所得税负债　　100 000

　　贷：所得税费用——递延所得税　　1 500 000

(三) 所得税费用核算综合举例

【例 13-19】　20××年 1 月 1 日购入价值为 5 000 万元的设备，预计使用期为 5 年，无残值。会计规定采用直线法计提折旧，每年折旧额为 1 000 万元，税法规定采用双倍余额递减法计提折旧，第一至第五年每年的折旧额分别为 2 000 万元、1 200 万元、720 万元、540 万元、540 万元。各年的利润总额均为 11 000 万元，适用税率为 15%。

各年暂时性差异及其对纳税的影响计算如表 13-4 所示。

表 13-4　　各年暂时性差异及其对纳税的影响计算表　　单位：万元

年　限	账面价值	计税基础	应税暂时性差异	递延所得税负债	会计利润	应税所得额
20××年年初	5 000	5 000				
20××年年末	4 000	3 000	1 000	150	11 000	10 000
第二年年末	3 000	1 800	1 200	180	11 000	10 800
第三年年末	2 000	1 080	920	138	11 000	11 280
第四年年末	1 000	540	460	69	11 000	11 460
第五年年末	0	0	0	0	11 000	11 460

各年的会计分录如下：

(1) 20××年年末按税法计算应交所得税：

借：所得税费用——当期所得税　　15 000 000

　　贷：应交税费——应交所得税　　15 000 000

按所得税准则计算的递延所得税负债：

借：所得税费用——递延所得税　　1 500 000

　　贷：递延所得税负债　　1 500 000

(2) 第二年年末按税法计算应交所得税：

借：所得税费用——当期所得税　　16 200 000

　　贷：应交税费——应交所得税　　16 200 000

按所得税准则计算的递延所得税负债：

借：所得税费用——递延所得税　　300 000

　　贷：递延所得税负债　　300 000

（3）第三年年末按税法计算应交所得税：

借：所得税费用——当期所得税　　16 920 000

　　贷：应交税费——应交所得税　　16 920 000

借：递延所得税负债　　420 000

　　贷：所得税费用——递延所得税　　420 000

（4）第四年年末按税法计算应交所得税：

借：所得税费用——当期所得税　　17 190 000

　　贷：应交税费——应交所得税　　17 190 000

借：递延所得税负债　　690 000

　　贷：所得税费用——递延所得税　　690 000

（5）第五年年末按税法计算应交所得税：

借：所得税费用——当期所得税　　17 190 000

　　贷：应交税费——应交所得税　　17 190 000

借：递延所得税负债　　690 000

　　贷：所得税费用——递延所得税　　690 000

【例 13-20】 根据【例 13-19】的资料，如从第三年起适用税率调整为 20%。则每年相应的会计处理为：

20××年年末、第二年年末会计分录同上。

（1）第三年年末调整税率变化影响的递延所得税负债数额：

借：所得税费用——递延所得税　　600 000

　　贷：递延所得税负债　　600 000

本年应交所得税：

借：所得税费用——当期所得税　　22 560 000

　　贷：应交税费——应交所得税　　22 560 000

借：递延所得税负债　　560 000

　　贷：所得税费用——递延所得税　　560 000

（2）第四年年末按税法计算应交所得税：

借：所得税费用——当期所得税　　22 920 000

　　贷：应交税费——应交所得税　　22 920 000

借：递延所得税负债　　920 000

　　贷：所得税费用——递延所得税　　920 000

（3）第五年年末按税法计算应交所得税：

借：所得税费用——当期所得税　　22 920 000

　　贷：应交税费——应交所得税　　22 920 000

借：递延所得税负债　　920 000

　　贷：所得税费用——递延所得税　　920 000

【例 13-21】 某企业 20××年年初购入固定资产原值为 80 000 元（不考虑净残值），采用平均年限法计提固定资产折旧。税法规定折旧年限为 8 年，会计核算的折旧年限为 4 年。该企业前 4 年的税前会计利润为 50 000 元，后 4 年的税前会计利润为 60 000 元，各年的所得税税率均为 20%。该企业预计在未来期间能够产生足够的应纳税所得额用来抵扣可抵扣暂时性差异。有关计算如表13-5所示。

表13-5 各年暂时性差异及其对纳税的影响计算表 单位：元

年 限	账面价值	计税基础	可抵扣暂时性差异	递延所得税资产	会计利润	应税所得额
20××年年初	80 000	80 000				
20××年年末	60 000	70 000	10 000	2 000	50 000	60 000
第二年年末	40 000	60 000	20 000	4 000	50 000	60 000
第三年年末	20 000	50 000	30 000	6 000	50 000	60 000
第四年年末	0	40 000	40 000	8 000	50 000	60 000
第五年年末	—	30 000	30 000	6 000	60 000	50 000
第六年年末	—	20 000	20 000	4 000	60 000	50 000
第七年年末	—	10 000	10 000	2 000	60 000	50 000
第八年年末	—	0	0	0	60 000	50 000

13

作相关会计分录如下：

(1) 第一年至第四年各年的应交所得税额、递延所得税资产及所得税费用：

借：所得税费用——当期所得税 12 000

　贷：应交税费——应交所得税 12 000

借：递延所得税资产 2 000

　贷：所得税费用——递延所得税 2 000

(2) 第五年至第八年各年应交所得税额、递延所得税资产及所得税费用：

借：所得税费用——当期所得税 10 000

　贷：应交税费——应交所得税 10 000

借：所得税费用——递延所得税 2 000

　贷：递延所得税资产 2 000

第十四章 利润及利润分配

【内容结构】

- 利润及利润分配
  - 利润的形成
    - 利润的构成
    - 政府补助
    - 利润的计算和结转
  - 利润分配
    - 利润分配的一般程序
    - 利润分配的会计处理
    - 以前年度损益调整

【学习目标】

知识目标：

1. 了解利润的概念和利润的构成内容。
2. 明确利润总额的构成内容。
3. 明确政府补助的概念、形式和分类。
4. 熟悉政府补助的确认和计量。
5. 明确利润分配的一般程序和内容。

技能目标：

1. 能进行利润总额和营业利润的计算。
2. 能进行营业外收入和营业外支出的核算。
3. 能进行各类政府补助的核算。
4. 能进行利润形成的账务处理。
5. 能进行利润分配和上年损益调整的核算。

第一节　利润的形成

一、利润的构成

（一）利润的概念

利润是指企业在一定会计期间的经营成果，利润包括收入减去费用后的净额、直接计入当期利润的利得和损失等。

直接计入当期利润的利得和损失，是指应当计入当期损益、会导致所有者权益发生增减变动的、与所有者投入资本或者向所有者分配利润无关的利得或者损失。利润金额取决于收入和费用、直接计入当期利润的利得和损失金额的计量。表现为收入和直接计入当期利润的利得减去有关的费用和直接计入当期利润的损失后的差额。

微课视频：
利润的构成

如果收入和直接计入当期利润的利得大于其有关费用和直接计入当期利润的损失，则为盈利；反之，则为亏损。

企业的利润，就其构成内容来看包括以下几个方面：一是通过生产经营活动而获得的营业利润，二是直接计入当期利润的利得和损失。

按照我国现行制度的规定，企业的利润按利润总额和净利润在利润表中列示。利润总额由营业利润和直接计入当期利润的利得和损失等部分组成，利润总额扣减所得税费用后的余额为净利润。

（二）利润总额

利润总额，是指营业利润加上直接计入当期利润的利得，减去直接计入当期利润的损失后的差额。

用公式表示为：

利润总额＝营业利润＋直接计入当期利润的利得（营业外收入）
－直接计入当期利润的损失（营业外支出）

1. 营业利润

营业利润是指营业收入减去营业成本、税金及附加、销售费用、管理费用、财务费用、资产减值损失和信用减值损失，加上其他收益、投资收益、公允价值变动损益和资产处置损益后的金额。营业利润是企业利润总额的主要来源。用公式表示如下：

营业利润＝营业收入－营业成本－税金及附加－销售费用－管理费用
－财务费用－资产减值损失－信用减值损失＋其他收益
＋投资收益＋公允价值变动损益＋资产处置损益

其中，营业收入包括企业的主营业务收入和其他业务收入，营业成本包括企业的主营业务成本和其他业务成本。

其他收益为企业取得的与日常经营活动相关的计入营业利润的政府补助。

投资收益、公允价值变动损益和资产处置损益如为净损失，则构成营业利润的减项。

2. 直接计入当期利润的利得和损失

企业的利得和损失分为两种，一种是直接计入所有者权益的利得和损失，一般计入企业的资本公积；另一种是直接计入当期利润的利得和损失，一般计入企业的营业外收入和营业外支出。

（1）营业外收入。营业外收入是指企业发生的与其经营活动无直接关系的与企业日常经营活动无关的各项净收入，主要包括债务重组利得、罚没利得、与企业经营活动无关的政府补助、确实无法支付而按规定程序经批准后转作营业外收入的应付款项、捐赠利得、盘盈利得等。营业外收入并不是由企业经营资金耗费所产生的，不需要企业付出代价，实际上是一种纯收入，不可能也不需要与有关费用进行配比。

营业外收入的主要内容如下：

❶ 债务重组利得。这是指按照债务重组会计处理规定应计入营业外收入的债务重组收益。

❷ 罚没利得。这是指企业取得的因对方违反国家有关行政管理法规按照规定支付的罚款。包括因供应单位不履行合同而向其收取的罚款，因购买单位不履行合同、协议支付货款而向其收取的赔偿金、违约金等各种形式的罚款收入。

❸ 政府补助利得。这是指企业从政府无偿取得货币性资产或非货币性资产并按规定转作营业外收入的政府补助。

❹ 接受捐赠资产收益。这是指接受捐赠资产，并按会计准则规定确定的入账价值考虑支付的相关费用计算的应计入营业外收入的金额。

❺ 无法支付的应付款项。这是指确实无法支付而按规定程序经批准后转作营业外收入的应付款项。

（2）营业外支出。这是指企业发生的不属于企业生产经营费用，与企业生产经营活动没有直接关系，但应从企业实现的利润总额中扣除的各项净支出，主要包括债务重组损失、罚款支出、捐赠支出、非常损失等。

营业外支出的主要内容如下：

❶ 债务重组净损失。这是指按照债务重组会计处理规定应计入营业外支出的债务重组损失。

❷ 罚款、滞纳金、违约金。这是指企业因未履行经济合同、协议而向其他单位支付的赔偿金、违约金、罚息及被没收的财物损失、违法经营罚款和违反税法支付的滞纳金、罚款等支出。

❸ 捐赠支出。这是指各种公益救济性捐赠及非公益救济性捐赠等。

❹ 非常损失。这是指企业因客观因素（如自然灾害等）造成的各项资产净损失（扣除保险赔偿及残值），还包括由此发生的停工损失和善后清理费用。

另外，企业如果发生搬迁费用，也在营业外支出中列支。搬迁费包括企业搬迁过程中的停工费用、搬迁设备、物资的拆卸、包装和运输费用，搬迁职工和随迁职工家属的差旅费、行李费等，以及其他按照规定允许在营业外支出中列支的项目。

利润总额的各构成项目中，有关主营业务收入、主营业务成本、税金及附加、其他业务收入、其他业务成本、管理费用、销售费用、财务费用、资产减值损失、信用减值损失、其他收益、公允价值变动损益、投资收益和资产处置损益等的核算已在前面相关章节中作了介绍。

下面讲述有关营业外收入和营业外支出的核算。

企业发生的营业外收入和营业外支出应分别设置“营业外收入”和“营业外支出”账户核算。

“营业外收入”账户核算企业发生的与其经营活动无直接关系的各项净收入。该账户贷方登记营业外收入的发生额；期末应将该账户余额转入“本年利润”账户，结转后该账户应无余额。“营业外收入”账户按收入项目设置明细账户，进行明细核算。

“营业外支出”账户核算企业发生的与其经营活动无直接关系的各项净支出。该账户借方登记营业外支出的发生额；期末应将该账户余额转入“本年利润”账户，结转后该账户应无余额。“营业外支出”账户按支出项目设置明细账户，进行明细核算。

【例 14-1】 某企业本年 12 月份发生下列营业外收支业务。有关会计分录如下：

经批准将无法支付的应付款项 7 000 元转账。

借：应付账款	7 000	
贷：营业外收入		7 000

经批准，将自然灾害造成的流动资产净损失 20 000 元转账。

借：营业外支出——非常损失	20 000	
贷：待处理财产损溢——待处理流动资产损溢		20 000

将报废固定资产清理净损失 3 000 元转账。

借：营业外支出——处置非流动资产损失	3 000	
贷：固定资产清理		3 000

用银行存款进行非公益性捐赠 10 000 元。

借：营业外支出——捐赠支出	10 000	
贷：银行存款		10 000

（三）净利润

净利润是企业利润总额减去所得税费用后的余额，即企业的税后利润。用公式表示如下：

$$净利润 = 利润总额 - 所得税费用$$

所得税费用是指企业应计入当期损益的所得税费用。

专栏 14-1

中华人民共和国第一个会计师事务所和注册会计师协会

上海会计师事务所的前身是为了适应改革开放的新形势，由上海市财政局批准，于 1981 年 1 月成立的，其创建人为中国会计界泰斗潘序伦先生，是中华人民共和国成立以来第一家由财政部批准独立承办注册会计师业务的会计师事务所。1998 年年底，按财政部、中国证监会的有关要求，该所正式改制更名为“上海会计师事务所”。

1992 年 7 月，经财政部批准，安达信华强、毕马威华振、安永华明等三家中外合作的会计师事务所宣告成立，为中华人民共和国成立后第一批中外合作的会计师事务所。

1988 年 11 月 15 日，中国注册会计师协会在北京成立。

14

二、政府补助

（一）政府补助的形式、分类与特征

1. 政府补助的形式

政府补助是指企业从政府无偿取得货币性资产或非货币性资产。

政府补助的主要形式包括：

（1）财政拨款。财政拨款是政府无偿拨付给企业的资金，通常在拨款时明确规定了资金的用途。

（2）财政贴息。财政贴息是政府为支持特定领域或区域发展，根据国家宏观经济形势和政策目标，对承贷企业的银行贷款利息给予的补贴。财政贴息主要有两种方式：

❶ 财政将贴息资金直接拨付给受益企业。

❷ 财政将贴息资金拨付给贷款银行，由贷款银行以政策性优惠利率向企业提供贷款，受益企业按照实际发生的利率计算和确认利息费用。

（3）税收返还。税收返还是政府按照国家有关规定采取先征后返（退）、即征即退等办法向企业返还的税款，属于以税收优惠形式给予的一种政府补助。

（4）无偿划拨非货币性资产，如行政划拨土地使用权、天然起源的天然森林等。

2. 政府补助的分类

（1）与资产相关的政府补助，是指企业取得的、用于购建或以其他方式形成长期资产的政府补助。

（2）与收益相关的政府补助，是指除与资产相关的政府补助之外的政府补助。

3. 政府补助的特征：

（1）来源于政府的经济资源。

（2）无偿性。

（二）政府补助的确认和计量

1. 政府补助的确认

政府补助同时满足下列条件的才能予以确认：

（1）企业能够满足政府补助所附条件。

（2）企业能够收到政府补助，是指企业实际收到或有权收到政府补助。

2. 政府补助的计量

政府补助为货币性资产的，应当按照收到或应收的金额计量。

政府补助为非货币性资产的，应当按照公允价值计量；公允价值不能可靠取得的，按照名义金额计量。

3. 政府补助的确认方法

政府补助的确认有两种方法：

（1）总额法，是指企业在确认政府补助时，将其全额一次或分次确认为收益，而不是作为相关资产账面价值或成本费用进行扣减。

（2）净额法，是指企业将政府补助确认为相关资产账面价值或者补偿成本费用进行扣减。

本书主要按照总额法对政府补助进行确认与核算。

（三）政府补助的核算

1. 政府补助核算的相关账户

“递延收益”账户。企业应设置“递延收益”账户，用来核算取得并确认为递延收益的政府

补助的增减变化情况。该账户属于非流动负债账户，贷方登记递延收益的增加数额，借方登记递延收益的减少数额，期末余额在贷方，反映企业取得但尚未确认为收益的政府补助数额。该账户可按政府补助的种类或项目分户进行明细核算。

“其他收益”账户。企业应设置“其他收益”账户，用来核算企业取得的与其日常活动相关的政府补助，并确认为当期收益数额的增减变化情况。该账户属于收入账户，贷方登记其他收益的增加数额，借方登记结转本年利润的转出减少数额，期末一般无余额。该账户可按政府补助的种类或项目分户进行明细核算。

“营业外收入”账户。该账户用来核算企业取得的与其日常活动无关的政府补助，并确认为当期收益数额的增减变化情况。

2. 政府补助核算

(1) 与资产相关的政府补助：

❶ 企业取得与资产相关的政府补助时，应按照实际收到或应收的政府补助金额，借记“银行存款”“其他应收款”等账户，贷记“递延收益”账户。

❷ 递延收益分摊转入各相关时期的当期收益。企业先取得政府补助，后确认相关购建资产的，应当在相关资产计提折旧(摊销)时将递延收益分期转入当期收益，借记“递延收益”账户，贷记“其他收益”“营业外收入”账户；企业取得的政府补助在相关资产投入使用之后的，应在相关资产剩余寿命内，将递延收益分期转入当期收益，借记“递延收益”账户，贷记“其他收益”“营业外收入”账户。

❸ 处置与政府补助相关的资产。企业取得政府补助的相关资产在使用寿命结束或结束前处置(出售、报废、转让、毁损)的，尚未分摊的相关递延收益应全部转入资产处置当期收益，不再予以递延，借记“递延收益”账户，贷记“营业外收入”“固定资产清理”等账户。

❹ 与政府补助相关的资产发生减值。企业取得的与政府补助相关的资产发生减值处理的，不影响递延收益在相关时期当期收益的正常结转。

❺ 按照名义金额计量的政府补助。该类政府补助直接计入确认政府补助的当期损益。

【例 14-2】 某企业 20××年 1 月 1 日购入一套环保设备，确认的购入成本为 480 000 元，增值税进项税额为 62 400 元，款项用银行存款付清。该环保设备使用期 10 年，按直线法计提折旧，无残值。企业当月依据国家相关政策申请到政府补助 210 000 元，款拨付到企业银行存款账户。第七年年末，该环保设备提前报废。

❶ 购入环保设备时：

借：固定资产——环保设备	480 000	
应交税费——应交增值税(进项税额)	62 400	
贷：银行存款		542 400

❷ 收到政府补助时：

借：银行存款	210 000	
贷：递延收益——环保设备补助		210 000

❸ 从20××年 1 月起，每月计提环保设备折旧时：

借：制造费用	4 000	
贷：累计折旧		4 000

❹ 从20××年 1 月起，每月结转当期收益时：

借：递延收益——环保设备补助	1 750	
贷：其他收益		1 750

❺ 第七年年末报废环保设备时：

借：固定资产清理 144 000

　累计折旧 336 000

　　贷：固定资产——环保设备 480 000

借：递延收益——环保设备补助 63 000

　　贷：固定资产清理 63 000

借：营业外支出 81 000

　　贷：固定资产清理 81 000

（2）与收益相关的政府补助：

企业取得与收益相关的政府补助时，应区分为以下两种情况，进行不同会计处理：

❶ 取得用于补偿已经发生的相关成本费用或损失的政府补助时，直接计入当期收益，借记“银行存款”账户，贷记“其他收益”“营业外收入”等账户。

❷ 取得用于补偿以后期间发生的相关成本费用或损失的政府补助时，确认为递延收益，借记“银行存款”账户，贷记“递延收益”账户。在以后期间确认相关成本费用或损失时，再将相关的递延收益结转当期收益，借记“递延收益”账户，贷记“其他收益”“营业外收入”等账户。

【例 14-3】 20××年 3 月 1 日，甲公司获得当地政府向其提供的 200 000 元政府补助，以鼓励其安排相关的残疾人员就业，期限为两年，款项已转入该公司账户。编制会计分录如下：

借：银行存款 200 000

　　贷：递延收益——残疾人就业补助 200 000

【例 14-4】 20××年 3 月 15 日，乙公司接当地政府通知，向其提供政府补助 8 000 元，款项存入银行。以鼓励其在环境保护方面继续采取相关措施，期限为 2 年。编制会计分录如下：

借：银行存款 80 000

　　贷：递延收益——环境保护补助 80 000

【例 14-5】 20××年 12 月 31 日，根据【例 14-3】资料，计算结转本年度应由递延收益补偿的安排残疾人员支出 100 000 元。编制会计分录如下：

借：递延收益——残疾人就业补助 100 000

　　贷：营业外收入 100 000

【例 14-6】 20××年 5 月 10 日，甲公司为生产环保产品领用材料 62 000 元，应付职工薪酬 18 000 元。与该项支出有关的政府补助 28 000 元。编制会计分录如下：

借：生产成本——基本生产成本 80 000

　　贷：原材料——某材料 62 000

　　　　应付职工薪酬——工资 18 000

借：递延收益——环境保护补助 28 000

　　贷：其他收益 28 000

【例 14-7】 20××年 6 月 30 日，丙公司收到政府补助 50 000 元，用于补偿其已发生的某项管理费用。编制会计分录如下：

借：银行存款 50 000

　　贷：其他收益 50 000

【例 14-8】 某企业因遭受重大自然灾害，收到相关政府补助 3 000 000 元，款项存入企业银行存款账户。

借：银行存款 3 000 000

贷：营业外收入 3 000 000

(3) 政府补助的退回：

企业取得的政府补助，若因情况变化政府要求退回的，应按已计入当期收益的政府补助金额，借记"其他收益""营业外收入"账户，按尚未结转当期收益的政府补助金额，借记"递延收益"账户，按实际退回的政府补助金额，贷记"银行存款"账户。

【例 14-9】 20××年7月1日，丁公司向政府返还政府补助10 000元，已转入营业外收入的金额为3 000元。编制会计分录如下：

借：递延收益 7 000

营业外收入 3 000

贷：银行存款 10 000

三、利润的计算和结转

(一) 账户设置

企业应设置"本年利润"账户，核算当年实现的净利润(或发生的净亏损)。年末，应将"主营业务收入""其他业务收入""其他收益""营业外收入"等账户的期末余额分别转入"本年利润"账户的贷方，借记"主营业务收入""其他业务收入""其他收益""营业外收入"等账户，贷记"本年利润"账户。将"主营业务成本""税金及附加""其他业务成本""销售费用""管理费用""财务费用""资产减值损失""信用减值损失""营业外支出""所得税费用"等账户的期末余额分别转入"本年利润"账户，借记"本年利润"账户，贷记"主营业务成本""税金及附加""其他业务成本""销售费用""管理费用""财务费用""资产减值损失""信用减值损失""营业外支出""所得税费用"等账户。将"公允价值变动损益""投资收益""资产处置损益"账户的净收益，转入"本年利润"账户，借记"公允价值变动损益""资产处置损益""投资收益"账户，贷记"本年利润"账户；如为净损失，则作相反的会计分录。年度终了，应将本年收入和支出相抵后结出的本年实现的净利润，转入"利润分配——未分配利润"账户，借记"本年利润"账户，贷记"利润分配——未分配利润"账户；如为净亏损，则作相反的会计分录。结转后"本年利润"账户应无余额。

(二) 账务处理

企业应在每一会计期末将损益类账户的余额全部结转到"本年利润"账户，在该账户上结算出本期实现的利润(或亏损)以及本年累计损益。

下面以某股份有限公司为例说明年末结转损益类账户，计算本年利润的账务处理。

【例 14-10】 某企业本年12月月末有关账户余额如表14-1所示。

表 14-1　某企业20××年12月31日账户余额表　单位：元

账户名称	借方余额	贷方余额
主营业务成本	2 000 000	
税金及附加	4 000	
其他业务成本	20 000	
销售费用	60 000	

14

续 表

账户名称	借方余额	贷方余额
管理费用	60 000	
财务费用	80 000	
营业外支出	4 000	
资产减值损失	30 000	
所得税费用	262 000	
主营业务收入		3 200 000
其他业务收入		50 000
其他收益		4 000
投资收益		16 000
公允价值变动损益		20 000
资产处置损益		10 000
营业外收入		6 000

(1) 结转收入和费用:

借:主营业务收入　3 200 000
　其他业务收入　50 000
　其他收益　4 000
　投资收益　16 000
　公允价值变动损益　20 000
　资产处置损益　10 000
　营业外收入　6 000
　贷:本年利润　3 306 000

借:本年利润　2 520 000
　贷:主营业务成本　2 000 000
　　税金及附加　4 000
　　其他业务成本　20 000
　　销售费用　60 000
　　管理费用　60 000
　　财务费用　80 000
　　资产减值损失　30 000
　　营业外支出　4 000
　　所得税费用　262 000

(2) 根据上述各账户的期末余额,计算该企业本月的利润总额和净利润如下:

营业利润＝(3 200 000＋50 000)－(2 000 000＋20 000)－4 000－60 000－60 000－80 000
　－30 000＋4 000＋16 000＋20 000＋10 000＝1 046 000(元)

利润总额＝1 046 000＋6 000－4 000＝1 048 000(元)

净利润＝1 048 000－262 000＝786 000(元)

第二节 利润分配

一、利润分配的一般程序

利润分配是企业根据国家有关规定和投资者的决议、公司章程，对企业缴纳所得税后的净利润进行的分配。

利润的分配过程和结果，不仅关系到所有者的合法权益是否得到保护，还关系到企业能否长期、稳定和健康地发展。企业的利润分配应遵循依法分配、兼顾各方利益、积累与分配并重和收益与投资对等的原则。

企业当期实现的净利润，加上年初未分配利润（或减去年初未弥补亏损）和其他转入后的余额，为可供分配的利润。

可供分配的利润，一般应按以下顺序分配：

（1）弥补企业以前年度亏损。企业发生的年度亏损，可以用下一年度的税前利润等弥补。下一年度利润不足弥补的，可以在 5 年内延续弥补。5 年内不足弥补的，改用企业的税后利润弥补，也可以用以前年度提取的盈余公积金弥补。

企业以前年度亏损未弥补完，不得提取法定盈余公积金。在提取法定盈余公积金前，不得向投资者分配利润。

（2）提取法定盈余公积金。法定盈余公积金按照本年实现净利润（扣除前一项）的一定比例提取，股份公司按照公司法的规定按 10%的比例提取，其他企业可以根据需要确定提取比例，但至少应按 10%提取。盈余公积金已达注册资金的 50%时可不再提取。

（3）向股东分配利润。可供分配的利润减去提取的法定盈余公积等后，为可供投资者分配的利润。可供投资者分配的利润，按下列顺序分配：

❶ 支付优先股股利。股份公司按股东会决议支付优先股的股利。此项内容只限股份公司。

❷ 提取任意盈余公积金。股份公司按照公司章程或者股东会决议提取和使用任意盈余公积金。此项内容只限股份公司。

❸ 支付普通股股利（或向投资者分配利润）。企业以前年度未分配的利润，可以并入本年度向投资者分配。

股份公司当年无利润时，不得分配股利，但在用盈余公积金弥补亏损后，经股东会特别决议，可以按照不超过股票面值 6%的比率用盈余公积金分配股利，在分配股利后，企业法定盈余公积金不得低于注册资金的 25%。

二、利润分配的会计处理

（一）账户设置

为了反映利润分配的过程和结果，企业应设置“利润分配”账户，核算企业利润分配（或亏损弥补）和历年分配（或弥补）后的积存余额。该账户应当分别“盈余公积补亏”“提取法定盈余公积金”“应付优先股股利”“提取任意盈余公积金”“应付普通股股利”“转作股本的股利”和“未分配利润”等进行明细核算。

14

（二）利润分配的核算

企业按规定提取的法定盈余公积金和任意盈余公积金，借记“利润分配”账户（提取法定盈余公积金、提取任意盈余公积金），贷记“盈余公积”账户（法定盈余公积金、任意盈余公积金）。

企业经股东大会或类似机构决议，分配给股东或投资者的优先股股利和普通股股利时，借记“利润分配”账户（应付优先股股利、应付普通股股利），贷记“应付股利”账户。经股东大会或类似机构决议，分配给股东的股票股利，应在办理增资手续后，借记“利润分配”账户（转作股本的股利），贷记“股本”账户。按其差额，贷记“资本公积”账户（股本溢价）。

企业用盈余公积弥补亏损，借记“盈余公积”账户（法定盈余公积金、任意盈余公积金），贷记“利润分配”账户（盈余公积补亏）。

年度终了，企业应将全年实现的净利润，自“本年利润”账户转入“利润分配”账户，借记“本年利润”账户，贷记“利润分配”账户（未分配利润），为净亏损的，作相反的会计分录；同时，将“利润分配”账户所属其他明细账户的余额转入“利润分配”（未分配利润）明细账户。结转后，除“利润分配”（未分配利润）明细账户外，其他明细账户应无余额。

“利润分配”（未分配利润）明细账户年末余额，反映企业历年积存的未分配利润（或未弥补亏损）数额。

【例 14-11】 某股份公司本年年初“利润分配——未分配利润”账户贷方余额300 000元，本年实现净利润 2 500 000 元，企业按本年净利润的 10%提取法定盈余公积金，按本年净利润的 6%提取任意盈余公积金，并分配给优先股股东利润 400 000 元。

该股份公司编制有关会计分录如下：

(1) 结转本年净利润：

借：本年利润	2 500 000	
贷：利润分配——未分配利润		2 500 000

(2) 提取法定盈余公积金和任意盈余公积金：

借：利润分配——提取法定盈余公积金	250 000	
——提取任意盈余公积金	150 000	
贷：盈余公积——法定盈余公积金		250 000
——任意盈余公积金		150 000

(3) 分配优先股股利：

借：利润分配——应付优先股股利	400 000	
贷：应付股利		400 000

(4) 结转已分配利润：

借：利润分配——未分配利润	800 000	
贷：利润分配——提取法定盈余公积金		250 000
——提取任意盈余公积金		150 000
——应付优先股股利		400 000

计算确定年末未分配利润：

年末“未分配利润”账户余额＝300 000＋2 500 000－800 000＝2 000 000(元)，表示本年末累计未分配利润为 2 000 000 元。

三、以前年度损益调整

（一）以前年度损益调整的含义

所谓以前年度损益调整，是指那些不列入本期利润表而直接调整留存收益期初余额的项目。如本期发现与以前期间相关的重大会计差错。

重大会计差错是指企业发现的使公布的财务报表不再具有可靠性的会计差错。重大会计差错一般是指金额比较大(通常以某项交易或事项的金额占该类交易或事项的金额10%及以上作为判断标志)。例如，某企业以前年度漏记了一笔数额较大的固定资产而在本期被发现，在此情况下，应作为重大会计差错并调整年初留存收益。

（二）以前年度损益调整的核算

以前年度损益调整是与前期经营活动有关，而与本期及以后各期的经营活动无关的项目。之所以将以前年度损益直接调整留存收益而不列入利润表，是因为通常认为利润是通过营业活动赚取的，它应当可以归属于某一会计期间，如果是上一期的损益计入本期，自然就不恰当了。因此，应当调整期初的留存收益。

【例14-12】 某公司在20××年发现，上年多计算了一项固定资产的折旧费用200 000元，假设上年适用的所得税税率为25%，该公司按净利润的10%提取法定盈余公积金。

根据上述资料作如下的账务处理：

(1) 调整折旧：

借：累计折旧	200 000	
贷：以前年度损益调整		200 000

(2) 调整所得税税款：

借：以前年度损益调整	50 000	
贷：应交税费——应交所得税		50 000

(3) 将“以前年度损益调整”账户余额转入留存收益：

借：以前年度损益调整	150 000	
贷：利润分配——未分配利润		150 000

(4) 调整提取法定盈余公积金：

借：利润分配——未分配利润	15 000	
贷：盈余公积——法定盈余公积金		15 000

对以前年度损益调整后，在编制当年度的会计报表时，应调整资产负债表的年初数，利润表及所有者权益变动表的上年数也应作相应调整。

第十五章　财务会计报告

【内容结构】

- 财务会计报告
  - 财务会计报告概述
    - 财务会计报告的概念和作用
    - 财务会计报告的分类
    - 财务会计报告编制的基本要求
    - 财务会计报告编制前的准备工作
  - 资产负债表
    - 资产负债表的概念和作用
    - 资产负债表的格式和项目结构
    - 资产负债表的编制方法
  - 利润表
    - 利润表的概念和作用
    - 利润表的格式和项目结构
    - 利润表的编制方法
  - 现金流量表
    - 现金流量表的概念和作用
    - 现金流量表的编制基础
    - 现金流量及其影响因素
    - 现金流量的分类
    - 现金流量表的编制方法
  - 所有者权益变动表
    - 所有者权益变动表的概念
    - 所有者权益变动表的结构
    - 所有者权益变动表列报项目的说明
    - 所有者权益变动表的编制方法
  - 财务会计报告附注
    - 附注的概念和要求
    - 附注的内容

【学习目标】

知识目标：

1. 熟悉财务会计报告的种类、编制要求和编制前的准备工作。
2. 熟悉资产负债表的概念、格式和项目结构。
3. 熟悉利润表的概念、格式和项目结构。
4. 熟悉现金流量表的编制基础和现金流量的分类。
5. 熟悉所有者权益变动表的报表结构。
6. 熟悉财务会计报告附注的内容。

技能目标：

1. 能进行资产负债表各项目的填制。
2. 能进行利润表各项目的填制。
3. 能进行现金流量表各项目的填制。
4. 能进行所有者权益变动表的填制。

第一节　财务会计报告概述

一、财务会计报告的概念和作用

（一）财务会计报告的概念

财务会计报告，是指企业对外提供的反映企业某一特定日期的财务状况和某一会计期间的经营成果、现金流量等会计信息的文件。它是企业从会计核算角度对企业一定时期生产经营活动情况的总结。企业在日常的会计核算中，发生的各种经济业务都在有关的账簿中作了全面、系统、连续的记录和计算，有关企业的财务状况和经营情况已在会计记录中得到反映。但这些日常核算资料数量很大，比较分散。会计信息的使用者直接利用这些信息分析评价企业的财务状况和经营成果并据以作出相应的决策比较困难。为此，很有必要定期地将日常的会计核算资料加以分类、整理、汇总，按照一定的形式，编制财务会计报告，综合、总括地反映企业的经济活动过程和结果，为有关方面进行决策和管理提供所需的会计信息。

（二）财务会计报告的作用

财务会计报告是企业提供会计信息的一种重要的方法和手段，企业定期编制财务会计报告具有重要作用，主要表现在以下几个方面：

（1）为国家经济管理部门进行宏观调控和管理提供重要信息。国家有关部门为了加强宏观经济管理，需要各单位提供财务会计报告资料，以便通过汇总分析，了解和掌握各部门、各地区社会发展和国民经济计划的完成情况，各种财经法规制度的贯彻执行情况，并针对存在的问题，及时采取措施，调控经济活动，优化资源配置。

（2）为企业的投资者和债权人进行决策提供重要信息。企业的投资者和债权人，包括潜在的投资者和债权人，为了进行正确的投资决策和信贷决策，需要利用财务会计报告提供的信息，了解有关企业的财务状况和经营情况，以防止作出错误的决策。

（3）为企业加强和改善经营管理提供重要信息。企业管理者为了分析和考核本企业的生产经营活动状况和财务成本计划的完成情况，总结生产经营活动的成绩，找出存在的问题，评价经济效益，需要利用财务会计报告提供的有关财务状况、经营成果和现金流动情况的信息。

二、财务会计报告的分类

财务会计报告可以根据需要，按照不同的标准进行分类。

(一) 按照财务会计报告的编制时间分类

按照编制时间，财务会计报告可以分为月报、季报、半年报和年报。月度、季度财务会计报告是指月度和季度终了提供的财务会计报告；半年度财务会计报告是指在每个会计年度的前6个月结束后提供的财务会计报告；年度财务会计报告是指年度终了提供的财务会计报告。一般情况下，月报要求简明扼要、及时反映；年报要求揭示完整、反映全面；季报和半年报在提供会计信息的详细程度方面，介于月报和年报之间。

年度财务会计报告包括：会计报表及其附注和其他应当在财务会计报告中披露的相关信息和资料。会计报表包括资产负债表、利润表、所有者权益(股东权益)变动表、现金流量表、报表附注等。半年度、季度、月度财务会计报告又称为中期财务报告。中期是指短于一个完整的会计年度的报告期间。中期财务报告至少应当包括资产负债表、利润表、现金流量表和报表附注等。

(二) 按照财务会计报告的编制单位分类

按照编制单位，财务会计报告可以分为单位财务会计报告和汇总财务会计报告。单位财务会计报告是指由企业在自身会计核算的基础上，对账簿记录进行加工而编制的财务会计报告，以反映企业本身的财务状况和经营成果；汇总财务会计报告是指由企业主管部门或上级机关，根据所属单位报送的财务会计报告，连同本单位财务会计报告汇总编制的综合性财务会计报告。

(三) 按照财务会计报告各项目所反映的数字内容分类

按照所反映的数字内容，财务会计报告可以分为个别财务会计报告和合并财务会计报告。个别财务会计报告各项目数字所反映的内容，仅仅包括企业本身的财务数字；合并财务会计报告是由母公司编制的、反映母公司和其全部子公司形成的企业集团的整体财务状况、经营成果和现金流量情况的财务报告。

(四) 按照财务会计报告的服务对象分类

按照服务对象，财务会计报告可以分为内部财务会计报告和外部财务会计报告。内部财务会计报告是指为了适应企业内部经营者管理的需要而编制的不对外公开的财务会计报告，内部财务会计报告一般不需要统一规定的格式，也没有统一的指标体系；外部财务会计报告是指企业向外提供的，供政府部门、其他企业和个人使用的财务会计报告，它有统一规定的格式和信息指标体系。

(五) 按照财务会计报告反映的内容分类

按照内容，财务会计报告可以分为动态财务会计报告和静态财务会计报告。动态财务会计报告是指反映一定时期内资金耗费和资金收回情况的报表，如利润表；静态财务会计报告是指综合反映一定时点企业资产总额和权益总额及其构成状况的报表，如资产负债表。

三、财务会计报告编制的基本要求

企业编制财务报告时，除会计准则和有关制度有特殊规定者外，一般都应遵守以下基本要求：

(1) 以持续经营为基础，根据实际发生的交易和事项，按照规定进行确认和计量，在此基础上编制财务报表。

（2）编制财务报表的过程中，企业管理层应当利用所有可获得信息来评价企业自报告期末起至少12个月的持续经营能力。

（3）以持续经营为基础编制财务报表不再合理时。应当采用其他基础编制财务报表。

（4）除现金流量表按照收付实现制原则编制外，应当按照权责发生制原则编制财务报表。

微课视频：财务会计报告的编制要求

（5）财务报表项目的列报应当在各个会计期间保持一致，除规定的项目外不得随意变更。

（6）性质或功能不同的项目，应当在财务报表中单独列报，但不具有重要性的项目除外。

重要性是指在合理预期下，财务报表某项目的省略或错报会影响使用者据此作出经济决策的，该项目具有重要性。重要性应当根据企业所处的具体环境，从项目的性质和金额两方面予以判断。

（7）财务报表中的资产项目和负债项目的金额、收入项目和费用项目的金额、直接计入当期利润的利得项目和损失项目的金额不得相互抵销，会计准则另有规定的除外。

（8）当期财务报表的列报，至少应当提供所有列报项目上一个可比会计期间的比较数据，以及与理解当期财务报表相关的说明，会计准则另有规定的除外。

（9）企业应当在财务报表的显著位置至少披露下列各项：

❶ 编报企业的名称；

❷ 资产负债表日或财务报表涵盖的会计期间；

❸ 人民币金额单位；

❹ 财务报表是合并财务报表的，应当予以标明。

（10）企业至少应当按年编制财务报表。会计准则规定在财务报表中单独列报的项目，应当单独列报。

四、财务会计报告编制前的准备工作

（一）企业在编制年度财务会计报告前，应当按照下列规定，全面清查资产、核实债务

（1）各项结算款项，包括应收应付款项、应交税费等是否存在，与债务、债权单位的相应债权、债务金额是否一致。

（2）各项存货的实存数量与账面数量是否一致，是否有报废损失和积压物资等。

（3）各项投资是否存在，投资收益是否按照国家统一规定进行确认和计量。

（4）各项固定资产的实存数量与账面数量是否一致。

（5）在建工程的实际发生额与账面记录是否一致。

（6）需要清查、核实的其他内容。

企业通过对上述各项的清查、核实，查明财产物资的实存数量与账面数量是否一致、各项结算款项的拖欠情况及其原因、各项投资是否达到预期目的、固定资产的使用情况及其完好程度等。企业清查、核实后，应当将清查、核实的结果及其处理办法向企业的董事会或者相应机构报告，并根据国家统一的规定进行相应的会计处理。

企业应当在年度中间根据具体情况，对各项财产物资和结算款项进行重点抽查、轮流清查

或者定期清查。

(二)企业在编制财务会计报告前,除应当全面清查资产、核实债务外,还应当完成下列工作

(1)核对各会计账簿记录与会计凭证的内容、金额等是否一致,记账方向是否相符。

(2)依照规定的结账日进行结账,结出有关会计账簿的余额和发生额,并核对各会计账簿之间的余额。

(3)检查相关的会计核算是否按照国家统一的规定进行。

(4)对于国家没有规定统一核算方法的交易、事项,检查其是否按照会计核算的一般原则进行确认和计量以及相关账务处理是否合理。

(5)检查是否存在因会计差错、会计政策变更等原因需要调整前期或者本期相关项目。

在完成上述规定工作中发现问题的,应当按照国家统一的会计制度的规定进行处理。

第二节 资产负债表

一、资产负债表的概念和作用

资产负债表是指反映企业在某一特定日期的财务状况的报表。资产负债表是根据"资产=负债+所有者权益"这一会计等式,按照一定的分类标准和程序,把企业在一定日期的资产、负债、所有者权益各项目予以适当排列,并对日常会计核算工作中形成的大量数据进行整理、汇总后编制的。它表明企业在某一特定日期所拥有或控制的经济资源、所承担的现时义务、所有者对净资产的要求权和企业未来财务状况的变动情况。

资产负债表的作用主要表现在以下几个方面:

(1)是通过资产负债表可以了解企业某一日期所拥有和控制的经济资源总额及其构成情况,是分析企业生产经营能力的重要依据。

(2)是通过资产负债表,可以了解企业某一日期的负债总额及其结构,表明企业未来需用多少资产或劳务清偿债务。

(3)是通过资产负债表,可以了解企业所有者权益的情况,表明企业投资在其资产中所占的份额,并分析权益的构成。

(4)是通过资产负债表提供的基本数据,可以进行企业财务分析,计算表明企业财务状况的指标,如流动比率、速动比率等。

二、资产负债表的格式和项目结构

目前,国际上常用的资产负债表的格式主要有报告式和账户式两种。

(1)报告式资产负债表,是将企业的资产、负债和所有者权益三部分及其构成项目,按照自上而下的顺序排列,资产项目列在上方,然后是负债项目,最下方是所有者权益项目。

(2)账户式资产负债表,是将资产负债表分为左右两方,资产项目列在报表的左方,负债和所有者权益项目列在报表的右方,从而使资产负债表左右两方数额平衡。我国现行会计制度规定企业的资产负债表采用账户式,如表15-2所示。

为了便于报表使用者理解、分析和评价资产负债表提供的信息,需要对资产负债表的各项目,按照其特征进行合理的分类和排列。资产和负债应当分别流动资产和非流动资产、流动负债和非流动负债等大项列示，每个大项内又分为若干具体项目。

我国现行的资产负债表项目分类排列如下：资产按照其流动程度进行排序，流动性强的项目排前，即先流动资产项目，后非流动资产项目；负债按其到期日由近至远的顺序排列，即先流动负债，后非流动负债；所有者权益则按照其永久性递减的顺序排列，即先实收资本，后资本公积、盈余公积，最后是未分配利润。

资产负债表中的资产类应当列示流动资产和非流动资产及资产的合计项目。资产负债表中的负债类应当列示流动负债、非流动负债及负债的合计项目。资产负债表中的所有者权益类应当列示所有者权益的合计项目。资产负债表中应当列示资产的总计项目、负债与所有者权益的总计项目。

三、资产负债表的编制方法

（一）“年初余额”栏的填列方法

资产负债表“年初余额”栏内各项数字，应根据上年年末资产负债表“期末余额”栏内所列数字填列。如果本年度资产负债表规定的各个项目的名称和内容同上年度不一致，应对上年年末资产负债表各项目的名称和数字按照本年度的规定进行调整，填入本表“年初余额”栏内。

（二）“期末余额”栏的填列方法

1.“期末余额”栏金额的填列方式

（1）直接根据有关总账账户的期末余额填列。如递延所得税资产、应付职工薪酬、实收资本（股本）、资本公积、盈余公积等项目，直接根据相应总账户期末余额填列。

（2）直接根据有关明细账户的期末余额填列。如未分配利润项目直接根据“利润分配——未分配利润”明细账户期末余额填列。

（3）根据几个总账账户期末余额的合计数填列。如货币资金项目，应根据“库存现金”“银行存款”“其他货币资金”等账户期末余额之和计算填列。

（4）根据有关账户期末余额备抵后的净额填列。如应收票据及应收账款项目根据“应收票据”“应收账款”总账户期末余额扣减相应的“坏账准备”账户余额后的净额填列。

（5）根据有关账户的期末余额分析填列。如其他流动资产项目根据“应交税费”“债权投资”“合同资产”“应收退货成本”“合同取得成本”等账户余额分析填列。

（6）根据报表项目关系计算后填列。如流动资产合计、非流动资产合计、资产总计、流动负债合计、非流动负债合计、负债合计、所有者权益合计、负债和所有者权益总计等项目，均应根据报表项目关系计算后填列。

2.“期末余额”栏各项目的填列方法

资产类项目的填列方法：

（1）“货币资金”项目，反映企业各项货币资金的期末余额。该项目应根据“库存现金”“银行存款”“其他货币资金”账户的期末余额合计填列。

（2）“交易性金融资产”项目，反映资产负债表日企业分类为以公允价值计量且其变动计入当期损益的金融资产，以及企业持有的直接指定为以公允价值计量且其变动计入当期损益的金融资产的期末账面价值。该项目应根据“交易性金融资产”账户的相关明细账户期末余额分析填列。

自资产负债表日起超过一年到期且预期持有超过一年的以公允价值计量且其变动计入当

期损益的非流动金融资产的期末账面价值，在“其他非流动金融资产”项目反映。

（3）“应收票据”项目，反映资产负债表日以摊余成本计量的、企业因销售商品、提供服务等收到的商业汇票，包括银行承兑汇票和商业承兑汇票。该项目应根据“应收票据”账户的期末余额，减去“坏账准备”账户中相关坏账准备期末余额后的金额分析填列。

（4）“应收账款”项目，反映资产负债表日以摊余成本计量的、企业因销售商品、提供服务等经营活动应收取的款项。该项目应根据“应收账款”账户的期末余额，减去“坏账准备”账户中相关坏账准备期末余额后的金额分析填列。

（5）“应收款项融资”项目，反映资产负债表日以公允价值计量且其变动计入其他综合收益的应收票据和应收账款等。

（6）“预付款项”项目，反映企业预付给供应单位的款项。该项目应根据“预付账款”账户所属明细账户的期末借方余额合计填列。若“预付账款”账户的有关明细账户期末有贷方余额的，应将贷方余额填列在“应付票据及应付账款”项目。若“应付账款”账户所属明细账户有借方余额的，填列在本项目。

（7）“其他应收款”项目，反映企业对其他单位或个人的应收和暂付款项减去已计提的坏账准备后的净额和企业因股权投资而应收取的现金股利、因债权投资而应收取的利息等。该项目应根据“应收利息”“应收股利”和“其他应收款”账户的期末余额合计数，减去“坏账准备”账户中相关坏账准备期末余额后的金额填列。

（8）“存货”项目，反映企业各种存货的期末可变现净值。该项目应根据“材料采购”（“在途物资”）“原材料”“材料成本差异”“生产成本”“库存商品”“周转材料”“发出商品”“委托加工物资”“商品进销差价”“合同履约成本”（初始确认时摊销期限不超过一年或一个正常营业周期）等账户的期末余额合计减去“存货跌价准备”“合同履约成本减值准备”相关明细账户的期末余额后的金额填列。

（9）“合同资产”项目，反映企业合同资产的期末金额。该项目应根据“合同资产”账户下相关明细账户期末余额分析填列。同一合同下的合同资产和合同负债应当以净额列示，其中净额为借方余额的，应根据其流动性在“合同资产”或“其他非流动资产”项目中填列，已计提减值准备的，还应减去“合同资产减值准备”账户中相关的期末余额后的金额填列。

（10）“持有待售资产”项目，反映资产负债表日划分为持有待售类别的非流动资产以及划分为持有待售类别的处置组中的流动资产和非流动资产的期末账面价值。该项目应根据“持有待售资产”账户的期末余额减去“持有待售资产减值准备”账户的期末余额后的金额填列。

（11）“一年内到期的非流动资产”项目，反映企业预计自资产负债表日起一年内变现的非流动资产和一年内到期的长期债权投资（以摊余成本计量及以公允价值计量且其变动计入其他综合收益）。该项目应根据有关账户的期末余额分析计算填列。对于按照相关会计准则规定，不得转入“一年内到期的非流动资产”项目的除外。

（12）“其他流动资产”项目，反映企业的尚待抵扣的进项税额、多交或预缴的增值税、待抵扣进项税额、待认证进项税额、预缴所得税、预缴其他税费、待摊费用；初始确认时摊销（出售）期限不超过一年或一个营业周期的合同取得成本、应收退货成本；企业购入的以摊余成本计量的一年内到期的债权投资的期末账面价值等。该项目应根据有关账户的期末余额分析计算填列。如“应交税费”账户下的“应交增值税”“未交增值税”“待抵扣进项税额”“待认证进项税额”等明细账户期末借方余额应根据流动性，分别填列“其他流动资产”或“其他非流动资产”项目，

“应交税费——待转销项税额”等账户期末贷方余额应根据流动性，分别填列在“其他流动负债”或“其他非流动负债”项目。

(13)“债权投资”项目，反映资产负债表日企业以摊余成本计量的长期债权投资的期末账面价值。该项目应根据“债权投资”账户的相关明细账户期末余额，减去“债权投资减值准备”账户中相关减值准备的期末余额后的金额分析填列。自资产负债表日起一年内到期的长期债权投资的期末账面价值，在“一年内到期的非流动资产”项目反映。企业购入的以摊余成本计量的一年内到期的债权投资的期末账面价值，在“其他流动资产”项目反映。

(14)“其他债权投资”项目，反映资产负债表日企业分类为以公允价值计量且其变动计入其他综合收益的长期债权投资的期末账面价值。该项目应根据“其他债权投资”账户的相关明细账户期末余额分析填列。自资产负债表日起一年内到期的长期债权投资的期末账面价值，在“一年内到期的非流动资产”项目反映。企业购入的以公允价值计量且其变动计入其他综合收益的一年内到期的债权投资的期末账面价值，在“其他流动资产”项目反映。

(15)“长期应收款”项目，反映企业持有长期应收款的可收回金额。该项目应根据“长期应收款”账户期末余额减去“坏账准备”相关明细账户的期末余额，再减去“未确认融资收益”账户期末余额后的金额填列。

(16)“长期股权投资”项目，反映企业不准备一年内(含一年)变现的各种股权性质投资的可收回金额。该项目应根据“长期股权投资”账户期末余额减去相关长期投资减值准备后的金额填列。

(17)“其他权益工具投资”项目，反映资产负债表日企业指定为以公允价值计量且其变动计入其他综合收益的非交易性权益工具投资的期末账面价值。该项目应根据“其他权益工具投资”账户的期末余额填列。

(18)“其他非流动金融资产”项目，反映企业自资产负债表日起超过一年到期且预计超过一年的以公允价值计量且其变动计入当期损益的非流动金融资产的期末账面价值。该项目应根据“交易性金融资产”等账户有关明细账户的期末余额填列。

(19)“固定资产”项目，反映资产负债表日企业固定资产的期末账面价值和企业尚未清理完毕的固定资产清理净损益。该项目应根据“固定资产”账户的期末余额，减去“固定资产累计折旧”和“固定资产减值准备”账户的期末余额后的金额，以及“固定资产清理”科目的期末余额填列。

(20)“在建工程”项目，反映资产负债表日企业尚未达到预定可使用状态的在建工程的期末账面价值和企业为在建工程准备的各种物资的期末账面价值。该项目应根据“在建工程”账户的期末余额，减去“在建工程减值准备”账户的期末余额后的金额，以及“工程物资”账户的期末余额，减去“工程物资减值准备”账户的期末余额后的金额填列。

(21)“使用权资产”项目，反映资产负债表日承租人企业持有的使用权资产的期末账面价值。该项目应根据“使用权资产”账户的期末余额，减去“使用权资产累计折旧”和“使用权资产减值准备”账户的期末余额后的金额填列。

(22)“无形资产”项目，反映企业无形资产的期末可收回金额。该项目应根据“无形资产”账户的期末余额，减去“无形资产累计摊销”“无形资产减值准备”账户期末余额后的金额填列。

(23)“开发支出”项目，反映企业自行研究开发无形资产期末尚未完成的开发阶段的无形资产的价值。该项目应根据“研发支出”账户期末余额填列。

15

(24)“商誉”项目,反映企业合并中形成的商誉的价值。该项目应根据“商誉”账户的期末余额减去相应的减值准备后的金额填列。

(25)“长期待摊费用”项目,反映企业尚未摊销的长期待摊费用。该项目应根据“长期待摊费用”账户期末余额填列。

(26)“递延所得税资产”项目,反映企业确认的递延所得税资产。该项目应根据“递延所得税资产”账户期末余额填列。

(27)“其他非流动资产”项目,反映企业除上述资产以外的其他长期资产。该项目应根据有关账户的期末余额填列。

资产负债表中的“衍生金融资产”“投资性房地产”“生产性生物资产”“油气资产”等项目,本书不予涉及。

负债类项目的填列方法:

(28)“短期借款”项目,反映企业借入尚未归还的期限在一年以内(含一年)的借款金额。该项目应根据“短期借款”账户的期末余额填列。

(29)“交易性金融负债”项目,反映资产负债表日企业承担的交易性金融负债,以及企业持有的直接指定为以公允价值计量且其变动计入当期损益的金融负债的期末账面价值。该项目应根据“交易性金融负债”账户的相关明细账户期末余额填列。

(30)“应付票据”项目,反映资产负债表日以摊余成本计量的、企业因购买材料、商品和接受服务等开出、承兑的商业汇票,包括银行承兑汇票和商业承兑汇票。该项目应根据“应付票据”科目的期末余额填列。

(31)“应付账款”项目,反映资产负债表日以摊余成本计量的、企业因购买材料、商品和接受服务等经营活动应支付的款项。该项目应根据“应付账款”和“预付账款”科目所属的相关明细科目的期末贷方余额合计数填列。

(32)“预收款项”项目,反映企预收的购买单位的各项账款。该项目应根据“预收账款”账户所属有关明细账户的期末贷方余额合计填列。若“预收账款”有关明细账户出现借方余额的,填列在“应收票据及应收账款”项目。若“应收账款”账户所属明细账户出现贷方余额的,填列在本项目。

(33)“合同负债”项目,反映企业合同负债的期末金额。该项目应根据“合同负债”账户的相关明细账户期末余额填列,同一合同下的合同资产和合同负债应当以净额列示,其中净额为贷方余额的,应当根据其流动性在“合同负债”或“其他非流动负债”项目中填列。

(34)“应付职工薪酬”项目,反映企业应付而未付的职工薪酬。该项目应根据“应付职工薪酬”账户期末贷方余额填列,如为借方余额,以“-”号填列。

(35)“应交税费”项目,反映企业应交却未交的各项税费金额。该项目应根据“应交税费”账户下的“未交增值税”“简易计税”“转让金融商品应交增值税”“代扣代交增值税”等账户期末贷方余额填列。

(36)“其他应付款”项目,反映企业各项应付和暂收其他单位和个人的款项、企业应付却未付的利息、尚未支付的现金股利等。该项目应根据“应付利息”“应付股利”和“其他应付款”账户的期末余额合计数填列。

(37)“持有待售负债”项目,反映资产负债表日处置组中与划分为持有待售类别的资产直接相关的负债的期末账面价值。该项目应根据“持有待售负债”账户的期末余额填列。

(38)“一年内到期的非流动负债”项目,是指企业一年内到期的长期借款、应付债券、长期应付款、预计负债等。该项目应根据有关账户期末余额填列。

(39)“其他流动负债”项目,反映企业短期应付债券、预提费用、受益期限预计在一年内的政府补助、短期待转销项税额、短期内清偿的应付退货款等。该项目应根据有关账户期末余额分析计算填列。

(40)“长期借款”项目,反映企业尚未归还的期限在一年以上(不含一年)的借款本息金额。该项目应根据“长期借款”账户期末余额填列。

(41)“应付债券”项目,反映企业发行的尚未偿还的各种长期债券的本息金额。该项目应根据“应付债券”账户期末余额填列。其中,优先股和永续债两个项目根据“应付债券”相关明细账户期末余额分析填列。

(42)“租赁负债”项目,反映资产负债表日承租人企业尚未支付的租赁付款额的期末账面价值。该项目应根据“租赁负债”账户的期末余额填列。自资产负债表日起一年内到期应予以清偿的租赁负债的期末账面价值,应在“一年内到期的非流动负债”项目反映。

(43)“长期应付款”项目,反映资产负债表日企业除长期借款和应付债券以外的其他各种长期应付款项的期末账面价值。该项目应根据“长期应付款”账户的期末余额,减去相关的“未确认融资费用”账户的期末余额后的金额,以及“专项应付款”账户的期末余额填列。

(44)“预计负债”项目,反映企业根据或有事项等相关准则确认的各项预计负债金额。包括对外提供担保、未决诉讼、产品质量保证、附有销售退货条款销售商品确认预计负债的应付退货款、固定资产弃置义务等产生的预计负债。该项目应根据“预计负债”账户期末余额填列。

(45)“递延收益”项目,反映企业尚待确认的收入或收益。如企业收到的应在以后会计期间确认收入的政府补助款项。该项目应根据“递延收益”账户的期末余额填列。

(46)“递延所得税负债”项目,反映企业确认的递延所得税负债金额。该项目应根据“递延所得税负债”账户期末余额填列。

(47)“其他非流动负债”项目,反映企业除上述非流动负债项目以外的其他非流动负债。包括长期待转销项税额、储备资产、预收租金、已收或应收客户对价而应向客户转让商品的长期义务等。该项目应根据有关账户期末余额分析计算填列。

资产负债表中的“衍生金融负债”项目,本书不予涉及。

所有者权益类项目的填列方法:

(48)“实收资本(股本)”项目,反映企业投资者实际投入的资本总额。该项目应根据“实收资本(股本)”总账户的期末余额填列。

(49)“其他权益工具”项目,反映企业发行的优先股、永续债等划分为权益工具的金融工具金额。该项目应根据“其他权益工具”总账户的期末余额填列。其中,“优先股”“永续股”项目,分别根据“其他权益工具”总账户下有关明细账户的期末余额填列。

(50)“资本公积”项目,反映企业资本公积的期末余额。该项目应根据“资本公积”总账户的期末余额填列。

(51)“库存股”项目,反映企业持有尚未转让或注销的本公司股份金额。该项目应根据“库存股”总账户的期末余额填列。

(52)“其他综合收益”项目,反映企业按规定未在损益中确定的各项利得和损失扣除所得税影响后的净额。该项目应根据“其他综合收益”总账户的期末余额填列。

(53)“专项储备”项目,反映高危行业企业按国家规定提取的安全生产费的期末账面价值。该项目应根据“专项储备”账户的期末余额填列。

(54)“盈余公积”项目,反映企业盈余公积的期末余额。该项目应根据“盈余公积”总账户的期末余额填列。

(55)“未分配利润”项目,反映企业尚未分配的利润余额。该项目应根据“利润分配——未分配利润”明细账户的期末余额填列。

(56)资产负债表中有关的合计金额、总计金额,分别根据报表项目的关系计算填列。

部分特殊项目的填列方法:

(57)“合同取得成本”,根据初始确认时摊销期流动性分别填入“其他流动资产”或“其他非流动资产”项目,已计提减值准备的,还应减去“合同取得成本减值准备”金额。

(58)“合同履约成本”,根据初始确认时摊销期流动性分别填入“存货”或“其他非流动资产”项目,已计提减值准备的,还应减去“合同履约成本减值准备”金额。

(59)“应收退货成本”,根据初始确认时摊销期流动性分别填入“其他流动资产”或“其他非流动资产”项目。

(60)确认为预计负债的应付退货款,根据其流动性分别填入“其他流动负债”或“预计负债”项目。

(三)资产负债表编制

【例 15-1】 某公司 20××年 12 月 31 日为增值税一般纳税人,适用的增值税税率为 13%,所得税税率 25%,存货按计划成本进行核算,20××年 12 月 31 日经过对账、转账、结账后,有关账户的期末余额如表 15-1 所示。

表 15-1　　账户余额表

20××年 12 月 31 日　　单位:元

资产账户名称	账户余额(借方)	负债和所有者权益账户名称	账户余额(贷方)
库存现金	13 100	短期借款	300 000
银行存款	1 198 175	应付票据	100 000
其他货币资金	22 000	应付账款	675 000
交易性金融资产	26 800	合同负债 其中:一年内转销的	53 000 23 000
应收票据	30 000	应付职工薪酬	163 000
应收账款	499 000	应付股利	95 800
其他应收款	4 500	应付利息	24 000
坏账准备(贷方余额) 其中:应收账款坏账准备 其他应收款坏账准备	10 060 10 060	应交税费 其中:未交增值税 应交所得税	69 450 68 250 1 200
应收股利	40 000	长期借款 其中:一年内到期的	1 450 000 400 000
合同资产 其中:一年内转出的	60 000 42 000	递延所得税负债	20 400
材料采购	200 000	预计负债 其中:一年内应付退货款	39 000 15 000

续 表

资产账户名称	账户余额(借方)	负债和所有者权益账户名称	账户余额(贷方)
原材料	30 000	其他应付款	65 000
周转材料	10 000	股本	4 200 000
库存商品	283 600	其他权益工具 其中:永续债	60 000 60 000
材料成本差异	1 000	资本公积	233 300
存货跌价准备(贷方余额)	17 690	其他综合收益	7 500
债权投资	90 000	盈余公积	174 000
其他权益工具投资	23 000	利润分配(未分配利润)	136 575
长期股权投资	300 000		
长期股权投资减值准备(贷方余额)	4 500		
固定资产	3 610 100		
累计折旧(贷方余额)	235 000		
固定资产减值准备(贷方余额)	85 000		
固定资产清理	25 000		
在建工程	520 000		
工程物资	130 000		
无形资产	960 000		
累计摊销(贷方余额)	80 000		
合同履约成本 其中:一年内摊销的	39 000 19 000		
长期待摊费用 其中:一年内摊销部分	183 000 53 000		
合 计	7 866 025	合 计	7 866 025

根据表 15-1 各账户期末余额资料,按照资产负债表的编制方法,编制资产负债表如表 15-2 所示。

表 15-2 资产负债表 会企 01 表

编制单位:某公司 20××年 12 月 31 日 单位:元

资 产	期末金额	年初金额	负债和所有者权益	期末金额	年初金额
流动资产:		(略)	**流动负债:**		(略)
货币资金	1 233 275		短期借款	300 000	
交易性金融资产	26 800		交易性金融负债		
衍生金融资产			衍生金融负债		

续 表

资 产	期末金额	年初金额	负债和所有者权益	期末金额	年初金额
应收票据	30 000		应付票据	100 000	
应收账款	488 940		应付账款	675 000	
应收款项融资			预收款项		
预付款项			合同负债	23 000	
其他应收款	44 500		应付职工薪酬	163 000	
存货	525 910		应交税费	69 450	
合同资产	42 000		其他应付款	184 800	
持有待售资产			持有待售负债		
一年内到期的非流动资产	53 000		一年内到期的非流动负债	400 000	
其他流动资产			其他流动负债	15 000	
流动资产合计	**2 444 425**		**流动负债合计**	**1 930 250**	
非流动资产：			非流动负债：		
债权投资			长期借款	1 050 000	
其他债权投资	90 000		应付债券		
长期应收款			其中：优先股		
长期股权投资	295 500		永续债		
其他权益工具投资	23 000		长期应付款		
其他非流动金融资产			预计负债	24 000	
投资性房地产			递延收益		
固定资产	3 315 100		递延所得税负债	20 400	
在建工程	650 000		其他非流动负债	30 000	
使用权资产			**非流动负债合计**	**1 124 400**	
生产性生物资产			**负债合计**	**3 054 650**	
油气资产			**所有者权益：**		
无形资产	880 000		实收资本（股本）	4 200 000	
开发支出			其他权益工具 其中：优先股 永续债	60 000 60 000	
商誉			资本公积	233 300	
长期待摊费用	130 000		减：库存股		
递延所得税资产			其他综合收益	7 500	
其他非流动资产	38 000		专项储备		

续　表

资　　产	期末金额	年初金额	负债和所有者权益	期末金额	年初金额
非流动资产合计	**5 421 600**		盈余公积	174 000	
			未分配利润	136 575	
			所有者权益合计	**4 811 375**	
资产总计	**7 866 025**		**负债和所有者权益总计**	**7 866 025**	

第三节　利　润　表

一、利润表的概念和作用

利润表是指反映企业一定会计期间经营成果的会计报表。

利润表把一定会计期间的收入与其相应的费用进行配比，计算出该会计期间的净利润或净亏损。利润表提供企业一定会计期间收入、费用、利润或亏损情况的动态信息。利润表是企业经营业绩的综合反映，也是企业进行利润分配的主要依据。通过利润表提供的会计信息，可以评价企业的经营成果和投资效益，分析企业的盈利能力，预测企业的盈利趋势。

二、利润表的格式和项目结构

目前国际上比较常用的利润表格式有单步式和多步式两种。

单步式利润表是将本期的所有收入和所有费用分别加以汇总，用收入合计减去费用合计得出本期利润。单步式利润表编制简单，收入、费用归类清楚，但收入、费用的性质不加区分，不利于报表分析。

多步式利润表是将收入、费用按同类属性进行分类，通过多步计算，逐步得出营业利润、利润总额和净利润。多步式利润表，便于企业进行生产经营活动分析和不同企业间盈利的分析比较以及企业未来盈利能力的预测等。我国会计制度规定，企业应采用多步式利润表，如表 15-4 所示。

说明：利润表的编制有两种方式：一是分别编制利润表和综合收益表；二是将利润表和综合收益表合并编制一张表，上半部分列示利润数据，下半部分列示其他综合收益数据。现行会计准则要求采用第二种方式，并称为利润表。

三、利润表的编制方法

企业的利润表列示的项目分为：企业经营活动取得的净利润；企业的其他综合收益；综合收益总额等三个方面。下面分别进行说明。

（一）上期金额栏各项目的填列方法

利润表“上期金额”栏反映各项目的上期实际发生数。根据上年该期利润表“本期金额”栏内所列的数额填列。如果上年该期利润表与本期利润表的项目名称和内容不一致，应对上年该期利润表项目的名称和数字按本期的规定进行调整，填入本表“上期金额”栏。

（二）本期金额栏各项目的填列方法

“本期金额”栏反映各项目自年初起至报告期末止的累计实际发生数。

1. 营业收入、营业利润、利润总额和利润净额部分各项目的内容及填列方法

该部分的各项目总体来说，根据企业各相关损益类账户的本期发生额及有关资料分析填列。

（1）“营业收入”项目，反映企业经营主要业务和其他业务所确认的收入总额。该项目应根据“主营业务收入”账户和“其他业务收入”账户的发生额分析填列。

（2）“营业成本”项目，反映企业经营主要业务和其他业务发生的实际成本总额。该项目应根据“主营业务成本”账户和“其他业务成本”账户的发生额分析填列。

（3）“税金及附加”项目，反映企业经营业务应负担的消费税、城市维护建设税、资源税、土地增值税和教育费附加等。该项目应根据“税金及附加”账户的发生额分析填列。

（4）“销售费用”项目，反映企业在销售商品过程中发生的包装费、广告费等费用和为销售本企业商品而专设的销售机构的职工薪酬、业务费等经营费用。该项目应根据“销售费用”账户的发生额分析填列。

（5）“管理费用”项目，反映企业为组织和管理生产经营发生的管理费用。该项目应根据“管理费用”账户的发生额扣除研发费用后的金额填列。

（6）“研发费用”项目，反映企业进行研究与开发过程中发生的费用化支出，以及计入管理费用的自行开发无形资产的摊销。该项目应根据“管理费用”科目下的“研究费用”明细科目的发生额，以及“管理费用”科目下的“无形资产摊销”明细科目的发生额分析填列。

（7）“财务费用”项目，反映企业筹集生产经营所需资金等而发生的筹资费用。该项目应根据“财务费用”账户的发生额分析填列。

其中，“利息费用”项目，反映企业为筹集生产经营所需资金等而发生的应予费用化的利息支出。该项目应根据“财务费用”账户相关明细账户的发生额分析填列。

“利息收入”项目，反映企业确认的利息收入。该项目应根据“财务费用”账户相关明细账户的发生额分析填列。

（8）“其他收益”项目，反映计入其他收益的政府补助，以及其他与日常活动相关且计入其他收益的项目。该项目应根据“其他收益”账户的发生额分析填列。

（9）“投资收益”项目，反映企业以各种方式对外投资所取得的收益。该项目应根据“投资收益”账户的发生额分析填列；若为投资损失，以“－”填列。

其中，“对联营企业和合营企业的投资收益项目” 根据“投资收益”账户有关明细账户的发生额分析填列，如为投资损失，以“－”填列。

（10）“净敞口套期收益”项目，反映净敞口套期下被套期项目累计公允价值变动转入当期损益的金额或现金流量套期储备转入当期损益的金额。

该项目应根据“净敞口套期损益”账户的发生额分析填列；若为套期损失，以“－”号填列。（注：本书不涉及该内容。）

（11）“公允价值变动收益”项目，反映企业应当计入当期损益的资产或负债公允价值变动收益。该项目应根据“公允价值变动损益”账户的发生额分析填列；如为净损失，以“－”号

填列。

(12)“信用减值损失”项目，反映企业按照要求计提的各项金融工具减值准备所形成的预期信用损失。该项目应根据“信用减值损失”科目的发生额分析填列。

(13)“资产减值损失”项目，反映企业各项资产发生的减值损失。该项目应根据“资产减值损失”账户的发生额分析填列。

(14)“资产处置收益”项目，反映企业出售划分为持有待售的非流动资产(金融工具、长期股权投资和投资性房地产除外)或处置组(子公司和业务除外)时确认的处置利得或损失，以及处置未划分为持有待售的固定资产、在建工程、生产性生物资产及无形资产而产生的处置利得或损失。

债务重组中因处置非流动资产产生的利得或损失和非货币性资产交换中换出非流动资产产生的利得或损失也包括在本项目内。该项目应根据“资产处置损益”账户的发生额分析填列；如为处置损失，以“－”号填列。

(15)“营业利润”项目，反映企业实现的营业利润。该项目应根据利润表中的项目关系计算填列，如为亏损，以“－”填列。

(16)“营业外收入”项目，反映企业发生的除营业利润以外的收益，主要包括债务重组利得、与企业日常活动无关的政府补助、盘盈利得、捐赠利得(企业接受股东或股东的子公司直接或间接的捐赠，经济实质属于股东对企业的资本性投入的除外)等。该项目应根据“营业外收入”账户的发生额分析填列。

(17)“营业外支出”项目，反映企业发生的除营业利润以外的支出，主要包括债务重组损失、公益性捐赠支出、非常损失、盘亏损失、非流动资产毁损报废损失等。该项目应根据“营业外支出”账户的发生额分析填列。

(18)“利润总额”项目，反映企业实现的利润总额。该项目应根据利润表中的项目关系计算填列，如为亏损，以“－”填列。

(19)“所得税费用”项目，反映企业根据所得税准则确认的应从当期利润总额中扣除的所得税费用。该项目应根据“所得税费用”账户的发生额分析填列。

(20)“净利润”项目，反映企业实现的“利润净额”。该项目应根据利润表中的项目关系计算填列，如为亏损，以“－”填列。

(21)“(一)持续经营净利润”和“(二)终止经营净利润”项目，分别反映净利润中与持续经营有关的净利润和与终止经营有关的净利润。该项目应按照《企业会计准则第 42 号——持有待售的非流动资产、处置组和终止经营》的规定分别列示。

2. 综合收益、每股收益部分各项目的填列方法

(22)“其他综合收益的税后净额”项目，反映企业按规定未在损益中确认的各项利得和损失扣除所得税影响后的净额。该项目应根据所属(一)(二)两个大项目的金额合计填列。

其中，“(一)不能重分类进损益的其他综合收益”项目，根据所属各项目的金额合计填列。其所属各项目，根据“其他综合收益”账户相关明细账户的发生额分析填列。

“(二)能重分类进损益的其他综合收益”项目，根据所属各项目的金额合计填列。其所属各项目，根据“其他综合收益”账户相关明细账户的发生额分析填列。

(23)“综合收益总额”项目，反映企业的净利润与其他综合收益的合计金额。该项目应根据“净利润”与“其他综合收益的税后净额”的金额合计填列。

15

(24)“(一)基本每股收益”和“(二)稀释每股收益”两个项目，按照《企业会计准则第 34 号——每股收益》的规定计算的金额填列。

(三)利润表的编制

【例 15-2】 某公司 20××年度有关损益账户的发生额如表 15-3 所示。

根据表 15-3 提供的资料，编制企业 20××年度的利润表如表 15-4 所示。

注："上期金额"栏填列数字从略。

表 15-3 **账户发生额表**

20××年度 单位：元

账户名称	借方发生额	贷方发生额
主营业务收入		1 500 000
主营业务成本	900 000	
其他业务收入		230 000
其他业务成本	190 000	
税金及附加	14 875	
销售费用	28 000	
管理费用	222 700	
其中：研发费用	80 000	
财务费用	46 000	
其中：利息费用	22 000	
利息收入	4 000	
资产减值损失	25 000	
信用减值损失	13 250	
投资收益		40 000
公允价值变动损益		32 000
资产处置损益	15 000	
营业外收入		36 000
营业外支出	70 000	
所得税费用	59 600	
其他综合收益		7 500
其中：其他权益工具投资公允价值变动		5 000
其他债权投资公允价值变动		2 500

表 15-4

利润表

会企 02 表

编制单位：某公司　　20××年度　　单位：元

项　　目	本期金额	上期金额
一、营业收入	1 730 000	（略）
减：营业成本	1 090 000	
税金及附加	14 875	
销售费用	28 000	
管理费用	142 700	
研发费用	80 000	
财务费用	46 000	
其中：利息费用	22 000	
利息收入	4 000	
加：其他收益		
投资收益（损失以“—”号填列）	40 000	
其中：对联营企业与合营企业的投资收益		
以摊余成本计量的金融资产终止确认收益		
净敞口套期收益（损失以“—”号填列）		
公允价值变动收益（损失以“—”号填列）	32 000	
信用减值损失	13 250	
资产减值损失	25 000	
资产处置收益（损失以“—”号填列）	—15 000	
二、营业利润（亏损以“—”号填列）	347 175	
加：营业外收入	36 000	
减：营业外支出	70 000	
三、利润总额（亏损总额以“—”号填列）	313 175	
减：所得税费用	59 600	
四、利润净额（净亏损以“—”号填列）	253 575	
（一）持续经营净利润（损失以“—”号填列）	253 575	
（二）终止经营净利润（损失以“—”号填列）		
五、其他综合收益的税后净额	7 500	
（一）不能重分类进损益的其他综合收益	5 000	
1. 重新计量设定受益计划变动额		
2. 权益法下不能转损益的其他综合收益		
3. 其他权益工具投资公允价值变动	5 000	

15

续 表

项 目	本期金额	上期金额
4. 企业自身信用风险公允价值变动		
……		
（二）能重分类进损益的其他综合收益	2 500	
1. 权益法下可转损益的其他综合收益		
2. 其他债权投资公允价值变动	2 500	
3. 金融资产重分类计入其他综合收益的金额		
4. 其他债权投资减值信用减值准备		
5. 现金流量套期储备		
6. 外向财务报表折算差额		
……		
六、综合收益总额	261 075	
七、每股收益		
（一）基本每股收益		
（二）稀释每股收益		

第四节 现金流量表

一、现金流量表的概念和作用

现金流量表是指反映企业一定会计期间现金及现金等价物流入和流出情况的会计报表。企业应在年末编制年报时编报现金流量表。

现金流量表的作用主要表现在以下几个方面：一是通过现金流量表提供的企业现金流量的信息，可以对企业整体财务状况作出客观评价；二是通过现金流量表，可以对企业的支付能力、偿债能力和对外部资金的需求情况作出正确的判断；三是通过现金流量表，可以方便报表使用者评估报告期内与现金有关或无关的投资和筹资活动；四是通过现金流量表，可以预测企业未来的发展情况等。

二、现金流量表的编制基础

现金流量表中的现金概念即为编制基础，其含义是广义的，它是指现金及现金等价物。按现行会计准则的规定，现金及现金等价物包括库存现金、银行存款、其他货币资金和现金等价物。库存现金与企业“库存现金”账户核算的内容相一致。银行存款和其他货币资金与企业“银行存款”账户和“其他货币资金”账户核算的内容基本一致，区别在于银行存款和其他货币资金中有些不能随时用于支付的存款，如不能随时支取的定期存款等，不应作为现金，而应列作投资；提前通知金融企业便可支取的定期存款，则应包括在现金范围内。

现金等价物指企业持有的期限短、流动性强、易于转换为已知金额现金、价值变动风险很小的投资。判断一项投资是否属于现金等价物，要考虑以下四个条件：一是期限短，一般是指从购买日起三个月内到期。例如，可在证券市场上流通的三个月内到期的短期债券投资等；二是流动性强；三是易于转换为已知金额的现金；四是价值变动风险很小。现金等价物虽然不是现金，但其支付能力与现金的差别不大，可视为现金。例如，企业为保证支付能力，必须保留一定金额的现金，为了不使现金闲置，可以购买短期债券，在需要现金时，随时可以变现。企业应当就现金等价物的确认标准，作出明确规定，并加以披露。现金等价物的确认标准如有变更，应对其加以说明，并应披露确认标准变更对现金流量的影响程度。

三、现金流量及其影响因素

现金流量指企业现金及现金等价物的流入和流出。

企业的现金流量产生于不同的来源，也有不同的用途，如企业销售商品、提供劳务收回现金，向银行借款收到现金等为现金流入；为生产产品购买原材料支付现金，用现金支付职工工资等为现金流出。现金流入与流出的差额为现金净流量，如果是正数，则为净流入；如果是负数，则为净流出。

影响现金流量的因素主要是企业的日常经营业务，但不是所有的经营业务都会影响现金流量。企业的经营业务对现金流量的影响情况可以从三个角度分析：

(1) 现金各项目之间的增减变动。如从银行提取现金。这类业务账务处理的借贷双方都是现金，因而不影响现金流量的增减变动。

(2) 非现金各项目之间的增减变动。如生产产品领用材料。这类业务账务处理的借贷双方都不是现金，因而也不会影响现金流量的增减变动。

(3) 现金各项目与非现金各项目之间的增减变动。如销售商品收到现金，这类业务账务处理涉及的借贷双方，一方是现金，另一方不是现金，必然会影响现金流量的增减变动。

四、现金流量的分类

现金流量分为三类，即经营活动产生的现金流量、投资活动产生的现金流量和筹资活动产生的现金流量。

（一）经营活动产生的现金流量

经营活动是指企业投资活动和筹资活动以外的所有交易和事项。各类企业因行业特点的不同，对其经营活动的认定也不同，对于工商企业而言，经营活动主要包括：销售商品、提供劳务、购买商品、接受劳务、支付税费等。对于商业银行而言，经营活动主要包括：吸收存款、发放贷款、同业拆借等。对于保险公司而言，经营活动主要包括：原保险业务、再保险业务等。对于证券公司而言，经营活动主要包括：自营证券、代理承销证券、代理兑换证券、代理买卖证券等。（注：本书以工商企业为例进行说明）

经营活动产生的现金流入项目主要有：销售商品、提供劳务收到的现金，收到的税费返还，收到的其他与经营活动有关的现金。

经营活动产生的现金流出项目主要有：购买商品、接受劳务支付的现金，支付给职工以及为职工支付的现金，支付的各项税费，支付的其他与经营活动有关的现金。

（二）投资活动产生的现金流量

投资活动是指企业长期资产的购建和不包括在现金等价物范围内的投资及其处置活动。

其中,长期资产是指固定资产、无形资产、在建工程、其他资产等持有期限在1年或超过1年的1个营业周期以上的资产。该处所说的投资活动,既包括实物资产投资,也包括金融资产投资。但不包括现金等价物范围内的投资,原因是已经将其视同现金。不同的行业企业,对投资活动的认定也存在差异,如对交易性金融资产产生的现金流量,在证券公司属于经营活动的现金流量,而在工商企业则属于投资活动的现金流量。

投资活动产生的现金流入项目主要有:收回投资收到的现金,取得投资收益收到的现金,处置固定资产、无形资产和其他长期资产收回的现金净额,处置子公司及其他营业单位收到的现金净额,收到其他与投资活动有关的现金。

投资活动产生的现金流出项目主要有:购建固定资产、无形资产和其他长期资产支付的现金,投资支付的现金,取得子公司及其他营业单位支付的现金净额,支付的其他与投资活动有关的现金。

(三) 筹资活动产生的现金流量

筹资活动是指导致企业资本及债务规模和构成发生变化的活动。这里所说的资本,既包括实收资本(股本),也包括资本溢价(股本溢价);这里所说的债务,指对外举债,包括银行借款、发行债券以及偿还债务等。应付账款、应付票据等商业应付款属于经营活动所产生的负债,不属于筹资活动。

筹资活动产生的现金流入项目主要有:吸收投资收到的现金,取得借款收到的现金,收到其他与筹资活动有关的现金。

筹资活动产生的现金流出项目主要有:偿还债务支付的现金,分配股利、利润或偿付利息支付的现金,支付的其他与筹资活动有关的现金。

此外,企业非日常经营活动和不经常发生的特殊项目,包括:保险赔款、捐赠、自然灾害损失等,应将其相应的现金流量归并于相关类别的现金流量中。如与存货有关的保险赔款归并于经营活动产生的现金流量,与固定资产有关的保险赔款归并于投资活动产生的现金流量等。

五、现金流量表的编制方法

(一) 现金流量表的编制依据

企业编制现金流量表的主要依据是资产负债表、利润表及有关账户的记录资料。企业编制的资产负债表、利润表及有关账户的记录资料反映的会计信息都是按照权责发生制基础记录和报告的,而现金流量表要求按收付实现制反映报告期的现金流量信息,编制现金流量表的过程就是将权责发生制下的会计信息转换为按收付实现制表示的现金流量信息。

(二) 现金流量表的编制方法

1. 经营活动产生的现金流量

(1) “销售商品、提供劳务收到的现金”项目,反映企业本期销售商品、提供劳务收到的现金,以及前期销售商品、提供劳务本期收到的现金(包括销售收入和应向购买者收取的增值税销项税额)和本期预收的款项,减去本期销售本期退回商品和前期销售本期退回商品支付的现金。企业销售材料和代购代销业务收到的现金,也在本项目反映。

(2) “收到的税费返还”项目,反映企业收到返还的所得税、增值税、消费税、关税和教育费附加等各种税费返还款。

(3) “收到其他与经营活动有关的现金”项目,反映企业经营租赁收到的租金等其他与经营活动有关的现金流入，金额较大的应当单独列示。企业实际收到的政府补助，无论是与资产相关还是与收益相关，均应在“收到其他与经营活动有关的现金”项目中填列。

（4）“购买商品、接受劳务支付的现金”项目，反映企业本期购买商品、接受劳务实际支付的现金（包括增值税进项税额），以及本期支付前期购买商品、接受劳务的未付款项和本期预付款项，减去本期发生的购货退回收到的现金。企业购买材料和代购代销业务支付的现金，也在本项目反映。

（5）“支付给职工以及为职工支付的现金”项目，反映企业本期实际支付给职工的工资、奖金、各种津贴和补贴等职工薪酬（包括代扣代交的职工个人所得税）。

（6）“支付的各项税费”项目，反映企业本期发生并支付以前各期发生本期支付以及预交的各项税费，包括所得税、增值税、消费税、印花税、房产税、土地增值税、车船税、教育费附加等。

（7）“支付其他与经营活动有关的现金”项目，反映企业经营租赁支付的租金、支付的差旅费、业务招待费、保险费、罚款支出等其他与经营活动有关的现金流出，金额较大的应当单独列示。

2. 投资活动产生的现金流量

（1）“收回投资收到的现金”项目，反映企业出售、转让或到期收回除现金等价物以外的对其他企业的权益工具、债务工具和合营中的权益。

（2）“取得投资收益收到的现金”项目，反映企业除现金等价物以外的对其他企业的权益工具、债务工具和合营中的权益投资分回的现金股利和利息等。

（3）“处置固定资产、无形资产和其他长期资产收回的现金净额”项目，反映企业出售或报废固定资产、无形资产和其他长期资产所取得的现金（包括因资产毁损而收到的保险赔偿收入），减去为处置这些资产而支付的有关费用后的净额。

（4）“处置子公司及其他营业单位收到的现金净额”项目，反映企业处置子公司及其他营业单位所取得的现金减去相关处置费用，以及子公司及其他营业单位持有的现金和现金等价物后的净额。

（5）“购建固定资产、无形资产和其他长期资产支付的现金”项目，反映企业购买、建造固定资产，取得无形资产和其他长期资产所支付的现金（含增值税税款等），以及用现金支付的应由在建工程和无形资产负担的职工薪酬。

（6）“投资支付的现金”项目，反映企业取得除现金等价物以外的对其他企业的权益工具、债务工具和合营中的权益所支付的现金以及支付的佣金、手续费等附加费用。

（7）“取得子公司及其他营业单位支付的现金净额”项目，反映企业购买子公司及其他营业单位购买出价中以现金支付的部分，减去子公司及其他营业单位持有的现金和现金等价物后的净额。

（8）“收到其他与投资活动有关的现金”“支付其他与投资活动有关的现金”项目，反映企业除上述（1）至（7）项目外收到或支付的其他与投资活动有关的现金流入或流出，金额较大的应当单独列示。

3. 筹资活动产生的现金流量

（1）“吸收投资收到的现金”项目，反映企业以发行股票、债券等方式筹集资金实际收到的款项，减去直接支付给金融企业的佣金、手续费、宣传费、咨询费、印刷费等发行费用后的净额。

（2）“取得借款收到的现金”项目，反映企业举借各种短期、长期借款而收到的现金。

(3)“偿还债务支付的现金”项目,反映企业以现金偿还债务的本金。

(4)“分配股利、利润或偿付利息支付的现金”项目,反映企业实际支付的现金股利、支付给其他投资单位的利润或用现金支付的借款利息、债券利息。

(5)“收到其他与筹资活动有关的现金”“支付其他与筹资活动有关的现金”项目,反映企业除上述(1)至(4)项目外,收到或支付的其他与筹资活动有关的现金流入或流出,金额较大的应当单独列示。

4.“汇率变动对现金的影响”项目

本项目反映下列项目之间的差额:

(1)企业外币现金流量折算为记账本位币时,所采用的现金流量发生日的即期汇率或按照系统合理的方法确定的、与现金流量发生日即期汇率近似的汇率折算的金额。

(2)“现金及现金等价物净增加额”项目中的外币现金净增加额按期末汇率折算的金额。

(三)现金流量表编制的技术方法

编制现金流量表的技术方法有工作底稿法、T 形账户法、复试分录法、分析填列法。

1. 工作底稿法

采用工作底稿法编制现金流量表,是以工作底稿为手段,以资产负债表和利润表数据为基础,对每一项目进行分析并编制调整分录,从而编制出现金流量表。

工作底稿纵向分为三段:第一段是资产负债表项目,第二段是利润表项目,第三段是现金流量表项目。横向分为五栏:资产负债表部分的第一栏是项目栏,填列资产负债表各项目的名称,第二栏是期初数,填列资产负债表各项目的期初数,第三栏是调整分录的借方,第四栏是调整分录的贷方,第五栏是期末数,填列资产负债表各项目的期末数。利润表和现金流量表部分的第一栏也是项目栏,填列利润表和现金流量表各项目的名称,第二栏空置不填,第三栏和第四栏分别是调整分录的借方和贷方,第五栏是本期数,利润表部分这一栏的数字应和本期利润表数字相符,现金流量表部分这一栏的数字可直接用来编制正式的现金流量表。

采用工作底稿法编制现金流量表的程序通常分为五步:

(1)将资产负债表各项目的期初数和期末数分别过入工作底稿的期初数栏和期末数栏。

(2)对当期业务进行分析并编制调整分录。

调整分录大体有以下几类:一是涉及利润表中的收入、成本和费用项目以及资产负债表中的资产、负债及所有者权益项目,通过调整,将权责发生制下的收入、费用转化为现金基础;二是涉及资产负债表和现金流量表中的投资、筹资项目,反映投资和筹资活动的现金流量;三是涉及利润表和现金流量表中的投资和筹资项目,目的是将利润表中有关投资和筹资方面的收入和费用列入现金流量表投资和筹资活动的现金流量中;此外,还有一些调整分录并不涉及现金收支,只是为了核对资产负债表项目中期末数的变动。

在调整分录中,有关现金和现金等价物的事项,并不直接借记或贷记现金,而是分别记入“经营活动现金流量”“投资活动现金流量”“筹资活动现金流量”中的有关项目,借记表明现金流入,贷记表明现金流出。

(3)将调整分录过入工作底稿中的相应项目。

(4)核对调整分录,借贷合计应当相等,资产负债表各项目的期初数加减调整分录中的借贷金额后,应等于期末数。

(5)根据工作底稿中的现金流量表部分编制正式的现金流量表。

本书编制现金流量表的工作底稿法举例从略。

2. 分析填列法

分析填列法是直接根据资产负债表、利润表和有关会计科目明细账的记录，分析计算出现金流量表各项目的金额，并据以编制现金流量表的一种方法。

（四）现金流量表编制

【例 15-3】 某公司 20××年度发生多项经济业务，经分析确认与现金流量有关的经济业务如表 15-5 所示。据以采用分析填列法编制现金流量表。

表 15-5　　涉及现金流量业务表

20××年度　　单位：元

序号	业务编号	业务具体内容	金额
1	(1)	以银行存款支付购入材料价税款	167 000
2	(3)	以银行存款支付购入固定资产价税款	105 500
3	(4)	以银行存款支付购入工程物资价税款	150 800
4	(5)	以银行存款归还前购入材料的应付账款和应付票据	235 000
5	(7)	取得银行三年期借款存入银行	500 000
6	(9)	以银行存款支付长期借款利息	160 000
7	(11)	收到销售商品价税款存入银行	928 000
8	(12)	收到处置固定资产价款存入银行	400 000
9	(14)	以银行存款归还短期借款本息 其中：利息支出	210 000 10 000
10	(15)	以银行汇票存款支付购入材料价税款	143 050
11	(16)	从银行存款中提取现金准备发放职工工资	800 000
12	(17)	以现金支付职工工资 其中：工程建设人员工资	800 000 250 000
13	(20)	以银行存款支付销售费用（广告、展览）	28 000
14	(24)	收到销售商品的商业承兑汇票贴现款存入银行	324 000
15	(25)	收到到期销售商品银行承兑汇票款存入银行	80 000
16	(30)	以现金支付各项管理费用	65 100
17	(32)	以银行存款上交增值税和城市维护建设税	134 875
18	(36)	以银行存款偿还到期的长期借款	850 000
19	(37)	收回前购货单位欠应收账款存入银行	360 000
20	(46)	以银行存款缴纳企业所得税	48 500
21	(49)	以银行存款支付购入交易性金融资产款	80 000

注：业务(16)不涉及现金流量的增减变动。

15

(1) 某公司20××年度现金流量表各项目的金额,分析确定如下:

❶ 销售商品、提供劳务收到的现金=(11)928 000+(24)324 000+(25)80 000+(37)360 000
=1 692 000(元)

❷ 购买商品、接受劳务支付的现金=(1)167 000+(5)235 000+(15)143 050
=545 050(元)

❸ 支付给职工以及为职工支付的现金=(17)550 000(800 000−250 000)(元)

❹ 支付的各项税费=(32)134 875+(46)48 500=183 375(元)

❺ 支付其他与经营活动有关的现金=(20)28 000+(30)65 100=93 100(元)

❻ 处置固定资产、无形资产和其他长期资产收回的现金净额=(12)400 000(元)

❼ 购建固定资产、无形资产和其他长期资产支付的现金=(3)105 500+(4)150 800+(17)250 000+(49)80 000=586 300(元)

❽ 取得借款收到的现金=(7)500 000(元)

❾ 偿还债务支付的现金=(14)200 000+(36)850 000=1 050 000(元)

❿ 分配股利、利润或偿付利息支付的现金=(9)160 000+(14)10 000=170 000(元)

(2) 根据上述资料编制现金流量表,如表15-6所示。

表 15-6 **现金流量表**

会企03表

编制单位:某公司 20××年度 单位:元

项目	行次	本年金额	上年金额
一、经营活动产生的现金流量			(略)
销售商品、提供劳务收到的现金		1 692 000	
收到的税费返还			
收到其他与经营活动有关的现金			
经营活动现金流入小计		1 692 000	
购买商品、接受劳务支付的现金		545 050	
支付给职工以及为职工支付的现金		550 000	
支付的各项税费		183 375	
支付其他与经营活动有关的现金		93 100	
经营活动现金流出小计		1 371 525	
经营活动产生的现金流量净额		320 475	
二、投资活动产生的现金流量			
收回投资收到的现金			
取得投资收益收到的现金			
处置固定资产、无形资产和其他长期资产收回的现金净额		400 000	
处置子公司及其他营业单位收到的现金净额			

续　表

项　　目	行次	本年金额	上年金额
收到其他与投资活动有关的现金			
投资活动现金流入小计		400 000	
购建固定资产、无形资产和其他长期资产支付的现金		586 300	
投资支付的现金			
取得子公司及其他营业单位支付的现金净额			
支付其他与投资活动有关的现金			
投资活动现金流出小计		586 300	
投资活动产生的现金流量净额		−186 300	
三、筹资活动产生的现金流量			
吸收投资收到的现金			
取得借款收到的现金		500 000	
收到其他与筹资活动有关的现金			
筹资活动现金流入小计		500 000	
偿还债务支付的现金		1 050 000	
分配股利、利润或偿付利息支付的现金		170 000	
支付其他与筹资活动有关的现金			
筹资活动现金流出小计		1 220 000	
筹资活动产生的现金流量净额		−720 000	
四、汇率变动对现金及现金等价物的影响			
五、现金及现金等价物净增加额		−585 825	
加：期初现金及现金等价物余额			
六、期末现金及现金等价物余额			

第五节　所有者权益变动表

一、所有者权益变动表的概念

所有者权益变动表也称股东权益变动表，是反映企业年末所有者权益各组成部分增减变动及结余情况的报表。通过该表可以分析企业某会计年度所有者权益各构成项目的增减变动情况，预测未来的变化趋势。该表能反映企业所有者权益增减变动的重要结构性信息，报表使用者可通过该表了解影响所有者权益变动的根源及影响金额。

二、所有者权益变动表的结构

所有者权益变动表至少应当单独列示反映下列信息的项目：

（1）上年年末余额及会计政策变更和前期差错更正的累积影响金额。

（2）本年年初余额。

（3）本年增减变动金额。

❶ 综合收益总额（净利润、其他综合收益）；

❷ 所有者投入资本和减少资本；

❸ 利润分配（如提取盈余公积、对所有者分配利润等）；

❹ 所有者权益内部结转（如资本公积转增资本、盈余公积弥补亏损等）。

（4）本年年末余额。

所有者权益变动表以矩阵的形式列示。一方面列示引起所有者权益变动的相关交易或事项，全面反映某一会计期间所有者权益的变动情况；另一方面按照所有者权益的各组成部分（实收资本、资本公积等）分别填列金额，通过本期与上期相关金额的比较，反映各交易或事项对所有者权益的影响金额。

所有者权益变动表的格式如表 15-7 所示。

表 15-7 **所有者权益变动表** 会企 04 表

编制单位： 年度 单位：元

项目	本年金额										上年金额									
	实收资本（或股本）	其他权益工具			资本公积	减：库存股	其他综合收益	盈余公积	未分配利润	所有者权益合计	实收资本（或股本）	其他权益工具			资本公积	减：库存股	其他综合收益	盈余公积	未分配利润	所有者权益合计
		优先股	永续债	其他								优先股	永续债	其他						
一、上年年末余额																				
加：会计政策变更																				
前期差错更正																				
其他																				
二、本年年初余额																				
三、本年增减变动金额（减少以“－”填列）																				
（一）综合收益总额																				
（二）所有者投入和减少资本																				
1. 所有者投入的普通股																				
2. 其他权益工具持有者投入资本																				
3. 股份支付计入所有者权益的金额																				
4. 其他																				
（三）利润分配																				
1. 提取盈余公积																				

续　表

项　　目	本年金额										上年金额									
	实收资本或股本	其他权益工具			资本公积	减：库存股	其他综合收益	盈余公积	未分配利润	所有者权益合计	实收资本或股本	其他权益工具			资本公积	减：库存股	其他综合收益	盈余公积	未分配利润	所有者权益合计
		优先股	永续债	其他								优先股	永续债	其他						
2. 对所有者（或股东）的分配																				
3. 其他																				
（四）所有者权益内部结转																				
1. 资本公积转增资本（或股本）																				
2. 盈余公积转增资本（或股本）																				
3. 盈余公积弥补亏损																				
4. 设定受益计划变动额结转留存收益																				
5. 其他综合收益结转留存收益																				
6. 其他																				
四、本年年末余额																				

三、所有者权益变动表列报项目的说明

（1）“上年年末余额”项目，反映企业上年资产负债表中的实收资本（股本）、资本公积、盈余公积、未分配利润的余额。

（2）“会计政策变更”“前期差错更正”项目，分别反映企业按照追溯调整法处理的会计政策变更的累计影响金额和采用追溯重述法处理的会计差错更正的累计影响金额。

（3）“综合收益总额”项目，反映企业年度内实现的综合收益总额（注：该项目也可按“净利润”和“其他综合收益”两个项目分别列示）。

（4）“所有者投入资本和减少资本”项目及所属各具体项目，分别反映本年度所有者实际投入的资本金额和减少的资本金额。

（5）“利润分配”项目及所属各具体项目，分别反映本年度向所有者分配利润（股利）的金额和按规定提取的盈余公积金额。

（6）“所有者权益内部结转”项目及所属各具体项目，反映不影响本年所有者权益总额变化的所有者权益各项目之间的结转变化。

四、所有者权益变动表的编制方法

（一）“上年金额”栏

所有者权益变动表“上年金额”栏各项目的数字金额，应根据上年度所有者权益变动表“本年金额”栏的所列数字填列。如果上年度该表规定的各项目的名称和内容与本年度不相一致，应将上年度该表中的各项目的名称和数字按本年的规定进行调整后，填入该表“上年金额”栏的各项目中。

（二）“本年金额”栏

所有者权益变动表“本年金额”栏各项目的数字金额，一般情况下应根据“实收资本（股本）”“资本公积”“盈余公积”“利润分配”“库存股”“以前年度损益调整”“其他综合收益”等账户的发生额分析填列。

专栏 15-1

中华人民共和国第一次注册会计师资格和会计专业技术资格考试

1991 年 12 月 7 日，在注册会计师考试委员会的主持下，中华人民共和国举行了全国首次注册会计师资格考试。

1992 年 3 月 21 日，国家财政部、人事部联合颁布《会计专业技术资格考试暂行规定》和《实施办法》，对会计专业技术资格实行考试制度，并于当年 11 月首次组织了全国的统一考试，152 万会计人员参加了该次考试。这是新中国建国以来第一次规定以考试来决定会计从业人员的专业技术资格。

第六节 财务会计报告附注

一、附注的概念和要求

附注是对在资产负债表、利润表、现金流量表和所有者权益变动表等报表中列示项目的文字描述或明细资料，以及对未能在这些报表中列示项目的说明等。

附注的相关信息应当与资产负债表、利润表、现金流量表和所有者权益变动表等报表中列示的项目相互参照。

二、附注的内容

附注一般应当按照顺序至少披露以下内容：

（一）企业的基本情况

（1）企业注册地、组织形式和总部地址。

（2）企业的业务性质和主要经营活动。

(3) 母公司以及集团最终母公司的名称。

(4) 财务报告的批准报出者和财务报告批准报出日，或者以签字人及其签字日期为准。

(5) 营业期限有限的企业，还应当披露有关其营业期限的信息。

(二) 财务报表的编制基础

(1) 会计年度。

(2) 记账本位币。

(3) 会计计量所运用的计量属性等。

(三) 遵循企业会计准则的声明

企业应当声明编制的财务报表符合企业会计准则的要求，真实、完整地反映了企业的财务状况、经营成果和现金流量等有关信息。

(四) 重要会计政策和会计估计

重要会计政策的说明，包括财务报表项目的计量基础和在运用会计政策过程中所做的重要判断等。例如，发出存货成本采用的计量方法、存货跌价准备的计提方法、固定资产的折旧方法等。重要会计估计的说明，包括可能导致下一个会计期间内资产、负债账面价值重大调整的会计估计的确定依据等。企业应当披露采用的重要会计政策和会计估计，并结合企业的具体实际披露其重要会计政策的确定依据和财务报表项目的计量基础，及其会计估计所采用的关键假设和不确定因素。

(五) 会计政策和会计估计变更以及差错更正的说明

企业应当按照规定披露会计政策和会计估计变更以及差错更正的情况。例如，会计政策变更的性质、内容和原因；会计估计变更的内容和原因；前期差错的性质等。

(六) 报表重要项目的说明

企业应当按照资产负债表、利润表、现金流量表、所有者权益变动表及其项目列示的顺序，对报表重要项目的说明采用文字和数字描述相结合的方式进行披露。报表重要项目的明细金额合计，应当与报表项目金额相衔接。现列示部分重要报表项目附注说明如下。

1. 货币资金

货币资金的披露格式如表 15-8 所示。

表 15-8　　货币资金的披露格式

项　　目	期末余额	年初余额
库存现金		
银行存款		
其他货币资金		
合　　计		

2. 以公允价值计量且其变动计入当期损益的金融资产

以公允价值计量且其变动计入当期损益的金融资产的披露格式如表 15-9 所示。

15

表 15-9 以公允价值计量且其变动计入当期损益的金融资产的披露格式

项 目	期末账面价值	年初账面价值
1. 交易性债券投资		
2. 交易性权益工具投资		
3. 其他交易性金融资产		
4. 指定为以公允价值计量且其变动计入当期损益的金融资产		
合 计		

3. 固定资产

(1) 固定资产的种类、使用寿命、预计净残值和折旧率的披露格式，如表 15-10 所示。

表 15-10 固定资产的种类、使用寿命、预计残值和折旧率的披露格式

固定资产的种类	使用寿命	预计净残值	折旧率
1. 房屋、建筑物			
2. 机器设备			
3. 运输工具			
……			

(2) 各类固定资产的期初和期末原价、累计折旧额及固定资产减值准备累计金额的披露格式，如表 15-11 所示。

表 15-11 各类固定资产的期初和期末原价、累计折旧额及固定资产减值准备累计金额的披露格式

项 目	年初余额	本期增加额	本期减少额	期末余额
一、原价合计				
其中：房屋、建筑物				
机器设备				
运输工具				
……				
二、累计折旧合计				
其中：房屋、建筑物				
机器设备				
运输工具				
……				

续　表

项　　目	年初余额	本期增加额	本期减少额	期末余额
三、固定资产减值准备累计金额合计				
其中:房屋、建筑物				
机器设备				
运输工具				
……				
四、固定资产账面价值合计				
其中:房屋、建筑物				
机器设备				
运输工具				
……				

(3) 对固定资产所有权的限制及其金额。

(4) 准备处置的固定资产,应说明其名称、账面价值、公允价值、预计处置费用和预计处置时间等。

4. 职工薪酬

应付职工薪酬的披露格式,如表 15-12 所示。

表 15-12　　短期薪酬的披露格式

短期薪酬项目	期初余额	本期发生额	本期支付额	期末余额
一、工资、奖金、津贴和补贴				
二、职工福利				
三、社会保险费				
其中:1. 医疗保险费				
2. 工伤保险费				
3. 生育保险费				
四、住房公积金				
五、工会经费和职工教育经费				
六、短期带薪缺勤				
七、短期利润分享计划				
八、其他短期薪酬				
合　　计				

主要参考文献

[1] 戴德明,林刚,赵西卜.财务会计学[M].10 版.北京:中国人民大学出版社,2018.

[2] 王君彩.财务会计[M].北京:中国金融出版社,2008.

[3] 廉秋英.查账金钥匙[M].北京:企业管理出版社,2010.

[4] 陈明灿,宋瑞.中级财务会计[M].北京:经济科学出版社,2018.

[5] 周华,高级财务会计[M].3 版.北京:中国人民大学出版社,2019.

高等教育出版社

教学资源服务指南

仅限教师索取

感谢您使用本书。为方便教学，我社为教师提供资源下载、样书申请等服务，如贵校已选用本书，您只要关注微信公众号“高职财经教学研究”，或加入下列教师交流QQ群即可免费获得相关服务。

“高职财经教学研究”公众号

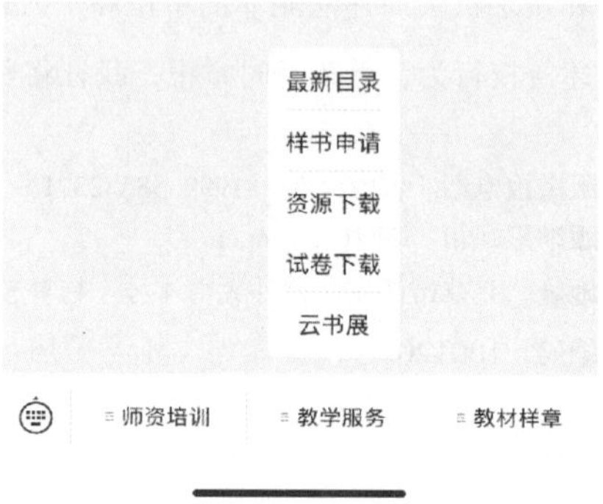

资源下载：点击“**教学服务**”—“**资源下载**”，或直接在浏览器中输入网址（http://101.35.126.6/），注册登录后可搜索相应的资源并下载。（建议用电脑浏览器操作）

样书申请：点击“**教学服务**”—“**样书申请**”，填写相关信息即可申请样书。

试卷下载：点击“**教学服务**”—“**试卷下载**”，填写相关信息即可下载试卷。

样章下载：点击“**教材样章**”，即可下载在供教材的前言、目录和样章。

师资培训：点击“**师资培训**”，获取最新会议信息、直播回放和往期师资培训视频。

联系方式

会计QQ3群：473802328　　会计QQ2群：370279388　　会计QQ1群：554729666

（以上3个会计QQ群，加入任何一个即可获取教学服务，请勿重复加入）

联系电话：（021）56961310　　电子邮箱：3076198581@qq.com

在线试题库及组卷系统

我们研发有10余门课程试题库：“基础会计”“财务会计”“成本计算与管理”“财务管理”“管理会计”“税务会计”“税法”“审计基础与实务”等，平均每个题库近3000题，知识点全覆盖，题型丰富，可自动组卷与批改。如贵校选用了高教社沪版相关课程教材，我们可免费提供给教师每个题库生成的各6套试卷及答案（Word格式难中易三档，索取方式见上述“试卷下载”），教师也可与我们联系咨询更多试题库详情。